T0281776

El Acantilado, 461
EL HUMOR JUDÍO

JEREMY DAUBER

EL HUMOR JUDÍO

UNA HISTORIA SERIA

TRADUCCIÓN DEL INGLÉS
DE JOSÉ MANUEL ÁLVAREZ-FLÓREZ

BARCELONA 2023   ACANTILADO

TÍTULO ORIGINAL *Jewish Comedy*

Publicado por
ACANTILADO
Quaderns Crema, S. A.

Muntaner, 462 - 08006 Barcelona
Tel. 934 144 906 - Fax. 934 636 956
correo@acantilado.es
www.acantilado.es

© 2017 by Jeremy Dauber
Todos los derechos reservados
© de la traducción, 2023 by José Manuel Álvarez Flórez
© de esta edición, 2023 by Quaderns Crema, S. A.

Derechos exclusivos de edición en lengua castellana:
Quaderns Crema, S. A.

ISBN: 978-84-19036-43-8
DEPÓSITO LEGAL: B. 10 488-2023

AIGUADEVIDRE *Gráfica*
QUADERNS CREMA *Composición*
ROMANYÀ-VALLS *Impresión y encuadernación*

PRIMERA EDICIÓN *junio de 2023*

CONTENIDO

Para Ezra, cuya risa—como todo en él—es una delicia.

UN CHISTE, DOS DEFINICIONES, SIETE TEMAS, CUATRO ADVERTENCIAS Y OTRO CHISTE

No es posible empezar un libro sobre el humor judío sin un chiste, así que ahí va uno:

—¿Qué es verde, cuelga de la pared y silba?
  —… Me rindo.
  —Un arenque.
  —¡Los arenques no son verdes!
  —*Nu*, pero los puedes pintar.
  —¡Los arenques no cuelgan de la pared!
  —*Nu*, pero podrías colgarlo.
  —… ¡Los arenques no silban!
  —Vale, lo que tú digas.[1]

O: «Era sólo para despistarte».

O: «Vale, pues no es un arenque».

O: «Pero bueno, ¿tú me has visto cara de especialista en arenques o qué?», etcétera, etcétera.

¿Es este chiste, y sus múltiples desenlaces posibles, un típico *chiste* judío? Y si lo es, ¿por qué? ¿Por el *nu* yiddish? ¿Por el tono un poco sabihondo? ¿Por la tranquilidad con que se acepta su carácter de «metachiste», o, dicho de otro modo, por la subversión, casi paródica, de la forma misma del chiste? ¿Es la falta de un remate gracioso lo que un intérprete demasiado entusiasta podría tomar como metáfora de una conciencia histórica judía siempre a la espera de redención mesiánica? ¿O es sólo un chiste sobre un arenque?

---

[1] Una versión de este chiste figura en: William Novak y Moshe Waldoks, *The Big Book of Jewish Humor*, Nueva York, Harper & Row, 1981, p. 24.

Mientras le dan alguna vuelta a estas preguntas, he aquí un cuento sobre el arte de contar chistes judíos. Se trata de una vieja historia sobre el rabino jasidí de Dubno en el siglo XVIII,[1] célebre por sus ingeniosas y oportunas parábolas. Un día un admirador le preguntó cómo se las arreglaba para encontrar siempre una parábola tan apropiada para todos y cada uno de sus sermones, y muy característicamente el rabino le respondió con otra parábola. Le contó la historia de un general que visitaba a las tropas y quedó pasmado al ver los resultados de las prácticas de tiro: mientras que la mayoría de los círculos de tiza trazados como blancos improvisados en la pared mostraban la habitual diversidad de fallos y aciertos, los círculos de uno de los reclutas sólo mostraban aciertos; cada tiro había dado en el centro justo. El general, boquiabierto, dijo que quería conocer al tirador, y todavía quedó más sorprendido al descubrir que se trataba de un judío, un recluta obligado a servir en el ejército del zar. Cuando le preguntó el secreto de su éxito, el judío se lo quedó mirando pasmado y respondió: «Bueno, es muy fácil: primero disparas con el fusil y luego trazas el círculo alrededor del agujero de la bala». Y el maguid concluyó confesando que ésa había sido siempre su técnica: buscar un buen chiste o una buena historia, y luego buscar el círculo más amplio que puede trazarse alrededor.

Cada chiste, cada historia, es una exposición del problema, un enfoque para resolverlo. El problema es, por supuesto, cómo definir y describir el humor judío tal como se presenta en sus vastas y diversas formas desde la Antigüedad hasta ayer mismo. Difícilmente puede considerarse una nueva empresa: ha habido intentos previos, sobre todo en las últimas décadas en Estados Unidos, donde durante algún tiempo parecía que el humor judío *fuese* el humor estadouni-

---

[1] Lo cuenta Nathan Ausubel, *A Treasury of Jewish Folklore*, Nueva York, Crown, 1981, p. 4.

8

dense, o al menos una parte importante del mismo. Steve Allen, que sabía de qué hablaba, se refirió a la comedia estadounidense en 1981 como «una especie de industria doméstica judía», y calculaba la aportación judía como cercana al ochenta por ciento.[1] Algunos—aunque no todos ni de lejos—de los enfoques propuestos en esos intentos—argumentos centrados en el lenguaje, la sensibilidad, la historia—ya se han apuntado más arriba.

Pero el humor judío tiende a resistirse a una única explicación. Con cada argumento propuesto sobre lo que realmente es, se nos revelan inmediatamente, a poco que lo pensemos, todo género de excepciones y contraejemplos; hasta el punto de que otros críticos igual de perspicaces han protestado diciendo que cualquier intento de definir específicamente el humor judío está condenado a la futilidad.[2] Es más, los contraejemplos no son sólo indicativos, son casi tan vastos y numerosos como la propia historia, que cubre muchísimo terreno. Escribir un libro que pretenda abordarlo todo, aunque de forma somera, y ofrezca alguna explicación de peso es mucho pedir.

No obstante, alguien debía intentarlo.

La primera vez que entré en un aula de la Universidad de Columbia para dar un curso sobre humor judío hacía poco que había dejado de emitirse *Seinfeld* y Lena Dunham acababa de iniciar la enseñanza secundaria. Judd Apatow era un productor de televisión respetado del que nadie había oído hablar fuera de la industria, y *Los productores* aún era una película, aunque se hablaba de llevarla a Broadway. Yo estaba un poco nervioso: era un inexperto profesor ayudante de veintisiete años y me enfrentaba a la clase más grande

---

[1] Steve Allen, *Funny People*, Nueva York, Stein & Day, 1981, pp. 11, 30.

[2] Véase Hershey H. Friedman y Linda Weiser Friedman, *God Laughed: Sources of Jewish Humor*, New Brunswick (Nueva Jersey), Transaction Publishers, 2014, p. 5.

que había tenido nunca (por lo visto era el tipo de curso que atraía a una multitud) y miré mis notas para concentrarme.

«El humor judío es un asunto serio», había mecanografiado en la primera línea, porque lo es. Como en los últimos quince años de enseñanza de la materia han cambiado muchísimas cosas—aunque, gracias a la magia de la distribución de contenidos audiovisuales, en realidad *Seinfeld* nunca ha dejado de emitirse—también mi programa de estudios ha cambiado, pero no la primera línea de mi primera clase, ni las dos consideraciones básicas que la acompañaban.

La primera es que el relato del humor judío tenía un alcance casi tan vasto y era tan significativo como la propia historia judía. De hecho, en la tarea de depuración y desarrollo que emprendí para preparar la clase, comprendí que estaba examinando una *tradición* cuya historia podía y debía *estudiarse*. La historia de la comicidad judía—lo que el humor *hizo* y *significó* para los judíos en diferentes épocas y lugares además de cómo y por qué resultaba tan divertido—no sólo es, narrada del modo adecuado, la historia de la cultura popular estadounidense, sino también la historia de la civilización judía y una guía para un aspecto esencial de la conducta humana. El hecho de que además sea un tema de lectura y de enseñanza inmensamente divertido es una gratificación añadida.

La segunda consideración es que no es posible ni remotamente incluirlo todo. Y por eso me di cuenta de que lo que se incluyera tenía que funcionar no como un catálogo de la producción cómica judía, sino como una explicación de en qué consiste exactamente el humor judío. Pero incluso para catalogar y taxonomizar es precisa alguna definición, para decidir qué se incluye y qué se excluye. ¿Es la materia prima del humor judío tan amplia que debe incluirse cualquier cosa escrita por un judío capaz de provocar la más leve sonrisa? La verdad es que no, eso sería, si no completamente ridículo, al menos sí ridículamente inútil. Y la literatura está plagada de brillantes pensadores con un fino sentido del humor que han advertido que no es posible definir lo cómico con demasiada precisión: la advertencia de Samuel Johnson de que «lo cómico no se deja definir impunemente» es la más famosa, aunque a mí me gusta más el pareado de Swift que dice: «Nada del humor nos podrán contar | los sabihondos que tan en serio dicen estudiar».[1] De todos modos, a este sabihondo concreto le gustaría establecer dos condiciones.

Primera: *el humor judío tiene que ser creación de judíos*. No sé si es obvia o no, pero esta condición es una de nuestras reglas básicas. Cómo define cada cual su identidad judía es una cuestión notoriamente delicada—y, en contra de lo que algunos piensan, lo ha sido desde el principio de la historia judía—, pero cualquiera que se defina a sí mismo, de un modo u otro, como judío está potencialmente incluido en nuestro tema de estudio;[2] otros creadores, aunque a veces se los tome por judíos (sí, me refiero a Charlie Chaplin), quedan fuera.[3] Dicho esto, el humor—sobre todo en los medios de comunicación y los espectáculos de humoristas en directo—suele entrañar, claro, colaboración mutua, y una gran parte del humor judío se realiza en colaboración con creadores que no son judíos; de ese material sí incluyo muchos ejemplos.

[1] La cita de Johnson procede de J. W. Whedbee, *The Bible and the Comic Vision*, Cambridge, Cambridge University Press, 1998, p. 5; la cita de Swift, de *The Works of Jonathan Swift*, Londres, Henry Washbourne, 1841, I, p. 615.

[2] Véase, por ejemplo, Shaye Cohen, *The Beginnings of Jewishness: Boundaries, Varieties, Uncertainties*, Berkeley (California), University of California Press, 1999.

[3] Sobre el «judaísmo» de Chaplin, véase J. Hoberman y Jeffrey Shandler, *Entertaining America: Jews, Movies, and Broadcasting*, Princeton (Nueva Jersey), Princeton University Press, 2003, pp. 34-39, y el testimonio de Groucho Marx en su carta (5 de septiembre de 1940), en la que informa de una conversación con él: «Me dijo, entre otras cosas, que no es judío pero que le habría gustado serlo». Groucho Marx, *The Groucho Letters*, Nueva York, Simon & Schuster, 1967, p. 24. [Existe traducción en español: *Las cartas de Groucho*, trad. Jos Oliver, Barcelona, Anagrama, 2014].

La segunda condición es más delicada: *el humor judío debe aludir bien a la vida judía contemporánea o bien a la existencia histórica judía.*[1] La historia judía es muy extensa, y la vida judía extraordinariamente diversa, tanto en lo geográfico como en lo cultural. Resultaría sorprendente que todos los ejemplos del humor judío fueran parecidos, y por supuesto no lo son. Pero en las diversas épocas y lugares aparecerán judíos comentando lo que significa ser judío en esa cultura; y generalmente, puesto que la mayor parte de la historia judía es historia de la diáspora, aparecerán como una especie de intrusos culturales, e incluso cuando no sea así, casi inevitablemente advertiremos esa mirada de reojo, familiar y ajena a un tiempo, tan decisiva para el humor. A menudo, ese sentido del humor ha intervenido también en los interminables debates, que se han prolongado siglos y han cruzado continentes, sobre el significado de la historia, la teología y el destino del pueblo judío. Algunos de los ejemplos que ofreceremos en este libro tratan de modo explícito estas cuestiones; otros las remiten a las esferas del subtexto o la alegoría; otros son instantáneas de un presente vivido cuyo origen en el pasado los convierte en parte de la discusión pese a que no parezcan tener esa intención, pero todos me permitirán llevar el agua a mi molino.

Queda dicho, pues. Ciertos subtemas, claro está, reaparecerán en diversos momentos: por ejemplo, el característico gusto por los juegos de palabras que tanto tiene que ver con las cambiantes circunstancias lingüísticas (a menudo multilingües) en que han vivido los judíos; o la atención a un asunto como el poder y la falta del mismo; o la relación de ambos temas con la masculinidad, y la presencia y ausencia de voces

---

[1] Elliott Oring tiene una definición similar aunque un poco más amplia en «The People of the Joke», *Western Folklore*, n.º 42, 1983, pp. 261-271, esp. 262; sin embargo, igual que muchos otros, describe el «humor judío» como un fenómeno sobre todo moderno.

femeninas. Todos estos subtemas, no obstante, son sugestivas preocupaciones, más que partes esenciales de la definición. Sin embargo, como aun sin incluir esos subtemas seguía quedando mucho material que analizar, se me ocurrió adoptar el enfoque del maguid de Dubno como principio para estructurar este libro: echar un vistazo a la larga historia de la cultura y la literatura judías, determinar el material cómico que se ajusta a nuestra definición y trazar luego un círculo alrededor para acotarlo—en realidad trazaré siete—. Porque cuando se rastrea el material—en toda la extensión de la historia del humor judío, desde la Biblia a la cuenta de Instagram @crazyjewishmom—y se buscan elementos en común, resulta que es posible identificar siete categorías o temas fundamentales.[1]

Ya oigo a alguien gritar: «¡¿Por qué no ocho?! ¡¿Por qué no seis?! ¡El séptimo es una versión modificada del cuarto!». Ya me disculparán, pero esto no es una ciencia exacta: los escritores, humoristas y comediantes que producen materiales cómicos no son sesudos teóricos, sino artistas en la faena que intentan hacer reír al público y para ello echan mano de múltiples técnicas al mismo tiempo. En cualquier caso, el humor tiende a difuminar las líneas divisorias. De modo que los siete temas que apunto a continuación, sin más preámbulos, son generales y orientativos:

1. El humor judío es una respuesta a la persecución y el antisemitismo.

2. El humor judío es una mirada satírica a las normas sociales y comunitarias judías.

3. El humor judío es un juego alusivo, intelectual, ingenioso y libresco.

---

[1] https://instagram.com/crazyjewishmom/; sobre el carácter ambiguamente cómico de la descripción, véase R. Einstein, *Stop Lol-ing at My Crazy Jewish Mom*, http://forward.com/opinion/214827/stop-lol-ing-at-my-crazy-jewish-mom.

4. El humor judío es vulgar, grosero y está obsesionado con el cuerpo.

5. El humor judío es mordaz, irónico y metafísico.

6. El humor judío se centra en el judío común y corriente, de a pie.

7. El humor judío trata de la ambigua y difusa naturaleza del judaísmo.

Así pues, una tendencia del humor judío, por ejemplo, es la dimensión libresca, intelectual, ingeniosa, como corresponde al Pueblo del Libro, un aspecto que podemos encontrar en diversos intelectuales muy leídos, desde los rabinos talmúdicos hasta Woody Allen. Pero el humor judío también puede ser vulgar—tan grosero y obsesionado con el cuerpo como el de cualquier otra comunidad—, cosa que ilustran personajes tan variados como los autores escatológicos medievales o Mel Brooks.

Trazar la historia de estos siete temas—uno por capítulo—permite abarcar gran parte de la historia del humor judío de un modo intelectualmente coherente que, además, evita al lector tener que leer cientos de páginas para llegar a los hermanos Marx. Pero este planteamiento significa que regresaré a diversos períodos de la historia judía y su cultura—bíblica, de la Antigüedad, del Medioevo, de la Ilustración o de la postguerra en Estados Unidos, entre otras—en distintos capítulos. Espero que sea una de las gracias del libro, no uno de sus defectos: confío en que cada capítulo permita presentar un aspecto de la historia y la cultura judías, así como de su humor, y mostrar cada época bajo una luz distinta. En los últimos cincuenta años, los estudios académicos sobre la tradición judía han brindado innumerables perspectivas sobre el judaísmo, y el humor evidencia esa variedad de perspectivas tan bien como cualquier otro objeto de estudio. Contar la historia de cada uno de los temas singulares del humor judío a lo largo de la historia no sólo permite exponer qué es y cómo funciona en sus diversas variantes y lugares, sino también sugerir cómo entendemos la propia historia judía.

Trazar un círculo—o siete—alrededor del orificio de la bala, como hizo el recluta del relato del maguid, sin duda tiene sus recompensas, pero también sus peligros: da una falsa impresión de orden allí donde reina el caos, y alguien podría decir que es un método tramposo. Pero, por otra parte, al recluta le sirvió para impresionar al general ruso y al rabino jasídico, y convencerlos a ambos de que era un gran tirador. Algo es algo.

Puesto que tenemos mucho que andar, más vale ponerse en marcha. Pero antes conviene hacer cuatro advertencias importantes en cualquier historia del humor, y en ésta en particular:

1. *Este libro es una historia.* Incluiré cosas que, dadas las vicisitudes del tiempo, de la historia y de las modas críticas, hoy pueden no parecer cómicas. Cuando las tradiciones interpretativas se enquistan, las tradiciones literarias se vuelven inescrutables. Entender la historia del humor judío no significa simplemente celebrarlo o disfrutarlo, sino tomar las cosas como *eran*, no como nos parecen ahora. Simplificando: el humor es cultural y depende del contexto, y el humor judío no es una excepción. Incluso habrá ocasiones—cuando me remonte lo suficientemente atrás—en que conjeturaré la intención cómica, aunque ni yo ni el resto de estudiosos podamos tener absoluta certeza. La investigación y el instinto pueden llevarnos lejos, pero a veces no bastan.[1]

2. *El humor no siempre es divertido.* Lo que he denominado «intención cómica» cubre un espectro muy amplio. Uno

---

[1] Sobre estas incertidumbres, véase, por ejemplo, David Marcus, *From Balaam to Jonah: Anti-Prophetic Satire in the Hebrew Bible*, Atlanta (Georgia), Scholars Press, 1995, pp. 4-5.

de los aspectos del humor que deja perplejos a estetas y filósofos de todas las épocas es su vínculo con el fenómeno físico de la risa: ¿por qué sonreímos o reímos ante cosas que no parecen divertidas, por ejemplo ante cosas que nos ponen nerviosos? Éste no es el libro para responder a tal pregunta (aunque tendremos ocasión de ocuparnos de una serie de teóricos judíos de lo cómico, sobre todo en la época moderna, ya que nuestro relato se entrelaza con la creación de la categoría de «humor judío»), pero sí me plantearé un aspecto relacionado con esa cuestión: a menudo no nos reímos de cosas que son indiscutiblemente cómicas. No quiero decir con eso que este libro entienda lo cómico en el sentido isabelino del término *comedy*, pero sí que nos ocuparemos de manifestaciones de la creación cómica que no están destinadas tanto a provocar la risa como la complicidad irónica, la sonrisa resabiada o incluso el gemido horrorizado. Lo cual nos lleva a:

3. *El humor no siempre es bonito ni amable.* Incluso un conocimiento superficial del humor evidencia que, como especie, nos gusta reírnos de cosas que la sociedad considera temas de conversación o discusión inadecuados (de hecho, algunas teorías del humor desarrollan en gran parte esta tesis). Este libro contiene muchísimo material que algunos podrían considerar impropio, incluso muy impropio. Parte del mismo es el inevitable resultado de abordar obras de períodos con normas sociales muy distintas de las nuestras—por ejemplo, el humor que hoy nos parece intolerablemente racista formaba parte del menú familiar hace menos de medio siglo—. Y en ocasiones toparemos con coincidencias incómodas: chistes de gordos que han sido moneda corriente desde el principio de la historia documentada y que siguen funcionando en la actualidad. Tendremos en cuenta ciertas consideraciones morales en nuestra historia—la historia de esas consideraciones y la forma en que los artistas afrontaron y eludieron esos tabúes, se adaptaron a ellos o los quebrantaron—, pero no nos privaremos de incluir ciertas manifesta-

ciones del humor en razón de su carácter misógino u homofóbico, obsceno, blasfemo, xenofóbico o cualquier otra de las mil características ofensivas relacionadas con diferentes aspectos del humor judío—como del humor en general—. Quedan advertidos. Y por último:

4. *Al analizar el humor existe el riesgo de matarlo.* Probablemente éste sea el mayor peligro de todos: como descubrió Lenny Bruce, era mucho más perjudicial para su carrera ser aburrido que ser chabacano. Lo que nos gusta de las grandes obras del humor judío—y del humor en general—no es *cómo* funcionan, sino *que* funcionan. Mirar debajo del capó para ver por qué un cuento o un chiste determinado es, por ejemplo, una poderosa expresión de las angustias y ambiciones de los judíos de los suburbios estadounidenses de postguerra sin duda es menos divertido que leer el cuento o escuchar el chiste. Pero mi tarea es contar una historia—siete historias en una, en realidad—y no puedo ahorrarme las explicaciones. Quien quiera un libro de chistes que se lo compre.

Dicho esto, como no quiero terminar la introducción de un modo tan agresivo, ahí va otro chiste. De acuerdo con las cuatro advertencias, no tiene ninguna historia (en fin, estoy seguro de que sí, pero aún no he sido capaz de rastrear su procedencia), puede que no resulte divertido, no es bonito ni educado (la gente a la que se lo he contado tiende a dividirse entre quienes lo consideran horrible y los que lo encuentran muy gracioso) y no voy a explicarlo, al menos por ahora. Pero lo considero uno de los grandes chistes judíos, quizá incluso el que ocupa el segundo lugar entre los mejores (para saber cuál ocupa el primero sigan leyendo).

Dos viejos se sientan en el banco de un parque de Tel Aviv y al rato se reconocen: son amigos que no se veían hacía muchísimo.

—¡Reuven!—exclama uno—. ¡Cuánto tiempo, no nos hemos visto desde que nos fuimos del pueblo! ¿Cómo estás? ¿Y tus padres?

—Hace años que murieron, Shimon, ya tenemos una edad.

—Es verdad, el tiempo pasa volando. Te acompaño en el sentimiento, Reuven. Oye, pero cuéntame qué tal tus hermanos, me caían tan bien, ¿cómo están?

—Vaya, ya veo que no te enteraste: mi hermano murió hace diez años, un cáncer.

—Cuánto lo siento, qué golpe terrible. ¿Y qué es de tu hermana? Era tan encantadora...

—Pues hace mucho que no sé de ella, Shimon: murió hace quince años de un derrame.

—Ay... ¡Dime cómo está tu estupenda esposa! No la he visto desde que tuvisteis al primero de tus hijos...

—Ya veo que tampoco te enteraste, claro: murió hace cinco años, una bomba en un autobús.

Reuven ya no sabe qué decir, hasta que por fin pregunta:

—¡Cuéntame qué tal tus hijos, anda! ¿Cómo les va?

—Te reirás, pero también están muertos.

El humor judío siempre ha sido mordaz. Este libro trata de averiguar en qué consiste, cómo se desarrolló, cómo se entrelazaron sus diversos hilos y cómo dialogaron con la historia judía.

¿QUÉ GRACIA TIENE EL ANTISEMITISMO?

Durante la mayor parte de la historia no se ha considerado que los judíos tuviesen mucho sentido del humor.

En realidad, muchos observadores externos los consideraron completamente taciturnos. Alfred North Whitehead, filósofo británico de principios del siglo XX, señaló que los judíos «carecen particularmente de sentido del humor»; un poco antes, el historiador y crítico Thomas Carlyle aseguró que los judíos no mostraban el más leve indicio de sentido del humor en ningún período de la historia, y la novelista George Eliot afirmó que «a juzgar por la literatura hebrea, se trata de un pueblo que se ha dedicado a sus negocios y su placer con la seriedad de una comunidad de castores».[1] Hagamos caso omiso por ahora de la corrección política y de la atribución de ciertos rasgos característicos a grupos particulares: es algo que todas las comunidades han hecho durante buena parte de la historia de la humanidad, y la historia del humor judío tendrá que lidiar con tales prejuicios, de los propios judíos y de sus vecinos. Lo interesante es *por qué* tenía esa opinión la gente (me refiero sobre todo a los cristianos).

Podría decirse que es cuestión de perspectiva. Desde el punto de vista del extraño es simple, como cualquier caricatura: hay algo en los judíos—en su esencia, en el lugar que

[1] Para la cita de Whitehead véase Lucien Price, *Dialogues of Alfred North Whitehead*, Boston, Little, Brown & Co., 1954, p. 59. Para la opinión de Carlyle véase James Anthony Froude, *Thomas Carlyle: A History of His Life in London, 1834-1881*, Nueva York, Scribner's, 1904, vol. II, p. 384. Para la cita de Eliot, véase Yehuda T. Radday, «On Missing the Humour in the Bible: An Introduction», en: Yehuda T. Radday y Athalya Brenner, *On Humour and the Comic in the Hebrew Bible*, Sheffield, Sheffield Academic Press, 1990, pp. 21-38, esp. 21.

ocupan en la historia—que les impide ser felices. Para los cristianos, a lo largo de un buen pedazo de la historia del mundo, ese algo era, por supuesto, su estrambótica resistencia a aceptar a Jesucristo como su señor y salvador. Para nuestros propósitos no tiene importancia si tal idea significaba que eran metafísicamente desdichados (es decir, la alegría resultaba literalmente inalcanzable sin la genuina luz de Cristo en sus corazones) o racionalmente desdichados (al ver a su alrededor el éxito del cristianismo en Europa y su condición de perseguidos se daban cuenta de que habían perdido el barco: ¿quién no estaría triste en tales circunstancias?). Posteriores versiones de esta concepción adoptaron tonos raciales o étnicos y plantearon un factor cuasigenético como explicación. James Cowles Prichard, el influyente antropólogo británico del siglo xix, habló en su *Researches Into The Physical History of Man* de los «temperamentos coléricos y melancólicos» de los judíos ingleses, por ejemplo.[1] Así pues, la tendencia general era considerar que la infelicidad, resultado de la incapacidad para sumarse a la alegría y el regocijo cómicos, era una herencia judía.

Los judíos, naturalmente, recurrían a la otra cara de ese argumento: «*Podríamos* ser felices—decían—si no fuese por *todos los antisemitas que hay por ahí complicándonos la vida*».

Ahora bien, hacer demasiado hincapié en este enfoque conduce a una condición proverbialmente conocida como «el enfoque lacrimógeno de la historia judía», que consiste en ocuparse de la misma como si se tratara de una larga travesía por un valle de lágrimas, desde el acontecimiento decisivo en la literatura y la historia bíblicas (la destrucción del Templo) hasta el episodio no menos decisivo del siglo xx (el Holocausto), con las consabidas paradas intermedias de cruza-

---

[1] James Cowles Prichard, *Researches Into the Physical History of Man*, Londres, John & Arthur Arch, 1813, p. 186.

das, pogromos y calumnias abyectas.[1] Se trata de un enfoque histórico que no carece de problemas, pero también posee cierto atractivo, especialmente para explicar el humor judío.

Al menos eso fue lo que Hermann Adler, el principal rabino de Inglaterra en tiempos de Whitehead, intentó señalar delicadamente a sus colegas británicos en un temprano ensayo innovador sobre el tema que nos ocupa. Tras hacer algunas generalizaciones semejantes sobre otros pueblos de la Antigüedad—«La jocosidad no era el fuerte entre los egipcios: ninguna risa asoma en los ojos de sus estatuas. Tampoco los asirios parecen haber tenido ningún genio del humor»— sugería que los judíos, lejos de ser melancólicos, poseían en realidad una singular «capacidad para decir cosas chistosas e ingeniosas». Según Adler esa capacidad es un «arma que un benéfico Hacedor ha dado a sus débiles criaturas para sobrevivir en la feroz lucha por la existencia», frente a la «férrea intolerancia [...] y el veneno del desprecio que estremece el alma».[2] Existe una relación directa, sugiere Adler, entre la intolerancia y el humor.

Tal explicación ha gozado de muchos partidarios desde que se propuso hace ya más de un siglo. Una de las actitudes más comunes de críticos y estudiosos es considerar el humor judío como una respuesta a la persecución, una especie de estrategia de supervivencia, así como una demostración de resistencia y fuerza en circunstancias históricas trágicas. Pero, incluso con la mejor voluntad del mundo, ese enfoque sigue definiendo a los judíos como víctimas pasivas, y tiende a explicar e incluso a privilegiar cierto género de humor judío que se presenta en dos variantes: irónico y negro. (Whitehead, por ejemplo, recusado en su afirmación, reconocía que

[1] Salo Baron, «Ghetto and Emancipation: Shall We Revise the Traditional View?», *The Menorah Journal*, n.º 14, 1928, pp. 515-526.
[2] Hermann Adler, «Jewish wit and humour», *The Nineteenth Century*, n.º 33, 1893, pp. 457-469, esp. 457-458.

en efecto había autores judíos cómicos, pero «su risa era generalmente irónica» porque los judíos habían sido siempre «un pueblo en una posición desesperada, convencido de que no se respetaban sus derechos»).[1]

Yo creo que el impulso cómico—tanto para la comunidad judía como para otras—es como el agua: fluye por doquier siempre que la gente esté dispuesta a encontrar algo divertido. Pero fluye a través de canales particulares, en nuestro caso los siete temas del humor judío que hemos identificado. Dado que ésta es probablemente la explicación más común del carácter particular del humor judío, la examinaremos primero, conscientes de su carácter parcial.

No tenemos muchas obras de la temprana literatura judía (digamos que hasta el Medioevo) que no sean de un modo u otro libros religiosos. Ello no significa que no incorporen elementos cómicos, sino que en general los crearon y difundieron personas con una visión del mundo teológica, que es la que proponen en la obra. Textos como la Biblia y el Talmud tienden a observar la historia del antisemitismo y la persecución a través de una lente que vincula el antisemitismo a la violación de la alianza con Dios: el odio al judío está directamente relacionado con el pecado.

¿Qué tiene eso de divertido? La verdad es que no mucho, sobre todo porque nos obliga a adoptar la repugnante estrategia de culpar a la víctima. Esta perspectiva no es motivo de risas en la Biblia, menos en los libros que tratan la destrucción del primer Templo y, después, las derrotas de los reinos de Israel y Judea, y el principio del éxodo judío. Uno de esos libros—que figura al principio de cierto tipo de historia judía, la de la diáspora—es una obra que durante siglos los judíos tradicionales consideraron la gran fuente del humor

---

[1] Price, *Dialogues of Alfred North Whitehead, op. cit.*, p. 59.

judío: el libro de Ester. Es un libro tan central y fructífero para nuestra historia que volveremos a él en cada capítulo —es el único texto que ostenta ese honor—: observaremos un aspecto distinto del relato para ejemplificar las cuestiones que se abordan en cada capítulo.

Para aquellos a quienes la lectura de la Biblia les quede ya lejos, permítaseme un rápido resumen del contenido del libro de Ester: el relato se sitúa en un imperio persa cuasimítico.[1] El rey Asuero se deshace de la reina en un arrebato de cólera después de que ella se niegue a acompañarlo a un festín regio, y convoca una especie de concurso de belleza para elegir sucesora. Resulta elegida Ester, hija adoptiva de su primo Mardoqueo, un hombre que ha frustrado recientemente una conjura para asesinar al rey. Ester y Mardoqueo son judíos, no pertenecen a la mayoría persa, y quizá por esa razón ella no revela a su consorte regio su condición. Ya en la corte del rey Asuero, Mardoqueo se niega a postrarse ante el jefe de gobierno nombrado por el rey, Amán, que no se contenta con castigar ejemplarmente a Mardoqueo, sino que lo amenaza con vengarse exterminando a todo su pueblo —los judíos— y convence a Asuero para que lo autorice a hacerlo.

Gran parte del resto del libro está dedicado a la caída de Amán. El rey, en una noche de insomnio, lee las crónicas reales y se da cuenta de que nunca ha recompensado a Mardoqueo por haberle salvado la vida. Entonces llama a Amán, que está esperando sospechosamente alerta,[2] y le pregunta qué debería hacerse por un hombre a quien el rey desea honrar. Como el vanidoso y narcisista Amán supone que el

---

[1] Su datación es sumamente imprecisa; véase un análisis en Erich Gruen, *Diaspora: Jews amidst Greeks and Romans*, Cambridge (Massachusetts), Harvard University Press, 2002, p. 145 n. 34, donde se sugiere una fecha de composición no anterior a finales del siglo v.

[2] El comportamiento de Amán es tan sospechoso que uno casi se pregunta si no estará involucrado en la conjura para asesinar al rey, aunque no hay pruebas de ello en el texto.

monarca se refiere a *él*, se siente humillado cuando ve que la recompensa que sugiere—ser conducido por las calles en el caballo del rey y llevando su corona—se otorga a Mardoqueo. Mientras tanto, Ester ha organizado estratégicamente un banquete privado con Amán y Asuero. Amán, convencido de que también es el favorito de la reina, se queda anonadado cuando ésta aprovecha el banquete para revelar al rey que es judía, pedir clemencia para su pueblo y señalarlo como el genocida. El rey, abrumado, sale a tomar un poco el aire, y Amán se arrodilla ante Ester para suplicarle que retire lo dicho. Pero cuando el rey vuelve se encuentra con lo que le parece una escena comprometedora: Amán tratando de seducir a su esposa. Eso significa su condena, y Amán acabará colgado en la misma horca que había hecho instalar para Mardoqueo. Tras algunas complicaciones finales a las que tendremos ocasión de volver, se celebra el alegre festín, Ester se convierte en reina y Mardoqueo es elevado a la condición de brazo derecho del rey.

El libro de Ester, que se desarrolla en la diáspora, es la primera obra de la literatura judía que trata de lo que nosotros llamaríamos sin dudar *antisemitismo*: la persecución del pueblo judío por motivos consabidos, con tácticas y una retórica también conocidas, a lo largo de la dilatada historia de la diáspora judía (los argumentos que Amán expone a Asuero para que lo autorice a exterminar a todos los judíos—se consideran un pueblo, se ocultan entre la población general, no son fieles al régimen y demás—han tenido sombríos y peligrosos ecos a lo largo de los siglos). En consecuencia, es la primera obra que expone la celebración gozosa y el placer cómico que causan la caída de un antisemita y la frustración del intento de persecución. Si hay algo de verdad en la frase «Intentaron matarnos, sobrevivimos, ¡ahora celebremos!», proviene de la historia de Ester y de la festiva celebración de Purim que se estableció para conmemorar la salvación que ella consiguió.

Pero la investigación sobre los motivos antisemitas del libro de Ester plantea, por primera vez en la literatura judía, cuestiones incómodas que impregnarán la historia del humor negro judío: *¿por qué no gustamos a otros pueblos?*, *¿qué nos hace distintos de todos ellos?*, *¿somos realmente distintos?*, *¿por qué?* Y, lo más inquietante: *¿acaso tienen razón?* Las respuestas que una amplia variedad de autores han dado a esas preguntas se usan para lograr un incómodo efecto cómico y durante dos milenios han contribuido a la comprensión nacional e histórica en clave cómica.

Así pues, el antisemitismo se describe en el libro de Ester como una adversidad que resulta vencida para gozo y alivio de los judíos, pero en otros libros de la Biblia se abordan de un modo distinto otras amenazas, como las fuerzas imperiales que destruyeron templo y reino, a las cuales resultó más difícil hacer frente. En esos libros se presenta a los opresores de los judíos como simples peones en un gran juego entre Dios y el pueblo elegido—peones lo bastante estúpidos para no saberlo—. Por ejemplo, el profeta Isaías se refiere a los jactanciosos asirios en los siguientes términos: «¿Se ensoberbece el hacha contra quien la maneja, la sierra contra el que la mueve?».[1] Retratos similares aparecen en el libro de Daniel, por ejemplo el del bufonesco Baltasar y el de Nabucodonosor puerilmente iracundo.[2] Y a medida que la literatura judía se desarrollaba, estos dos enfoques—el triunfal y el inquietante—empezaron a fluir en paralelo.

Fijémonos en algunas anécdotas del texto esencial de la cultura de la elite judía, el Talmud, compuesto y editado en los siglos inmediatamente posteriores al establecimiento del

---

[1] Isaías 10, 15. Véase el análisis de Zeev Weisman, *Political Satire in the Bible*, Atlanta (Georgia), Scholars Press, 1998, pp. 84-93.

[2] Compárese Michael J. Chan, «Ira Regis: Comedic Inflections of Royal Rage in Jewish Court Tales», *The Jewish Quarterly Review* (*JQR*), vol. 103, n.º 1, invierno de 2013, pp. 1-25, esp. 4, 13.

canon bíblico. El Talmud detalla numerosos encuentros entre rabinos y algunas de las autoridades más imponentes y aterradoras del mundo griego o romano, y en ellos los primeros ponen en evidencia los errores básicos lógicos y teológicos de los segundos. Veamos dos ejemplos de la misma página del Talmud en la que se expone una larga serie de presuntas conversaciones entre autoridades paganas, concretamente emperadores romanos, y rabinos que sugieren la tensión soterrada característica de esos encuentros, casi con toda seguridad apócrifos:

Dijo el emperador al rabán Gamaliel: «Está escrito en alabanza del Señor: "Él cuenta el número de las estrellas y llama a cada una por su nombre" (Salmos 147, 4). ¿Es ésa su grandeza? También yo puedo contar las estrellas». El rabán Gamaliel le preguntó: «¿Cuántas muelas y cuántos dientes tenéis?». Cuando el emperador, metiéndose la mano en la boca, empezó a contar, el rabán Gamaliel le dijo: «¿No sabéis qué tenéis en la boca pero sabéis lo que hay en los cielos?».

O:

Dijo el emperador al rabán Gamaliel: «Conozco a tu Dios, sé lo que hace y dónde se encuentra». Mientras tanto, el emperador siguió lamentándose, y el rabán Gamaliel le preguntó: «¿Qué os ocurre, por qué os lamentáis?». Y el emperador le respondió: «Tengo un hijo en alguna ciudad de ultramar y lo añoro». El rabán Gamaliel le dijo: «Contadme dónde se encuentra». «¡Ojalá lo supiera!», exclamó el emperador. «¿Cómo es posible que no sepáis lo que ocurre en la tierra pero sí lo que ocurre en los cielos?», le preguntó el rabán.[1]

---

[1] Talmud de Babilonia (TB), Sanhedrin 39a [se han traducido las citas del Talmud de Babilonia a partir de la edición inglesa para evitar que se alejaran de las lecturas e interpretaciones que ofrece el autor. (N. del T.)]; para otros relatos, como el de Yeshua ben Hanania y la hija, véase TB Nedarim 50b y TB Taanit 7a. Véase también Meyer Heller, «Humor in the Talmud» (tesis rabínica, 1950), pp. 14-15.

El mensaje del Talmud parece claro: a pesar de la oposición teológica de las autoridades gentiles al Dios judío—y del poder temporal de las mismas para hacer algo al respecto—, si no poseen inteligencia suficiente para entender cuestiones teológicas básicas no pueden constituir una auténtica *amenaza*.

Esto parece un mecanismo de supervivencia bastante básico para una cultura que trata de asumir por primera vez la pérdida, no sólo de independencia política, sino también de la fuente central de toda su vida religiosa. Los chistes donde aparece el «gentil estúpido», sobre todo por contraste con el judío inteligente—los rabinos como héroes del ingenio—, tienen su origen en el Talmud, si bien a lo largo de los siglos trascienden este origen. Sin duda, la posibilidad de llamar idiota a la cara impunemente a un emperador romano se da más plenamente en forma literaria en esta página del Talmud que en la vida de la Antigüedad tardía.[1] E incluso en esa misma página aflora un contrapunto irónico:

Se cuenta en la Guemará que el emperador le dijo al rabino Tanhum: «Venid, seamos todos un solo pueblo». «Muy bien—le contestó él—, pero nosotros, que estamos circuncidados, no podemos ser como vosotros, incircuncisos; circuncidaos y sed como nosotros». El emperador replicó: «Has hablado bien, pero cualquiera que venza al rey debe ser arrojado a las fieras en la arena». Lo arrojaron a las fieras, pero no lo devoraron, porque Dios lo protegió. Un hereje dijo al emperador: «Se ha salvado porque las fieras no estaban hambrientas». Entonces, el emperador mandó arrojar a la arena al hereje y las fieras lo devoraron.

---

[1] Para un ejemplo especulativo comparable del período inicial del mundo islámico—el espectáculo imaginario de judíos que asedian a Mahoma y se burlan de sus enseñanzas—, véase Reuven Firestone, «The Failure of a Jewish Program of Public Satire in the Squares of Medina», *Judaism*, vol. 46, n.º 4, 1997, pp. 439-452.

Como se ve, tanto el emperador, con su amabilísima sugerencia de erradicar la diferencia judía, como el hereje, que atribuye erróneamente la salvación sobrenatural a causas naturales, quedan puestos en evidencia. Pero el chiste también encierra una advertencia aleccionadora para el lector judío: claro que es posible mofarse del emperador, pero él es el único que puede arrojar a un súbdito a las fieras. Bastaba echar un vistazo para descubrir que, fuera de las páginas del Talmud, los milagros solían ser escasísimos. Podía leerse sobre los mismos, pero en la vida real los judíos necesitaban disponer de otros recursos, y en la literatura satírica del Medioevo encontraron varios.

En la versión lacrimógena de la historia judía, el Medioevo es una época bastante sombría para los judíos, caracterizada por cruzadas y expulsiones. Aunque en la Edad Media ocurrieron todas esas cosas, difícilmente reflejan exactamente lo que sentían los judíos medievales con respecto a su situación (para empezar no se consideraban medievales), o con respecto a sus vecinos y la violencia que ejercían contra ellos.[1] Dicho esto, hay dos manifestaciones del humor popular en la época que pueden darnos alguna pista de lo que *pensaban* sobre tener que soportar el antisemitismo y la persecución.

La primera manifestación son las fábulas de animales, ese gran repositorio de ingenio y humor medievales, presentes desde la Antigüedad: casi todos estamos familiarizados con Esopo, el autor clásico cuyos cuentos, con independencia de si existió o no, se difundieron en diversas versiones por el mundo antiguo. Tenían incluso sus correlatos bíblicos:

---

[1] Véase, por ejemplo, Jonathan Elukin, *Living Together, Living Apart: Rethinking Jewish-Christian Relations in the Middle Ages*, Princeton (Nueva Jersey), Princeton University Press, 2013.

uno de los jueces menores,[1] Jotán, cuenta una fábula, y en el Nuevo Testamento aparece un famoso narrador de parábolas judío. Las fábulas de animales se hicieron aún más populares en el Medioevo y el siglo XV: el repertorio de animales, que representan claramente determinados caracteres, era bastante fácil de entender y resultaba fácil de narrar, lo cual era importante en una época de poca alfabetización y mucha oralidad. Las fábulas de animales también ofrecían consejos sobre cómo comportarse o utilizar el conocimiento de uno mismo para navegar por un universo hostil y peligroso: los personajes ocupaban posiciones establecidas en el orden social, como todo el mundo en la sociedad medieval, y cualquier intento de cambiar de estatus—para el asno ponerse una piel de león y creerse león, por ejemplo—conducía a un cómico fracaso. La fábula, en suma, era un género que aconsejaba cierto grado de resignación y sumisión, e incluso el quietismo: quienes intentaban ir contra el decreto divino y acelerar el final mesiánico eran objeto de burla, y el mensaje claro era el firme respeto al orden político imperante.

Aunque los protagonistas de las fábulas judías pueden ser distintos animales, gozaban de particular popularidad los zorros.[2] En la diáspora, el zorro—presa de caza, forzado a escurrirse y sobrevivir gracias a su ingenio—se convirtió no sólo en un héroe insólito, sino en un símbolo de la presencia judía: aparece en relatos judíos desde el período midrásico hasta la Edad Media y el siglo XV. He aquí una fábula sobre la astucia del zorro de la que hay innumerables versiones:

---

[1] Jueces 9, 7-20; véase un análisis en Weisman, *Political Satire in the Bible*, *op. cit.*, pp. 26-36.

[2] Habían sido populares en épocas anteriores: el Talmud indica que el rabino Meir tenía nada menos que trescientas parábolas de zorros, de las que se conservan tres. Véase Heller, «Humor in the Talmud», *op. cit.*, pp. 105-106.

Un león llevaba días sin comer y le olía fatal el aliento. Un día se encontró en el bosque con un asno y le preguntó: «¿Me huele mal el aliento?». «Apesta», replicó el simplón del asno. «¿Cómo se atreve un asno a insultarme a mí, que soy el rey?», rugió el león, y devoró al asno de inmediato. Poco después se encontró con un oso y le preguntó: «¿Me huele mal el aliento?». «¡Qué va! Te huele a rosas», le contestó el oso. «¡Adulador!—rugió el león—. ¿Cómo te atreves a engañarme?», y también lo devoró. Finalmente, se encontró con un zorro y le pidió: «Huéleme el aliento, amigo mío, y dime si me huele a rosas». Pero el zorro, adivinando la trampa, contestó cautamente: «Perdóname, oh, rey, pero no huelo nada, ¡estoy resfriadísimo!».[1]

Las dimensiones alegóricas del cuento están muy claras—es una ilustración bastante transparente del refrán «palos si bogas y palos si no bogas» del Talmud—. En este caso, sin embargo, en vez de una demostración de poder—bien a través de la insolencia, como en el ejemplo del rabán Gamaliel, o de la salvación sobrenatural del rabino Tanhum en la arena—lo cómico gira en torno a la debilidad: la resistencia se expresa como deferencia retórica y como afirmación de inferioridad física. Versiones cómicas de la sumisión son también las historias de Ester y de Daniel,[2] pero la fábula le otorgó mayor prominencia, vinculando la sumisión a una especie de estrategia asociada a la esperanza mesiánica: basta limitarse a esperar que suene el gran cuerno del carnero y se acabe la historia. Existe otro chiste de animales que, pese a no ser exactamente una fábula, tiene el mismo efecto: un rey ordena al rabino del reino que haga hablar a su mono favorito o será castigado; naturalmente, el rabino accede, pero alega que tardará cinco años en conseguirlo. Cuando sus compañeros le preguntan

---

[1] Adaptado del Midrash; esta versión es de Ausubel, *A Treasury of Jewish Folklore*, *op. cit.*, p. 626.

[2] Véase, por ejemplo, Robert Gnuse, «From Prison to Prestige», *Catholic Biblical Quarterly*, n.º 72, 2010, pp. 31-45.

qué va a hacer, contesta: «En cinco años pueden pasar muchas cosas: podría morir el rey, podría morir yo o podría morir el mono, ¿quién sabe?, incluso podría aprender a hablar».[1]

Comparemos este chiste con otro género popular del Medioevo: los relatos de acertijos. Aunque algo más realistas que sus fabulosos homólogos heroicos, éstos a menudo también son históricamente anacrónicos o míticamente vagos, pero ilustran algunas de las características más importantes de la Edad Media. Como sabe quien haya leído (o visto) *El Hobbit*, los acertijos son un ingrediente fundamental del conflicto: una de las partes plantea la pregunta conociendo la respuesta y ofrece una dudosa promesa de recompensa a quien acierte; la otra parte tiene que asumir el inmenso riesgo de contestar erróneamente (la recompensa por responder correctamente al Enigma de la Esfinge, por ejemplo, era evitar morir devorado). Este tipo de planteamiento evoca con claridad la situación de los judíos en la cristiandad medieval.

En los cuentos de acertijos, personajes como el consejero Kunz (cuyo nombre viene del término alemán-yiddish, que significa 'habilidad, astucia, truco') u otros protagonistas judíos se ven atrapados u obligados a afrontar situaciones aparentemente insuperables: por ejemplo, el gobernante insiste en que el protagonista acuda ante él ni vestido ni desnudo.[2] El personaje logra superar la prueba recurriendo al ingenio, gracias al cual elude la persecución o la muerte: acude desnudo, pero envuelto en una red de pesca. En muchos de estos cuentos de acertijos, a diferencia del chiste del mono, aparecen gobernantes de mentalidad abierta dispuestos a reconocer la utilidad de súbditos tan inteligentes: es una representación fiel—o la expresión de un deseo legítimo—de la situación de los judíos en la Europa medieval, donde obte-

---

[1] Adaptado de la versión de Rufus Learsi, *Filled With Laughter*, Nueva York, Thomas Yosseloff, 1961, p. 254.

[2] Véase Ausubel, *A Treasury of Jewish Folklore, op. cit.*, pp. 95-103.

ner el reconocimiento como *servi camerae regis* ('siervos de la cámara regia') suponía la protección de un monarca fuerte frente a los ataques de otras comunidades. La utilidad de los judíos, aunque generalmente era financiera y consistía en sufragar las inversiones de la Corona, podría deberse incluso, en teoría, al placer de disfrutar del despliegue de ingenio. Aunque los bufones judíos de gobernantes cristianos eran sumamente raros, no deja de tener mérito la formulación del notable erudito del Medioevo que es Mel Brooks, quien lo expresó en estos términos: «Mientras se estén partiendo de risa ¿cómo van a matarte a garrotazos?».[1]

Creo que no es casual que las variedades cómicas de las fábulas y los acertijos sean adaptaciones de géneros muy populares en el mundo medieval. (Salvo por algunos detalles, muchas historias que figuran en las colecciones de fábulas o acertijos judíos aparecieron en otros sitios sin apenas comentarios). Eso no quiere decir, sin embargo, que en la Edad Media el humor judío sobre el antisemitismo se limitara a bromear con la sumisión o la resignación. También floreció otro humor sobre las relaciones judeocristianas medievales fuera del alcance de los ojos gentiles. En la seguridad de su propia esfera lingüística, los judíos a menudo trataron de desquitarse de quienes los rodeaban.

En este sentido, la sátira judía medieval tristemente más célebre quizá sea el *Toledot Yeshu*, una obra paródica que supuestamente narra la historia de Jesús. Esta *contrahistoria*, por usar un término erudito, relataba la biografía del profeta cristiano en los peores términos posibles, sin desperdiciar la menor ocasión para desmentir y mofarse de los episodios de los Evangelios. Tomemos por ejemplo el nacimiento de Jesús y la figura de la virgen: el *Toledot Yeshu* difería del rela-

---

[1] Citado en James Robert Parish, *It's Good to Be the King: The Seriously Funny Life of Mel Brooks*, Hoboken (Nueva Jersey), John Wiley & Sons, 2007, p. 25.

to canónico sugiriendo que María era una prostituta en edad de concebir a la que había dejado preñada un soldado romano—de modo que Jesús era bastardo—, y a continuación retrataba al salvador cristiano como un embaucador y un perverso sexual al que un rival, en un combate místico, derrotaba orinándosele encima.[1] Algunos estudiosos creen incluso que la obra se leía en comunidad el día de Nochebuena. Podríamos decir que era una «guerra santa contra la Navidad».[2]

Se trataba del mismo desprecio intelectual que el rabino Gamaliel había mostrado hacia los emperadores paganos: te crees muy listo, pero basta un examen superficial para darse cuenta de que tus creencias son una patraña. Afirmas que puedes contar las estrellas, pero cuando sepas contar tus dientes sin abrir la boca te escucharé. Te vanaglorias de la teología cristiana: explícame por qué debería yo creer que a una mujer la fecundó Dios y adorar a tres dioses en uno, en vez de creer en un solo creador trascendente y omnipotente. Sin embargo, si habláramos de estas cosas nos expulsarías de nuestras comunidades, en el mejor de los casos, así que nos aseguraremos de hacerlo en un idioma que no entiendes.

Sin duda ése es uno de los motivos por los que a los judíos les inquietaban particularmente los cristianos por elección, más conocidos como *conversos*, que *sí* entendían el idioma y usaban ese conocimiento (cuando no abusaban de él) para componer algunos de los manifiestos más antisemitas del período.

---

[1] En algunas versiones eyaculando encima de Jesús. Véase Michael Meerson y Peter Schäfer, *Toledot Yeshu: The Life Story of Jesus*, Tubinga, Mohr Siebeck, 2014, vol. I, p. 195, y Sarit Kattan Gribetz, «Hanged and Crucified: The Book of Esther and *Toledot Yeshu*», en: Peter Schafer, Michael Meerson y Yaacov Deutsch (ed.), *Toledot Yeshu Reconsidered*, Tubinga, Mohr Siebeck, 2011, pp. 159-180, esp. 178.

[2] La lectura comunal, similar a la lectura del libro de Ester, podría haber formado parte de la tendencia medieval de identificar temáticamente a Amán y a Jesús; véase Kattan y Elliot Horowitz, *Reckless Rites: Purim and the Legacy of Jewish Violence*, Princeton (Nueva Jersey), Princeton University Press, 2008.

Pero la actitud de los judíos hacia esos individuos—bastante escasos en la Edad Media y el siglo xv—solía ser de desprecio, derivada del sentimiento de superioridad teológico-intelectual: ¿cuál podría ser la razón de la conversión al cristianismo? La *creencia* seguro que no. Y a menudo, protegidos tras el hebreo, expresaban este desprecio. Hacia 1391, un médico judío llamado Profiat (o Profayt) Durán se convirtió al cristianismo en el reino de Aragón y tomó el nombre de Honoratus de Bonafide.[1] Aunque en apariencia tuvo la vida de un respetable cristiano, escribió en hebreo obras anticristianas. Una de ellas, *Al tehi keavotekha* ('No sigas el ejemplo de tus padres'), compuesta tres años después de su conversión, es un carta satírica a David Bonet Bonjorn, otro converso reciente, que se había hecho cristiano por auténtica creencia teológica.[2] La carta está estructurada como una felicitación, pero todo en ella—incluso el complejo juego de alusiones bíblicas, que era un sello distintivo del ingenio judío en la época—delata que se burlaba, pues le parecía que, para cualquiera que poseyese educación filosófica, tenía que resultar absurdo e irracional abrazar el dogma cristiano. «No sigas el ejemplo de tus padres, que guiándose por los principios de la razón llegaron a axiomas teológicos, lógicos y matemáticos necesarios—escribe Durán, claramente en tono de burla—, pues el camino que tomaron es una insensatez, hermano mío». Más mordaz es lo que supuestamente dijo el converso del siglo xvi Juan Beltrán de Brihuega ante el Santísimo: «Adórote carpintero, adórote carpintero».[3]

---

[1] Maud Kozodoy, «The Hebrew Bible as weapon of faith in late medieval Iberia: Irony, satire, and scriptural allusion in Profiat Duran's Al Tehi Keavotekha», *JSQ*, n.º 18, 2011, pp. 185-201, esp. 185-186, 193; Elazar Gutwirth, «From Jewish to "Converso" Humor in Fifteenth-Century Spain», *Bulletin of Hispanic Studies*, vol. 67, n.º 3, 1990, pp. 223-233, esp. 228-229.

[2] Citado en Kozodoy, «The Hebrew Bible as weapon of faith in late medieval Iberia», *op. cit.*, p. 187.

[3] Citado en Gutwirth, «From Jewish to "Converso" Humor in Fifteenth-

Otra expresión del triunfalismo cómico judío es uno de los grandes temas del Medioevo tardío: el niño que se convierte al cristianismo (generalmente por la fuerza), pero gracias a su superioridad intelectual se abre camino hasta las más altas esferas y llega a ser papa de Roma.[1] Siglos posteriores harán más explícitos los aspectos cómicos de este motivo—pienso en un chiste como el de la señora Greenstein que visita al Dalai Lama y le dice sólo cuatro palabras: «¡Sheldon, vuelve a casa!»—. Pero permítaseme pensar que la burla estuvo implícita en ese motivo desde el origen: *naturalmente*, si un judío se convertía tenía que terminar siendo papa, porque al fin y al cabo los demás eran *goyishe kep*, 'cabezas gentiles', simple y llanamente inferiores.

Pero existían ocasiones en que judíos y cristianos se enzarzaban realmente en el debate intelectual para comparar los méritos relativos de sus teologías: las disputas. Y el tratamiento cómico de esa institución tan seria plantea cuestiones no menos serias: ¿qué pasa cuando esa confianza judía en la propia capacidad intelectual, ese sentimiento de superioridad teológica, empieza a tambalearse?

Primero, la parodia:

Century Spain», *op. cit.*, p. 230. Es notable que los finales satíricos sean de conversos en ambos casos. Un chiste muy posterior expresa bien esa dinámica paradójica. Tres judíos convertidos al cristianismo exponen las razones de su conversión. El primero dice que lo hizo para conseguir mejor posición en la sociedad. El segundo explica que se convirtió por razones sentimentales cuando se enamoró de una mujer católica que insistió en que se convirtiera. El tercero dice: «Yo me convertí por razones teológicas: creo que Jesucristo es la encarnación de Dios y fue enviado a este mundo para redimir a toda la humanidad del pecado original», y de inmediato los otros dos le responden: «¿Qué, nos tomas por una pandilla de *goyim*?». Adaptación de la versión de Joseph Telushkin, *Jewish Humor: What the Best Jewish Jokes Say About the Jews*, Nueva York, William Morrow, 1992, p. 137.

[1] Véase sobre este tema Joseph Sherman, *The Jewish Pope: Myth, Diaspora, and Yiddish Literature*, Oxford, Legenda, 2003.

Había una vez un pérfido obispo que quería expulsar a los judíos de su diócesis y decidió desafiar a un representante de la comunidad judía a un debate: si el obispo ganaba podría hacer lo que quisiera con los judíos de la ciudad. La situación tenía tan asustada a la comunidad judía que nadie quería asumir tamaña responsabilidad, así que estaban ya a punto de darse por vencidos cuando un hombre sencillo llamado Yankel dio un paso al frente y dijo que él aceptaba el desafío. Pero como Yankel y el obispo no hablaban una lengua común se decidió que el debate se haría por señas.

El obispo avanzó orgullosamente hasta el centro de la plaza de la ciudad y alzó tres dedos. Yankel, por su parte, alzó un solo dedo como respuesta. A continuación el obispo, un poco desconcertado, señaló a lo lejos; Yankel respondió señalando resueltamente el suelo. El obispo, obnubilado, sacó de la sotana una manzana; Yankel sacó una barra de pan. Y entonces el obispo dio media vuelta y se marchó furioso, gritando: «¡Se acabó! ¡Han ganado los judíos!».

Cuando los miembros del clero se agruparon a su alrededor preguntando qué había pasado, el obispo respondió: «Ese astuto judío tenía respuesta para todo. Primero alcé tres dedos para indicar el poder y la majestad de la Santísima Trinidad, y el judío alzó un solo dedo para replicar que el poder soberano lo encarna más plenamente una sola forma, la del Dios único de los hebreos, y que aquello cuya esencia es más perfecta es indudablemente mejor. Yo le repuse que el Hijo de Dios regresará desde lejos, donde se encuentra ahora, para mostrar a los judíos que están equivocados, y él replicó que la fe no debe juzgarse por una promesa abstracta en un futuro lejano, sino por lo que ocurre en el presente, y ¿dónde está ahora el Mesías? Sólo me quedaba un argumento: saqué la manzana de Eva, signo del pecado original que nos atormenta a todos, pero entonces él sacó el trigo, que es el sustento de la vida, apelando a la misericordia divina en vez de al prejuicio, y me tapó la boca». Los eclesiásticos bajaron la cabeza.

En el otro lado de la plaza, frente a la sinagoga, había mucho jolgorio y los rabinos le preguntaron a Yankel: «¿Cómo lo has hecho? ¿Cómo has logrado derrotar a la mente más preclara de la Iglesia en una disputa teológica?». Yankel, frunciendo el ceño, contestó: «Pues la verdad es que no tengo ni idea. Primero él me dijo que quería tres debates y yo le respondí que con uno había de sobra. Luego me dijo que deberíamos discutir un poco más lejos, y yo le repuse que por mí mejor aquí; y luego el me enseñó su desayuno, pero cuando yo le enseñé el mío se largó».[1]

El chiste es ambivalente y creo que atestigua la doble perspectiva de gran parte del humor judío sobre el antisemitismo. Por un lado, da cuenta de la sensación de fondo de que hay algo demasiado *mental* y *estúpido* en el antisemitismo, que es únicamente el resultado de las ideas de los antisemitas. El odio al judío es, casi por definición, un producto ajeno al judío real y a su conducta, de ahí que haya sido necesario dedicar tanto esfuerzo intelectual (o más bien pseudointelectual) a producir el discurso con el que justificarlo. No es difícil burlarse de esos discursos mostrando hasta qué punto hacen agua. En la parodia citada, el exceso de intelectualismo del obispo es su debilidad y, en última instancia, ese rasgo es el resultado del sentimiento profundamente arraigado en el obispo de que en realidad la suya es la opción teológica más débil y perdedora—una idea que sin duda satisface tanto al narrador judío del episodio como a su público—.

Por otra parte, no es que los judíos salgan muy bien parados en esta parodia: su victoria no se debe a una defensa teológica efectiva, ni siquiera a un despliegue de ingenio como el de los zorros en las fábulas de animales. Más bien se benefician de la suerte del principiante. En cierto sentido, el relato ilustra el carácter corrosivo de ciertas parodias que no dejan títere con cabeza, pero también plantea una cuestión incómoda que los textos talmúdicos no suelen abordar: quizá nosotros *estemos* equivocados y, a la vista del panorama, costará demostrar que tenemos razón.

---

[1] Puede encontrarse una versión más breve de este chiste en Ed Cray, «The Rabbi Trickster», *The Journal of American Folklore*, n.º 77, 1964, pp. 331-345, esp. 342-343, y una extensa, un poco distinta, en Simon R. Pollack, *Jewish Wit For All Occasions*, Nueva York, A&W Visual Library, 1979, pp. 176-179.

De esta posibilidad se hace eco, desde una perspectiva no judía, una sátira anticristiana de uno de los autores satíricos más grandes de la Edad Media (y de todos los tiempos): Giovanni Boccaccio. En el *Decamerón* cuenta la historia de Abraham, un judío persuadido de convertirse al cristianismo, aunque no por la insistencia de su amigo cristiano ni por las virtudes de la jerarquía eclesiástica de Roma, ya que a Abraham no le cuesta advertir que no hay en los clérigos «ninguna santidad, ninguna devoción, ninguna buena obra o ejemplo de vida o de alguna otra cosa»,[1] pero se convierte precisamente por eso: si los cristianos tienen tanto éxito a pesar de su falta de virtud y su mala conducta, sin duda tienen que hallarse, en su opinión, en el buen camino.

Boccaccio, autor italiano del siglo XIV cuyo espíritu humanista y anticlerical señalaban el camino hacia la modernidad, nos recuerda que cuando el mundo entraba en el período moderno no eran los judíos los únicos que criticaban el cristianismo. La modernidad europea se forjó, como sabemos, en la precaria paz que siguió a las guerras de religión de mediados del siglo XVII. La embrionaria definición de los rasgos más decisivos de ese período—el desarrollo de un concepto de tolerancia religiosa basado en la separación de la Iglesia y el Estado derivada de los principios del racionalismo filosófico—condujo también a significativos cambios potenciales en la consideración de la «cuestión judía» (expresión que cobró vigencia en la época). Si el origen del antisemitismo, lo que hacía a los judíos tan odiosos y nocivos (para los antisemitas), había sido la *diferencia*, ésta tenía su origen en una diferencia de opinión teológica. Y puesto que no había ninguna base para juzgar la validez de cualquier religión revelada como mejor que cualquier otra, ya que el

---

[1] Giovanni Boccaccio, *The Decameron*, Nueva York, Penguin Books, 1972, pp. 37-41, cita en p. 40. [*Decamerón*, trad. Juan G. De Luances, Barcelona, Penguin Clásicos, 2017, edición digital].

criterio principal para juzgar el comportamiento era la razón—el fundamento del pensamiento ilustrado—, sencillamente el antisemitismo no era razonable. Por lo tanto debía
quedar pulverizado por la lógica: en los nuevos Estados-nación que emergían debía reinar la tolerancia hacia la minoría
judía, e incluso la aceptación de los miembros de la comunidad judía como iguales, como ciudadanos de la fe mosaica.

Naturalmente, el espíritu ilustrado no se tradujo ni mucho
menos en la abolición del antisemitismo europeo.

La razón más obvia del fracaso del racionalismo ilustrado
en la tarea de curar el antisemitismo europeo responde a una
realidad de la naturaleza humana que la literatura y la cultura ilustran desde *Romeo y Julieta* hasta *Todo en familia* y *The
Jeffersons*: el prejuicio se resiste a morir. Existe una enorme
diferencia entre la aceptación intelectual de un fenómeno y
su aceptación emocional. A los que creen de veras en la tolerancia religiosa puede muy bien no gustarles tener vecinos
o familia política judía.

Gran parte del humor judío que produjo el reconocimiento pesimista del antisemitismo se escribió en los idiomas europeos que los judíos abrazaron como parte del proceso de
modernización. Éste fue, en buena medida, obra de aquellos que, en palabras del brillante poeta lírico alemán del siglo xix Heinrich Heine, habían aceptado el bautismo como
el billete de acceso a la cultura europea. En estos términos
lo expresó Heine y, en consonancia con su cáustico e implacable sentido del humor, él, que era converso, fue también responsable de uno de los mejores comentarios sobre el
tema: «Es sumamente difícil para un judío convertirse, porque ¿cómo puede creer en la divinidad de otro?».[1]

---

[1] Citado en Chaim Bermant, *What's the Joke? A Study of Jewish Humor
Through the Ages*, Londres, Weidenfeld & Nicolson, 1986, p. 47. Heine di-

A Heine no le dio miedo atacar el antisemitismo utilizando los viejos tropos familiares del desprecio teológico-intelectual. En un largo poema sobre una disputa judeocristiana escribe, por ejemplo, que la Trinidad es:

> … un misterio que sólo podrás captar
> si renuncias a los sentidos y la razón,
> que siempre fueron tu perdición.[1]

Pero también se burló de los antisemitas europeos por cometer el peor de todos los crímenes posibles: no estar a la altura de sus propios patrones de elegancia y encanto. La mordaz imagen del nuevo antisemita que ofrece—«ya no es el porte sombrío, monacal y fanático, sino los insulsos rasgos ilustrados del tendero temeroso de verse superado en tratos comerciales»—lo retrata magníficamente.[2]

La mayoría de personajes antisemitas de Heine expresan su odio con la grosería y la vileza características del resto de su humor vulgar y escatológico (lo cual contrasta con los personajes judíos, dignos y elegíacos, de una solemnidad y una clase, en realidad, nuevas, que reconoceremos en filosemitas contemporáneos y posteriores como Gotthold Ephraim Lessing y George Eliot).[3] En suma, la nueva cepa de antisemitismo europeo sería responsable de una violencia de carácter social más que de cualquier otro género, de modo que la comedia de la persecución se trasladará al salón y al ám-

---

ría también hacia el final de su vida que no había vuelto al judaísmo porque «nunca lo dejé». Véase Heinrich Heine, *Jewish Stories and Hebrew Melodies*, Nueva York, Markus Wiener Publishing, 1987, p. 12.

[1] Heine, *Jewish Stories and Hebrew Melodies*, *op. cit.*, p. 134.

[2] *Ibid.*, p. 93. Véase también S. S. Prawer, *Heine's Jewish Comedy*, Oxford, Clarendon Press, 1983, p. 28.

[3] Sobre este aspecto, véase Ruth Wisse, *No Joke: Making Jewish Humor*, Princeton (Nueva Jersey), Princeton University Press, 2013, pp. 14, 16, 29 y ss.

bito de la etiqueta. La observación de Heine al señalar que «cuando se habla de un hombre rico de mi credo lo llaman hebreo, pero si es pobre lo llaman judío» es muy sagaz.[1] Aunque es cierto que las versiones más mordaces de este prejuicio sugieren que en ocasiones podía desembocar en violencia, esta posibilidad era un lamentable resultado más que el punto principal.

El sentido del humor de Heine arraigó en Inglaterra, donde Israel Zangwill, uno de los escritores judíos más famosos antes de las dos guerras mundiales, asumió los prejuicios contra los judíos en *El rey de los Schnorrers*, su obra cómica de 1894. En ella, Zangwill abraza el estereotipo inglés de los judíos, pero con el crucial propósito de demostrar las similitudes entre el cliché del mezquino judío usurero y los miembros británicos de las clases altas. El prólogo de Zangwill al libro termina con un verso de una vieja canción popular inglesa que empieza con el pareado: «Que todos somos mendigos lo sabe cualquiera, | pero unos de medio pelo y otros de alta esfera».[2] Como Heine, Zangwill mostró la deplorable hipocresía y grosería consustanciales al antisemitismo, destinadas—al menos idealmente—al rechazo entre los hijos de la Ilustración.

Fuese para mitigar la hipocresía o para señalar el homenaje que el vicio rinde a la virtud, el segundo fenómeno característico del persistente antisemitismo en la modernidad fue

[1] Lore y Maurice Cowan, *The Wit of the Jews*, Nashville (Tennessee), Aurora Publishers, 1970, p. 41.

[2] Israel Zangwill, *The King of Schnorrers: Grotesques and Fantasies*, Nueva York, Macmillan & Co., 1909, p. 6 [existe traducción en español: *El rey de los Schnorrers*, trad. Manuel Goldstraj, Buenos Aires, M. Gleizer, 1938]. No es que los personajes judíos de Zangwill se libraran de sus mofas: se burló de los notables anglojudíos por creer erróneamente que existía gran diferencia entre sus aires regios y los del rey de los mendigos. Véase Edna Nahshon, *From the Ghetto to the Melting Pot: Israel Zangwill's Jewish Plays*, Detroit (Míchigan), Wayne State University Press, 2006, p. 393, y Wisse, *No Joke: Making Jewish Humor, op. cit.*, p. 107.

algo tan sencillo como la creación de razones *diferentes* para rechazar a los judíos. Zangwill decía también que «si no hubiese judíos habría que inventarlos para el uso de los políticos: son indispensables, la antítesis de una panacea, la garantía de que se encontrará la causa de todos los males»,[1] y, como es bien sabido, el antisemitismo puede reencauzarse trágicamente sin demasiada dificultad para verterse en nuevos recipientes, nuevos esquemas conceptuales, cuando la historia los brinda y quedan bloqueados los anteriores. Esta «ductilidad» habría permitido que antisemitas del siglo xx, por ejemplo, pintasen simultáneamente a los judíos como los capitalistas secretos que controlaban la economía mundial y como comunistas anarquistas dedicados a desbaratarla. El cambio que tuvo lugar con el nacimiento del antisemitismo racial—*grosso modo*, culpar a los judíos más por lo que son que por sus creencias—simplemente agudizó la decepción judía con respecto a las perspectivas de emancipación; y difundió la creencia entre los consternados judíos liberales de que, al menos en lo relativo al antisemitismo, la modernidad era una patraña, ya que sus perseguidores cambiaban las reglas en cuanto tenían ocasión. Uno de los chistes que contaban los judíos que vivieron la Primera Guerra Mundial ilustra el fin de la esperanza judía, que coincidió con el auge del optimismo liberal: después de la Gran Guerra, se celebra una reunión entre Woodrow Wilson e Ignacy Paderewski, el político y compositor polaco, quien afirma que si en la Conferencia de Paz no se otorgan a Polonia todas sus peticiones los polacos se indignarán tanto que saldrán a matar a los judíos; y si se les otorgan, se pondrán tan contentos que se emborracharán y saldrán a matar a los judíos.[2]

Este fenómeno de la modernidad coincidió con, y ocasio-

---

[1] Cowan, *The Wit of the Jews*, op. cit., p. 74.
[2] Henry D. Spalding (ed.), *Encyclopedia of Jewish Humor: From Biblical Times to the Modern Age*, Nueva York, Jonathan David, 1969, p. 183.

nalmente complementó, un tercer fenómeno que dio por resultado un género especialmente desconcertante de humor judío sobre el antisemitismo: la internalización de algunas acusaciones. Es decir, algunos judíos empezaron a preguntarse si el antisemitismo tendría alguna justificación y terminaron atacando el comportamiento judío como si fuera la causa del antisemitismo. Se trata evidentemente de un enfoque distinto a los anteriores y se apoya en una noción de la identidad judía que se encuentra en algún punto entre las dos definiciones formuladas antes: algo en el comportamiento tanto cultural como nacional de los judíos habría podido influir en lo que son. Pero—y ésta es la diferencia con respecto al antisemitismo racial—si lo cultural cambiase, quizá también podría cambiar del todo lo nacional.

Este tipo de humor judío suele denominarse «autoodio», aunque resulta ligeramente inexacto, pues los judíos que lo practicaban expresaban su odio a comunidades de judíos de las que no formaban parte. Iniciado a mediados del siglo XVIII en Europa occidental, fue un fenómeno de judíos europeos occidentales dirigido a los inmigrantes europeos del Este. (Un siglo después, se produjo un fenómeno similar en Estados Unidos: judíos aculturados de origen alemán, ya integrados al cabo de una generación, denigrarían a los nuevos inmigrantes judíos que se abrían paso a través de Ellis Island). En ocasiones el público de este humor era mixto o no judío, pero los escritores judíos fueron los que tuvieron una mayor influencia en la historia de este tipo de humor. Los miembros más tempranos de la Haskalá, o Ilustración judía, en su fase europea occidental fueron habituales exponentes de este fenómeno.

La Haskalá desempeña un papel importante en nuestra historia, así que merece la pena detenerse un momento para explicar en qué consiste. Llamarla *ideología*, *movimiento*, *programa político*, *estilo literario* o *sensibilidad* no es del todo correcto, pues fue todas esas cosas y ninguna. Consistió, *gros-*

43

so modo, en un conjunto de hombres de comunidades judías europeas—a finales del siglo XVIII, primero en Europa occidental, sobre todo en Alemania, y luego, durante las siguientes décadas, en el Imperio ruso tras la conquista de Polonia gracias a admiradores y discípulos de los autores ilustrados judíos occidentales—que abrazaron los nuevos ideales del racionalismo filosófico y la tolerancia religiosa.

Todos ellos comprendieron que la Ilustración ofrecía nuevas perspectivas para la igualdad social y política, pero también se dieron cuenta de que no se materializarían sin algún cambio, y estaban convencidos de que la responsabilidad de ese cambio recaía en los judíos. Los partidarios de la Haskalá, los *maskilim*, proponían reformas en las costumbres sociales, en la práctica religiosa, en el sistema educativo y en el estilo y contenido de la literatura judía; y en todos esos casos *cambio* significaba «intentar emular más las costumbres y la cultura de los vecinos más cercanos»: esforzarse por hablar el idioma del lugar en vez de (por ejemplo) yiddish; valorar, además del teatro tradicional de Purim, otras formas literarias como la sátira burguesa o el diálogo filosófico; impulsar, a través de las leyes del Estado, cambios en aspectos de la indumentaria judía o el currículum escolar. Naturalmente, entre muchos de los correligionarios de los *maksilim* estos proyectos inspiraban pocas simpatías, y ellos pagaron con la misma moneda: a menudo retrataron a los judíos que no adoptaban el programa de modernización—y eran la aplastante mayoría—de un modo completamente negativo. Pero como eran conscientes—particularmente en Europa occidental—de que su política podía tener consecuencias desastrosas para la imagen de los judíos entre sus vecinos, se esforzaban mucho en aclarar que los estereotipos sobre los judíos no eran exactamente *erróneos*, sino más bien geográficamente inexactos. Sus críticas iban dirigidas a aquellos europeos del Este mucho menos integrados y (según ellos) menos integrables.

En una obra teatral de la Ilustración judía alemana, por ejemplo, titulada *Laykhtzin un fremelay* ['Estupidez y mojigatería'], de 1797, aparece un personaje judío de Europa del Este que es un hipócrita lujurioso, una especie de Tartufo con indumentaria tradicional para diferenciarlo, a ojos no judíos, de todos los buenos judíos alemanes, encantados de vestirse, hablar y leer como cualquier otro alemán. La acotación para describir a este personaje, el rebe Yoysefke, en su primera aparición en escena reza así: «Avanza sigiloso, arrastrando los pies, la cabeza gacha, los ojos clavados en el suelo y las manos unidas [piadosamente en apariencia]».[1] No nos sorprende demasiado que, al final de la obra, aparezca en una casa de mala reputación intentando empeñar sus filacterias rituales para financiar sus frecuentes visitas al lugar.

El deseo de integrarse de los judíos alemanes y el humor de autoodio (o de crítica, si se prefiere) a que dio lugar estaban condicionados por la esperanza: si, y cuando, se produjese esa transformación social, cultural y lingüística, caerían las barreras entre los judíos y sus vecinos no judíos. Esa esperanza, aunque vana en último término, era al menos plausible en la Europa occidental; pero el movimiento modernizador de la Europa del Este que le sucedió, pese a heredar la idea de esas oportunidades soñadas de asimilación y aculturación, tenía una legislación más dura y más antisemita, y se encargó de recordar a los judíos su puesto en la sociedad y de mostrarles que era imposible alcanzar tales objetivos por medio de la modernización.

Ya se tratase de la reclusión de los judíos en un sector específico del Imperio ruso—la «Zona de Asentamiento»—o, sobre todo después del asesinato del zar en 1881, del crecimiento de la violencia antisemita específica y cuasi orga-

[1] Aaron Halle-Wolfsohn, *Silliness and Sanctimony*, en: Joel Berkowitz y Jeremy Dauber, *Landmark Yiddish Plays*, Albany (Nueva York), SUNY Press, 2006, pp. 81-111, esp. 87.

nizada en la forma de los llamados *pogromos*, la historia judía en la Europa del Este sugiere un enfoque muy diferente para quienes se apartaban de la tradición secular de relativo quietismo. Las representaciones en clave cómica de la impotencia judía frente al antisemitismo empezaron a ridiculizar a los progresistas por no entender cómo funcionaba éste en realidad. Sirva de ejemplo este chiste:

Un día se escapa un oso del circo. El jefe de policía da la orden a sus agentes de disparar contra el oso en cuanto lo vean, y un judío, al enterarse, decide marcharse de la ciudad. Un amigo le pregunta: «¿Por qué huyes si tú no eres un oso?», y el judío le contesta: «Primero dispararán contra un judío ¡y luego ya se verá si era el oso!».[1]

El paso del optimismo liberal a la decepción y el escepticismo es un proceso evidente en buena parte de la literatura yiddish de la época. Aunque es bastante habitual calificar el idioma yiddish de divertido por su propia esencia, se trata de una idea profundamente errónea. El yiddish, como lengua franca de los judíos de Europa del Este, fue el vehículo tanto de los encomios más lúgubres como de los chistes más procaces, tanto de la poesía lírica como de los pareados más ramplones o los comentarios más escatológicos. Pero no hay duda de que la *literatura* yiddish, desde los comienzos de la modernidad, se asume a sí misma como inferior, como una segunda opción para escritores que deberían escribir en hebreo o para un público que no tiene la capacidad, la voluntad o la posibilidad de aprender ruso o polaco. La razón por la que muchos autores escribieron primero en yiddish—llegando a una audiencia masiva para plantear la polémica progresista—parece que se debió, en origen, a que querían admi-

---

[1] Adaptado de una versión de Irving Howe, «The Nature of Jewish Laughter», en: Sarah Blacher Cohen (ed.), *Jewish Wry*, Detroit (Míchigan), Wayne State University Press, 1987, pp. 21-22.

nistrar una cucharada de *zúker* ['azúcar'] cómica al público para que tragara más fácilmente la medicina.

Esto no significa que el humor no fuese un asunto serio, especialmente en lo relativo al antisemitismo. Analicemos cómo evolucionó el pensamiento del que se considera «el padre de la literatura yiddish», S. Y. Abramovich (aunque todo el mundo lo conociese por el pseudónimo de Méndele Móijer Sfórim, 'Mendel el Librero'). Nacido en 1835 en la Bielorrusia actual, se dedicó a la literatura tras un dramático período en el que mendigó como huérfano por la Zona de Asentamiento y halló luego solaz en la casa de un temprano *maskil* (un partidario de la Haskalá) de Europa del Este; las condiciones en que vivían los judíos, de las que fue testigo en sus viajes, y la esperanza de mejorarlas que ofrecía la Haskalá, le marcaron. En su novela de 1878, *Viajes de Benjamín III*,[1] Benjamín y su compañero de fatigas, Sénderl, ven interrumpido su gran viaje no por el ejército del zar, sino por los reclutadores judíos que los apresan para entregarlos.[2] El poder judío está atrofiado no sólo por la falta de perspectiva de los propios judíos sobre su situación en el régimen político—en una casa de oración varios judíos congregados en torno a

---

[1] El número romano alude a dos exploradores judíos anteriores reales que se llamaron Benjamín: el medieval Benjamín de Tudela y un personaje más reciente de mediados del siglo xix, Israel Joseph Benjamin. Es complicado datar la novela: la cronología y la historia textual de casi todas las novelas de Abramovich es una cuestión compleja, pues solían pasar por varias revisiones que reflejaban el rápido cambio que experimentaba la perspectiva política. [Existe traducción en español: *Viajes de Benjamín III*, trad. Salomon Resnick, Buenos Aires, Ediciones del Ateneo, 1939].

[2] Como aclara una nota al pie en la edición en español citada: «El zarismo imponía a toda comunidad judía que presentara al ejército un determinado número de conscriptos. Los jefes de las comunidades judías, para evitar que sus hijos hicieran el servicio militar, los sustituían por judíos pobres o viajeros que carecieran de pasaporte. Muchos individuos, llamados "prendedores", se encargaban de atrapar a las víctimas por la fuerza o mediante ardides». (*N. del T.*).

la estufa debaten sobre cuestiones de estrategia militar de la guerra de Crimea, completamente ciegos a su propia situación—, sino por algo tal vez más preocupante: la aparente satisfacción con la que soportan su impotencia. De hecho, a Benjamín y a Sénderl los deja en libertad el ejército zarista cuando el primero declara:

¡Nosotros declaramos solemnemente que nada sabíamos de estrategia militar!, no sabemos ni queremos saber nada de eso, nosotros, gracias a Dios, estamos casados, tenemos preocupaciones bien distintas y no podemos dedicarnos a estas cosas, no nos interesan en lo más mínimo. En estas condiciones, ¿de qué os servimos? Yo creo que os convendría deshaceros de nosotros.[1]

Considerando la lamentable estampa que ofrecen, todos les dan la razón: los soldados zaristas, a los que tanta gracia hacen los dos desarrapados, son prácticamente inocentes en la trama de la novela. Según parece sugerir el libro, la mejor receta para una política judía más favorable es un cambio en la perspectiva judía como el que planteaba la Ilustración judía.

No obstante, al mismo tiempo el autor era escéptico con respecto a la posibilidad de que la Ilustración cambiase realmente las cosas, en buena medida por el fracaso de las instituciones liberales rusas para abordar adecuadamente la cuestión judía. Tal escepticismo se agudizó con el paso de los años, y en su novela *Die Mähre* ('La yegua', 1873; revisada en 1889), la incorporación de un estudiante a la sociedad rusa se ve frustrada porque se manipulan los exámenes de ingreso en la universidad para evitar el acceso a los judíos. El estudiante se vuelve loco y habla con una escuálida yegua que para él personifica al pueblo judío oprimido y marginado en

---

[1] S. Y. Abramovich, *Tales of Méndele the Book Peddler*, Nueva York, Schocken, 1996, p. 389 [*Viajes de Benjamín III, op. cit.*].

el exilio. Ni siquiera los liberales rusos—personificados a su vez por la Sociedad para la Prevención de la Crueldad con los Animales—se preocupan por la yegua, y dan por supuesto que los golpes que le propinan son culpa del animal. Así se resume el pensamiento de tales individuos: «Que [la yegua] aprenda la lección y cuando domine todos los trucos del caballo domesticado será digna de nuestra conmiseración y nuestra sociedad protectora la apoyará».[1] Es una posición con la que Abramovich tal vez había simpatizado en el pasado, pero ya no: en la página siguiente, su *alter ego*, el estudiante, al ver a un campesino ruso golpeando a un caballo se identifica orgullosamente como miembro de la sociedad protectora y recibe una contundente respuesta: «¡Te voy a romper la crisma, chiflado! ¡Meteos vuestras sociedades donde os quepan!». Llega un momento en que la responsabilidad personal empieza a parecer irrelevante y, en realidad, risible frente a otras miserias.

Consideremos el caso de otro de los padres de la literatura yiddish de entresiglos, I. L. Peretz. En su cuento de finales de 1890 «El Shabbes Goy»,[2] un vecino de Chelm—el arquetípico pueblo judío de tontos—excusa constantemente las palizas que otro judío recibe a manos del abusón gentil local con racionalizaciones cada vez más rebuscadas (y cómicas):

—¡Está todo muy claro, Yankele! ¿Cómo puedes llamar *asesino* a un hijo de Dios? Eso no es posible, ¿crees que si hubiese asesinos Dios permitiría que existiera el mundo? ¡Ni hablar! Ahora bien, no quiere eso decir que el incidente que relatas no sea cierto, yo

---

[1] S. Y. Abramovich, «The Mare», en: Joachim Neugroschel, *Great Tales of Jewish Fantasy and the Occult*, Woodstock (Nueva York), Overlook Press, 1987, pp. 545-663, esp. 610-611.

[2] Como se aclara en nota en la edición inglesa de la obra de Peretz, un *shabbes goy* es un gentil contratado para realizar pequeñas tareas prohibidas a los judíos durante el Shabbat, como encender las velas. (*N. del T.*).

te creo, Yankele. Y además puedo constatar con mis propios ojos que tienes varios dientes rotos, de modo que la conclusión es, como comprenderás…—Y haciendo una pausa para tomar aliento, finalmente concluyó—: ¡Que la culpa la tienen tus dientes![1]

Cuando las palizas empeoran, los habitantes de Chelm llegan finalmente a la conclusión de que, considerando que el abusón gentil está obsesionado con Yankele, lo más conveniente es expulsar a Yankele e intentar apaciguar al *goy* mejorando su remuneración: le darán una mayor porción de *jalá* ['pan blanco del Shabbat'] y dos copas de brandy en vez de una. Peretz se reserva su sardónica conclusión para el final: «¿Te estás riendo? Aun así, hay un poco del rabino de Chelm en todos nosotros».[2]

Peretz no fue el único que diagnosticó esta lamentable insensatez, derivada, según su diagnóstico, de la combinación de una tradición religiosa que aconsejaba quietismo y un programa liberal moderno que achacaba los problemas de los judíos a su conducta. Lo ilustra un célebre chiste del período: «A dos judíos frente a un pelotón de fusilamiento ruso les ofrecen taparles los ojos. Uno acepta, pero cuando el otro rechaza el ofrecimiento, le dice: "¡Siempre protestando y causando problemas!"».[3] Y un tratamiento más elevado, aunque no menos punzante, procede de la pluma del poeta hebreo (y yiddish) H. N. Biálik, que compuso una épica jeremiada tras el pogromo de Kishinev de 1903 en que cuenta que los judíos que habían presenciado cómo sus esposas eran violadas acudían luego a preguntar si la ley rabínica les permitía mantener relaciones carnales con ellas. Su poema

[1] I. L. Peretz, «The Shabbes Goy» (*c.* 1894), en: Ruth Wisse (ed.), *The I. L. Peretz Reader*, Nueva York, Schocken, 1990, pp. 131-138.

[2] Peretz, «The Shabbes Goy», *op. cit.*, p. 138.

[3] Sobre este chiste y sus consecuencias morales, véase Paul Lewis, «Joke and Anti-Joke: Three Jews and a Blindfold», *Journal of Popular Culture*, vol. 21, n.º 1, 1987, p. 63 y ss.

«En la ciudad de la matanza» es la más plena expresión de la cólera nacional y divina o la más descarnada de todas las sátiras, o ambas cosas a la vez.[1]

Mientras que Biálik empezó defendiendo un tipo de nacionalismo judío que consistía en apoyar el sionismo—la realización del sueño nacional judío—, Peretz, que escribió sólo unos años antes, en la década de 1890, abogaba por un modo de combatir el antisemitismo mucho más popular en la época: reemplazar el orden imperante por una hermandad revolucionaria de la humanidad que mirase más allá de las pequeñas divisiones mezquinas, incluida la hosca y reaccionaria división religiosa. Pero, naturalmente, no era tan fácil erradicar antiguos odios, y cuando el idealismo de la primera revolución rusa sacó a la luz la violencia antisemita reaccionaria y la Revolución de Octubre desembocó en un ataque permanente contra el mismo viejo grupo marginalizado, el humor judío europeo sobre el antisemitismo mutó en un género negro, una sombría forma de resignación. He aquí un chiste soviético ilustrativo: «Haim va por la calle y alguien le grita: "¡Judío de mierda!". "Ay—suspira Haim—, si hubiese carne en las tiendas sería como en los tiempos del zarismo"».[2]

Mientras que los judíos del Medioevo creían que el antijudaísmo era *erróneo* pero *lógico* (teniendo en cuenta la posición teológica del otro) y los judíos ilustrados pensaban que era *lógico* (ya que, en su opinión, era un resultado orgánico de circunstancias específicas, explicables y corregibles) e incluso *correcto* hasta cierto punto (aunque no fuese justo), los

---

[1] Los críticos han discutido la historicidad de esos episodios. Véase el número especial dedicado a Kishinev en *Prooftexts*, n.º 25, 2005, pp. 1-2.

[2] Citado en Wisse, *No Joke: Making Jewish Humor, op. cit.*, p. 163. Véase también David Harris e Izrail Rabinovich, *The Jokes of Oppression: The Humor of Soviet Jews*, Northvale (Nueva Jersey), Jason Aronson, 1988.

judíos modernos—y el humor judío moderno—consideran el antisemitismo *erróneo* e *ilógico* al mismo tiempo (puesto que los intentos de corregir ciertas conductas son inútiles, se rechazan las razones de ese odio por resultar cada vez más artificiosas). El siguiente chiste, que suele situarse en la Alemania nazi, ilustra perfectamente la sensación de que el antisemitismo moderno es cada vez más irracional e impredecible:

Un camisa parda detiene a un judío por la calle y lo desafía:

—¿Quién tiene la culpa de la decadencia de Europa, eh?

—Los judíos—responde el judío, que no es tonto y sabe de qué pie calza el otro—y los ciclistas.

—¿Los ciclistas? ¿A qué vienen los ciclistas?

—¿A qué vienen los judíos?—replica el judío.[1]

He aquí otro, del mismo período, aún más explícito:

Dos judíos están sentados en el banco de un parque, leyendo la prensa, cuando uno repara de pronto, sorprendido, en que su vecino está leyendo *Der Stürmer*, periódico nazi completamente antisemita.

—¿Por qué está leyendo eso?

El otro, suspirando, mira su periódico y pregunta:

—¿Qué dice su semanario sionista?

—Pues que los judíos estamos siendo perseguidos, que nos golpean y nos arrebatan nuestras propiedades, que nos reúnen para llevarnos quién sabe dónde.

—Exactamente. Mire mi periódico: dice que controlamos la economía mundial, que tenemos representantes en todos los gobiernos del mundo, que somos una fuerza incontenible. ¿Usted qué judío prefiere ser?[2]

---

[1] Steve Lipman, *Laughter in Hell: The Use of Humor During the Holocaust*, Northvale (Nueva Jersey), Jason Aronson, 1991, p. 206.

[2] Versión ligeramente distinta en Lipman, *Laughter in Hell*, *op. cit.*, p. 197.

El chiste es mordaz, quizá porque invierte el humor del período anterior. Durante la Ilustración, en las calles de Berlín una respuesta habitual de los judíos a las falaces quejas de los gentiles era internalizarlas y aceptarlas (aunque los sectores de la comunidad judía que abogaban por esta solución lo hicieran en nombre de otros miembros del pueblo judío) con la esperanza de que esta actitud contribuyera a cambiar su destino. Pero durante la persecución perpetrada por el nazismo no tenía el menor sentido asumir que los judíos eran culpables de la situación en la que se encontraban: lo único que podían hacer era reírse lúgubremente del papel que les había asignado la historia.

A medida que el cerco nazi se estrechaba y la desesperación y la desolación iban en aumento, el sentido del humor judío se mantuvo incólume, quizá porque estaba templado por los muchos siglos considerando el tema. Lion Feuchtwanger, un notable escritor judío alemán que se opuso a Hitler desde el principio, incluyó los ataques a su hogar y su propiedad en el largo e irónico inventario que ofrecía en su ensayo cómico «Balance de mi vida»:

El escritor L. F. cometió 22257 pecados veniales, consecuencia principalmente de la indolencia y de una búsqueda un tanto flemática del placer [...] Cuando los nacionalsocialistas llegaron al poder, poseía 28 manuscritos, 10248 libros, 1 auto, 1 gato, 2 tortugas, 9 macetas de flores y otros 4212 objetos que fueron debidamente destruidos, aniquilados, perdidos o sustraídos de alguna otra forma cuando los nacionalsocialistas saquearon su casa.[1]

El famoso artista de cabaret yiddish Shimon Dzigan, en un sketch de 1935 titulado «El último judío de Polonia», describía un país en el que los antisemitas lograban su propó-

---

[1] Lion Feuchtwanger, «Balance Sheet of My Life», en: Ausubel, *A Treasury of Jewish Humor, op. cit.*, pp. 51-54, citas en pp. 52-53.

sito: una Polonia *Judenrein* ['libre de judíos'].[1] Pero entonces se daban cuenta de las consecuencias: crisis económica y cultural, desaparición del chivo expiatorio con el que cebarse las hermandades antisemitas, etcétera. Se hacía una llamada por todo el país para encontrar a alguien que supiera preparar pescado *gefilte* y *cholent*. Por suerte, terminaban encontrando a un último judío, que ya estaba a punto de marcharse, y mandaban a una delegación del gobierno a rogarle que se quedase, le otorgaban las medallas más estimadas de la nación, y el último judío ¡se las colgaba en el trasero! La parodia terminaba con los polacos cantándole una serenata polaca muy conocida, *Ojalá vivas cien años*. La imagen de una Polonia libre de judíos, que acechaba como un espectro en 1935, alcanzó pocos años después una sangrienta realidad casi inconcebible.

Y sin embargo, el humor judío siguió vigoroso, comentando, observando y considerando la situación. Franz Werfel, el gran escritor judío austríaco del período, volvió a examinar las ironías de la modernidad judía en su obra teatral *Jacobowsky y el coronel* (1944), en la que el protagonista judío, un irónico representante de las fortunas judías en la Europa ocupada por los nazis, dice: «Mi gran crimen ha sido mi profunda admiración a la cultura alemana: ¡Goethe, Mozart, Beethoven! Por eso fundé una escuela de arquitectura moderna en Mannheim, una sociedad de música de cámara en Pforzheim y la biblioteca para trabajadores de Karlsruhe. Los nazis nunca me lo perdonarán».[2] Años después el novelista francés Romain Gary, en *La danse de Genghis Cohn* (1967), una novela de humor negro sobre un cómico

---

[1] John Efron, «From Lodz to Tel Aviv: The Yiddish political humor of Shimen Dzigan and Yisroel Schumacher», *JQR*, vol. 102, n.º 1, 2012, pp. 50-79, esp. 61.

[2] Franz Werfel, *Jacobowsky and the Colonel*, Nueva York, Viking Press, 1944, p. 15. Danny Kaye la llevó al cine con la película *El coronel y yo* (1958), de tono menos sombrío que la versión teatral.

judío asesinado que toma posesión del cuerpo de un antiguo nazi, lo señala aún más sucintamente: «Cultura es que a las madres que tienen en brazos a sus hijos se las excusa de cavar sus propias tumbas antes de fusilarlas». La observación se la hace el espectro del cómico, el Cohn epónimo, justo antes de que lo maten de un tiro (mientras está cavando, precisamente, su propia tumba). Y el espíritu comenta: «Fue un buen *khokhme* ['chiste'], los dos nos reímos de lo lindo. Te lo aseguro, no hay nadie como el cómico judío».[1] Avanzada la novela, Cohn cuenta un chiste—por llamarlo de algún modo—sobre un pariente suyo: «Los cosacos violaron a su esposa delante de él. Como después de esa aventura su mujer tuvo un niño, mi tío, que era muy rencoroso, se vengó cruelmente de los gentiles rusos: *trató al niño como si fuese hijo suyo y lo educó como judío*». El judaísmo se convierte en tragedia, en un castigo catastrófico y, dadas las circunstancias, ¿acaso es posible refutarlo?

Estos cuatro escritores satíricos sobrevivieron al Holocausto. Feuchtwanger y Werfel consiguieron escapar de Europa y se establecieron en Estados Unidos; Dzigan y su compañero sobrevivirían a la guerra en Rusia, incluso recorrieron la Unión Soviética (aunque después pasaron varios años en prisión); Gary huyó a Inglaterra y pasó la guerra luchando con Francia Libre. Millones de judíos, por supuesto, no tuvieron tanta suerte.

¿Y qué pasó con *su* humor? A juzgar por las noticias de la época *floreció* en los periódicos del gueto, como atestigua la sección «El chiste político» del *Morgen Freiheit* de Varsovia, o el semanario satírico de Theresienstadt *Shalom na Piatek* ('Hola en viernes'), además de espectáculos de variedades en el campo de concentración holandés de Westerbork, e incluso los chistes que contaban los reclusos en las letrinas

---

[1] Romain Gary, *The Dance of Genghis Cohn*, Nueva York, World Publishing Company, 1968, pp. 59, 142.

de otros campos de concentración o las canciones de cabarets improvisados en Auschwitz. Una canción de Sachsen-
hausen, por ejemplo, aborda las palizas, un hecho horrible-
mente cotidiano en la vida de los campos:

> Con una patada empieza la función,
> luego un tortazo, no vayas a gritar,
> la otra patada ya es pura diversión,
> pero mejor otra más para rematar.
>
> Cuatro matones te arrean sin parar,
> y logran seis dientes hacerte escupir,
> un último taconazo para terminar:
> sueltas el último, y venga a reír.[1]

Una segunda, del gueto de Łódź, es una extensa y amorosa
oda a la patata: «¡Ay, patata, sueño de mi existencia! Tú eres
mi anhelo, pon fin a mi abstinencia...». Y en una tercera del
gueto de Theresienstadt, titulada «Invitación», irónica y deliberadamente inquietante, el cantante parece compartir el
objetivo de los nazis que lo deportaron:

> Amigos y parientes, ¿no estáis sufriendo
> con todo lo que allí os está ocurriendo?
> Poned fin a tales miserias y temores,
> venid conmigo, sed previsores.
>
> [...] ¿Sosiego y placer queríais alcanzar?
> ¿No os gustaría volver a disfrutar
> de todos los placeres seductores?
> Venid conmigo, sed previsores.

---

[1] Véase un extenso análisis de este aspecto en: Chaya Ostrower, *It Kept
Us Alive: Humor in the Holocaust*, Jerusalén, Yad Vashem, 2014, *passim*,
esp. pp. 57-61, 146-148 y 235-236; canciones citadas de pp. 184, 186, 305-
306. Para ésta y otras canciones, véase también Roy Kift, «Comedy in the
Holocaust: The Theresienstadt Cabaret», *New Theatre Quarterly*, n.º 48,
1996, pp. 299-308.

Aquí hay mil espectáculos sin par
tan asombrosos que no puedo ni contar.
Lo único que ahora nos inquieta un poco
es no saber cómo salir de aquí tampoco.

¿Era un mecanismo de supervivencia? Viktor Frankl, el superviviente de Auschwitz y creador de la logoterapia, escribió: «Se cantaba, se recitaban poemas, se contaban chistes que contenían alguna referencia satírica sobre el campo. Todo ello no tenía otra finalidad que la de ayudarnos a olvidar, y lo conseguía».[1] Y, por supuesto, en buena medida algunos de los chistes parecen ejemplificar el dicho «al mal tiempo buena cara». Ruth Wisse, entre otros, ha escrito con gran sensibilidad sobre el aforismo yiddish que se oía en la Europa ocupada—«Quiera Dios que esta guerra dure menos de lo que somos capaces de aguantar»—,[2] y más vale no juzgar a quienes en circunstancias tan infernales se aferraron a cualquier consuelo, por lamentable que fuera, que pudiera procurarles el humor. Frankl, por ejemplo, cuenta que propuso a un compañero de trabajos forzados en Auschwitz que inventasen cada día «una historia divertida sobre algún incidente que pudiera suceder el día siguiente de nuestra liberación»:[3] un pareado yiddish, «*lomir zayn freylekh un zogn zikh vitsn, mir veln noch hitlern shive nokh zitzn*» ('Seamos felices y contemos chistes, así sobreviviremos para ir al entierro de Hitler') resume el espíritu de la propuesta de Frankl. Asimismo, una obra teatral para niños del gueto de Varsovia reflejaba la antigua estrategia judía de resistencia teológica presentando

[1] Viktor Frankl, *Man's Search for Meaning*, Nueva York, Washington Square Press, 1984, p. 65 [*El hombre en busca de sentido*, trad. Comité de traducción al español, Barcelona, Herder, 2015, p. 49].
[2] Véase Wisse, *No Joke: Making Jewish Humor*, op. cit., p. 154, donde se cita como folclore del gueto de los Archivos Ringelblum.
[3] Lipman, *Laughter in Hell*, op. cit., pp. 14-15, 137 [Frankl, *El hombre en busca de sentido*, op. cit., p. 51].

a Hitler como Amán, el enemigo de los judíos en el libro de Ester, y llevándolo a la horca como anticipación del final que le aguardaba al dictador.[1]

Otra estrategia de resiliencia a través de los chistes era la práctica de un tipo de humor que mostrara la fortaleza psíquica. Consideremos estos tres ejemplos:

Un tranvía está a punto de atropellar a un hombre y un judío lo salva. El hombre resulta ser Hitler, y cuando le dice al judío que le concede un deseo, éste contesta: «¡Que no se lo cuente a nadie!».[2]

Un adivino judío le dice a Hitler que morirá en una fiesta judía.
—¿Cómo puede estar tan seguro?—le pregunta el *Führer*.
—Estoy segurísimo—responde el adivino—, porque el día que muera usted será una fiesta judía.

Un nazi se cruza con un judío y le dice: «*Schwein!* ['cerdo']». El judío alza el sombrero y responde: «Cohen».[3]

Lo que no quiere decir que tales chistes no fuesen a su vez formas reales de resistencia. Desde luego el régimen lo consideró así: Hitler organizó «tribunales de chistes» para castigar y silenciar a adversarios burlones; entre 1934 y 1945 el Tribunal del Pueblo emitió 5286 sentencias de muerte, muchas de las cuales afectaron a humoristas políticos.[4] (Un fis-

---

[1] *Ibid.*, p. 148.

[2] Chiste en Spalding (ed.), *Encyclopedia of Jewish Humor: From Biblical Times to the Modern Age, op. cit.*, pp. 197-198.

[3] Arthur Asa Berger, *The Genius of the Jewish Joke*, New Brunswick (Nueva Jersey), Transaction Publishers, 2006, p. 78.

[4] Jim Holt, *Stop Me If You've Heard This*, Nueva York, Norton, 2008, p. 102; Nat Schmulowitz, *The Nazi Joke Courts*, San Francisco, impresión privada, 1943, p. 7; Lynn Rapaport, «Laughter and Heartache: The Functions of Humor in Holocaust Tragedy», en: Jonathan Petropolous y John K. Roth (ed.), *Gray Zones: Ambiguity and Compromise in the Holocaust and Its Aftermath*, Nueva York, Berghahn Books, 2005, pp. 252-269, esp. 254.

cal nazi al que le preguntaron cómo determinaba qué chistes constituían delito respondió que cuanto mejor era el chiste más peligroso era el efecto, y mayor debía ser el castigo). A Dzigan lo citaron en el cuartel general de la policía polaca para interrogarlo tras su espectáculo satírico «El último judío de Polonia».[1]

Pero para muchos, tal vez para la mayoría—tanto bajo la esvástica como bajo la hoz—, el humor era, más que un bálsamo, un medio de hurgar en las heridas infligidas. ¿Era acaso una réplica irónica a la promesa teológica anterior? Un prisionero escribió «Camino al Cielo» en un cartel que indicaba la dirección del campo de exterminio de Sobibor;[2] asimismo, los prisioneros se referían a los alemanes como «hombres de valor», haciendo un uso irónico de la locución bíblica. ¿Era sólo la versión más radical de la historia como farsa? ¿O era, como explicó el cineasta rumano Radu Mihăileanu cuando le preguntaron por su película *El tren de la vida* (1998),[3] que el «lenguaje de la comedia» se utiliza «para reforzar la tragedia: al fin y al cabo, reírse es otra forma de llorar»?[4]

Dejemos que un chiste de Treblinka ponga punto final: «Alegraos, algún día volveremos a encontrarnos en un mundo mejor: en el escaparate de una tienda, convertidos en pastillas de jabón».[5]

---

[1] Efron, «From Lodz to Tel Aviv», *op. cit.*, p. 63.

[2] Lipman, *Laughter in Hell, op. cit.*, pp. 18, 144, 146, 208.

[3] En la película, una comedia ambientada en la Segunda Guerra Mundial, un grupo de judíos de un pueblo de Europa del Este que quiere huir de los nazis y evitar el exterminio organiza un convoy, simulando que se trata de un tren de prisioneros, para «deportarse» ellos mismos y huir a Palestina. Al final de la película la historia se revela como un delirio relatado desde detrás de las alambradas de espino de un campo de exterminio.

[4] Véase David A. Brenner, «Laughter Amid Catastrophe: *Train of Life* and Tragicomic Holocaust Cinema», en: David Bathrick, Brad Prager y Michael D. Richardson (ed.), *Visualizing the Holocaust*, Rochester (Nueva York), Camden House, 2008, pp. 261-276, esp. 267.

[5] Lipman, *Laughter in Hell, op. cit.*, p. 151. Incluso esta broma tenía, al

Irving Kristol escribió en 1951:

El humor judío murió con sus humoristas cuando los nazis exterminaron a los judíos de Europa del Este [...] Lo mismo que el humor no puede madurar en una vida de fe religiosa absoluta, tampoco puede sobrevivir a una vida de puro nihilismo.[1]

Al echar la vista atrás medio siglo después del comentario de Kristol, es posible discrepar de ambas partes de su ecuación y no obstante simpatizar con el impulso que la generó. Un chiste de esa época sobre un superviviente aún hoy resulta punzante, pero más mordaz aún debía parecer en el mundo de principios de la década de 1950:

Un judío sobrevive a la cámara de gas, pero pierde a toda su familia. El funcionario de reasentamiento le pregunta adónde le gustaría ir.
—A Australia—le contesta.
—Pero eso queda muy lejos—dice el funcionario.
—¿De dónde?—pregunta el judío.[2]

A medida que pasaban los años de postguerra y se establecían las dos mayores concentraciones de población judía en dos puntos del globo—Estados Unidos e Israel—, cada una de ambas comunidades trataría a su manera con el problema opuesto: el grado *decreciente* de antisemitismo y persecución.

---

parecer, una réplica: «¡Sí, pero mientras que con mi grasa hacen jabón de tocador, tú serás una pastilla de jabón barato de la droguería!», Ostrower, *It Kept Us Alive*, *op. cit.*, p. 91.

[1] Irving Kristol, «Is Jewish Humor Dead? The Rise and Fall of the Jewish Joke», *Commentary*, n.º 12, 1951, pp. 431-436, esp. 431, 433.

[2] Telushkin, *Jewish Humor*, *op. cit.*, p. 108. En una versión más reciente el remate es distinto: «¿No tienen otro globo terráqueo?». Theodor Reik, *Jewish Wit*, Nueva York, Gamut Press, 1962, p. 48; sobre este chiste y su historia (así como su adopción para aludir de modo más general y menos mordaz al desarraigo judío), véase Richard Raskin, «Far From Where?: On the History and Meanings of a Classic Jewish Refugee Joke», *American Jewish History*, vol. 85, n.º 2, 1997, pp. 143-150.

No es que Estados Unidos diese la bienvenida a los judíos y los recibiera con los brazos abiertos de buen principio. Y además se reprodujo una dinámica de autoodio judío, por ejemplo, entre inmigrantes judíos alemanes y de Europa del Este, y más en general entre recién llegados y ex recién llegados, que se quejaban de que quienes acababan de desembarcar estaba complicando las cosas a los que habían llegado diez años antes. Pero si tuvo tanto éxito el humor de autoodio del siglo XX en Estados Unidos fue precisamente porque las presiones externas eran, comparativamente hablando, menores: no había pogromos, ni Hitler; la discriminación era de otro género completamente distinto.

El gran escritor yiddish Sholem Aleijem—quien inventó a Tevie, el personaje que alcanzaría inmortalidad universal en su encarnación de Broadway—escribió en 1907, tras su primera visita a Estados Unidos, un relato breve titulado «Sin novedades». Consistía en un intercambio de cartas entre un inmigrante de Estados Unidos y su pariente europeo; este último, con la característica resignación fruto de una larga experiencia traumática, notificaba con amarga ironía las tribulaciones de su familia:

Entonces todos bajaron despacito de los altillos, sin haber sufrido los nuestros, gracias a Dios, ningún problema, salvo Lipa, que fue asesinado con sus dos hijos, Noah y Mardoqueo, trabajadores de primera los dos, y salvo Hersh, a quien, con perdón, tiraron del altillo; y salvo Perl […] a la que encontraron muerta más tarde, justamente en su propio sótano, con una bebita suya prendida todavía de su pecho […] Pero como dice Getzi: «También esto hay que tomarlo a bien, pudo haber sido mucho peor».[1]

[1] Sholem Aleijem, «Otherwise, There's Nothing New», en: *Some Laughter, Some Tears*, Nueva York, Putnam, 1968, pp. 237-242 [«Sin novedades», en: *Cuentos escogidos de Sholem Aleijem*, Buenos Aires, Libros del Zorzal, 2009, p. 146]; la cita procede de Maurice Samuel, *The World of Sholom Aleichem*, Nueva York, Schocken, 1943, p. 189. Véase también Kristol, «Is Jewish Humor Dead?», *op. cit.*, pp. 432-433.

Esta realidad contrasta con lo peor que puede imaginarse en el contexto estadounidense: la violencia, no ya contra las personas, sino contra el yiddish, a causa de todas esas terribles palabras del inglés abriéndose paso en la lengua madre en virtud de las seducciones de la aculturación. El humor judío estadounidense respecto al antisemitismo se construyó, en general, sobre una relativa gratitud por la posibilidad de americanización, lo que significó que la observación cuidadosa del odio al judío—un fenómeno que también se producía en Estados Unidos—hubo de efectuarse de un modo completamente distinto.

Para ilustrarlo con un chiste:

Durante la Gran Depresión, dos vagabundos judíos caminan por una carretera rural después de semanas sin probar un buen bocado. De repente, pasan por delante de una iglesia en la que ven un letrero que dice: CONVIÉRTETE AL CRISTIANISMO, TE PAGAMOS 5 $. Un judío mira al otro y le pregunta: «¿Tú qué dices?». El otro le responde: «¿Estás loco? Yo nunca abandonaría mi fe, y menos por cinco dólares». El primero replica: «¡Claro que no! No pienso convertirme *de verdad*, sólo pensaba entrar, rezar cuatro oraciones, santiguarme y coger el dinero de los gentiles para comernos un buen bistec y darnos un baño caliente». «La verdad—le dice el otro—es que yo me siento fatal haciéndolo, pero si tú quieres, adelante, te espero aquí». «Estupendo, salgo en cinco minutos». El segundo se apoya en el letrero y espera. Pasan cinco minutos, quince, una hora, dos horas. Al final, cuando el segundo judío ya está a punto de perder la paciencia, su compañero sale por fin de la iglesia. «¿Estás bien?—le pregunta—. ¿Has conseguido el dinero?». Su amigo cabecea y responde con tristeza: «Ay, sólo pensáis en el dinero».[1]

Éste es el otro lado del antisemitismo en Estados Unidos: el lado judío. El chiste no alude a la condición irreductible-

---

[1] Una versión de este chiste figura en Avner Ziv, «Psycho-Social Aspects of Jewish Humor in Israel and the Diaspora», en: Avner Ziv (ed.), *Jewish Humor*, Tel Aviv, Papyrus, 1986, pp. 47-71, esp. 63.

mente diferente de los judíos, sino al notable éxito en la superación de esa diferencia: los judíos se asimilan con tanto éxito que inmediatamente son capaces de participar en las costumbres de la mayoría. Y lo significativo en este chiste es que lo primero que tiene que aprender a hacer quien se asimila a otra cultura es despreciar, o al menos estereotipar, a los judíos. Comparémoslo con un chiste análogo de un contexto geográfico distinto:

Un judío emigra a Gran Bretaña dejando atrás a su familia. Veinte años después, cuando van a reunirse con él, lo ven por primera vez en dos décadas esperando en el puerto: está irreconocible, vestido con un traje de Turnbull & Asser, la imagen del auténtico *gentleman* inglés. Al verlos se echa a llorar.

—Nosotros también nos alegramos muchísimo de verte después de tanto tiempo, papaíto—exclama su hija con la cara cubierta de lágrimas.

—Ay, no, queridos míos, no es eso, lloro porque perdimos la India.

Mientras que en este caso el comentario es que la asimilación—cuando es posible—consiste en ser más británico que los británicos, en el chiste estadounidense el imperio es sustituido de nuevo por esa religión antigua, enfatizando el carácter distintivo y diferente del judío, pese a una tolerancia parecida a la que sólo era posible soñar en Europa.

Este proceso se agudizó después de la Segunda Guerra Mundial, a medida que la aculturación se convertía en una opción más y se abrían nuevas posibilidades de integración social. El humor judío se convirtió entonces en un medio para indicar que esos procesos tenían sus tensiones y sus límites. Tal vez el mejor documento cultural del antisemitismo estadounidense sea la versión cinematográfica que hizo Elia Kazan de la novela de Laura Z. Hobson *Gentleman's Agreement* ['Pacto de caballeros'], titulada *La barrera invisible* (1947). Un periodista (Gregory Peck) finge que es judío para poder tener una visión directa del prejuicio antisemita en Estados Unidos. *La barrera invisible* no muestra prácticamente ninguna amenaza física contra los judíos, algo casi inconcebible en cualquier otro lugar del mundo, pero muestra detalladamente las limitaciones y obstáculos que se pone a los judíos para evitar que traspasen los territorios de los gentiles—hoteles, clubs de campo y demás—. (Documenta la situación con una claridad insólita una infame postal del hotel Gulf de Miami Beach en la década de 1950, donde podía leerse el lema «Siempre una buena vista, ni un judío a la vista»).[1]

Ring Lardner Jr. comentó burlonamente que la moraleja de *La barrera invisible* era que «no deberías portarte mal con el judío porque podría ser un gentil».[2] Sacar a la luz la discriminación y la hipocresía era terreno fértil para el humor judío de mediados del siglo XX. Constituye un nuevo motivo de inquietud en lo que se refiere a las perspectivas de integración la incorporación a un club cuyos miembros no siempre estaban conformes con la posibilidad de integrar a los judíos. O, dicho de otro modo, explica el auge y la decadencia del chiste de club de campo.[3]

He aquí un ejemplo:

---

[1] Véase Bernard Saper, «Since when is Jewish humor not anti-Semitic?» en: Avner Ziv y Anat Zajdman (ed.), *Semites and Stereotypes*, Westport (Connecticut), Greenwood Press, 1993, pp. 71-86, esp. 72.

[2] Citado en Rachel Gordan, «When *Gentleman's Agreement* Made Jewish Oscars History», *Forward*, 21 de febrero de 2013, http://forward.com/culture/171133/whengentlemans-agreement-made-jewish-oscars-histo.

[3] No tenemos espacio para hablar del apogeo y la decadencia de diversos tipos de chistes judíos, salvo implícitamente, pero se produjeron otros procesos con una historia similar: la popularidad de los chistes sobre la comida *kosher*, por ejemplo, disminuyó a medida que el tabú de comer *treif*, es decir no *kosher*, se fue debilitando entre la mayoría de judíos estadounidenses. Christie Davies, *Ethnic Humor Around the World: A Comparative Analysis*, Bloomington (Indiana), Indiana University Press, 1990, p. 282.

No hay nada que deseen más los Greenstein que ingresar en el club de campo local. Pero, claro, el club tiene sus normas de acceso: no se admiten judíos. ¿Qué hacer, entonces? A grandes males, grandes remedios: vuelan a París, pasan meses puliendo su acento, reciben lecciones sobre los menores detalles de la cocina más refinada, sobre arte y modales a la mesa, se someten a la cirugía plástica necesaria y por último se cambian los nombres, regresan y solicitan el ingreso en el club de campo. Superan sin problema todos los trámites iniciales y queda todo listo, salvo el formalismo de la entrevista final.

—¿A qué se dedica usted, señor Grenville?—pregunta lisonjero el entrevistador

—Oh, hago un poco de todo—responde el antiguo señor Greenstein, ajustándose los gemelos de los puños de la camisa—. Invierto en bolsa, pinto, ya me entiende…

—Cómo no—responde el entrevistador—. ¿Y usted, señora Grenville?»

—*Madame, s'il vous plaît*. Yo también pinto, y me dedico al arte culinario.

—Bueno—dice el entrevistador—, no quiero hablar de más, pero estoy seguro de que serán ustedes una notable incorporación a nuestra pequeña familia. Una última pregunta, ¿cuál es su religión?

—Yo, señor mío, soy *goy*—responde la señora Grenville triunfal.

El inefable rastro de la condición judía persiste, y en este caso lo delata tanto la palabra yiddish para 'gentil' como la idea de abrazar esa nueva identidad precisamente *como* algo extraño (y surge en momentos de tensión: en un chiste similar, la señora Grenville grita «*Oy vey!*» al derramarse el consomé caliente sobre su vestido, a lo que añade de inmediato, mirando a su alrededor: «Signifique lo que signifique»).[1] Como sugiere el chiste, a la hora de la verdad los esfuerzos por complacer a los antisemitas—o incluso a uno mismo—

[1] Véase Stanley Brandes, «Jewish-American Dialect Jokes and Jewish-American Identity», *Jewish Social Studies*, vol. 45, n.os 3-4, 1983, pp. 233-240, esp. 236, sobre los chistes dialectales.

renunciando a la propia identidad resultan inútiles, porque la condición judía persiste, siempre al acecho, en el yiddish. Puede advertirse un eco de Platón en esta idea fundamental sobre lo cómico: el origen de lo cómico es esencialmente el desconocimiento de uno mismo.

En los chistes de club de campo de la década de 1950 la irrupción del yiddish es una suerte de retorno de lo reprimido, pues se sobreentiende que muchos de los protagonistas de tales chistes fueron hablantes de yiddish en la infancia y habrían crecido rodeados de familiares que lo hablaban (de ahí que se sientan cómodos con el *yinglish*). Pero la aparición de este lenguaje delator de la condición judía se produce incluso entre quienes no hablan en absoluto yiddish.[1] Tales chistes brindan un contrapeso a la historia del crisol integracionista, contrapeso que tiene inquietantes puntos en común con ciertos prejuicios antisemitas: por muchos esfuerzos que haga para evitarlo, el judío *siempre* será judío, no gentil.

¿Por qué no aceptarlo, entonces? Belle Barth, la humorista de mediados del siglo xx, contaba un chiste sobre el receloso recepcionista de un exclusivo hotel de Miami Beach que decide efectuar una prueba de admisión a un caballero que solicita una habitación y del que sospecha que tiene antecedentes judíos:

—¿Quién fue nuestro Señor?
   —Jesucristo.
   —¿Dónde nació?
   —En un establo de Belén.
   —¿Y por qué nació en un establo?
   —Porque un mierdas como tú no quiso darle habitación, por eso.[2]

---

[1] Con respecto al yiddish, hoy se conoce en el campo de los estudios judíos como «postvernacularidad». Véase Jeffrey Shandler, *Adventures in Yiddishland*, Berkeley (California), University of California Press, 2006.
   [2] Citado en Giovanna P. Del Negro, «The Bad Girls of Jewish Come-

Un ejemplo más conocido es el del innovador humorista de la década de 1950 Lenny Bruce, el hombre que tal vez más haya contribuido al tropo cómico de la diferencia imborrable entre judíos y gentiles en la cultura judeoamericana, que enmarcó inolvidablemente mostrando que las diferencias entre lo judío y lo *goy* se reducían a que lo judío es sinónimo de lo guay y lo *goy* de lo casposo:

> Con su permiso, les voy a explicar lo que significa hoy *judío* y *gentil*. Para empezar: Count Basie es judío, Ray Charles es judío, yo soy judío; Eddie Cantor es *goy*, B'nai Brith es *goy*; Hadassah es una organización judía. Todos los Drake's Cakes son *goyim*, mientras que el *pumpernickel* es judío y, como saben, el pan blanco es muy *goy*. El puré de patatas precocinado: *goy*. El refresco de cereza negra: judío.[1]

Como se ve, Bruce era capaz de apropiarse del pan alemán integral de centeno, el *pumpernickel*. En un número que se hizo tristemente célebre de inmediato continuaba ampliando la definición:

> Hoy en día en el diccionario se define *judío* como «el descendiente de las antiguas tribus de Judea, o quien se considera descendiente de esas tribus». Eso es lo que dice el diccionario, pero ustedes y yo sabemos lo que es un judío: un tipo que mató a nuestro Señor [...] Muy bien, permítanme aprovechar para aclarar las cosas de una vez por todas: lo confieso, lo hicimos nosotros, lo hice yo, mi familia. Encontré una nota en el sótano de casa que decía: «Lo matamos nosotros. Firmado, MORTY». Mucha gente me pregunta: «¿Pero por qué matasteis a Cristo?». Y tengo que decirles: «La verdad es que no lo sé, fue una de esas fiestas que se desmadran, ¿sabes?». Aunque yo creo que lo matamos porque no quería ser médico.[2]

---

dy: Gender, Class, Assimilation, and Whiteness in Postwar America», en: Leonard J. Greenspoon (ed.), *Jews and Humor*, West Lafayette (Indiana), Purdue University Press, 2011, p. 140.

[1] John Cohen (ed.), *The Essential Lenny Bruce*, Nueva York, Ballantine Books, 1967, pp. 41-42.

[2] *Ibid.*, pp. 40-41.

El carácter escandaloso es doble.[1] Por una parte se admite—*¡para hacer reír!*—en voz alta el más poderoso bulo antisemita de la historia occidental, y se desafía—*¡menudo desafío!*—al público cristiano a hacer algo al respecto. Sólo en Estados Unidos el temor al castigo del pogromo podría inquietar más al público que a quien cuenta el chiste. Y por otra parte, subraya el cambio que se ha producido en el autoodio del judío de postguerra, el burgués que viste traje gris de franela y aspira a prosperar: la razón para odiar a esos judíos asesinos de Cristo es que están obsesionados con que todo el mundo sea médico y abogado, como ellos mismos, gracias a las perspectivas de ascenso que ofrece la sociedad estadounidense. (Las burlas de que Bruce hace objeto a la familia Scheckner, los judíos carcas a los que conoce en una gira, son un ejemplo significativo).[2] ¿Cuál es la deriva del humor judío estadounidense sobre el antisemitismo cuando la persecución se convierte en letra muerta y los judíos pueden ingresar en (casi) todos los clubes selectos?

El elemento de comparación interesante en este caso es el Estado de Israel, que constituye el segundo signo del éxito histórico del pueblo judío, pues un Estado propio significa un alivio respecto al antisemitismo patrocinado por los Estados y el consiguiente sentimiento de formar parte de una comunidad minoritaria. Pero eso es sólo la teoría, ya que en palabras de Arthur Koestler antes de la fundación del Estado de Israel: «Palestina tiene el tamaño de un condado y los problemas de un continente».[3] En realidad, Israel no sólo afronta la constante amenaza de agresión militar en todas sus fronteras por parte de enemigos que se especializan en una

---

[1] Wisse hace una observación similar sobre *Portnoy's Complaint*, publicado una década después; véase Wisse, *No Joke, op. cit.*, p. 137. Para sus comentarios sobre Bruce (relacionados sobre todo con la dicotomía judío/gentil), véase pp. 138-139.

[2] Cohen (ed.), *The Essential Lenny Bruce, op. cit.*, pp. 125-131.

[3] Cowan, *The Wit of the Jews, op. cit.*, p. 51.

retórica genocida del exterminio que habría enorgullecido a
Amán, sino también la de una especie de creciente condición
de paria entre los miembros y ciudadanos de otros Estados
progresistas. Muchos judíos sienten que los ataques al Estado de Israel obedecen a un doble rasero inquietantemente
afín al antisemitismo, ya que, con independencia de los errores que haya cometido Israel y de lo criticables que sean, tales errores son consustanciales a cualquier Estado a lo largo
de la historia, como señalan no sólo los israelíes.

Éste no es un sentimiento israelí reciente. Una de las versiones más lúgubres de lo que señalo se debe a la pluma de
Efraim Kishón,[1] uno de los principales humoristas israelíes
de las décadas inmediatamente posteriores a la fundación del
Estado de Israel. Kishón practicó la sátira amable de la vida
israelí en columnas de prensa que mostraban la pervivencia
de los clásicos tropos judíos—la superioridad verbal o el orgullo injustificado con respecto a la sabiduría judía, y cosas
similares—en la nueva sociedad de Israel.[2] Pero en su artículo «Cómo perdió Israel la simpatía del mundo», escrito después de la Crisis de Suez de 1956, se aventuró en territorio
mucho más sombrío.

En esa pieza satírica, Kishón critica a Israel por sus triun-
fos militares, y con ello sugiere que la clave para que el mundo sienta auténtica simpatía por Israel es que el Estado resulte destruido. Cuando «en las costas de las bombardeadas
Tel Aviv y Haifa—escribe Kishón—ya sólo queden las ruinas del Estado judío, entonces despertará la conciencia del

---

[1] Kishón nació en Hungría y llegó a Israel en 1949, a los veinticinco
años. Es también muy conocido por crear el personaje de Sallah Shabati,
un inmigrante marroquí que se siente victimizado por la mayoría askenazí. Véase Bermant, *What's the Joke? A Study of Jewish Humor Through the
Ages*, *op. cit.*, pp. 156-159.

[2] Véase, por ejemplo, «Caterwauling in A Major» y «I Placed Ushers on
Your Walls, Jerusalem», en: *Noah's Ark: Tourist Class*, Nueva York, Ath-
enaeum, 1962, pp. 7-14, 86-90.

mundo».[1] La detallada descripción que hace Kishón de las copiosas lágrimas de cocodrilo que verterá el mundo—aunque la mordacidad de la sátira se cifra en la autenticidad de las lágrimas cuando Israel haya abandonado la enojosa condición de realidad existente—es escalofriante: es difícil saber si reír o llorar. El artículo termina así:

Israel no esperó hasta mayo de 1957, sino que se apresuró a aplastar la máquina de guerra egipcia en el Sinaí y con ello perdió la oportunidad de ganarse la simpatía del mundo entero. Es una pena inmensa. Dios sabe cuándo volveremos a tener una oportunidad parecida.

Kishón murió en 2005, después de haber visto, por desgracia, cuántas otras oportunidades llegarían a presentarse.

A pesar de los frecuentes esfuerzos de Israel para dejar atrás las actitudes culturales de la diáspora, el carácter cómico de la pieza de Kishón muestra similitudes reales con el pasado judío, pese a que la conciencia de esas similitudes fluctúe. Tal vez la similitud se agudizase durante la primera guerra del Golfo, cuando la política internacional impuso a los israelíes una notable pasividad ante los bombardeos de Sadam Huseín, pero persiste.[2] Una muestra de ello es el humor negro que resulta del reconocimiento de un odio latente (cuando los estudiantes de secundaria se incorporan al ejército para realizar el servicio militar pueden despedir-

---

[1] Kishón, *Noah's Ark, op. cit.*, pp. 143-149, citas en pp. 145 y 149.

[2] Véase Ofra Nevo-Eshkol y Jacob Levine, «Jewish Humor Strikes Again: The Outburst of Humor in Israel During the Gulf War», *Western Folklore*, vol. 53, n.º 2, 1994, pp. 125-145. Un chiste que ilustra esas similitudes (p. 132): «¿Cuál es la diferencia entre Sadam y el malvado Amán? Amán fue ahorcado primero y luego nosotros nos pusimos máscaras, mientras que con Sadam tuvimos que ponernos primero las máscaras». [La festividad del Purim—en conmemoración del milagro relatado en el libro de Ester, quien consiguió que se ejecutara a Amán—dura al menos dos días y se festeja con fuegos, máscaras, fiestas en las calles, regalos a los necesitados, etcétera (*N. del T.*)].

se diciendo cosas como: «Nos encontraremos en la placa
conmemorativa»),[1] que suele convivir con la conciencia de
que ese odio traiciona todos los dictados del sentido común
y la proporcionalidad moral. Tales sentimientos suelen estar vinculados—en el artículo de Kishón de forma implícita
pero patente—con el Holocausto. El hecho de que un chiste
como el que ofrezco a continuación pueda tener la resonancia que tiene también es revelador de las vicisitudes y conti-
nuidades de la historia:

Sara oye en Jerusalén la noticia de que han puesto una bomba en
un café popular que queda cerca de la casa de sus familiares en Tel
Aviv. Angustiada, los llama de inmediato y habla con su prima, que
le asegura que afortunadamente toda la familia está bien. Sara, inquieta por Anat, su sobrina adolescente que frecuenta el café de
marras, pregunta:
—¿Y Anat?
—Ah, no te preocupes—dice la madre para tranquilizarla—,
está bien, ¡Anat está en Auschwitz![2]

Desde mi punto de vista, ésta es una sensibilidad que comparten algunas de las comunidades cada vez más asediadas
de Europa, donde la brecha entre progresismo, europeísmo
y universalismo cada vez es más profunda, y la hostilidad hacia el Estado de Israel va en aumento—así como la identificación entre israelí y judío—. Esta situación podría explicar
la aparición de obras como la mordaz novela satírica del escritor británico Howard Jacobson, *The Finkler Question*, ganadora del Premio Booker en 2010.[3] En la novela, Jacobson,

---

[1] Véase Yael Zerubavel, *Recovered Roots: Collective Memory and the
Making of Israeli National Tradition*, Chicago (Illinois), University of Chicago Press, 1995, pp. 173-174.
[2] Citado en Wisse, *No Joke: Making Jewish Humor, op. cit.*, p. 218.
[3] Howard Jacobson, *The Finkler Question*, Nueva York, Bloomsbury,
2010. [Existe traducción en español: *La extraordinaria naturaleza de Sam
Finkler*, trad. Santiago del Rey, Barcelona, Roca, 2010].

invirtiendo la estrategia de Heine, fustiga a la izquierda judía por avergonzarse de Israel, ya que con ello hace el juego al antisemitismo más rancio. El autor, describe la tensa relación entre dos viejos amigos, Julian Tresvole y Sam Finkler. Tresvole va obsesionándose cada vez más con cuestiones judías después de que una mujer lo atraque por la calle y a él le parezca oír que la ladrona le dice entre dientes: «Tú, judío»; más tarde se une a un grupo llamado Judíos Avergonzados, que protesta por las políticas israelíes contra los palestinos. La traumática conclusión del libro, que delata la preocupación de los judíos británicos por sus posibilidades y perspectivas, resulta completamente inconcebible en el contexto de Estados Unidos.

Ello podría explicar por qué buena parte del humor estadounidense de nuestro siglo sobre el antisemitismo ya no trata de los clubes de campo ni de agresiones que ya no existen, sino que ha retomado los tropos más antiguos y arquetípicos del antisemitismo, que siguen ocupando un lugar destacado en el imaginario estadounidense—aunque existan principalmente sólo en la imaginación—. Y no hay nadie que lo ejemplifique mejor que un hombre que se representa a sí mismo, en el punto culminante de un episodio de su programa de televisión, literalmente perseguido por un iracundo Jesús que blande la cruz.

Larry David—es decir, el personaje que comparte el nombre de su creador y aparece en una serie de episodios de media hora casi improvisados en HBO—no tiene nada de lo que quejarse. Él, como su tocayo, ha hecho fortuna más allá de sus sueños más desbocados como cocreador, junto con Jerry Seinfeld, de uno de los programas más exitosos de la historia de la televisión. Lo respetan por su talento y lo envidian amigos y enemigos por igual. El estilo de vida californiano de David se halla más alejado del antisemitismo eliminacionista sugerido por sus críticos que cualquier otro período de los dos mil años de historia judía. Y, sin embargo, está constantemente insatisfecho y molesto, y no deja de pelearse con todo el mundo, de modo que fatiga a amigos, vecinos y posibles socios, transeúntes al azar y, en más de una ocasión, a Ted Danson. ¿Qué es lo que pasa? O, mejor dicho, ¿qué *le* pasa?

La pregunta se vuelve aún más acuciante a la luz del entusiasmo con que David plantea temas y contenidos judíos mucho más explícitos en *Curb Your Enthusiasm* y da a su personaje una identidad judía mucho más evidente que la que dio a su *alter ego* George Costanza y los demás personajes de *Seinfeld*.[1] El detalle que mejor ilustra esta decisión es el hecho de que David presente a menudo la principal tensión doméstica de la serie, entre él y su esposa Cheryl, como un conjunto de diferencias entre judíos y cristianos que giran en torno al conflicto religioso, en vez de presentarlas simplemente como estereotipos étnicos o culturales, puesto que ninguno de los dos personajes es practicante.[2]

---

[1] David tiene, por supuesto, opiniones propias sobre algunos de estos temas. Interrogado sobre «el evidente carácter judío de *Curb*», contestó, sonriendo: «Los judíos piensan eso todo el tiempo, piensan que nadie más lo entenderá, que es un número secreto sólo para ellos». Alexandra Schwartz, «Festival Dispatch: Life Lessons From Larry David», *The New Yorker*, 13 de octubre de 2014.

[2] No se planeó desde el principio, al parecer; todas las versiones coinciden en que David y su equipo estaban pensando en una actriz judía, o que lo pareciese, para el papel de esposa de David, análogo al de su mujer (de entonces) judía, pero la química humorística entre David y Cheryl Hines, claramente gentil, era demasiado buena para renunciar a ella. Así que se oscureció el pelo de Hines en el documental satírico de HBO, que sirve retroactivamente como un cuasipiloto para el programa, con la finalidad de que pareciese más judía, y se le fue aclarando luego en cada temporada. Según Hines: «Cuando estábamos en mitad de la filmación del primer episodio, Larry dijo: "No creo que nadie vaya a creer que eres judía". "Yo tampoco", le respondí. Y entonces me dijo: "Bueno, quizá no hace falta que seas judía"». Josh Levine, *Pretty, Pretty, Pretty Good: Larry David and the Making of Seinfeld and Curb Your Enthusiasm*, Toronto, ECW Press,

Y no es cualquier viejo conflicto judío-gentil: David, expulsado de la escuela hebrea por reírse del rabino,[1] reproduce con fines humorísticos las relaciones cristiano-judías medievales—por molestas que las risas puedan resultar—al presentarse como el judío al que les encanta odiar a los cristianos y a la cristiandad. Pienso, por ejemplo, en el episodio en el que Larry se come algunas de las galletas que forman parte del pesebre navideño de la familia de su mujer (con lo que reencarna uno de los estereotipos antisemitas más antiguos: la profanación de la hostia).[2] Hay otro capítulo en que David impide que su futuro cuñado se bautice; y otro en el que, accidentalmente, orina sobre una imagen de Jesús y las gotas de orina pasan a convertirse para los crédulos cristianos en un milagro por el que Cristo ha derramado sus lágrimas;[3] y, por supuesto, no hay que olvidar el capítulo en que Jesús persigue a David por un pasillo (es un hombre que realmente se llama Jesús y, a causa de una serie de malentendidos, cree que David ha intentado seducir a su esposa).[4]

Este último no es el único pogromo cómico que se produce en *Curb*: en un episodio, que se desarrolla en Halloween, un grupo de gentiles ataca la casa de David.[5] El ataque se salda con unos cuantos grafitis y montones de papel higiénico, pues los atacantes son tan sólo solicitantes de aguinaldos

---

2010, pp. 52-61; Deirdre Dolan, *Curb Your Enthusiasm: The Book*, Nueva York, Gotham Books, 2006, pp. 31, 82.

[1] Dolan, *Curb Your Enthusiasm: The Book, op. cit.*, pp. 11-12.

[2] Temporada 3, episodio 9: «Mary, Joseph, and Larry».

[3] Temporada 7, episodio 7: «The Bare Midriff».

[4] Téngase en cuenta que éste es también el episodio en el que David cuelga una *mezuzá* con un clavo de la película de 2004 de Mel Gibson *La pasión de Cristo*, notoriamente polémica por sus tropos antisemitas. «The Christ Nail», temporada 5, episodio 3. Véase Levine, *Pretty, Pretty, Pretty Good: Larry David and the Making of Seinfeld and Curb Your Enthusiasm, op. cit.*, p. 101.

[5] Temporada 2, episodio 3, «Trick or Treat». No hay identificación explícita, pero el contexto lo da por supuesto.

enfadados, y no creo que tenga demasiada importancia que Halloween sea una celebración cristiana, la víspera del Día de Todos los Santos. Tampoco creo que las *razones* del ataque estén relacionadas, en el fondo, con la condición judía de Larry David, sino con el hecho de que se niega a ofrecer dulces a dos adolescentes que acuden a su casa sin disfraz. Naturalmente, David tiene dulces en abundancia, pero el asunto no es ése, sino una cuestión de principios. Así que cuando despierta a la mañana siguiente encuentra montañas de papel higiénico en la entrada de la casa y un grafiti en la puerta que reza: CALVO GILIPOLLAS. A continuación discute con su mujer: Larry defiende su posición hasta que finalmente, totalmente desesperada, Cheryl grita: «¡Nadie comprende tus reglas, Larry!».

Las discusiones sobre las reglas, una de las similitudes con *Seinfeld*—¿cuáles son las líneas rojas en situaciones difusas?, ¿cuáles son los límites de lo socialmente aceptable?, ¿cuándo pasa lo bueno a convertirse en malo?—, son lo que denominó «Talmud oscuro» Larry Charles,[1] escritor, productor y director de *Seinfeld* y de *Curb* durante mucho tiempo. Para Charles y David la obediencia a esas reglas—de hecho, la identidad construida en torno a la obediencia a esas reglas— da lugar a una perspectiva distinta del mundo, que no sólo explica el humor, sino también el odio. David, en el fondo, está convencido de que él tiene razón, y siente una especie de orgullo antiheroico por sustraerse a la tiranía de la mayoría

[1] Charles, considerado con frecuencia la mano derecha de David en *Seinfeld*, fue el autor de algunos de sus episodios más oscuros, como «The Baby Shower», «The Library» y «The Fix-Up». Véase Levine, *Pretty, Pretty, Pretty Good: Larry David and the Making of Seinfeld and Curb Your Enthusiasm*, *op. cit.*, p. 141. Para ampliar información, compárese Roberta Rosenberg Farmer, «Larry David's "Dark Talmud": Or, Kafka in Prime Time», *Studies in American Jewish Literature*, vol. 32, n.º 2, 2013, pp. 167-185, esp. 170-171. Charles terminaría convirtiéndose en colaborador frecuente de Sacha Baron Cohen.

educada, decente y moral (igual que Jerry, George y Elaine, en *Seinfeld*; y a diferencia de Kramer, quien suele ser muy popular y querido a pesar de, o quizá gracias a, su peculiar rareza). *Seinfeld*, de hecho, ilustra esta voluntad de diferenciarse del mundo a través de sus protagonistas, una actitud que lleva a su paroxismo el polémico final de la serie, escrito por David.[1]

En ese episodio tan esperado, Jerry, George, Elaine y Kramer acaban en la cárcel porque se niegan a ayudar a alguien que tiene problemas. En realidad, no sólo no ayudan, sino que se mantienen al margen y se dedican a bromear. Sin embargo, mantenerse al margen y bromear—observar la vida a través de la propia lente deformante—es lo que hacen los humoristas. Pero también es lo característico de las minorías, y en particular de la gran minoría de la cristiandad, y dudo que sea una simple casualidad que David subraye el hecho de que el elenco acabe en la cárcel por haber quebrantado una de las leyes del buen samaritano. En suma, no se comportan como cristianos, quebrantan las normas sociales establecidas y eso los convierte en una amenaza que hay que eliminar de la comunidad, o más bien encarcelar. En este sentido, como David y los personajes de *Seinfeld* rechazan todo lo que la cultura representa, no tiene nada de sorprendente que terminen convirtiéndose nada menos que en enemigos del Estado (como dice el juez a los «cuatro de Nueva York», pues así se les conoce: «La cruel indiferencia y absoluto desprecio a todo lo que es bueno y decente ha hecho estremecerse los cimientos mismos de nuestra sociedad»). Tales afirmaciones resultan inquietantes por lo mucho que recuerdan a las murmuraciones de Amán al rey Asuero, pero quizá tam-

---

[1] El episodio no fue bien recibido, el *Houston Chronicle* lo calificó de «uno de los finales más desafortunados de la historia de la televisión». Véase Levine, *Pretty, Pretty, Pretty Good: Larry David and the Making of Seinfeld and Curb Your Enthusiasm*, *op. cit.*, pp. 7-9, cita en p. 9.

bién por la sensación de que algo de verdad hay en ellas. En el fondo, todos los grandes humoristas son el primer y principal blanco de las burlas.

Pero no nos apresuremos afirmando que Larry David—o «Larry David», el personaje—es un judío que se odia a sí mismo. En un episodio en que alguien lo oye silbar a Wagner, el compositor favorito de los nazis, y lo acusa de ser el típico judío que odia su condición, David responde: «Yo me odio a mí mismo, pero no porque sea judío». Es, evidentemente, un guiño a Woody Allen, quien ha dicho un par de cosas sobre Wagner, los nazis y el antisemitismo.[1] Los admiradores de las películas de Allen recordarán los comentarios de su personaje Alvy Singer en *Annie Hall* sobre Nueva York,[2] esa ciudad esencial y totalmente judía según Bruce, y sus críticas a la obsesión neurótica que ve vestigios de antisemitismo donde no los hay («*Wagner*, Max, *Wagner*», dice lastimeramente con su inconfundible tono nasal).[3] Pero también recordarán la escena de la comida de Pascua con la familia de Annie Hall, donde Alvy elogia torpemente el cerdo que ha cocinado la abuela diciendo que es «pura dinamita» y de inmediato la anciana lo ve transformarse en

[1] David había interpretado pequeños papeles en dos películas de Woody Allen (*Días de radio* y *Otra mujer*) antes de que se estrenara *Seinfeld*; después de que *Curb* le diera fama, asumió el principal papel *woodyallenesco* en otra, *Si la cosa funciona.*

[2] Escrita en colaboración con Marshall Brickman, que luego coescribió *Jersey Boys* y sugeriría el personaje del Chef sueco (menos conocido pero mucho más importante) a Jim Henson durante una colaboración con el programa piloto de 1975 de *The Muppet Show: Sex and Violence*. (Ayudó también a crear Starlet y Walford). Mike Sacks, *And Here's the Kicker: Conversations with 21 Top Humor Writers on their Craft*, Cincinnati (Ohio), Writer's Digest, 2009, pp. 149, 160.

[3] Sirva de ejemplo el judío furioso por no conseguir trabajo de locutor de radio. «¡A-a-a-a-nti-s-s-s-emitas!», se queja con amargura a su amigo. Brandes, «Jewish-American Dialect Jokes and Jewish-American Identity», *op. cit.*, p. 237.

un judío ortodoxo, con sombrero negro, larga barba y tira-
buzones.[1]

Tanto Allen como su contemporáneo Mel Brooks—al que
David también rinde tributo: la cuarta temporada de *Curb*
está dedicada a un brillante metachiste de *Los productores*—
ofrecen una visión menos complicada del antisemitismo, tal
vez porque se identifican más con la generación de la Segunda Guerra Mundial, en la que Brooks combatió. Allen era
un poco más joven, pero se identifica incluso más con la generación anterior a la guerra, mientras que David acababa
de cumplir veintiún años cuando se estrenó *Los productores*.
De modo que los dos creadores mayores insisten en la importancia de la minimización cómica para «triunfar» sobre
amenazas antisemitas como el nazismo—podría argumentarse que semejante triunfalismo lo fomentó la victoria de los
Aliados (en cuyas filas combatieron judíos) sobre el eje antisemita—. Brooks lo señala explícitamente cada vez que le
preguntan por *Los productores*; Allen no es tan explícito, y de
hecho su manera de abordar el antisemitismo se ha ido ma-
tizando con los años. Incluso en la mencionada escena de la
comida de Pascua en *Annie Hall* es difícil determinar exactamente de quién se burla. Pero en piezas literarias como «Las
memorias de Schmeed»,[2] donde el supuesto barbero de Hitler cuenta su historia, Allen retrata a los nazis como indivi-

[1] El personaje de la abuela estaba inspirado en un episodio de la vida
de Allen, cuando conoció a la familia de Diane Keaton: «Era la quintaesen-
cia de familia gentil. Yo era muy consciente de mi judaísmo cuando los co-
nocí en una cena de Navidad […] Y había una abuelita Hall, la abuela de
Keaton, que tuvo siempre una vaga idea negativa de los judíos como usu-
reros y usurpadores de los mejores empleos y causantes de las guerras y
demás», citado en Myles Palmer, *Woody Allen: An illustrated biography*,
Nueva York, Proteus, 1980, p. 92.

[2] Woody Allen, «The Schmeed Memoirs», en: *The Insanity Defense*,
Nueva York, Random House, 2007, pp. 17-23. [Existe traducción en español: «Las memorias de Schmeed», en: *Cómo acabar de una vez por todas
con la cultura*, trad. Marcelo Covian, Barcelona, Tusquets, 2014].

duos tan torpes, pretenciosos e irresponsables como el personaje de *Los productores* Franz Liebkind, autor de una obra destinada a ensalzar la figura de Hitler («¡El mundo tiene que saber que Hitler era un gran bailarín!»), que no obstante los productores Byalystock y Bloom estrenan en Broadway ¡como comedia!

Por más homenajes que David rinda al humor de Brooks y Allen sobre el antisemitismo, va más allá que ambos. Pienso en el célebre episodio sobre el Holocausto de *Curb*,[1] en el que el rabino pregunta si puede acudir a una cena en casa de David con un superviviente y David invita a otro superviviente, amigo de su padre, pensando que ambos tendrán mucho en común, puesto que comparten la experiencia del Holocausto (aunque le angustia que ese pensamiento pueda resultarles ofensivo). Pero resulta que el «superviviente» que acompaña al rabino es un participante en el *reality show* televisivo *Survivor*, e intenta equiparar las pruebas que ha superado en el programa con el sufrimiento del antiguo prisionero de Auschwitz: pasó cuarenta y dos días tratando de sobrevivir en un lugar lleno de mosquitos ¡y ni siquiera le daban de merendar![2] Pero es en la quinta temporada de *Curb* donde David lleva el humor al límite, aunque la serie mantenga la apariencia de una inocua comedia televisiva.

---

[1] Temporada 4, episodio 9.

[2] Ya en el primer capítulo de *Curb* se encuentran alusiones al Holocausto que provocan escalofríos y risa al mismo tiempo: Larry, hablando por teléfono con su agente, se refiere a su esposa como «Hitler», sin saber que su agente tiene puesto el manos libres y otros escuchan el comentario. El interés de David por el tema era muy anterior a *Curb*, e incluso a episodios de *Seinfeld* como uno donde Jerry hace manitas mientras ve *La lista de Schindler* u otro donde se ve atrapado accidentalmente en una manifestación neonazi. Ya en sus primeros tiempos como humorista, David contaba chistes como que él habría sido amigo de un nazi si éste le hubiese elogiado el pelo o que admiraba a Hitler por no «tragarse los trucos de los magos». Levine, *Pretty, Pretty, Pretty Good: Larry David and the Making of Seinfeld and Curb Your Enthusiasm*, *op. cit.*, p. 17.

Después de descubrir que su padre (interpretado por el clásico humorista judío Shelley Berman, otro homenaje a uno de sus maestros) puede no ser su progenitor biológico, Larry contrata a un detective privado para que investigue sus orígenes. Creyendo que ha encontrado una prueba de su condición de gentil, empieza a comportarse como un *goyish*, en los términos de Lenny Bruce. Pero mientras que la respuesta de Bruce a la discriminación de los gentiles es una discriminación a la inversa, es decir, tachar a los *goyim* de carcas, David va por el otro lado: se burla de sí mismo. Para David los judíos son arrogantes, cobardes y egoístas —como el personaje de Costanza en *Seinfeld*—,[1] mientras que el Larry gentil se convierte en un tipo amable con el personal de vuelo, está dispuesto a asumir el papel de héroe en

---

[1] En este sentido, quizá el ejemplo más elocuente sea el tratamiento que hace David en *Curb* de uno de los temas más controvertidos del antisemitismo moderno—el mundo árabe—enmarcado en la cuestión más espinosa y sensible de la cultura judía moderna: el conflicto de Israel y Palestina. En el episodio 3 de la temporada 8 de *Curb*, «Palestinian Chicken», Larry y su agente se aficionan a un restaurante palestino en cuyo local hay claros signos de odio a los israelíes (y a los judíos), y Larry termina saliendo con una atractiva palestina que, según confiesa tras acostarse con ella, es la mujer con la que más ha disfrutado en la cama: curiosamente, ella lo llena de insultos antisemitas mientras hacen el amor y a él le resultan muy excitantes (a fin de cuentas, al menos en la serie, lo que más excita sexualmente a Larry son las personas que expresan su autoodio o le permiten expresarlo). De modo que, pese a los argumentos de algunos críticos respecto a la «posición» de David en el conflicto entre Israel y Palestina, simplemente vuelve a comportarse como George Costanza: por comida y por sexo está dispuesto a aceptar las circunstancias más degradantes desde el punto de vista de su identidad judía. O, como dijo David en una entrevista con David Remnick para *The New Yorker*: «Se me ocurrió plantearme un día: ¿tendrías relaciones sexuales con una palestina? […] Y pensé: seguro. ¿Y si cuando estuviéramos haciéndolo ella gritara todas esas cosas antisemitas? ¡No me molestaría lo más mínimo!» (según Remnick, el catedrático de Derecho Alan Dershowitz envió el episodio a Benjamin Netanyahu con la esperanza de que lo viese con Mahmoud Abbas). Schwartz, «Festival Dispatch: Life Lessons From Larry David», *op. cit.*

caso de accidente aéreo y, más increíble aún, se ofrece a donar un riñón a Richard Lewis—algo que el Larry «judío» había evitado como la peste—.

En suma, la fantasía de David es la clásica fantasía compartida por los genocidas antisemitas: ¿no sería estupendo que no hubiese judíos, esa gente llena de defectos y sin ninguna virtud? Incluso el final desconcertante de la temporada—de camino al quirófano para donar el riñón le dicen a Larry que todo ha sido un error y que en realidad es judío, pero ya es demasiado tarde y no hay vuelta atrás—es en cierto modo una moraleja, la misma que en *Seinfeld* y en la Edad Media: no intentes cambiar, siempre sale mal.

David no es el único que recurre a modelos clásicos de humor judío sobre el antisemitismo en una época en que podríamos pensar, o esperar, que hubiesen perdido vigencia. Fijémonos, por ejemplo, en la humorista y actriz de cine y televisión Sarah Silverman, que abordó el tema de las relaciones interconfesionales—cada vez menos transgresoras en la sociedad estadounidense al haberse convertido en norma la aceptación de los judíos—hablando de su conocida relación con Jimmy Kimmel de un modo que recuerda a los tópicos medievales. Silverman explica que, aunque ella es judía, lleva una medalla de san Cristóbal que «su novio católico» le regaló, y prosigue:

Fue muy bonito cuando me la dio, porque me dijo que, si no me quemaba la piel, me protegería, fue tan… [suspira y hace un mohín]. No tiene importancia, es normal, ya saben, distintas religiones… Supongo que la cosa se complica cuando tienes hijos y hay que ponerse de acuerdo en cómo criarlos, pero creo que para nosotros ni siquiera eso sería un problema, porque seríamos muy sinceros, simplemente le diríamos la verdad: «Mami es del pueblo elegido, y papi cree que Jesús hacía ¡magia!».[1]

---

[1] Sarah Silverman, *Sarah Silverman: Jesus is Magic*, 2005, dir. Liam Lynch.

El chiste empieza con una imagen que no habría desentonado en Chaucer—el santo católico rechaza el contacto con la piel de una judía—y de inmediato Silverman se toma la revancha en los mismos términos medievales: manifestando el desprecio hacia la teología católica, que resulta absolutamente irracional comparada con la racional fe judía. El recurso forma parte del enfoque transgresor de Silverman, al que contribuye muchísimo su pose de ingenua despistada, gracias a la cual siempre te pilla desprevenido. Apenas un minuto después hace una brillante actualización muy afortunada del sketch de Lenny Bruce comentado más arriba: «Todo el mundo echa la culpa a los judíos del asesinato de Cristo, y los judíos intentan echar la culpa a los romanos. Yo soy una de las pocas personas que creen que fueron los negros». En cierto sentido, éste es un giro muy propio del siglo XXI, como si Silverman insinuase: si vamos a repartir acusaciones de discriminación y persecución, seamos realmente ecuánimes y asegurémonos de no excluir a nadie, ni siquiera a nosotros mismos; no somos sólo víctimas de discriminación, también la practicamos, así que el chiste también nos deja en evidencia a nosotros.

Fijémonos ahora en el trabajo del actor de cine y televisión británico Sacha Baron Cohen, cuyo transgresor placer consiste en mostrar (o intentarlo) el antisemitismo soterrado en Estados Unidos pese a la supuesta tolerancia que reina en el país. Para ello se vale sobre todo de uno de sus personajes, el periodista kazajo Borat, quien al realizar entrevistas siempre trata de conseguir que sus entrevistados simpaticen con su recalcitrante antisemitismo (el de Borat, claro, no el de Cohen, un veterano de los programas juveniles sionistas, que insistió en que su mujer, la actriz cómica Isla Fisher, se convirtiese al judaísmo antes de casarse con ella, y tiene un enfoque mucho más positivo de la historia y la cultura judías; y es una nota doblemente subversiva e irónica que el «kazajo» Borat sea en realidad hebreo, algo que pasa desapercibido a la mayor parte del público de Cohen). Resulta que lo que suele suceder es que los entrevistados terminan teniendo que ser muy tolerantes con el propio Borat, cuyas preguntas los dejan desconcertados, y tratan de evitar morder el anzuelo (por ejemplo, Borat pregunta a un instructor de artes marciales qué debería hacer para defenderse de la «garra judía»). En otras ocasiones, sin embargo, como cuando dirige a los clientes de un bar de música country para coreografiar una (supuesta) canción clásica kazaja titulada *Tirad al judío al pozo*, la entusiasta participación del público resulta algo más inquietante. Pero, a menudo, como en el caso de otro personaje de Cohen, Brüno (un periodista de moda frívolo que se dedica a preguntar a sus entrevistados si habría que mandar una determinada colección de ropa «al tren con destino a Auschwitz» y todos le siguen alegremente el juego), es básicamente un comentario sobre la docilidad y la necedad de los personajes mediáticos; otro asunto es, como indicaron algunos espectadores, si realmente saca a la luz el antisemitismo, teniendo en cuenta que Cohen crea situaciones muy forzadas, aunque divertidas, para que florezca su arte.

En cualquier caso, el humor de David, Silverman y Cohen evidencian la fortaleza y confianza de los judíos en la cultura estadounidense. Y, en ese sentido, hay un último aspecto de los ataques de David a la mayoría cristiana que merece la pena señalar: está orgulloso de ignorar profundamente esa tradición. En el episodio en el que impide la conversión al cristianismo de un judío al interrumpir el necesario bautizo, David afirma que no sabe en qué consiste el bautismo. Naturalmente, la ignorancia del personaje es un recurso cómico, pero sugiere dos lecciones opuestas.

Por una parte, la ignorancia de David es una especie de jódete al ostensible poder de la mayoría, una apoteosis del enfoque de Lenny Bruce: no *necesito* saber nada. Pero es también un elocuente modo de enfatizar su diferencia para recordar al público que David, los humoristas, los judíos, *son* diferentes, y lo son tan esencialmente que pueden ignorarlo casi todo del mundo. Sin embargo, la ignorancia tiende a estallarle en la cara a Larry, de modo que hay que preguntarse: ¿es la seguridad de la comunidad judía estadounidense lo que otorga a David, Silverman y Cohen la posibilidad de entregarse a un comportamiento tan cómico y neurótico (por no decir de autoodio)? ¿Se trata simplemente del temperamento del humorista? ¿O de una característica recurrente de esta variante del humor judío a lo largo de la historia, incluso en entornos menos seguros?

He aquí una respuesta, que quizá no sea la única: en 2006, cuando un importante periódico iraní organizó un concurso para ver quién podía presentar las tiras cómicas más antiisraelíes y antisemitas, Amitai Sandy, un dibujante israelí, anunció un segundo concurso paralelo, éste sólo para judíos: «¡Demostraremos al mundo que nosotros podemos hacer las tiras cómicas antisemitas más mordaces y ofensivas que se hayan publicado jamás! ¡Ningún iraní nos derrotará en nuestro propio campo!».[1]

Al parecer, la mejor respuesta al mal tiempo es el humor negro.

---

[1] Citado en Sander L. Gilman, «Jewish Humour and the Terms by Which Jews and Muslims Join Western Civilization», *Leo Baeck Institute Year Book*, vol. 57, n.º 1, 2012, pp. 53-65, esp. 65.

2

MÉDICOS JUDÍOS NO TAN AFABLES

Una de las peores consecuencias de la teoría lacrimógena de la historia judía—no del antisemitismo en sí, sino de exponer el relato de la historia judía como si fuese esencialmente una reacción al antisemitismo—es que ofrece un imagen de la sociedad judía como fundamentalmente reactiva, condicionada por circunstancias externas: pura política exterior. Pero es fácil pecar de excesiva corrección y cometer el error opuesto: considerar que las circunstancias externas apenas han cambiado la historia y la cultura judías (lo cual tampoco es cierto), como si éstas fueran en cierto sentido *inalterables* y hubieran estado congeladas en el tono sepia de un *shtetl* eterno—inspirado en *El violinista en el tejado*—, prácticamente inalterado hasta que acontecimientos explosivos exteriores lo desbarataron.

Podemos incluso esbozar los contornos del aspecto que podría tener esa sociedad: canciones y velas del Shabbat, una comunidad pobre pero feliz, cohesionada y mayoritariamente rural. Y, aunque se aplique sobre todo a las comunidades de Europa oriental de idioma judío, hay casos análogos también en otras comunidades judías de los períodos bíblico, medieval y de comienzos de la modernidad. Tal concepción no tiene una denominación tan pegadiza como «teoría lacrimógena de la historia judía», pero podríamos llamarla «teoría de la vida está en el pueblo», inspirándonos en *Life is With People. The Culture of the Shetl*, el éxito de ventas de Mark Zborowski y Elizabeth Herzog publicado en 1952, que contribuyó a difundir esa idea entre muchos lectores estadounidenses.

Esta interpretación errónea de la historia judía la perpetuaron en buena medida escritores judíos que sabían lo que hacían. Existe abundante literatura de ficción yiddish del *shtetl*,[1] por ejemplo, escrita por autores que vivieron en esos asentamientos y, de forma deliberada, describieron incorrectamente esos barrios comerciales como armoniosas comunidades judías acompasadas con el calendario judío y a veces hasta con el orden natural. A menudo la razón de tales piadosos relatos es nostálgica o elegíaca, pero sea cual sea, tienden a minimizar o pasar por alto la agitación política o social propias de la sociedad judía o de cualquier otra.

A veces esa agitación tenía que ver con la impresión de cierto fracaso en el cumplimiento comunal de los deberes religiosos. Otras veces se debía a la preocupación causada por nuevas tendencias sociales alarmantes o, inversamente, por la resistencia de la comunidad a adaptarse a tendencias o circunstancias nuevas. En ocasiones era un pequeño grupo el que abogaba por una nueva idea; en otras, la mayoría consideraba necesario castigar la traición a los viejos ideales. En cualquier caso, todas estas agitaciones indican que se trataba de una comunidad donde el pensamiento, la discusión y el debate estaban vivos. Y como uno de los medios más eficaces de defender o criticar es el humor, aunque a menudo de la variedad más mordaz, la sátira (humor cuya tarea es oponerse y contradecir, zaherir, difundir y catalizar la reforma) ofrece una variante particularmente rica de humor judío que merece la pena analizar, y una lente particularmente afortunada para examinar la historia judía en general.[2]

---

[1] Véase Dan Miron, «The Literary Image of the Shtetl», *Jewish Social Studies*, vol. 1, n.º 3, 1995, pp. 1-43; Jeffrey Shandler, *Shtetl: A Vernacular Intellectual History*, New Brunswick (Nueva Jersey), Rutgers University Press, 2014.

[2] Para una definición más convencional de sátira—actual (relacionada con el aquí y el ahora), realista (aunque exagerada y distorsionadora), escandalosa, informal (desde el punto de vista lingüístico, coloquial), divertida, con la esperanza de evocar en sus lectores una mezcla de regocijo y desdén—véase Gilbert Highet, *The Anatomy of Satire*, Princeton (Nueva Jersey), Princeton University Press, 1962, esp. pp. 5, 16-18, 21, 158, 190.

En este caso, a diferencia del capítulo anterior, nuestro enfoque será interno, pero eso no significa que algunas de las críticas planteadas a la vida y la cultura de la comunidad judía, o algunas de las soluciones propuestas a las mismas, no fuesen ecos del mundo exterior. Con todo, en este capítulo el énfasis no se pondrá en lo externo—«¿qué hacen los *goyim*?»—, sino en lo interno—«¿qué estamos haciendo mal nosotros?, ¿cómo deberíamos remediarlo?, ¿qué chiste genial, qué viñeta mordaz o qué juego de palabras malicioso podría contribuir a cambiar la mentalidad de la gente y lograr que adopte nuestro punto de vista indiscutiblemente correcto sobre el presente y el futuro judíos?»—. Y de ahí pasaré a una cuestión relacionada, *la* pregunta: ¿funciona?, ¿logra en algún caso la sátira judía el cambio que se propone efectuar?

Al juzgar el éxito de determinadas sátiras, tendremos que considerar inevitablemente cómo lidia con dos riesgos relacionados. El primero es el posible fracaso desde el punto de vista cómico. Recordemos la infame descripción de la sátira que ofreció el célebre George Kaufman, ingenio del teatro (judío): «Sátira es lo que pone fin a la noche del sábado». Puesto que para Kaufman la eficacia de la sátira está vinculada a la capacidad para entretener,[1] a menudo fracasa. Pero existe un peligro aún mayor. Joseph Addison, el gran periodista británico y referente humorístico del siglo XVIII, escribió que «las sátiras y parodias, escritas con ingenio y brillantez, son como dardos envenenados: no sólo causan una herida, sino que es incurable».[2] El comentario de Addison, venenoso por sí mismo, sugiere no sólo que el blanco de la sátira queda herido irremediablemente, sino que el proceso

[1] Sobre Kaufman, véase Louis Harap, *Dramatic Encounters: the Jewish Presence in Twentieth-Century American Drama, Poetry, Humor and the Black-Jewish Literary Relationship*, Nueva York, Greenwood Press, 1987, p. 89.

[2] Joseph Addison, *Maxims, Observations, and Reflections: Moral, Political, and Divine*, Londres, E. Curil, 1719, p. 74.

de satirizar—tomar las armas cómicas—destruye la posibilidad de reparación: deja la tierra quemada.

Es una imagen muy diferente y más sombría que la del escritor satírico como médico de la sociedad, defendida por personalidades tan distintas como Molière y Lenny Bruce, y resumida en la mordaz definición de Dryden: «El verdadero fin de la sátira es la enmienda de los vicios mediante la corrección».[1] Ése fue, como cabía esperar, el punto de vista de la mayoría de los autores satíricos judíos: idealistas y, a menudo, profetas no reconocidos. Otro asunto es si el cuerpo social toma la medicina.

Los profetas bíblicos son conocidos en la literatura crítica y en el ancho mundo como adalides de la justicia social; son famosos por decir la verdad a los poderosos, ya sean sacerdotes o reyes; y por el inmenso alcance de su visión poética, en la desolación y en la opulencia. Sin embargo, no suelen resultar particularmente divertidos.

No obstante, la sátira fue una de sus principales armas. Los profetas eran el azote del mundo que los rodeaba, un mundo de materialistas holgazanes y hedonistas, a quienes retrataban como ridículos y peligrosos. Como clamaba el profeta Amós:

Ved cómo se tienden en marfileños divanes e indolentes se tumban. Comen corderos escogidos del rebaño y terneros criados en el establo. Bailan al son de la cítara e inventan, como David, instrumentos de música. Gustan el vino generoso y se ungen con óleo fino y no sienten preocupación alguna por la ruina de José.[2]

---

[1] John Dryden, «Preface: To the Reader», en: *Absalom and Achitophel*, Londres, J. T., 1681.
[2] Amós 6, 4-6.

Pero los retratos satíricos que los profetas monoteístas hacen de la sociedad en su conjunto se vuelven más feroces e incisivos cuando se refieren a sus adversarios: los idólatras. Las religiones paganas de la Antigüedad eran ricos y complejos sistemas que se centraban en tradiciones espirituales y en el uso de representaciones materiales—ídolos—como objetos de devoción y ofrenda, en el hogar o en el templo. Buena prueba del poder de esta concepción es que a ella se atuvieron la gran mayoría de los habitantes de Oriente Próximo, con la única excepción de los judíos monoteístas. En rigor, parece que originariamente los hebreos practicaban la *monolatría* más que el *monoteísmo*: se aceptaban diversos dioses, pero el principal era Jehová. Como rezaba uno de los Diez Mandamientos: «No tendrás dioses ajenos *delante* de mí», pero eran posibles otros dioses. Sin embargo, con los profetas la monolatría dio paso al monoteísmo. El profeta Oseas, por ejemplo, reescribe los Diez Mandamientos al afirmar que Dios dice: «No has de reconocer a dios alguno *sino* a mí»,[1] lo cual requiere a su vez la minimización y humillación de otras creencias.

La sátira, como dijo el gran crítico Northrop Frye,[2] es un tipo de humor que se basa fundamentalmente en un sentido de lo grotesco o absurdo, y los profetas lo expresan concisamente. El profeta Habacuc escribe:

---

[1] Oseas 13, 4. Véase Michael B. Dick, «Prophetic Parodies of Making the Cult Image», en: Michael B. Dick (ed.), *Born in Heaven, Made on Earth: The Making of the Cult Image in the Ancient Near East*, Winona Lake (Indiana), Eisenbrauns, 1999, pp. 1-53, esp. 11, 30-34.

[2] Véase Northrop Frye, *The Anatomy of Criticism*, Princeton University Press, Princeton (Nueva Jersey), 1957, pp. 223-242 [existe traducción en español: *Anatomía de la crítica*, trad. Edison Simons, Caracas, Monte Ávila, 1998], y también el análisis de Thomas Jemielity, *Satire and the Hebrew Prophets*, Louisville (Kentucky), Westminster-John Knox Press, 1992, pp. 21-22, 87.

¡Ay del que dice al leño «Despierta» y a la piedra «Levántate»! Ésos no enseñan sino a enmudecer. Están cubiertos de oro y de plata, pero no hay en ellos hálito de vida. ¿De qué sirve la escultura que su autor esculpió, de qué la imagen fundida y el oráculo mendaz, para que el que la hizo ponga en ella su confianza, por haberse fabricado vanidades mudas?[1]

Jeremías profundiza aún más, convirtiendo la crítica en un chiste:

Pues el culto de esos pueblos es el culto a la nada, leños cortados en el bosque, labrados luego con el buril por la mano del escultor. Se decoran con plata y oro, y se sujetan a martillazos con clavos para que no se caigan. Son como espantajos en melonar, y no hablan. Hay que llevarlos, porque no andan.[2]

Y Oseas llega incluso a convertirla en un chiste verde: cuando afirma que el pueblo de los idólatras «pregunta a sus leños y su palo le hace revelaciones, porque el espíritu de fornicación le ha descarriado»[3] parece sugerir que existe poca diferencia entre seguir a los leños de los ídolos y al palo que cómicamente se ha identificado a lo largo de la historia con los impulsos sexuales masculinos.

Y, al menos en un caso, esta burla se desarrolla en una pieza cómica, ambientada en el monte Carmel, donde Elías se burla de los profetas de Baal en una competición en la que éstos no logran, pese a sus grandes esfuerzos, que su divinidad responda: «Burlábase Elías de ellos, diciendo: "Gritad bien fuerte, Dios es, pero quizá está entretenido conversando, o está ocupado o de viaje. Acaso esté dormido, y así le

---

[1] Habacuc 2, 18-19.

[2] Jeremías 10, 3-5. Para un análisis, véase Dick, *Born in Heaven, Made on Earth*, *op. cit.*, pp. 17-20. Compárese con una versión similar en Oseas 13, 2.

[3] Oseas 4, 12; véase Jemielity, *Satire and the Hebrew Prophets, op. cit.*, p. 88. Compárese también Isaías 40, 18-20 y 41, 6-7; Isaías 44, 9-22.

despertaréis"».[1] Todos estos textos forman parte de un fenómeno generalizado que consiste en reducir a los idólatras a una caricatura convirtiéndolos en una pandilla de idiotas que adoran palos y piedras, imagen de la sociedad materialista incapaz de ir más allá de los objetos, en los que se deposita todo el valor.

Esta sátira contra la idolatría perfeccionada por los profetas hallaría ecos posteriormente en la literatura rabínica. Una autoridad talmúdica como el rabino Najman, por ejemplo, opina explícitamente que todos los chistes están prohibidos salvo los relativos al culto de los ídolos.[2] Y un pasaje bíblico potencialmente controvertido desde el punto de vista ideológico—la matriarca Raquel huye con los ídolos domésticos de su padre, lo que sugiere que les otorga valor— no sólo es reinterpretado por los rabinos como un acto virtuoso (la recta Raquel estaba intentando salvar a su padre de su propia pecaminosidad idólatra),[3] sino convertido en una oportunidad más de satirizar a los idiotas que *los adoran*: no han de ser muy poderosos esos ídolos guardianes, dicen los rabinos, *si alguien puede robarlos*.

Hay otros casos similares,[4] pero me limitaré a citar otro célebre ejemplo midrásico del mismo tenor, que desarrolla la historia de Abraham, para entonces ya reinventado como el primer monoteísta. Su juventud—que no se aborda en el tex-

[1] 1 Reyes 18, 27. Adviértase también la alusión escatológica: «está ocupado».

[2] Citado en Michael J. Chan, «Ira Regis: Comedic Inflections of Royal Rage in Jewish Court Tales», *JQR*, vol. 103, n.º 1, invierno de 2013, p. 20.

[3] Véase Genesis Rabbah 74, 4. Y existe otro intento de añadir un elemento escatológico a la burla: Raquel menstrúa encima de ellos.

[4] La burla de Daniel de aquellos que creen que Bel es un dios vivo en Bel 6-7, y la Epístola de Jeremías, por ejemplo. Véase el análisis de Toni Craven, «Is that Fearfully Funny?: Some Instances from the Apocryphal/Deuterocanonical Books», en: Athalya Brenner (ed.), *Are We Amused? Humor About Women in the Biblical Worlds*, Londres, T&T Clark International, 2003, pp. 65-78, esp. 74, y Chan, «Ira Regis…», *op. cit.*, p. 20.

to bíblico—se inventa en forma de sketch satírico completo.[1] El padre de Abraham, Teraj, al que se caracteriza brevemente como un idólatra, tiene una tienda de ídolos; y no sólo se nos ofrece el espectáculo del pequeño Abraham discutiendo con la clientela de su padre y perturbando la buena marcha del negocio («Entró un hombre y se dirigió a él diciendo que quería comprar un ídolo: "¿Qué edad tiene usted?", le preguntó Abraham. "Cincuenta años", fue la respuesta. "¡Pobre de usted!—exclamó él—. ¡Tiene cincuenta años y adora un simple monigote!"»), sino también aprovechando que Teraj se ha ido para destrozar los ídolos y luego—pensando en contener la cólera de su padre al ver la destrucción de sus existencias—asegurando que los ídolos se destruyeron discutiendo entre ellos quién obtendría primero la ofrenda de comida de un cliente. Cuando Teraj pone en duda esta explicación («¿Por qué te burlas de mí? ¿Tienen ellos acaso algún conocimiento?»), Abraham formula la respuesta triunfal: «¿No oyen tus oídos lo que tu boca está diciendo?». Si Teraj no cree que los ídolos sean capaces de esos pequeños actos, ¿cómo puede creer que dominen el mundo?

Aparte de este relato rabínico que nos presenta al joven Abraham como un sabihondo protorrabínico, también existen indicios claros de que los profetas—y los autores de sátiras—son personas con las que no resulta fácil convivir. Tal vez sean un azote social necesario, pero ¿quién quiere aguantarlos en casa? Por un lado, son demasiado *sensibles*: opinan sobre la conducta ajena y están convencidos de tener razón. Además, según un comportamiento que conocen bien los autores de sátiras, los profetas carecen de sentido del humor en lo que se refiere a ellos mismos y a su misión. Un buen ejemplo es el de Eliseo, que conjuró a dos osos para que se comieran a cuarenta y dos muchachos que se burlaban de él.[2] Por no mencionar lo chocante que puede resultar lo que son

---

[1] Génesis Rabbah 38, 19.   [2] Véase Reyes 2, 23-24.

capaces de hacer para ilustrar sus puntos de vista, a veces incluso llegando al extremo absurdo o grotesco de persuadir a su público precisamente de lo contrario de lo que están intentando formular. Isaías anduvo desnudo durante tres años; Jeremías se paseaba llevando un yugo primero de madera y luego de hierro; Ezequiel se encerró en su casa, sin decir palabra, yaciendo primero sobre el costado izquierdo, luego sobre el derecho, durante trescientos noventa días, además de comer tortas de centeno (considerado por entonces alimento de animales) hechas en un fuego alimentado con heces humanas.[1] La verdad es que no resulta extraño que al antiguo pueblo de Israel tales personajes no le pareciesen autoridades irreprochables o, dicho en términos más actuales, no captaran el chiste o la *performance* artística. «Ahora soy todo el día la irrisión, la burla de todo el mundo […] Y todo el día la palabra de Yavé es oprobio y vergüenza para mí», se lamenta Jeremías.[2] No se ríen con él, sino de él.

Y el resultado es la destrucción del Templo, o al menos así se plantea en las lecturas posteriores, de orientación teológica. Pues dos cosas quedan claras: (a) el público al que se dirigen los profetas, la inmensa mayoría del pueblo de Israel, hizo oídos sordos; y (b) el coro al que predicaban se convirtió en custodio de la historia, la cultura y la literatura judías. Estas dos ideas—el dudoso poder de los satíricos para cambiar la sociedad que les rodea y su notable poder para influir en escritores e historiadores posteriores—las veremos una y otra vez en nuestro relato. En la historia judía, ésta no será la última ocasión en que se ignorará a los profetas.

Mientras que quienes hacen uso de la sátira en el período bíblico anterior a la destrucción del Primer Templo son intrusos que se enfrentan a las autoridades establecidas, la sá-

---

[1] Véase Isaías 20, 2-4; Jeremías 27, 2-28: 17; Ezequiel 3, 22-5:17, y el análisis de Jemielity, *Satire and the Hebrew Prophets, op. cit.*, p. 137.
[2] Jeremías 20, 7-8.

tira de la diáspora adopta un enfoque distinto, en el que el poder judío está radicalmente circunscrito y centrado en los aspectos de la cultura que los propios judíos tienen poder para cambiar. Gran parte del libro de Ester consiste en críticas a la incompetencia regia (como ya hemos mencionado, muestra a un rey que se desentiende de los asuntos del gobierno y lee los documentos oficiales tan sólo para paliar el insomnio),[1] pero el alcance de la sátira política que plantea el libro es mucho mayor. A veces recurre al humor negro al ocuparse de la ley, la vida judía y el destino en la diáspora a merced de los caprichos de un déspota (incluso después de derrotado Amán, se revela que, por una cuestión político-burocrática, ni siquiera el rey puede revocar el decreto genocida con el sello real; es preciso legislar *otro* decreto).[2] O expresa una desencantada resignación ante las perspectivas de cambio político: una vez ha quedado resuelto el conflicto, el relato concluye significativamente con la noticia del aumento de impuestos a los súbditos del rey. En otras palabras, todo vuelve a la normalidad: el pueblo acaba pagando de un modo u otro. Asuntos de vital importancia acaban perdidos en los engranajes del poder y pulverizados sin dramatismo alguno y nada cambia demasiado.[3] Ésta es la munición de la sátira,

[1] Sobre la competencia o incompetencia de Asuero, Barry Dov Walfish, *Esther in Medieval Garb*, Albany (Nueva York), SUNY Press, 1993, pp. 183-184.

[2] Véase Kathleen M. O'Connor, «Humour, Turnabouts, and Survival in the Book of Esther», en: Brenner (ed.), *Are We Amused?, op. cit.*, pp. 52-64, esp. 56-62. Sobre Ester como obra de la diáspora, véase Erich Gruen, *Diaspora: Jews amidst Greeks and Romans*, Cambridge (Massachusetts), Harvard University Press, 2002, *passim*; W. Lee Humphreys, «Life-Style for Diaspora: A Study of the Tales of Esther and Daniel», *Journal of Biblical Literature*, vol. 92, n.º 2, 1973, pp. 211-223; Alexander Green, «Power, Deception, and Comedy: The Politics of Exile in the Book of Esther», *Jewish Political Studies Review*, vol. 23, n.ºs 1-2, 2011, pp. 61-78, y especialmente Elsie Stern, «Esther and the Politics of Diaspora», *JQR*, vol. 100, n.º 1, 2010, pp. 25-53.

[3] Ésta no es la única sátira de la burocracia gentil en la Biblia: el libro

el combustible constante para la indignación, que es su motor; pero al mismo tiempo expresa cierto pesimismo: no está claro que el carburante sea lo suficientemente poderoso para conseguir cambios reales. A medida que los judíos empezaron a desarrollar sus propias organizaciones sociales, culturales y políticas en la diáspora, me atrevería a decir que estos principios de la conducta social humana se convirtieron en grano para el molino de la sátira judía.

Si bien, en el libro de Ester, Mardoqueo representa (al menos en la imaginación rabínica) tanto el poder temporal como la pericia teológica, hacia el final de la Antigüedad esos papeles solían estar separados culturalmente. Se había desarrollado un cisma entre dos clases principales dotadas de poder que iban abriéndose camino con dificultad: las autoridades rabínicas, que se ocupaban de los principios teológicos e intelectuales de la sociedad, y lo que podríamos llamar las clases comerciales y profesionales, los ricos que mantenían a los estudiosos y cuya actitud hacia los mismos oscilaba entre el respeto y el desdén. Se trata, por supuesto, de tipos ideales—había rabinos ricos y hombres de negocios cosmopolitas, inteligentes y cultos—, pero la sensibilidad satírica tendía a separar la sociedad judía con esas pinceladas gruesas, que serían el trasfondo del material para la sátira social hasta muy avanzada la época moderna.

El Talmud tiene una influencia decisiva en el estableci-

---

de Daniel enumera a funcionarios e instrumentos de los gobiernos paganos y satiriza la conducta maquinal e irreflexiva de los adoradores paganos y de la burocracia pagana en particular. Véase H. Avalos, «The Comedic Function of the Enumerations of Officials and Instruments in Daniel 3», *Catholic Biblical Quarterly*, vol. 53, n.º 4, 1991, pp. 580-588, esp. 582, y David Valeta, «The Satirical Nature of the Book of Daniel», en: Christopher Rowland y John Barton (ed.), *Apocalyptic in History and Tradition*, Sheffield, Sheffield Academic Press, 2002, pp. 81-93, esp. 87-91.

miento de esa división y, puesto que los autores del Talmud y de la mayoría de literatura del período rabínico son, cómo no, los rabinos, no hay demasiada sátira encaminada a promover una reforma de la cultura rabínica en esos textos. Utilizando una metáfora particularmente talmúdica, el buey debería cornearse a sí mismo. Eso no significa, como veremos, que los rabinos no se observen con sentido del humor, sino tan sólo que, en general, se toman muy en serio la *idea* de la cultura y el pensamiento rabínicos. En ocasiones se critican las estructuras académicas rabínicas locales, o incluso formas particulares de interpretación rabínica demasiado abstrusas, pero no parece haber interés en satirizar el proyecto rabínico.[1]

¿Y qué hay de la otra clase? En más de una ocasión los rabinos dicen lo que piensan de los poderes temporales judíos—en particular del exilarca, el líder laico de la comunidad judía en el exilio en Babilonia—. Por lo general la visión que los rabinos ofrecían del segmento enormemente mayor de la sociedad judía que no *eran* autoridades espirituales consistía en minimizar su importancia: cuando se mencionaba a algún representante de esos poderes temporales siempre era con un ligero tono de burlón desprecio, puesto que eran hombres prosaicos, incapaces de reconocer la superioridad intelectual de los rabinos, si bien necesarios para el buen funcionamiento de la sociedad.

Nuestro análisis se ve limitado en este caso porque son pocos los textos que han sobrevivido de los otros sectores sociales del período rabínico—es decir, los textos no rabínicos—. Sólo en el Medioevo y comienzos de la modernidad,

---

[1] Sobre este punto, véase, no obstante, Christine E. Hayes, «Displaced Self-Perceptions: The Deployment of Minim and Romans in B. Sanhedrin 90b-91a», en: Hayim Lapin (ed.), *Religious and Ethnic Communities in Later Roman Palestine*, College Park (Maryland), University Press of Maryland, 1998, pp. 249-289.

períodos de los que se conservan más documentos, empiezan a aflorar otros datos. En algunos de estos documentos se sigue adoptando el patrón profético de la sátira social como correctivo de la moral de la comunidad (y lo mismo vale para los textos rabínicos): generalmente se trata de retratos de tipos que quebrantan la ley (o la norma) comunal. Las *responsa* (preguntas y respuestas), opiniones de juristas rabínicos sobre cuestiones relacionadas con la ley judía del período de la Antigüedad tardía y posteriores, contienen ocasionales comentarios mordaces, puesto que su objetivo es prescribir la conducta comunitaria adecuada. Las obras de pietistas medievales como los adeptos del movimiento Hasidei Ashkenaz a menudo incluyen un castigo de estilo profético a la comunidad que puede provocar una sonrisa o una mueca de contrariedad en el lector.

He aquí una sátira del siglo XIV a cargo del médico y autor satírico provenzal Kalonymus ben Kalonymus, que escribe sobre la piedad hipócrita:

> Aunque parezca piadoso noche y día
> y no haya dejado de rezar un solo día,
> ni de hacerse el creyente fervoroso,
> confiando en pasar por bondadoso,
> permite que te diga, amigo mío,
> que evites a ese astuto tan impío,
> cuya piedad es pura simulación,
> y para nuestro Dios vil abominación.
> Aunque lo veas todo el día orando
> y crea él que nos está engañando,
> confía, amigo, en que te digo la verdad
> y no hay en tal bellaco santidad,
> pues en lo más profundo de su corazón
> oculta a todos los judíos su traición.[1]

---

[1] Traducción de J. Chotzner, *Hebrew Humour and Other Essays*, Londres, Luzac & Co., 1905, p. 109. [La traducción española se ha realizado a partir de la inglesa. (*N. del T.*)]. Sobre Kalonymus y su obra satírica más

Los autores rabínicos de sátiras en ocasiones también se ocupan de determinadas tendencias o movimientos que les parecen incompatibles, contrarios a la ley o corrosivos desde el punto de vista teológico o filosófico. (Un buen ejemplo podría ser el poeta del siglo XIII Mesulam de Piera,[1] cuya postura en el complejo debate filosófico medieval conocido como la controversia de Maimónides—al que se oponía—expuso en poesía satírica no menos compleja). Las sátiras de los falsos mesías, de los movimientos que engendraban y de quienes los seguían son un ejemplo característico; y los manifiestos rabínicos contra el falso profeta del siglo XVII Shabtai Tzví, por ejemplo, rezuman desprecio.

Pero no todas las sátiras judías medievales o renacentistas estaban relacionadas con la doctrina teológica o la observancia religiosa. La creación y preservación de documentos cuasirreligiosos o no religiosos evidencian que cada vez había más tendencias políticas y culturales distintas susceptibles de escrutinio satírico. La prosa y la poesía de la Europa medieval abordan las predilecciones de lectores y escritores cosmopolitas, criticándolos por su servil interés hacia los asuntos de actualidad. En unas octavillas escritas en yiddish en Ámsterdam en el siglo XVIII se debate sobre un asunto que afecta a los ciudadanos, y cada bando se burla de los argumentos contrarios en unos términos que no tienen nada que envidiar a las actuales discusiones en la red sobre la desigualdad de ingresos, la gentrificación y el NO EN MI BARRIO.[2]

---

importante (*Even Bochan*), escrita entre 1318 y 1323, véase Moshe Feinsod, «A Distant Reflection: The Physician in the Eye of the Jewish Medieval Satirist Kalonymus Ben Kalonymus (1287-1337?)», *Korot*, n.º 22, 2013-2014, pp. 239-253, cita en p. 243.

[1] James H. Lehmann, «Polemic and Satire in the Poetry of the Maimonidean Controversy», *Prooftexts*, vol. 1, n.º 2, 1981, pp. 133-151.

[2] Marion Aptroot, *Storm in the Community: Yiddish Polemical Pamphlets of Amsterdam Jewry, 1797-1798*, Cincinnati (Ohio), Hebrew Union College Press, 2002.

Aun así, todas estas sátiras están condicionadas en buena medida por una idea de la construcción de la comunidad judía coherente y esencialmente cerrada. Tanto si fue por elección como si no, este hecho moldeó y condicionó la orientación de la sátira. La composición medieval de la comunidad judía como autorregulada, vinculada a lugares establecidos dentro de estructuras más amplias de la Europa cristiana—y el reconocimiento de la autoridad de sus dirigentes para excomulgar, *hérem*, que se parecía al anatema literal y no sólo espiritual—permitió el ejercicio del poder y, en consecuencia, la sátira del mismo.

La modernidad y la perspectiva de emancipación judía lo cambiaron todo. Con la creación de lo que los historiadores han llamado espacios al menos «semineutrales»,[1] la gradual relajación de las restricciones residenciales y la apertura del espacio político nacional a la participación de las minorías, fue posible—al menos en teoría—la participación cultural y política judía, y su versión satírica y crítica en una esfera menos restringida.[2] En consecuencia, la sátira de la comunidad pasó a ser menos una cuestión de atenerse a las normas internas que de trasponer las externas a un contexto interno.

Ese giro no equivalía exactamente a participar en la creciente atmósfera general de la sátira de la Ilustración—el siglo XVIII fue quizá el punto culminante de la prosa satírica,

[1] Sobre la sociedad semineutral, véase Jacob Katz, *Out of the Ghetto: The Social Background of Jewish Emancipation*, Cambridge (Massachusetts), Harvard University Press, 1973, pp. 43-56. Para ampliar el tema, especialmente cómo se aplica al ingenio, véanse los comentarios de Moses Mendelssohn sobre el humor y «una forma superior de ingenio» en su ensayo de 1761 «Consideraciones sobre lo sublime y lo ingenuo», y el análisis de Sander L. Gilman, «Jewish Humour and the Terms by Which Jews and Muslims Join Western Civilization», *Leo Baeck Institute Year Book*, vol. 57, n.º 1, 2012, p. 58.

[2] No me refiero al caso especial de conversión: para nuestros propósitos actuales consideraremos a esos judíos como si hubiesen dejado completamente atrás la comunidad judía.

con autores como Swift, Addison, Voltaire y Diderot, entre muchos otros—. En las raras ocasiones en que los judíos pudieron participar en esos intercambios, lo hicieron *como* judíos, o como «el judío», de modo que sus dardos los moderaba la incómoda doble conciencia requerida en su caso. Para estos escritores satíricos era más fácil—y, en muchos sentidos, más importante—seguir interviniendo sólo en su propia comunidad.

La Ilustración judía, o Haskalá, respondió a la emancipación criticando la conducta cerrada de su propia comunidad, ya que confiaba en que la transformación social y cultural interna conduciría a la aceptación externa. Una gran parte de esa crítica se hizo a través de la sátira, que para los autores que recurrieron a ella fue también un medio para demostrar su dominio de técnicas y formas literarias propias de la Ilustración—era, a fin de cuentas, otra manera de demostrar sus méritos ante quienes debían aceptar su emancipación—. No obstante, como en muchos otros movimientos reformistas, también había muchos practicantes sin sentido del humor. En 1808, por ejemplo, el *maskil* Menajem Mendel Levin escribió: «El camino que conduce a la educación es abrir el corazón al intelecto manteniendo la boca cerrada. Si un chiste le agita el vientre, tiene que aprender a no regurgitarlo».[1]

Gran parte del humor de la primera oleada de la Haskalá—la primera gran ola de literatura judía moderna—está basado en la optimista confianza de que la sátira puede contribuir a transformar la sociedad. Mientras personajes como Moses Mendelssohn producían obras de referencia de la Ilustración judía—tratados como *Jerusalem o acerca del poder religioso del judaísmo*, de 1783, que proponía el recono-

---

[1] Menajem Mendel Levin, *Sefer Cheshbon Hanefesh*, Lemberg, 1808, p. 50; citado en Yahil Saban, «"Folded White Napkins": The Etiquette Discourse in Haskalah Literature», inédito, 2015, p. 23.

cimiento de la religión judía en virtud de la libertad de conciencia—, escritores como Isaac Euchel, Aaron Halle-Wolfsohn y Joseph Perl escribían sátiras sobre la vida judía contemporánea, atacando a los hipócritas religiosos como había hecho Molière en el *Tartufo*, una influencia importante de la Haskalá. Al mismo tiempo, eran conscientes de que abrazar sin más la Ilustración podía acarrear consecuencias indeseables, como el abandono de la identidad judía. Y aunque el escritor satírico raras veces se planteaba el peligro de morir de éxito, los autores satíricos de Europa occidental debían considerarlo, dada la generosa ayuda de un motor de modernización que ya estaba en marcha.

Tanto *Laykhtzin un fremelay* ([‘Estupidez y mojigatería’] *c.* 1797) de Halle-Wolfsohn y *Reb Henokh, oder: Vos tut me damit?* ([‘Rebe Henokh o ¿qué vas a hacer al respecto?’] *c.* 1793) de Euchel, por ejemplo, tratan de la vida de los hombres de negocios y la burguesía de Berlín, en auge por entonces gracias a la recuperación económica que siguió a la guerra de los Treinta Años y al papel de la ciudad como centro del reino de Prusia. Wolfsohn se ceba no sólo con los judíos europeos del Este que no están culturalmente integrados, sino también con los advenedizos malcriados que se meten en líos por culpa de su estupidez y frivolidad (incluso un gentil termina secuestrando a una judía, como resultado—supuestamente—de las falsas esperanzas que los padres de la joven le han dado). Adviértase que ya en el título se avisa de la *estupidez*. Halle-Wolfsohn escribió en la introducción a la obra que estaba específicamente interesado en examinar diferentes grupos sociales dentro de la comunidad judía de Berlín, cada uno con su propia conducta falaz, y afirmaba que «si gracias a mis palabras reconocen y entienden sus errores y los corrigen, habré logrado mi propósito»,[1] lo

---

[1]. Sobre Halle-Wolfsohn, véase Jeremy Dauber, *Antonio's Devils: Writers of the Jewish Enlightenment and the Birth of Modern Hebrew and*

cual constituye la clásica justificación del escritor satírico. *Henokh*, por su parte, dirige la sátira a los viajeros de regiones foráneas que pasan por la ciudad, recordando al lector que la sátira judía podía mofarse de cualquiera, pero pulsando siempre las mismas teclas: la hipocresía religiosa y la falsa Ilustración, así como la dificultad—y la necesidad—de avanzar por ese angosto y traicionero camino.

Mientras que la sátira de la Ilustración europea occidental estaba dedicada a retratar una sociedad judía en proceso de llegar a parecerse a cualquier otra, sus contrapartidas de la Europa del Este no tenían ni la posibilidad ni la necesidad de hacerlo. Los autores satíricos de finales del siglo XVIII y principios del XIX—los auténticos precursores de esta variante del humor judío—centraron la atención en una guerra cultural que se desarrollaba en las comunidades de Polonia y Rusia, una guerra que lo dice todo sobre tradición y cambio: la irrupción del movimiento jasídico.

El jasidismo fue un movimiento pietista y de orientación mística que atrajo rápida y hábilmente a la clase media a finales del siglo XVIII y principios del siglo XIX. Pero no fue así como lo vieron los escritores satíricos de la Ilustración judía, a quienes esa empresa les pareció particularmente supersticiosa, perniciosa y retrógrada, el principal escollo que impedía a los judíos de Europa del Este abrazar al berlinés que llevaban dentro. Los rabinos jasídicos les parecían depredadores financieros y sexuales: una acusación común era que las madres sin hijos que acudían a los rabinos pidiendo ayuda recibían un auxilio que no se limitaba a la oración. Y consideraban a los adeptos del jasidismo un rebaño de borregos cré-

Yiddish Literature, Stanford (California), Stanford University Press, 2004, y Dauber, «The City, Sacred and Profane: Between Hebrew and Yiddish in the Fiction of the Early Jewish Enlightenment», *JSQ*, vol. 12, n.º 1, 2005, pp. 43-60, cita en p. 47. Sobre Euchel, véase Marion Aptroot y Roland Gruschka, «The Manuscript Versions of Isaac Euchel's "Reb Henokh oder vos tut me damit"», *Zutot*, n.º 1, 2001, pp. 165-179.

dulos e ignorantes. Esto podría parecer exagerado, algo que ocurre a menudo con la sátira. En cualquier caso los *maskilim* o ilustrados de la Europa del Este estaban acostumbrados a las críticas, pues habían sufrido a menudo el oprobio social, la hostilidad comunitaria y las acusaciones de ser pecadores impíos que se ocultaban tras el disfraz de la virtud altruista, y tal vez cierto resentimiento se filtrase en sus sátiras. (Dicho de otro modo, la afirmación de Swift en «Versos a la muerte del doctor Swift»: «Pero jamás fue la malicia su fin, | pues fustigaba el vicio, pero callaba el nombre del vicioso»,[1] tal vez no pueda aplicarse en el caso de los autores judíos de la Europa del Este que satirizaban el jasidismo). De todas formas, al menos las mejores obras de estos autores no eran ajustes de cuentas.

El abuelito de esas obras lo creó en la segunda década del siglo XIX un reformista natural de Galitzia llamado Joseph Perl. Su *Megaleh Tmirim* ('El revelador de secretos', 1819), considerada en ocasiones la primera novela hebrea, pretende ser un intercambio de cartas entre jasidíes abrumados por la difusión de un libro que revelaba todas sus hipocresías. (A la sátira le gusta denunciar la hipocresía, basta recordar todos los vídeos que Jon Stewart reprodujo sobre presentadores de Fox News diciendo una cosa y, pocas semanas más tarde, la contraria). En una de las cartas se habla de un príncipe no judío que le dice a un jasidí que no le va a arrendar su molino «porque en ese libro dice que os está permitido engañarnos». La carta continúa:

«¡Válgame Dios!—exclamé—. ¡Eso no dice el libro!». Pero él, buscando en su ejemplar, me dijo: «¡¿Cómo que no?! Lea la página 14, párrafo 6». Cogí el libro sagrado, lo miré y exclamé: «¡Válgame Dios, señor! Aquí dice que se puede engañar a los idólatras, es de-

---

[1] Véase el análisis de Simon Critchley, *On Humour*, Londres, Routledge, 2002, pp. 4-15. [Existe traducción en español: *Sobre el humor*, trad. Antonio Lastra, Torrelavega, Quálea, 2010].

cir, a quienes adoran a las estrellas y los planetas, ¡pero no a *vos*!».
Al oírme puso el grito en el cielo y me contestó: «Ya sé que decís
eso, pero si es verdad ¿por qué el rabino Nakhmen [un jasidí con-
temporáneo] escribe que el justo debe sobornar al idólatra? ¡Ahora me diréis que lo que significa es que sólo debe sobornar al idólatra de hace mil ochocientos años!».[1]

A esto, claro, el jasidí ya no sabe qué responder.

El libro intentaba imitar los ritmos del hebreo jasídico—la
imitación es otra característica típica de la sátira—, y parece
que lo logró con tal éxito que, al menos apócrifamente, un
buen número de jasidíes lo creyeron auténtico. (El fraude se
descubrió más tarde, y se decía también que algunos jasidíes
bailaban sobre la tumba de Joseph Perl).

En *Megaleh Tmirim*, el libro dentro del libro logra persuadir a las autoridades del Estado para que adopten una postura antijasídica. Pero lo que es particularmente elocuente
para nuestra historia del poder y las posibilidades de la sátira judía es el hecho de que el propio libro estuviese basado
en realidad en una obra que el propio Perl había enviado a
las autoridades con la esperanza de que acabasen con el movimiento jasídico por el bien de la modernización. No tuvo
suerte: el jasidismo creció y creció sin interferencia alguna
de las autoridades austrohúngaras, que apreciaban la utilidad del movimiento en la recaudación de impuestos del reino. (Asuero y el autor del libro de Ester habrían estado or-
gullosos). Por lo visto la sátira funciona mejor, si es que funciona, en el mundo ficticio inventado por el autor: allí, el escritor tiene el privilegio de poder crear a su público, además
de sus críticas y comentarios brillantes.

Parte de la razón del fracaso de los escritores satíricos an-
tijasídicos era lingüística. La sátira debe llegar al público,

---

[1] Joseph Perl, *Joseph Perl's Revealer of Secrets: The First Hebrew Novel*,
trad. Dov Taylor, Boulder (Colorado), Westview Press, 1997, p. 44.

aunque sea para que éste la rechace, y para ello debe hablar el lenguaje de ese público literal, no metafóricamente. Esto no siempre era obvio durante la Ilustración, cuya primera oleada de escritores satíricos se sentían más cómodos ideológicamente con el hebreo o con el alemán. Eso, sin embargo, reducía las posibilidades de conseguir un verdadero cambio social en la Europa del Este. Los jasidíes del libro de Perl—a los que el autor satirizaba malévolamente y cuya política, cultura y organización cuestionaba—se estaban convirtiendo, a una escala que la Haskalá apenas podía imaginar, en un movimiento de masas cuyas historias de rabinos y de incrédulos que se hacían creyentes cautivaban la imaginación de un vasto público. Y su éxito se debía, en gran medida, al uso del yiddish—en relatos, enseñanzas e incluso en oraciones—para difundir su mensaje. La novela hebrea de Perl, pese a ser una obra mordaz y lograda, no podía competir con tal alcance y difusión.

También los jasidíes recurrieron a la sátira, claro está. Algunas de sus historias de «conversión» eran satíricas: la primera colección de relatos jasídicos, protagonizada por el fundador del movimiento, Israel Baal Shem Tov, ofrece cáusticos retratos de individuos que se resistían al programa reformista del jasidismo. Estos retratos a menudo echan mano de la ridiculización: ladrones que intentan atacar a Baal Shem Tov descubren que sus hachas cobran vida y les atacan a ellos; el cuñado de Baal Shem Tov—que piensa que su hermana se ha casado con un idiota, porque el líder jasidí aún no se ha revelado públicamente como tal—acaba viéndose en situaciones embarazosas y comprometidas. También existen chistes, como éste:

Un jasidí le pregunta a un amigo:
—¿Cuál es la diferencia entre un *misnaged* ['el que se opone al jasidismo'] y un perro?
—No sé, ¿cuál es?

—¡Y yo qué sé, por eso te lo pregunto![1]

La Haskalá y sus compañeros de viaje pronto comprendieron que tendrían que recurrir al yiddish, a pesar de la inquietud ideológica que les causaba la perspectiva.[2] Los chistes eran un mecanismo obvio, porque, dado su carácter oral, resultaba fácil transmitirlos en el yiddish vernáculo. He aquí dos que nos dan una idea de las burlas al jasidismo, uno más sarcástico que el otro, pero ambos muy parecidos formalmente:

Un rabino está intentando llegar a casa antes del Shabbat, pero como se ha demorado mucho en la comida del viernes se le está haciendo tarde. Pide al cochero que fustigue más y más a los caballos, pero está a punto de ponerse el sol, de empezar el Shabbat, y no se divisa su casa. La cosa pinta mal, porque, como va contra la ley judía cabalgar en Shabbat, si se ve obligado a detenerse por el camino tendrá que pasar la noche agazapado en el bosque frío y nevado que se extiende a ambos lados de la carretera. El rabino toma consejo en su alma,[3] reza y ¡oh, milagro, se ilumina!: a un lado de la carretera es Shabbat, al otro lado de la carretera es Shabbat, pero en la carretera misma, ¡aún es viernes! Y así el rabino regresa a casa como un señor.[4]

Y, por si no queda claro, va el segundo chiste:

Dos grupos de discípulos están charlando y no tardan en entregarse a la irrenunciable costumbre de contar historias para ensalzar a su rabino. Un miembro del primer grupo se ufana:

[1] Joseph Telushkin, *Jewish Humor: What the Best Jewish Jokes Say About the Jews*, Nueva York, William Morrow, 1992, p. 100.
[2] Debido a menudo a asuntos relacionados con la teoría lingüística de la Ilustración, que no es posible analizar aquí; para un análisis más completo, véase Dauber, *Antonio's Devils, op. cit.*
[3] Salmos 13, 2. (*N. del T.*).
[4] Adaptado de Nathan Ausubel (ed.), *A Treasury of Jewish Humor*, Garden City (Nueva York), Doubleday, 1956, p. 221.

—No os podéis imaginar lo santo que es nuestro rabino. Un viernes por la tarde, fue a la cocina y le preguntó a su esposa qué había de cenar. Ella empezó a renegar y maldecirlo diciendo que no había nada porque el inútil de su marido no era capaz de llevar comida a casa, y ni siquiera le preocupaba. Entonces nuestro rabino, señalando una cazuela que había en el fuego, le dijo: "Mira ahí dentro, anda". Y ella, gritando: "¡¿Y para qué voy a mirar, si sólo hay agua?!". Y él, insistiendo: "Tú mira, anda, no seas tozuda", hasta que ella le obedeció ¿y qué creéis que había dentro de la olla? ¡¡¡Cinco pescados!!!

—Eso no es nada—dice otro del segundo grupo—, esperad a oír lo que os voy a contar de mi rabino. Un día estaba jugando al póquer con unos discípulos suyos y cuando llegó el momento de enseñar las cartas uno de ellos va y dice: "Con todo el debido respeto, rabino, he ganado", y mostró sus cartas; tenía escalera real. ¿Pero a que no sabéis qué pasó? Pues que el rabino, sin pestañear, se limitó a mostrar sus cartas, ¡¡¡y tenía cinco ases!!!

—Eso es imposible—dice el primero—, la baraja tiene sólo cuatro ases.

—Vale, si tú retiras un pescado yo retiro un as.[1]

Es sorprendente cuántas implicaciones tiene este chiste. El retrato del rabino como un jugador curtido—farolero e impasible, además de fullero—cuadra a la perfección con la marrullería financiera y la deshonestidad que sus adversarios atribuían a los jasidíes. Pero para que el efecto resulte más cómico se inscribe este comportamiento en el marco de un relato de los milagros jasídicos, igual que en el primer chiste, donde la evidente disposición del rabino a violar escandalosamente el Shabbat para ahorrarse incomodidades se reelabora como uno de los motivos rabínicos habituales: el sometimiento del mundo natural para proteger lo sagrado. Pero en el segundo hay una vuelta de tuerca más: también los discípulos que andan intercambiando historias son objeto de la burla. No porque, como el supuesto narrador

---

[1] Adaptado de Ausubel, *A Treasury of Jewish Folklore*, *op. cit.*, p. 376.

ingenuo del primer chiste, sean tan incautos como para creerse los milagros del rabino, sino porque *no* lo son: se dan perfecta cuenta de que se trata de un trapicheo, de una competición que hay que ganar, y los detalles del milagro son sólo monedas para intercambiar y regatear, como el as o el pescado extras.

Pero los chistes, por mordaces y poderosos que sean, eran tan sólo breves enfrentamientos. Los autores de sátiras pronto pasarían a extenderse más para obtener mayor impacto. Un contemporáneo de Perl, el escritor Isaac Baer Levinson de principios del siglo xix, viendo quizá claramente la necesidad lingüística de escribir en yiddish, recurrió a él para escribir una obra cuyo título, *Di Hefker-Velt* ('El mundo al revés'), sugiere la esencia de la visión satírica: el autor clarividente es capaz de diagnosticar la naturaleza desquiciada del mundo. Levinson no teme mofarse del jasidismo, y los rabinos jasídicos son el blanco de su obra, si bien los consideraba parte de un mal social mayor. Su visión de los problemas de la sociedad judía tradicional tiene más que ver con una definición más amplia de la propia sociedad judía que con un movimiento social determinado: el mundo judío continúa, generación tras generación, perpetuando las mismas injusticias e iniquidades. Los poderosos se aprovechan de los débiles, los santos ahogan a los pobres. Una obra teatral del mismo período y de autor anónimo, titulada *Di genarte velt* ('El mundo engañado'), hace aún más explícito el asunto en la introducción programática:

Nuestro sagrado Talmud dice que [...] hay que desenmascarar la desvergüenza de las personas falsas, que aparentan y dicen ser piadosas, pero en realidad son grandes malhechores: se inclinan hasta besar el suelo y luego blasfeman contra los cielos [...] No hay que avergonzarse de dejar saber al mundo abiertamente que son estafadores y que su piedad es puro engaño [...] es un gran precepto quitarle la careta a esas personas y mostrar su falsedad al mundo [...] Tal vez algunos individuos se enfurezcan cuando lean estas páginas, y a ellos tan sólo puedo decirles que cada uno sabe dónde le aprieta el zapato, y quien se pica ajos come, espero que me entiendan.[1]

Hubo otros que siguieron los pasos de este dramaturgo,[2] y a medida que avanzaba el siglo XIX, tanto los escritores que siguieron fieles al hebreo como los que abrazaron el yiddish produjeron una serie de mordaces críticas sociales. Algunos poemas amargamente satíricos de Yehuda Leib Gordon hablaban de embaucadores rabinos que calificaban de no *kosher* el queso de mujeres pobres y las mandaban a la calle muertas de hambre y con las manos vacías, o ignorantes que convertían a una mujer en «viuda encadenada» de por vida a causa de las irregularidades más nimias en las escrituras;[3] y el escritor satírico Brandstadter contó la historia de unos fanáticos que asediaban a una mujer que se había negado a cortarse el pelo después de casarse, acusándola de una plaga que había causado la muerte de varios niños en la comunidad. En ese caso, Brandstadter daba la última palabra a la mujer (ligeramente modernizada), quien protestaba diciendo que si no la dejaban en paz se dejaría aún más largo el cabello y la plaga se propagaría más aún, de modo que los fanáticos cedían. Uno de los autores satíricos hebreos más importantes del siglo XIX, Isaac Erter, haría de Samael—un án-

---

[1] Introducción a *Di genarte velt*, reimpresión de M. Viner (ed.), *Di Genarte velt*, Moscú, Melukhe-farlag, 1940, pp. 51-52; la traducción al inglés de Jeremy Dauber se encuentra en «Between Two Worlds: Antitheatricality and the Beginnings of Modern Yiddish Theatre», en: Joel Berkowitz y Barbara Henry (ed.), *Inventing the Modern Yiddish Stage*, Detroit (Míchigan), Wayne State University Press, 2012, pp. 27-39, esp. 35.

[2] J. Chotzner, *Hebrew Satire*, Londres, Kegan Paul, Trench, Trubner & C, 1911, pp. 29-56; *Hebrew Humour, op. cit.*, pp. 126-139. La obra satírica de Erter se publicó en 1858, siete años después de su muerte.

[3] Sobre el papel de la ley judía en este material satírico, véase Yehuda Friedlander, «Halachic Issues as Satirical Elements in Nineteenth Century Hebrew Literature», en: J. Telushkin, *Jewish Humor, op. cit.*, pp. 135-147.

gel caído—el abanderado de la virtud. En un Tashlij, la ceremonia comunitaria de la primera tarde de Rosh Hashaná en que uno se libera simbólicamente de sus pecados, el maléfico Samael pone al descubierto a los auténticos falsarios y pecadores: jasidíes hipócritas que parecen piadosos pero son todo lo contrario.

Erter, junto con su contemporáneo el escritor satírico Isaac Mayer Dick, utilizaron otro guía sobrenatural—el *gilgul* o 'espíritu reencarnado'—con una finalidad satírica similar. En la novela cómica de Dick, la misma alma pasa a través de numerosos ciclos del ser. Cada una de sus reencarnaciones permite al autor satirizar algún aspecto de la comunidad judía contemporánea—lo que da lugar a buenas dosis de sátira social generalizada, no estrictamente centrada en la crítica al jasidismo—. Además de a los médicos (que dan consejos a potenciales licenciados en medicina: «Pon una calavera en tu mesa y un embrión nonato en un frasco de alcohol en el alféizar de la ventana. Todo visitante se quedará estupefacto ante tu inmensa sabiduría»),[1] apunta tanto a los jasidíes («Al rezar, mugiré y bramaré como un toro salvaje para que nadie entienda una sola palabra [...] y cuando mi voz se vuelva ronca y se me seque la lengua, mojaré mi silbato en licor una y otra vez») como a los miembros de la Haskalá. En esa obra, Dick revela una vez más los efectos corrosivos de la sátira, pues la conciencia del protagonista termina volviéndose en su contra: «Y ésa fue mi sabiduría suprema: hacer cualquier cosa que me apeteciera. Me burlé y me reí de todos los judíos [...] Desprecié a mis hermanos y a mi pueblo: ni siquiera podía soportar la palabra *judío*».

Esta última nota escéptica de la novelita de Dick señala un giro en la sensibilidad satírica judía. Del período profé-

[1] I. M. Dick, «The Gilgul», en: Joachim Neugroschel, *The Dybbuk and the Yiddish Imagination*, Siracusa (Nueva York), Syracuse University Press, 2000, pp. 154-183, citas en pp. 178, 157-158, 166.

tico en adelante, a lo largo de la Ilustración, la mayor parte de la sátira política judía fue, básicamente, idealista. Isaías y Ezequiel fustigaron a sus compatriotas en pro de la reforma religiosa; los escritores satíricos de la Ilustración lo hicieron para inculcar la nueva religión del civismo secular y el progreso. Pero, con el paso del tiempo, a los autores se les fue haciendo más difícil no dirigir la sátira hacia sí mismos y hacia su causa, ya que los acontecimientos hicieron más arduo soportar esas causas. Seguramente, los escritores satíricos judíos de finales del siglo XIX no habrían estado de acuerdo con la observación de Swift en su prefacio a *La batalla de los libros*: «La sátira es un espejo en el que se observan los rostros de todos menos el propio»; ellos lo vieron, a veces, con demasiada claridad.

Las décadas siguientes de la historia de la sátira yiddish son instructivas porque la ambivalencia siguió aumentando. Este período se inició, en un extremo del espectro, con Isaac Linetzky (1839-1915), al que puede considerarse, después de Erter y Dick, el siguiente gran escritor satírico de Europa del Este, cuya cólera contra la sociedad judía tradicional—en especial contra la sociedad jasidí—no conoció límites, cosa comprensible porque, cuando empezó a sostener ideas ilustradas, su familia lo forzó a divorciarse de la esposa de su juventud y lo casó a la fuerza con una mujer sorda y muda para que no pudiese «infectarla» con sus blasfemias.[1] Linetzky devolvió el favor en cuanto pudo: cuando un emprendedor creó un suplemento en yiddish para publicar su texto en hebreo, adjuntó una pseudoautobiografía cuyos ataques llevarían la sátira judía a nuevas cotas.

---

[1] Véase Jeremy Dauber, «Linetski, Yitskhok-Yoyel», *YIVO Encyclopedia of Jews in Eastern Europe*, http://www.yivo encyclopedia.org/article. aspx/Linetski_Yitskhok_Yoyel.

La cólera y el deseo de zaherir son, al decir de los críticos, componentes esenciales de la sátira;[1] y *Dos Poylishe Yungel* ('El muchacho polaco', que se empezó a publicar por entregas en 1867) está lleno de cólera. Ningún retrato del rabino jasidí fue nunca tan corrosivo ni divertido como el suyo; ninguna recreación de los creyentes apocados, supersticiosos e ignorantes tan popular. Los lectores de *Dos Poylishe Yungel* quedaron convencidos: el jasidismo era el camino equivocado. La única cuestión era, claro está, que la gente que leía *Kol Mevasser* ['La voz del heraldo'], el periódico de orientación más moderna en el que apareció, estaba ya, como mínimo, medio convencida de ello. Podría decirse algo similar sobre *Dos Shterntikhl* (['La cinta de la cabeza'] 1861) de Israel Aksenfeld, que aborda el mismo tema desde un punto de vista más amplio: el de que los individuos modernizadores tienen licencia para hacer uso de ciertos aspectos de la sociedad (como la cinta de la cabeza, que representa al mismo tiempo codicia material y el matrimonio concertado) con el fin de manipularlos en su propio beneficio. «Por lo que toca a las cosas mundanas, cuando la gente sólo persigue dinero, ornamentos estúpidos o cosas inútiles, merece castigo y debemos engañarla», dice el dudoso héroe de la novela.[2]

Sholem Yakov Abramovich, Mendel el Librero, a quien hemos presentado en el primer capítulo, inicia su vida literaria como escritor satírico liberal clásico de la Haskalá que califica las instituciones tradicionales de la sociedad judía de corruptas y se plantea el objetivo explícito de cambiarlas. Su primera novela, *Dos Kleyne Mentshele* (['El hombrecito'] 1864), considerada a menudo, aunque incorrectamente, la primera novela yiddish moderna, apareció también en *Kol Mevasser* y es un ejemplo de manual: a Méndele lo lla-

---

[1] Jemielity, *Satire and the Hebrew Prophets, op. cit.*, p. 40.
[2] Israel Aksenfeld, «The Headband», en: Joachim Neugroschel (ed. y trad.), *The Shtetl*, Nueva York, Richard Marek, 1979, p. 169.

man para que lea el testamento de un magnate local recién fallecido, que, como se descubre, se abrió paso hasta la cima del modo menos escrupuloso, mediante métodos que arrojan sombras sobre todos los aspectos de la sociedad judía de la Europa del Este. Un vívido ejemplo de la mordaz ironía del libro debería servir de ilustración. He aquí lo que dice sobre los métodos «adecuados» el maestro del difunto, otro magnate local llamado Issar Varger (o 'Issar el Estrangulador'):

Tal vez tengas la tentación de replicar: «Pero ¿y la compasión con los pobres?». Menuda necedad, qué estupidez, ¡la *compasión*! Es una palabra vacía, sin contenido, que inventaron los débiles, los desdichados, los corderos, que, sabiendo que son débiles e incapaces de obtener lo que desean porque carecen de dientes y garras para luchar, han inventado la *compasión* y la usan como arma [...] Yo sé, bendito sea Su Nombre, cómo funciona el mundo, aunque no sea un gran erudito. No es erudición lo que hace falta, sino un pragmatismo firme e inflexible.[1]

Al final del libro el magnate comprende el error de sus métodos y ruega a Méndele que lo ayude a crear una serie de escuelas que proporcionen el aprendizaje y la educación que él nunca tuvo y que le habría guiado por el buen camino. La sociedad gentil es secundaria, rara vez aparece en el libro. (Entre los escritores de la Haskalá, la reforma del sistema educativo era un tema de constante interés, en la sátira y en otros géneros: Linetzky, Peretz Smoleskin—que escribía en hebreo—y muchos otros se enfrentaron a la escuela judía, la *jéder* tradicional, inspirados por el pensamiento ilustrado de que una educación adecuada daría hombres adecuados). Según Abramovich, lo que había que abordar era la mejora de la sociedad judía, no su relación con el mundo no judío;

[1] S. Y. Abramovich, *The Little Man*, en: Marvin Zuckerman, Gerald Stillman y Marion Herbst (ed.), *Selected Works of Méndele Moykher-Sforim*, Malibú (California), Pangloss Press, 1991, pp. 53-167, esp. 113.

y él confiaba en mostrar en el espejo de la sátira el reflejo de la deforme sociedad para conseguir que se enderezara y actuara apropiadamente. Pero eso fue al comienzo de su trayectoria. En la época en que escribió *Die Mähre* ['La yegua'] ya había adoptado una postura más escéptica, preguntándose incluso si era posible un auténtico cambio social. ¿De qué vale la sátira o la voluntad de mejora que justifica la comedia si el mundo no hace ningún caso de ese género literario ni de sus resultados?

La novela achacaba gran parte de este escepticismo al antisemitismo; pero la obra satírica del siguiente gran escritor yiddish vuelve la mirada hacia la propia comunidad judía. Sholem Aleijem,[1] el escritor más grande de la literatura yiddish y una de las figuras fundacionales del humor judío moderno, fue discípulo autoproclamado de Méndele. En la introducción a una de sus novelas, se refería a sí mismo como el «nieto» del «abuelo» Méndele, aunque sólo se llevaran ventipocos años de diferencia. Sholem Aleijem nació en 1859, y a lo largo de una carrera de tres décadas se haría célebre en el mundo judío por ocuparse de lo que estaba sucediendo en el mismo y reflejarlo. Y al iniciarse el siglo XX, con el tremendo aumento del activismo político en la comunidad judía y la emigración creciente desde el pueblo—el *shtetl*— a la ciudad y de Europa a América y al asentamiento en Palestina—el *yishuv*—, había mucho que reflejar. El respeto y el amor que le profesó su comunidad quedaron reflejados en las decenas de miles de judíos de todas las orientaciones políticas, religiosas, lingüísticas y geográficas que acudieron a su funeral en 1916 en Nueva York: judíos que tal vez sólo estaban de acuerdo en reconocer la importancia fundamental del creador de personajes como Tevie y muchos otros inolvidables de la literatura yiddish, como el negociante fracasa-

---

[1] Sobre Sholem Aleijem en un sentido más general, véase Jeremy Dauber, *The Worlds of Sholem Aleichem*, Nueva York, Schocken, 2013.

do Menajem Mendel, el hijo siempre alegre del *jazán* (el oficiante que guía los cantos en la sinagoga), y los habitantes del *shtetl* Kasrílevke, por nombrar sólo unos pocos.

Casi todas las voluminosas obras satíricas de Sholem Aleijem sobre cuestiones culturales, políticas e históricas judías tienen, sin embargo, una cosa en común: la profunda duda con respecto a la capacidad de la comunidad judía para conseguir logros estables o perdurables. («Deseo tanto como tú que se abrace tu pensamiento [...] Pero ¿qué puedo hacer si conozco tan bien a mi pueblo de Israel que no puedo creer que se lo tome en serio?»,[1] escribió a un amigo escritor que le pedía que colaborase en una antología sionista). En parte, según parece sugerir el propio Sholem Aleijem, sus dudas se debían a que extrapolaba algo que observaba en sí mismo: una predilección por la burla, que era tan poderosa que se activaría y sabotearía inevitablemente cualquier cosa, por significativa y programática que fuera. «¿Qué puedo hacer, válgame Dios, si en mi caso la mofa es una especie de enfermedad desde la infancia?», escribió en una ocasión. La sátira era para él, más que un mecanismo constructivo y positivo—la cura para una enfermedad social—, un instrumento para reflejar escépticamente esa enfermedad: ríete de la locura, no hay mucho más que hacer.

Sus relatos del *shtetl* cuentan la historia del asentamiento que Sholem Aleijem inventó, Kasrílevke—algo así como 'Alegre villa pobre'—, cuya alegría procede tanto de una fuente previsible como de otra inesperada. La previsible es el gozo que a los judíos del *shtetl* les produce charlar y sobre todo discutir—lo que para Sholem Aleijem y otros son prácticamente sinónimos—. Se trata de la perspectiva del autor satírico: hablar es tomar partido. (Si los kasrilevskianos u otros judíos toman partido *informadamente* o se limitan a polemizar es otro asunto: en palabras de otro gran humo-

---

[1] Citado en Dauber, *The Worlds of Sholem Aleichem, op. cit.*, pp. 83-84.

rista judío, «sea lo que sea, estoy en contra»). Relatos como «Dreyfus en Kasrílevke» o cuentos sionistas como «Meshugoim» ['Lunáticos'] y «Royte Yidlekeh» ['Los pequeños judíos rojos']¹ obedecen a una estructura bastante común: una idea—que quizá podría cambiar la situación judía o al menos repercutir en la historia judía—penetra en el mundo bastante cerrado de la pequeña comunidad judía, pasando así a provocar una discusión desinformada. Nunca he encontrado en ningún relato de Sholem Aleijem el viejo chiste sobre el judío varado en una isla desierta—construye dos sinagogas, la segunda aquella a la que él *no va*—, pero seguro que le habría gustado.

Hasta aquí, el enfoque no es muy distinto de los que encontramos en la sátira yiddish anterior. Pero Sholem Aleijem va más allá: en relatos como «Oysgetreyslt» ['Un escándalo en Yom Kipur'] e «Iber a Hitl» ['Todo por un sombrero'] deja claro que en la cultura judía existe una tendencia tan acusada a satirizar y burlarse que podría llegar a destruir lo que pretende salvar. Ambos relatos, en cada uno de los cuales se plantea la destrucción de un símbolo de posible progreso—se descubre que un joven brillante ha comido en Yom Kipur, y que un negociante que tenía la posibilidad de volver a casa para Pascua a lo grande no lo consigue por las razones más estúpidas—, parecen sugerir que la respuesta correcta es llorar por lo perdido e intentar aprender de las lecciones recibidas. Pero, de acuerdo con el incontenible impulso de entregarse a la burla que el propio Sholem Aleijem confiesa, muestra una comunidad que se limita a reírse de su fragilidad. He aquí un pasaje del final de cada uno de estos relatos:

---

¹ «Dreyfus in Kasrilevke», en: Irving Howe y Ruth Wisse (ed.), *The Best of Sholom Aleichem*, Washington D.C., New Republic Books, 1979, pp. 111-114 [existe traducción en español en: *Cuentos escogidos*, sel. y trad. Eliahu Toker, Buenos Aires, Libros del Zorzal, 2009]; «Lunatics» y «The Red Little Jews» en: Sholem Aleijem, *Why Do the Jews Need a Land of Their Own?*, Tel Aviv, Beth Sholom Aleichem, 1981, pp. 90-124.

¡Pobre Rebe Yosifel! Se apartó avergonzado, no se atrevía a mirar a la cara a nadie. En Yom Kipur y en la sinagoga [...] En cuanto a los demás, hambrientos como estábamos, no podíamos dejar de hablar del asunto en el camino de vuelta a casa. Reíamos a carcajadas por las calles. [«Un escándalo en Yom Kipur»].

Fue todo muy simple [dijo, intentando explicar su tardanza]: la razón de que llegase tarde a casa después de las fiestas fue que había hecho un viaje especial para ver una finca de árboles que quería comprar. ¿Una finca? ¿De árboles? ¡Imposible: nadie compra *esas cosas*! Lo señalaban por la calle y se morían de risa. [«Todo por un sombrero»].[1]

En manos de cualquier otro escritor que no fuese Sholem Aleijem, cuya devoción y amor a su pueblo eran universalmente conocidos, estos relatos podrían haber parecido muestras de autoodio. Sin embargo, el enfoque de Aleijem acentuaría cada vez más las complicaciones de la acción judía *como* acción judía (aunque era un sionista convencido), y muchos de quienes buscaban la mejora de la condición judía a través de enfoques no judíos—emigración, comunismo, simple integración cultural—podrían haber bebido de la sátira autodestructiva de Sholem Aleijem.

La falta de eficacia de la sátira, el odio a la propia condición judía y la poca convicción no son acusaciones leves para un autor satírico. Pero quizá un destino aún peor sea que la adulación y el reconocimiento terminen volviendo inofensivo el aguijón del escritor satírico. En realidad, es una doble tragedia: primero porque alguien que intenta cambiar la historia se encuentra con que, intencionadamente o no, sus esfuerzos son manipulados y tergiversados, lo que le ofende ya no sólo como activista sino también como artista con volun-

---

[1] Sholem Aleijem, «A Yom Kippur Scandal» y «On Account of a Hat», en: Howe y Wisse (ed.), *The Best of Sholom Aleichem, op. cit.*, pp. 37-42, 103-110, citas en pp. 42, 109-110.

tad crítica. La mayor parte de la obra satírica del tercero del trío de escritores yiddish clásicos, I. L. Peretz (1852-1915), la produjo al comienzo de su trayectoria, cuando participaba activamente en causas socialistas (hasta que un período en una cárcel zarista enfrió parte de ese manifiesto entusiasmo por la causa). Pero uno de sus relatos más tempranos merece reivindicarse, aunque ha llegado a hacerse tan famoso en la tradición judía que se han realizado innumerables versiones en las que en buena medida se lo ha despojado de su mordacidad.

Se trata del relato «Bontshe Shvayg» ['Bontshe el Silencioso'],[1] que se publicó por primera vez en 1894, y está ambientado en el más clásico de los lugares judíos, incluso más icónico que el *shtetl*: el lugar donde se juzga a todas las almas (según dicen), donde comparecen para que se pesen sus pecados y sus buenas obras con el fin de determinar si han de ir al Cielo o a la Gehena. Cuando le llega su turno a Bontshe, el protagonista, se sopesan los actos de su vida, básicamente un catálogo interminable de abusos e injusticias padecidas, ante los cuales su indefectible respuesta es el silencio. De hecho, durante la mayor parte del proceso no tiene claro que los jueces le hablen a él, pero al concluir le dicen que si hubiese intervenido, si hubiese protestado, las murallas metafóricas de Jericó habrían caído y el rumbo de la tierra tal vez habría cambiado. Pero, puesto que ha permanecido callado, es hora de que reciba su recompensa, y puede escoger lo que quiera. «¿De verdad?», pregunta Bontshe sorprendido. «¡De verdad! ¡De verdad! ¡De verdad!», clama el coro celestial. Lo que quiera, le dicen. Y entonces Bontshe se anima a decir que lo que más le gustaría sería un bollo caliente con mantequilla fresca todas las mañanas.

Así termina el cuento en muchas de esas versiones a las que me refería, y por supuesto no resulta especialmente diverti-

---

[1] Wisse (ed.), *The I. L. Peretz Reader*, *op. cit.*, pp. 146-152.

do. A mí me lo contaron de joven como un himno a las virtudes de la humildad en un contexto religioso. La conclusión era: «Fíjate qué modesto es Bontshe. Tenía la posibilidad de conseguir lo que quisiera y pidió una cosa insignificante». Pero ésa no era la idea de Peretz, como evidencia el final del relato, pues la petición de Bontshe, como un chiste, provoca la risa del tribunal—una risa amarga, sin duda, pero risa a fin de cuentas—. Se trata de un comentario sobre la destrucción de la personalidad que produce el mundo y la comunidad: el personaje ha quedado tan reducido y pisoteado que, ante la oportunidad de pedir lo que quiera, *todo* lo que se le ocurre pedir es un bollo con mantequilla para desayunar. ¿Qué posibilidades de cambio existen, pues? ¿Qué posibles beneficios cabe esperar de la sátira—incluida «Bontshe Shvayg» ['Bontshe el Silencioso']—si el público al que el escritor se dirige está cortado por ese patrón?

Tal vez esta lectura no sea del todo justa con el sentido del humor de Peretz y su confianza en el futuro, pero no cabe duda de que su paso por otros espacios de la literatura judía le dejó, en el mejor de los casos, un mal sabor de boca por lo que al cambio social se refiere. Pienso en un relato encantador, «Nile in Gehenem» ['Neila en el infierno'],[1] que escribió hacia el final de su vida, y que trata de un hombre que por circunstancias extraordinarias consigue que nadie sea condenado al infierno, la Gehena, condenándose él a ir por todos. No obstante, Peretz señala que la solución es temporal: al final del relato descubrimos que el infierno no tarda en llenarse de nuevo, tanto que hasta requiere una ampliación. El papel del hombre extraordinario—un *jazán* cuya voz inspira arrepentimiento, que representa al escritor, al satírico o al activista social—queda acallado por las circunstancias. Peretz parece sugerir que las cosas siguen como antes y el infierno cada vez está más lleno.

---

[1] *Ibid.*, pp. 258-262.

A lo largo de su vida Peretz presenció y participó en la expansión masiva de la prensa en yiddish, que no se limitó a su cuota de publicaciones satíricas: en el Imperio ruso, entre 1862 y 1916 aproximadamente, representaba el 25% del total.[1] Se incluían esporádicos «periódicos de festividades» que podían eludir algunas de las restricciones zaristas; suplementos de periódicos generalistas yiddish como *La escoba* (cuya política declarada era «barrer la suciedad metafórica de los asuntos culturales y políticos judíos»), o periódicos como *Der Sheygets* ['El joven gentil'] de San Petersburgo o *La abeja* de Varsovia, que abordaban temas relacionados con el partidismo político de la época y la fragmentación de la comunidad judía. El manifiesto de otro periódico un poco posterior, *Der Bluffer* ['Los embaucadores'], satirizaba incluso a los satirizadores al proclamar irónicamente que era

el único fanfarrón en el mundo que se llama a sí mismo por su verdadero nombre y que no reclama que lo llamen «justo» ni «defensor de las causas justas» [...] No nos ocuparemos de ninguna causa social [benéfica] [...] Nuestra única tarea es ventilar el cargado ambiente creado por los *nudniks* ['apestosos'] de la comunidad judía.[2]

Pero Peretz murió al principio de la Primera Guerra Mundial, justo cuando los cañones empezaban a disparar silenciando la posibilidad de una perspectiva satírica de la comunidad judía. Para los escritores satíricos británicos, por po-

---

[1] La cifra no incluye cuadernillos de chistes y coplas mayoritariamente del siglo XIX, y casi todos los materiales satíricos fueron posteriores a 1905. Véase Eddy Portnoy, «Exploiting Tradition: Religious Iconography in Cartoons of the Polish Yiddish Press», *Polin*, n.º 16, 2003, pp. 243-267, esp. 245-250, y «Follow My Nose: Self-Caricature in Cartoons of the Yiddish Press», *International Journal of Comic Art*, vol. 6, n.º 1, 2004, pp. 285-303, esp. 297.

[2] Marian Fuks, «Mirthful Pessimism: The Humoristic/Satiric Press in Poland Between the Two World Wars», *Kesher*, n.º 21, 1997, pp. 80-90, la traducción procede de una reseña en inglés. Lo relativo al periódico *Der Bluffer* abarca desde 1926 hasta 1930.

ner un ejemplo, la guerra proporcionó una ocasión notable, aunque brutal, para contrastar los ideales por los que proclamaban luchar y las horribles circunstancias de la guerra. Pero los judíos eran en gran medida víctimas de la geografía, pues se hallaban entre territorios alemanes y rusos (y en ambos bandos se los creía agentes secretos del enemigo), de modo que carecían de la posibilidad de una voz satírica autorizada. Las excepciones—como algunos apocalípticos cuentos de Sholem Aleijem sobre las circunstancias angustiosas y tragicómicas de un refugiado a bordo de un barco junto a los diversos ocupantes de su ciudad—[1] eran más irónicas que satíricas: atestiguaban la imposibilidad de realizar actos significativos y el sentimiento de impotencia, no por falta de voluntad de los judíos, sino a causa de los soldados.

Para algunos judíos, la idea de cambiar y rehacer la sociedad dio un gran salto adelante (perdón por la expresión) en los años inmediatamente posteriores a la Primera Guerra Mundial, cuando el cambio revolucionario en Rusia permitió pensar que estaban surgiendo grandes cosas. Naturalmente, sugerir que tales cambios podían producir problemas no era cosa fácil—al menos internamente—: la mayor parte de la sátira procedente de la recién creada Unión Soviética era sobre personas que no se incorporaban al nuevo programa, pues cualquiera de otro tipo estaba rigurosamente prohibida.

A la literatura en yiddish le fue muy bien bajo el régimen soviético, al menos al principio, ya que era considerado un idioma del pueblo (útil para difundir la ideología proletaria de los bolcheviques) y se oponía abiertamente al clericalismo del hebreo. *Los Zelmenianos* de Moyshe Kulbak,[2] publi-

---

[1] Traducción muy parcial «The Krushniker Delegation» en: Howe y Wisse (ed.), *The Best of Sholom Aleichem*, *op. cit.*, pp. 232-244.

[2] Véase el minucioso análisis de la novela en Sasha Senderovitch, «In-

cada por entregas entre 1929 y 1935, aborda la cuestión del cambio revolucionario, ofreciendo un retrato paródico de los sencillos miembros de una familia judía de Minsk cuyo carácter, supuestamente anticuado y rancio, les dificulta ponerse al día con el programa modernizador. Incluso cuando llega la electricidad a su casa los más viejos siguen atrapados en su rutina y se preguntan para qué necesitan ese invento. Pero *Los Zelmenianos* se publicó en dos partes, una antes y otra después del Primer Congreso de Escritores de la Unión Soviética, en el que se impuso el sometimiento a la camisa de fuerza del realismo socialista; y la sátira de Kulbak se pregunta entonces si la revolución está valorando con inteligencia la condición humana y su demostrada inmutabilidad. O, tal como reza el chiste:

Pocos años antes de la revolución bolchevique, un intelectual de izquierdas trata de convencer a unos cuantos escépticos de la comunidad. Para ensalzar las maravillas de la inminente revolución, exclama entusiasmado: «¡Camaradas, con la revolución desayunaréis fresas con nata todos los días!». Uno de los jóvenes, un muchacho escuálido, interviene desde el fondo de la sala: «A mí no me gustan las fresas con nata, camarada». El joven intelectual, fulminándolo con la vista, le responde: «No te preocupes, camarada, cuando llegue la revolución te gustarán».[1]

Esta combinación de pensamiento mágico y de coerción (bastante descarada) para cambiar el carácter individual es-

troduction», en: Moyshe Kulbak, *The Zelmenyaners: A Family Saga*, New Haven (Connecticut), Yale University Press, 2013, pp. vii-xxxiv. [Existe traducción en español: *Los Zelmenianos*, trad. Rhoda Henelde y Jacob Abecasis, Zaragoza, Xórdica, 2016]. Compárese con el análisis de Ruth Wisse, *No Joke: Making Jewish Humor*, Princeton (Nueva Jersey), Princeton University Press, 2013, pp. 167-172.
   [1] Una versión un poco distinta figura en David Harris e Izrail Rabinovich, *The Jokes of Oppression: The Humor of Soviet Jews*, Northvale (Nueva Jersey), Jason Aronson, 1988, p. 135.

taba presente desde el principio mismo de la era soviética. Tomemos, por ejemplo, *Caballería Roja* del gran escritor judío ruso Isaak Bábel (1894-1940), cuyos relatos sugieren que las perspectivas totalizadoras de revolucionarios, judíos y revolucionarios judíos les impiden advertir los problemas de sus propios enfoques. En una de las viñetas que componen la obra, el protagonista de *Caballería Roja*, el doble de Bábel, Liútov—un judío que en buena medida anhela ser uno más de los nuevos jinetes soviéticos con los que cabalga—se encuentra con el propietario de un almacén, Guedali, que le dice:

—Digamos «sí» a la revolución, pero no por eso diremos «no» al Shabbat [...]

—En ojos cerrados no entra el sol—replico al viejo—, pero nosotros descoseremos los ojos cerrados.

—El polaco me ha cerrado los ojos—susurra el anciano con voz casi inaudible—, el polaco, ese perro rabioso. Ese perro agarra al judío y le arranca las barbas, el canalla... Y ahora lo están zurrando, a ese perro rabioso. Es magnífico, esto de la revolución. Pero luego, el que ha zurrado al polaco viene y me dice: «Entrégame tu gramófono, Guedali...». «Pero si a mí me gusta la música», le digo yo a la revolución. «¡Tú no sabes lo que te gusta, Guedali! Te voy a pegar un tiro, entonces sabrás lo que es bueno. Yo no puedo no pegar tiros, porque soy la revolución...».

—No puede no disparar, Guedali—le digo al viejo—, porque es la revolución...

[...] De entre la azul oscuridad ascendió a su trono el joven Shabbat.

—Guedali—le digo—, hoy es viernes y ha llegado la noche. Dime dónde puedo conseguir un pan judío, un vaso de té judío y un poco de ese Dios retirado en el vaso de té...[1]

---

[1] Isaak Bábel, «Gedali», en: Nathalie Babel (ed.), *The Complete Works of Isaac Babel*, Nueva York, Norton, 2001, pp. 227-229, citas en pp. 228-229. [«Guedali», en: *Caballería Roja*, trad. Ricardo San Vicente, Barcelona, Galaxia Gutenberg, 2017, edición digital].

La conversación revela multitud de cosas. Aunque uno de los grandes dones de Bábel es recubrir la sátira de una gruesa capa de ironía, podemos identificar en Liútov al intelectual del chiste de las fresas con nata, aquí a través de las ideas de Guedali, para el que representa el último eslabón de una larga cadena de absurdos opresores (que se encarnan en la revolución), y también a través de la propia ambivalencia de Liútov satirizada (se opone a Guedali y a lo que éste representa, pero al mismo tiempo no puede renunciar a las galletas y el té judíos). Nadie escapa a la mirada crítica de Bábel.

Aun así, la sátira directa de la Unión Soviética era un asunto peligroso para los autores que vivían en la misma, y ni siquiera Bábel—el famoso escritor de la Unión Soviética—podía correr ese riesgo mucho tiempo. Desapareció y fue ejecutado en 1940,[1] convirtiéndose en un desconocido en la URSS durante una década. (Sobrevivió tres años a Kulbak, que no era tan famoso). Para poder abordar un tema como la Unión Soviética—y la izquierda en general—era preciso ser emigrado, no sólo de la propia URSS, sino de buena parte de Europa.

La obra de un emigrado en particular sigue siendo la apoteosis de cierto tipo de sátira política: es a un tiempo su promesa y su peligro. Ernst Lubitsch, nacido en 1892, dejó Alemania después de la Primera Guerra Mundial para emigrar a Hollywood: se había formado con el gran director austríaco Max Reinhardt, y había dirigido y protagonizado una serie de cortometrajes cómicos en los que interpretaba a Meyer, un «rechoncho cómico judío». En Estados Unidos fue—al menos según algunas fuentes—un firme aspirante a dirigir

[1] Las razones para la desaparición y ejecución de Bábel son múltiples y complejas, y seguramente tuvieron tanto que ver (si no más) con su relación con la esposa del jefe del Comisariado del Pueblo para Asuntos Internos (NKVD) como con sus críticas a la Unión Soviética. Dicho esto, sus escritos no fueron en modo alguno un factor insignificante.

El cantante de jazz,[1] ese hito de la historia del cine judío estadounidense y del cine estadounidense a secas, pero—afortunadamente para nuestra historia—decidió concentrarse en
la comedia, donde desarrollaría el «toque Lubitsch» que lo
inmortalizó. Su película *Ninotchka* (1939), en la que Greta
Garbo representa el comunismo, es más una confitura pican-
te que un dardo envenenado: el problema real de la Unión
Soviética, que personifica Garbo, es esencialmente que es incapaz de sonreír. Lo único que necesitan los comunistas es
relajarse y dejar de pensar un rato en la producción agraria y
el materialismo histórico.

Ninotchka fue coescrita por Billy Wilder, el cineasta judío
también emigrado, cuyo camino hasta Estados Unidos fue
mucho más duro. En sus propias palabras: «Lo de irme no
fue idea mía, fue idea de Hitler». Aunque en las sátiras magis-
trales de Wilder había poca presencia judía (pese el esporádi-
co yiddish en el guión de *El apartamento*), su relato del sufrimiento bajo la sombra del fascismo, junto con el de millones
de judíos mucho más infortunados, contribuyó a dar forma a
la siguiente sátira política de Lubitsch. Si *Ninotchka* mostró
que en 1939 aún era posible no tomar en serio la Unión Soviética, en 1942 era imposible en Estados Unidos no tomarse muy en serio a los nazis. Y la película que Lubitsch dirigió
ese año, *Ser o no ser*, trata del poder de la comedia y, específicamente, de la sátira.

La película empieza, de hecho, con la representación de
una sátira sobre el nazismo en Varsovia, que incluye el per-

[1] Sin embargo, dejó Warner Brothers cuando aún se estaba planean-
do la película. Lubitsch fue también, según algunas fuentes, un direc-
tor no mencionado de escenas de *El Golem* de Wegener. Véase Gerald
Mast, «Woody Allen: The Neurotic Jew as American Clown», en: Sarah
Blacher Cohen (ed.), *Jewish Wry*, Detroit (Míchigan), Wayne State Uni-
versity Press, 1987, pp. 125-140, esp. 127-128, y Joel Rosenberg, «Jewish
Experience on Film: An American Overview», *The American Jewish Year
Book*, n.º 96, 1996, pp. 3-50, esp. 18.

sonaje de Hitler, papel que interpreta un actor decisivo para que la película alcance su punto culminante. Como resultado de una disparatada sucesión de acontecimientos, esta compañía teatral termina resultando esencial para el esfuerzo de guerra, impidiendo que caigan en manos del enemigo los nombres de miembros de la resistencia polaca. No nos detendremos en los detalles de la trama, pero sí debemos señalar que el famoso «toque Lubitsch» adquiere tintes sombríos a lo largo de la trama. Cuando Joseph Tura (interpretado en la película por Benjamin Kubelsky, más conocido como Jack Benny) encuentra al jefe de la Gestapo Ehrhardt, sus esfuerzos por charlar normalmente fracasan ante la monstruosidad oculta tras el rostro bufonesco que tiene ante él. En la Varsovia ocupada, Tura se enfrenta a los límites de la actuación cómica, y al mismo tiempo comprende hasta qué punto la burla y la imitación que los actores perfeccionan en su carrera pueden ayudar—aunque sean claramente secundarias—en otro tipo de acción que no tiene nada de cómico. Uno de los miembros de la compañía—el actor claramente judío, Greenberg, interpretado por el actor judío Felix Bressart—repite sin cesar la frase «la gente se tronchará de risa» a lo largo de la película, pero su valerosa contribución a la gran fuga con que concluye la película no es en absoluto graciosa: su actuación es mortalmente seria cuando se planta ante un grupo de soldados nazis y, para distraerlos, pronuncia el discurso de Shylock en *El mercader de Venecia*: «¿No tiene ojos el judío? ¿No tiene el judío manos, órganos, miembros, sentidos, emociones, pasiones?».[1] En 1942 la sátira parece estar en crisis, o al menos evidencia sus limitaciones: la tragedia ha ocupado su lugar.[2]

[1] William Shakespeare, *Obra completa. Comedias*, vol. 1, trad. Vicente Molina Foix, Barcelona, DeBolsillo, 2012, p. 447. (*N. del T.*).
[2] Véase una perspectiva un poco diferente, que también toma en serio la comedia de Lubitsch, sobre todo como ejemplo de «cine de exilio», en:

Las películas de Lubitsch no eran ni mucho menos el primer ejemplo de sátira judía estadounidense. Ésta, como tantas otras cosas de la cultura judeoamericana, había adoptado su forma original varias décadas antes en la obra de otros judíos europeos inmigrantes, procedentes sobre todo de la Europa del Este. La sátira aborda a menudo las instituciones y las costumbres: la transformación y adaptación de la enorme comunidad de dos millones de inmigrantes más o menos entre 1880 y 1920 proporcionaron una nueva serie de temas a los humoristas.

Consideremos, por ejemplo, la serie de sketches del escritor cómico yiddish estadounidense conocido como Tashrak (el nombre es un chiste: *tashrak* es un juego de palabras un tanto esotérico, a la manera de los cabalistas), que fue popular en la década de 1890 y en las dos primeras décadas del siglo XX gracias a sus relatos, que tenían como protagonista a un inmigrante llamado Chayim, cuyas peripecias tendían a mostrar los rasgos más ridículos de la comunidad inmigrante estadounidense. Ya trataran de política (como Chayim es el único que tiene la ciudadanía, cada uno de los miembros de su familia le insta a votar por un partido distinto, y al terminar el relato Chayim está convencido de que alguien ha fal-

---

Joel Rosenberg, «Shylock's Revenge: The Doubly Vanished Jew in Ernst Lubitsch's *To Be or Not to Be*», *Prooftexts*, n.º 16, 1996, pp. 209-244, y también Gerd Gemünden, «Space Out of Joint: Ernst Lubitsch's *To Be Or Not To Be*», *New German Critique*, n.º 89, 2003, pp. 59-80, especialmente sobre los «judíos implícitos» interpretados por Felix Bressart antes de convertirse en el Greenberg de *Ser o no ser* (pp. 70-71). Mel Brooks hizo más tarde una nueva versión de la película; no tiene nada de sorprendente, dado su interés por el teatro y por los nazis. El comentario de Sander Gilman de que «el carácter forzado de la nueva versión se debió en buena medida a la presencia opresiva, aunque no mencionada, de la Shoá en la conciencia del público», ausente en la versión original, parece en términos generales adecuado. «Is Life Beautiful? Can the Shoah Be Funny? Some Thoughts on Recent and Older Film», *Critical Inquiry*, vol. 26, n.º 2, 2000, pp. 279-308, esp. 288.

sificado su voto) o de la propiedad inmobiliaria (Chayim encuentra a un grupo de inmigrantes que están a medio camino de hacer fortuna: han conseguido vendedores, pero todavía no han podido encontrar un comprador), lo cierto es que la adaptación al país no era fácil.[1] Las nuevas instituciones judías estadounidenses, como las *landsmanshaften*, cooperativas establecidas en las ciudades originarias de Europa del Este, eran ejemplos perfectos de la persistencia del judaísmo y de la naturaleza humana. El escritor yiddish Zalmon Libin compuso un folletín en el que, en una escena que parecería un plagio de *La vida de Brian* de Monty Python si no se hubiese escrito varias décadas antes, la Hermandad Unida de Taracan lo reprende con enojo por haber escrito para la falsa sociedad de Taracan Independiente.[2]

Los relatos de Tashrak y de Libin satirizaban la actividad de los inmigrantes como parte de un esfuerzo a menudo solidario para americanizar a los recién llegados; pero hubo una corriente más sombría de sátira yiddish estadounidense que adoptó una actitud más escéptica. Un dicho yiddish reza que Estados Unidos es un lugar donde el zapatero se convierte en señor y el señor en zapatero (en yiddish el dicho rima): mientras que la primera parte de la cláusula sugiere que la transformación económica y social puede conducir a la hipocresía del advenedizo y materialista—hasta aquí nada novedoso—, la segunda recuerda a todos, incluido el que esgrime el dicho, que no es fácil salir adelante en Estados Unidos. La sátira tanto de los pardillos, incapaces de entender el nuevo mundo que los rodea, como de los *alrightniks* ['acomodaticios, advenedizos'] que se han convertido en carica-

---

[1] Tashrak, «Chaim Does His Duty as a Citizen», en: Henry Goodman (ed.), *The New Country*, Siracusa (Nueva York), Syracuse University Press, 2001, pp. 135-139; Tashrak, «Chaim Becomes a Real-Estatenik», en: Goodman (ed.), *The New Country*, *op. cit.*, pp. 61-65.

[2] Zalmon Libin, «Why the Taracans Are My Enemies», en: Goodman (ed.), *The New Country*, *op. cit.*, pp. 131-134.

turas del estilo de vida americano, floreció en el yiddish estadounidense y en la temprana prensa judía de Estados Unidos y prosperó, confiada y segura, en contradicción con su destino, a causa del proceso de aculturación. Algunos de los artículos se publicaban en revistas yiddish satíricas como *The Yiddish Puck* y *The Big Stick*,[1] y presentaban una amplia variedad de viñetas cómicas (algunas copiadas de revistas humorísticas de la época como *Judge* y *Puck* en las que simplemente se traducían al yiddish los textos). Otras obras aparecieron en los periódicos; y dos relatos cortos de Sholem Aleijem, «Mister Grin Hot a Dzhab» ['El señor Green tiene trabajo'] y «Mayse mit a Grinhorn» ['Cuento de un pardillo'] abordan de modo muy diferente el personaje omnipresente en la sociedad judeoamericana entre finales del siglo XIX y principios del XX: el pardillo.

El primer relato trata sobre un inmigrante recién llegado que cree haber entendido el sistema: se apunta para tocar el shofar en los servicios de Rosh Hashaná simultáneamente en varias sinagogas.[2] Se trata de una errónea aplicación del sistema estadounidense de producción en serie, que revolucionaba por entonces la industria de la manufactura de ropa en la que trabajaba la mayor parte de inmigrantes judíos de clase obrera. Sholem Aleijem no era el único que se burlaba de la obsesión por el rendimiento en el capitalismo estadounidense. El gran humorista yiddish estadounidense Isaac Reiss, que escribía con el pseudónimo Moyshe Nadir (significa algo así como 'que te den' en una versión más suave), relata la historia de un hombre al que contrata un judío em-

---

[1] Véase Portnoy, «Follow My Nose: Self-Caricature in Cartoons of the Yiddish Press», *op. cit.*, p. 294, y «Exploiting Tradition: Religious Iconography in Cartoons of the Polish Yiddish Press», *op. cit.*, p. 247.

[2] Aleijem, «Mister Green Has a Job», en: *Some Laughter, Some Tears*, *op. cit.*, pp. 233-236. [El shofar es un instrumento ceremonial fabricado con el cuerno de un animal puro, limpio, como el carnero, la cabra, el antílope o la gacela. (*N. del T.*)].

prendedor para trabajar en un pintoresco local al que sólo le falta una cosa para atraer a los turistas: que haya eco.[1] La innovadora solución consiste en contratar a alguien que haga el eco. El problema es que el empleado se excede, de modo que cuando alguien grita «¿Cómo estás?» el eco responde «Bien, ¿y tú qué tal?». Las inveteradas tendencias judías —Sholem Aleijem y muchos otros ya habían puesto en práctica cómicas variaciones de la proverbial locuacidad judía— son impermeables a las posibilidades de transformación estadounidense.

¿Tenían estas muestras de humor algo que ver con la frustración de que la Tierra Prometida no hubiese estado a la altura de las promesas? *America goniff* era un dicho yiddish que podría traducirse como 'América te joderá', y otro dicho era «¡Maldito sea Colón!». El segundo relato de Sholem Aleijem trata de un antiguo pardillo que se ha espabilado y de su odio hacia una joven pareja cuyas esperanzas en el nuevo continente siguen intactas.[2] Con el pretexto de ayudarlos, el personaje sabotea el medio de vida y después el matrimonio de esta pareja: la comedia pertenece a una modalidad que a veces se define en yiddish como «reír por no llorar»,[3] es decir, por no desesperar. En ocasiones este género se elabora de forma menos agria. El escritor yiddish Avrom Reyzen, por ejemplo, escribió una sátira agridulce sobre un inmigrante

---

[1] Moishe Nadir, «I-As Echo», en: Goodman (ed.), *The New Country*, *op. cit.*, pp. 144-146. Nadir escribió también un relato—cuya mordacidad lo condenaría al fracaso cómico si su retrato de los emprendedores inmigrantes no fuese tan tierno—sobre una pareja cuyos esfuerzos por abrir una charcutería se ven obstaculizados por la herradura de flores que dice ÉXITO y que intentan poner como anuncio: la promesa americana y el que no llegue a cumplirse plenamente, en pocas palabras. Nadir, «Ruined by Success», en: Ausubel, *A Treasury of Jewish Folklore, op. cit.*, pp. 36-39.

[2] Aleijem, «A Story About a Greenhorn», en: *Some Laughter, Some Tears, op. cit.*, pp. 243-248.

[3] Sobre esta frase, véase Michael Wex, *Born to Kvetch*, Nueva York, Harper Perennial, 2005, pp. 171-172.

que se ha propuesto descubrir Estados Unidos pero al que sus finanzas se lo impiden: sus ambiciones van menguando a medida que pasa de California a Chicago, y luego a Detroit, Boston, Filadelfia, Paterson y Brownsville. La conclusión del relato expresa bien la dolorosa decepción: «Es duro, amigo, es duro establecerse en este país tras ser derrotado en Nueva York».[1]

Pero mientras que los primeros escritores satíricos dudaban de que Estados Unidos satisficiera su promesa, la historia del siglo xx demostró que la dificultad de establecerse en el país iba disminuyendo progresivamente. En el proceso, sin embargo, a medida que la comunidad judeoamericana iba dejando de ser de inmigrantes, la sátira judía estadounidense abandonó gradualmente los temas directamente relacionados con la historia judía europea y quizá incluso con la historia judía a secas. Debido a la creciente aculturación, la cultura que se satirizaba era o bien esa cosa nueva llamada «cultura judía estadounidense»—la criatura nacida de la interacción entre los dos adjetivos de la expresión—o la cultura estadounidense sin más.

Consideraremos primero la última, que es la que mejor ejemplifica que el «humor judío» diverge cada vez más del «humor judío en Estados Unidos». Con Mort Sahl la sátira social inició una nueva andadura en Estados Unidos: empezó actuando en el club nocturno Hungry I de San Francisco en 1953,[2] una década después de que se estrenara *Ser o no ser*. La prensa de la época no siempre sabía muy bien cómo tomarse el humor de Sahl. Aunque se apreciaba la similitud con humoristas estadounidenses anteriores—sobre todo con

---

[1] Abraham Raisin, «His Trip to America», en: Goodman (ed.), *The New Country, op. cit.*, pp. 39-42.

[2] Hay cierto debate sobre si el «I» es por «id», o «intellectual», como a menudo se pensó; véase Gerald Nachman, *Seriously Funny: The Rebel Comedians of the 1950s and 1960s*, Nueva York, Pantheon Books, 2003, pp. 9-13.

el humorista-vaquero de vodevil Will Rogers—[1] lo que más desconcertaba era que aparecía en el escenario vacío con un periódico enrollado bajo el brazo y contaba chistes mordaces sobre el presidente Eisenhower y su afición al golf («Si estás en la Administración tienes un montón de problemas políticos, por ejemplo decidir si conviene más el grip superpuesto o entrecruzado») o sobre Joseph McCarthy («Me compré una chaqueta McCarthy: es como cualquier chaqueta, pero los botones también te cierran la boca»). Se lo consideraba un «peculiar tipo de humorista cuyos números son cualquier cosa menos previsibles», de modo que suponía una clara ruptura con los «viejos humoristas de manual». En cuanto a su más ilustre predecesor estadounidense, Sahl decía: «Hay una gran diferencia entre Rogers y yo: él interpretaba a un palurdo que criticaba al gobierno federal, y yo interpreto a un intelectual que critica a los palurdos que gobiernan el país».[2]

Desde luego Sahl conmocionó el *statu quo*. A medida que el nuevo movimiento satírico de café y bodega se expandía desde San Francisco hasta Chicago (en locales como Mister Kelly's y Gate of Horn), Nueva York (Bitter End, Village Gate, Café Wha?), y más allá, casi todos los humoristas estadounidenses importantes que satirizaron la actualidad en las dos siguientes décadas lo alabarían como una influencia importante y transgresora. A Lenny Bruce, por ejemplo, le influyó lo bastante como para pulir su lenguaje en sus actuacio-

---

[1] Rogers, quizá la persona más improbable en este ensayo, participó en un espectáculo que indica hasta qué punto la comunidad judía estaba presente en todos los sectores de la industria: presentó—en yiddish—la cena de homenaje a Eddie Cantor en 1925. (En cuanto le pidieron que participara, contrató a un asesor). Eddie Cantor, *Take My Life*, Nueva York, Doubleday, 1957, p. 111.

[2] Véase «The Third Campaign», *Time*, 15 de agosto de 1960, y John Matthew Taylor, «Outside Looking In: Stand-Up Comedy, Rebellion, and Jewish Identity in Early Post-World War II America», tesina, Indiana University, 2010, pp. 6-7, 24.

nes, lo cual no es poca influencia. En parte se trataba de una cuestión de forma, ya que Sahl, a diferencia de los humoristas de la generación anterior, escribía su propio material. Pero también resultó muy influyente su destreza improvisatoria. Buena parte de su eficacia se debía a que, como señalaba un artículo anónimo publicado en *Time* en 1959, su humor—lo mismo que el de una serie de compatriotas de mentalidad parecida que alcanzaron prominencia durante la década de 1950—era «síntoma de la enfermedad del siglo XX [...] en parte crítica social sazonada con abundante cianuro, en parte esa especie de macabra jovialidad de un Charles Addams y en parte una perturbadora hostilidad personal hacia todo el mundo».[1] Sahl fue apodado «el *sicknick* ['morboso'] original», pero Shelley Berman, Lenny Bruce, Tom Lehrer, Don Adams, Jonathan Winters, Mike Nichols y Elaine May también encajan en la denominación, pues se hicieron a su imagen. Con la nueva generación surgió un nuevo enfoque.

¿Es casual que casi todos estos humoristas sean judíos? (Winters es la única excepción). ¿Y cómo se refleja eso, si es el caso, en el carácter judío de su sátira? Sahl—como la mayoría de estos humoristas, aunque no todos—rara vez mencionó la religión en sus actuaciones, la prensa nunca mencionó su origen judío y sus relatos autobiográficos—salvo por una breve mención a que anduvo vagando por Berkeley durante sus años mozos con «un grupo de fervorosos chicos judíos de izquierdas»—[2] no tematizan su herencia judía. ¿Es ese fervor intelectual y político—sombras de los famosos reservados de los comedores del City College una generación antes—algo específicamente judío? ¿Es parte de nuestra historia?

[1] «Nightclubs: The Sickniks», *Time*, 13 de julio de 1959.
[2] Taylor, «Outside Looking In: Stand-Up Comedy, Rebellion, and Jewish Identity in Early Post-World War II America», *op. cit.*, pp. 102-103; cita Nachman, *Seriously Funny: The Rebel Comedians of the 1950s and 1960s*, *op. cit.*, p. 57.

El mencionado artículo de la revista *Time* sugería que el logro cómico de la nueva generación—pese a que el anónimo autor fuese ambivalente respecto a la calidad de esos logros, si no los condenaba directamente—consistía en que ningún tema era tabú, aunque los cómicos incluidos en ese grupo difiriesen en el método y en la radicalidad del enfoque. El hecho de centrarse en cuestiones sociales y políticas era un paso audaz en el mundo del espectáculo, y podría afirmarse que movilizó algo así como la sensibilidad cómica judía, en la que se escrutan y diseccionan todos los aspectos de la conducta. O, como dijo Sahl: «No debo nada a mi pasado judío. Si el papel del judío es agitar las aguas, ser inquisitivo e intelectualmente curioso, vale: es el papel clásico del humorista».[1] Podría argumentarse que el pasado de esos cómicos judíos (o de sus padres) como inmigrantes y la consecuente exposición a la cultura de izquierdas yiddish o a la experiencia de la promesa americana podrían haber dado lugar a un agudo sentimiento de agravio cuando ésta no se cumplía del todo.

Pero estos argumentos nos llevan a un terreno bastante pantanoso. Incluso si postulamos que la amplitud de miras y la mordacidad son indicios de la sensibilidad judía—es discutible limitar tales atributos a los judíos—, los temas de estos humoristas no eran judíos. (Salvo si consideramos que el deliberado intento de obtener amplia resonancia y el universalismo estadounidense son rasgos definitorios de los judíos estadounidenses, lo cual es un argumento circular). Citaré una notable excepción que permite demostrar que la regla procedía del sur de Estados Unidos. Harry Golden, un escritor muy popular e influyente, abordó cuestiones de interés nacional, sobre todo relacionadas con los derechos civiles, con un toque satírico. Por ejemplo, ofreció una solución al

---

[1] Citado en Nachman, *Seriously Funny: The Rebel Comedians of the 1950s and 1960s, op. cit.*, p. 69.

problema de la integración racial al constatar que a los blancos sureños sólo parecía molestarles la presencia de afroamericanos sentados, por ejemplo cuando comían en las barras de los bares o viajaban en autobús.[1] Así que propuso la solución obvia: eliminar los asientos para todo el mundo. A Golden, sin embargo, no se lo consideraba un humorista judío que se dirigía al público general, sino que, como editor y escritor del *Carolina Israelite*, era un representante de la comunidad judía y en particular de la estadounidense. A menudo se aludía a él como «el Will Rogers judío», por ejemplo—algo que jamás se le habría ocurrido a ningún crítico al referirse a Mort Sahl—, y se le solía pedir que interviniese en los medios nacionales a propósito de uno u otro asunto como representante del punto de vista judío. De modo que, pese a que abordase satíricamente los mismos temas que Sahl, se lo consideraba representante de una posición política, cultural y moral judía, a diferencia de Sahl y demás.

No obstante, el suyo era un humor parecido al de Lenny Bruce, el importante humorista de la principal corriente de la década de 1950 cuyo trabajo tendería un puente entre la cultura estadounidense y la judía. Mientras que la sátira de Sahl era oracular y partía de la perspectiva del «humorista universal», la de Bruce era abiertamente particularista, al margen de la corriente general. Se sentía feliz reconociendo el lema del escritor satírico: «Lo mío es básicamente la sátira, soy irreverente con la política y la religión, o con cualquier tema que considere necesario discutir y satirizar», decía.[2] Al responder a la acusación de que era un *sicknick* ['morboso'] utilizó el tropo clásico del satírico: «No soy un comedian-

---

[1] Harry Golden, *Only in America*, Cleveland (Ohio), World Publishing Company, 1958, pp. 121-122.

[2] John Cohen (ed.), *The Essential Lenny Bruce*, Nueva York, Ballantine Books, 1967, p. 117; Arthur Asa Berger, *Jewish Jesters: A Study in American Popular Comedy*, Cresskill (Nueva Jersey), Hampton Press, p. 90.

te ni un enfermo. El que está enfermo es el mundo, yo soy el médico». Lo que diferencia a Bruce del resto, en muchos sentidos y sin duda para nuestros propósitos, no es lo que dice. Sus números no aguantan bien las grabaciones: actuaba para el público.[1] Su odio casi patológico a la falsedad (aunque una parte de su carrera fuesen las imitaciones forzadas) puede terminar cansando.

Pero los ritmos y el modo en que habla, la voz, el lenguaje y, en particular, la entonación judía son únicos: abraza su yo inauténticamente auténtico, o viceversa, y eso le da una mirada del todo distinta a la de Sahl. Tal vez el comentario más elocuente sea el que hizo al final de su carrera, en una actuación después de que lo detuvieran por escándalo público en San Francisco: «Anoche no estuve muy gracioso. A veces no soy gracioso, no soy un humorista, soy Lenny Bruce».

Aunque Bruce (nacido Leonard Alfred Schneider en 1925) era conocido por lo poco fiable que era el relato que ofrecía de su vida en sus actuaciones y en su autobiografía, en público y en privado hablaba abiertamente de su origen judío y reconocía hasta qué punto era importante en la elaboración de su lenguaje escénico. En su autobiografía, explica que su forma de hablar era una combinación de «la jerga del inconformista, el argot del hampa y el yiddish», y es una de las pocas cosas que *podemos* verificar ateniéndonos a las pruebas.[2] Gracias a otros cómicos y artistas que lo trataron a finales de

---

[1] Según Steve Allen, sus primeros admiradores fueron «músicos de jazz adultos, empleados de clubs nocturnos, escritores de comedias, novias y esposas de hombres del negocio y gente "guay" [*hip*] en general de treinta y tantos», Steve Allen, *Funny People*, Nueva York, Stein & Day, 1981, p. 79.

[2] Lenny Bruce, *How to Talk Dirty and Influence People*, Nueva York, Fireside, 1992, p. 5. Véase también Sanford Pinsker, «Lenny Bruce: Shpritzing the Goyim/Shocking the Jews», en: Cohen (ed.), *Jewish Wry, op. cit.*, pp. 89-104, esp. 90, y Frank Kofsky, *Lenny Bruce: The Comedian as Social Critic and Secular Moralist*, Nueva York, Monad Press, 1974, pp. 72-74.

la década de 1940 y principios de la de 1950, sobre todo Joe Ancis, aprendió y llegó a dominar lo que se ha llamado «el arte del *shpritz*», una forma de improvisación que consistía en soltar lo que a uno se le pasaba por la cabeza, sin filtro. Eso le daba una pátina de autenticidad yiddish, una *heymishness* ['familiaridad'] a su cháchara, en la que se sucedían a toda velocidad tacos, ocurrencias, chistes y *geshrying* ['disparates']. La culminación de este arte es la desenfrenada escena en que Bruce imagina al juez que iba a juzgarlo por escándalo público atrapado en flagrante delito jugando con una joven puta y diciéndole: «¡Dámelo todo, mi Lolita lituana!».[1]

Hablando de Bruce, Rodney Dangerfield dijo: «Todos los que intentáis renegar de vuestra condición de judíos cambiando el apellido os delatáis, porque olvidáis cambiaros el nombre. ¿Habéis conocido a algún *goy* que se llame Lenny?».[2] Lo que Dangerfield no veía—o quizá sí, después de todo se llamaba Jack Roy *Cohen* y también se cambió el nombre— es que lo propio de Bruce era ser una contradicción viviente, una especie de sátira de sí mismo. Quería ser inconformista, pero también quería burlarse de los que se creían inconformistas; hablaba la jerga de la gente del jazz (tanto él como Sahl publicaron álbumes de sus espectáculos con sellos discográficos de jazz)[3] y verbalmente destacó en el arte

---

[1] «Litvak Lolita», en: Cohen (ed.), *The Essential Lenny Bruce, op. cit.*, p. 250. Sobre su yiddish y el humor yiddish, véase Maria Damon, «The Jewish Entertainer as Cultural Lightning Rod: The Case of Lenny Bruce», *Postmodern Culture*, vol. 7, n.º 2, 1997; Maria Damon, «Talking Yiddish at the Boundaries», *Cultural Studies*, vol. 5, n.º 1, 1991, pp. 14-29; «Gertrude Stein's Doggerel "Yiddish": Women, Dogs and Jews», en: *The Dark End of the Street: Margins in American Vanguard Poetry*, Mineápolis, University of Minnesota Press, 1993, pp. 202-235, y Ioan Davies, «Lenny Bruce: Hyperrealism and the Death of Jewish Tragic Humor», *Social Text*, n.º 22, 1989, pp. 92-114, esp. 98.

[2] Citado en Nachman, *Seriously Funny: The Rebel Comedians of the 1950s and 1960s, op. cit.*, p. 397.

[3] Verve y Fantasy, respectivamente; Sahl solía hacer una gira por los

del *shpritz*. Pero en el escenario siempre tuvo conciencia de que el público lo observaba actuar, incluso cuando improvisaba y no hacía un número ensayado y preparado. El carácter judío de Bruce era parte de su interpretación, una aspecto reciclado: así lo convirtió en parte de su arte, y así su arte se convirtió en parte de nuestra historia.

En lo que se refiere a la identificación con la condición judía, otros grandes artistas satíricos judeoamericanos del período se encuentran en algún lugar entre Sahl y Bruce. El dibujante Jules Feiffer (nacido en 1929), que se hizo célebre con sus tiras cómicas de finales de la década de 1950 en *Village Voice*, tituladas *Sick Sick Sick* (y publicadas en forma de libro en 1958), abordó algunos de los nuevos temas de la cultura estadounidense de postguerra—el impecable presentador de las noticias, el hombre de negocios en traje de franela gris, el bohemio—y los convirtió en representaciones de incoherencias lógicas que enmascaraban posibilidades morales verdaderamente monstruosas. La sátira política de Feiffer, que cultivó durante años, no era grosera, aunque se lo agrupase con los cómicos morbosos por el simple hecho de que así se titulaban sus tiras cómicas. Era atrevido en todos los sentidos del término, pero tal vez sobre todo por adoptar una forma convencional como la tira cómica de prensa y convertirla en el espacio para desarrollar una concepción cómica coherente. (La banda sonora, presumiblemente, sería de Tom Lehrer, que estaba haciendo algo parecido con la tradición de la canción popular estadounidense).[1] Pero aunque muchos de los bohemios y luminarias culturales que revolotea-

---

campus universitarios con el Dave Brubeck Quartet. Véase Taylor, «Outside Looking In: Stand-Up Comedy, Rebellion, and Jewish Identity in Early Post-World War II America», *op. cit.*, pp. 28-30.

[1] Véase Nachman, *Seriously Funny: The Rebel Comedians of the 1950s and 1960s*, *op. cit.*, pp. 124-150, en el que se afirma también que Lehrer pudo haber inventado el chupito de gelatina y alcohol llamado Jello Shot (p. 130).

ban en torno a *Village Voice*, donde apareció «Explainers» de Feiffer, eran culturalmente judíos y compartían algunas de las preocupaciones de Feiffer, como el intelectualismo, el psicoanálisis[1] y la incorregible y paralizante neurosis de dudar de uno mismo, en sus obras raras veces se mostraban explícitos al respecto.[2]

A veces la condición judía parecía omnipresente, aunque disfrazada. *Catch-22* de Joseph Heller, publicado en 1961, es anterior a todo lo que ocurriría en Indochina (salvo por una mínima incursión estadounidense), pero se convertiría en una sombría piedra de toque cómica de la guerra que estaba a punto de estallar. Críticos y biógrafos han afirmado que Yossarian, el armenio protagonista de la novela, era judío en los primeros borradores de la obra, aunque Heller lo desmintió, pese a admitir que en sus notas preliminares sí había personajes judíos.[3] Pero las luchas de sus personajes con y contra la maquinaria militar, unidas a la película de Stanley Kubrick ¿*Teléfono rojo? Volamos hacia Moscú* (1964), nos recuerdan no sólo esa tendencia judía neurótica, sino también la sátira política de la burocracia y del pensamiento gregario que tritura al individuo entre sus engranajes.

La obra de Kubrick fue uno de los ejemplos más destaca-

---

[1] «¿Qué diferencia hay entre un sastre y un psicoanalista? Una generación», citado en David Meghnaghi, «Jewish Humour on Psychoanalysis», *International Review of Psycho-Analysis*, vol. 18, n.º 2, 1991, pp. 223-228, cita en p. 224.

[2] Para una sátira de base más explícitamente judía de Feiffer, véase su «The Deluge», reeditado en: William Novak y Moshe Waldoks, *The Big Book of Jewish Humor*, Nueva York, Harper & Row, 1981, pp. 221-223, en el que la errónea intervención del gobierno desbarata los planes de Noé para salvar a la humanidad del diluvio; para un análisis general de la sensibilidad cómica judía de Feiffer, véase Stephen J. Whitfield, «Jules Feiffer and the Comedy of Disenchantment», en: Sarah Blacher Cohen, *From Hester Street to Hollywood*, Bloomington (Indiana), Indiana University Press, 1983, pp. 167-182, esp. 178-179.

[3] Harap, *Dramatic Encounters, op. cit.*, pp. 41-42.

dos de la expresión, cada vez más en boga, que reemplazó
a la «comedia *sick*» ['morbosa']: el humor negro.¹ Con esta
etiqueta se denominaba a la comedia sombría que se cen-
traba satíricamente en las zonas oscuras de la cultura estadounidense de postguerra, en apariencia segura y floreciente. (*Catch-22*, que trataba de un glorioso militar estadounidense ganador de la Segunda Guerra Mundial, era un precedente fundamental). El texto punta de lanza del movimiento
fue *Black Humor* de Bruce Jay Friedman, un libro de bolsillo para el mercado masivo de 1965 que incluía obra de autores como Thomas Pynchon, Edward Albee, John Barth y
Terry Southern. Friedman se distanciaría luego de la expresión «humor negro» y acuñaría la de «comedia tensa»—que
transmite mejor la angustia psicoanalítica que subyace a las
obras de las que se ocupa, aunque nunca llegó a cuajar—,²
pero en aquel momento le pareció que era *le mot juste* para:

Un nerviosismo, un *tempo*, un nuevo ritmo casi histérico, un aisla-
miento y una soledad mortificantes de un tipo nuevo, frenético y
extraño [...] un nuevo acorde de sinsentido a la Jack Ruby que se
ha abatido sobre el país [...] y que sólo es posible abordar con formas nuevas y desquiciadas de ficción [...] el autor de sátiras se ha
visto desplazado por el reportero de prensa. El periodista actual
que, en el año 1964, tiene que cubrir el debate ecuménico en el que
se discute si los judíos deben seguir siendo considerados como los
asesinos de Cristo o es posible quitarles el anzuelo, es sin duda el
escritor satírico de hoy. El novelista satírico, despojado de un territorio propio por el que vagar, ha tenido que descubrir nuevos territorios, inventar una nueva moneda y nuevos filtros, navegar
adentrándose en aguas más profundas y oscuras situadas más allá
de la sátira, y creo que eso es lo que entendemos por humor negro.³

---

¹ Bruce Jay Friedman, *Black Humor*, Nueva York, Bantam Books, 1965.
² Véase Mike Sacks, *Poking A Dead Frog: Conversations With Today's
Top Comedy Writers*, Nueva York, Penguin, 2014, p. 151.
³ Friedman, *Black Humor*, *op. cit.*, pp. viii-x.

La presentación que hace Friedman del material que reúne para ilustrar un tipo de sátira que va más allá puede parecer al lector menos convincente que su presentación del movimiento como estadounidense en sentido amplio, más que como heredero de la tradición judía. De hecho, la antología que realiza en *Black Humor* incluye sobre todo a autores que no son judíos, de modo que Nathanael West, Heller y él mismo son las excepciones. Entonces, ¿es el humor negro una forma de la sátira judía? No, o no necesariamente, al menos; pero lo que Friedman llama «comedia tensa»—y particularmente su novela de 1962, *Stern*—no sólo configuró la conciencia del humor negro estadounidense, sino que, junto con las *hijinks* ['payasadas'] yiddish de Bruce, marca el origen de la sátira judeoamericana de postguerra.

Stern (con permiso de los autores satíricos yiddish mencionados) no trataba, desde el punto de vista cultural, de cómo plantar cara al espectro del fracaso cultural y económico, sino de cómo afrontar la anomia y el disfuncional fracaso. Para ello, Friedman nos traslada a un barrio residencial suburbano donde abunda el follaje mohoso y en el que un vecino empuja a la mujer de Stern y aprovecha la caída para mirarle el culo (ella ha salido sin ropa interior a pasear con su hijo) y acto seguido le dice al niño: «Aquí no pueden jugar judíos».[1] Todo lo que sigue—los mezquinos desaires de la sociedad y las crueldades de la naturaleza con Stern, y, lo que quizá es aún más significativo, el modo en que él los interioriza melancólicamente—se expone en un tono tan monótono e indiferente, tan distanciado e irónico, que el lector no sabe si reírse de la impotente figura en que el protagonista ha querido convertirse o sufrir con él.

En las obras judeoamericanas del período abundan estos personajes tristes y excluidos, o satíricos *schlemiels* ['pobres desgraciados']. Además del cuento de Friedman escrito en

---

[1] Bruce Jay Friedman, *Stern*, Nueva York, Grove Press, 1962, p. 10.

1963 y titulado «When You're Excused, You're Excused»[1] (en el que la angustia que le produce a un hombre casado su monótona vida de postguerra se expresa en su deseo de ir al gimnasio para saltarse los servicios del Yom Kipur), están los diversos personajes de Philip Roth en *Goodbye, Columbus*—ganador del National Book Award en 1959—, que se pavonean y luego se angustian, como Epstein,[2] por ejemplo, cuyos intentos de recuperar su masculinidad castrada por el medio suburbano lo conducen a una enfermedad social y a la castración familiar; y el señor Patimkin, el rey de los lavabos y fregaderos humillado por las expectativas sociales de su hija, que él mismo comparte. También son buenos ejemplos algunos de los *shvitzers* ['fanfarrones, presuntuosos'] del primer Bellow,[3] como Leventhal, el protagonista de *La víctima*, su novela de 1947, que consigue encontrar al único gentil que afirma ser víctima del antisemitismo, o el inquieto Tommy de *Carpe diem*.

Pero *Stern*, a su manera, lo resume todo, a pesar de que sólo se vendieron unos seis mil ejemplares de la novela (al menos eran, como el editor Robert Gottlieb le dijo al autor, «los ejemplares que tocaban»).[4] La obra de Friedman—jun-

---

[1] Bruce Jay Friedman, «When You're Excused, You're Excused», en: Jules Chametzky *et al.*, *Jewish American Literature: A Norton Anthology*, Nueva York, Norton, 2001, pp. 1006-1014.

[2] «Epstein» y «Goodbye, Columbus» en: Philip Roth, *Goodbye, Columbus*, Boston, Houghton Mifflin, 1959. [Existe traducción en español: *Goodbye, Columbus*, trad. Ramón B., Barcelona, Seix Barral, 2007].

[3] Saul Bellow, *The Victim*, Nueva York, Vanguard Press, 1947 [existe traducción en español: *La víctima*, trad. José Luis López Muñoz, Barcelona, DeBolsillo, 2004]; *Seize the Day*, Nueva York, Viking Press, 1956 [existe traducción en español: *Carpe diem*, trad. Benito Gómez Ibáñez, Barcelona, DeBolsillo, 2009].

[4] Aunque Friedman añadía con socarronería: «Recuerdo que me pregunté cómo habría sido vender cien mil ejemplares que no tocaban», en: Sacks, *Poking A Dead Frog: Conversations With Today's Top Comedy Writers*, *op. cit.*, p. 152.

to con las de Roth, Bellow y otros—marcó una nueva dirección para la sátira.

El enfoque de estos escritores de mediados del siglo pasado sobre las normas, los ideales, las aspiraciones y los fracasos de la comunidad judeoamericana complementó el de Bruce como actor cómico—basar lo satírico en lo personal, y lo personal en lo comunitario—y condujo a su vez al humor de la década de 1970, perfecto para la «*Me generation*», que tenía un interés explícito y específico por lo autobiográfico, en contraposición con la sátira política e institucional de las décadas de 1950 y 1960.

Harry Golden había sido una figura transicional una vez más subestimada, aunque tal vez incluso abriese el camino. En libros como *Only in America* (1958) o *For 2¢ Plain* (1959)[1] incluía epigramas que caracterizaban el progreso judeoamericano en estos términos: «de la sinagoga a la piscina» («*from shul to pool*»). También escribió piezas sobre temas como el recaudador de fondos judeoamericano, con un cameo de George Jessel, conocido por los judíos estadounidenses tanto por su incansable devoción a las causas judías como por sus monólogos. Pero también obsequió a su público con escenas de su autobiografía judeoamericana donde la ternura y la nostalgia se mezclaban con la sátira: su retrato de la madre que compra a su hijito un traje en el Lower East Side,[2] o sus instrucciones para comprar agua con gas a dos centavos, transmiten una amable ternura que le habría resultado difícil a Lenny Bruce, con todo su yiddish, o al Philip Roth de *Nues-*

---

[1] Golden, *Only in America, op. cit.*, p. 155; *id.*, *Long Live Columbus*, Nueva York, Putnam, 1975, p. 61; *id.*, «Life in the American Middle Class», en: *For 2¢ Plain*, Cleveland (Ohio), World Publishing Company, 1959, pp. 58-67.

[2] Golden, *Only in America, op. cit.*, pp. 54-59. Véase también su *Long Live Columbus*.

tra pandilla, la sátira anti Nixon de 1971, con su alegre puerilidad.[1] Fue Golden quien abrió el camino de la futura sátira
judía estadounidense, y a Robert Klein no le costó seguirlo.

De niño Klein—cuyo padre era amigo del cómico Myron
Cohen—[2] pasó veranos en el Borscht Belt, la zona turística
de las familias judías en las Catskills, y de vez en cuando contaba chistes en yiddish. Utilizó sus experiencias en las calles
del Bronx y en las salas de teatro de improvisación del Second City de Chicago para crear un estilo desenvuelto que
le proporcionó apariciones regulares en Carson, y el primero
de los especiales de la influyente serie *On Location* de HBO.
En realidad, Klein no era apocalíptico, sino que desarrolló
su versión de «lo político es personal», como ejemplifica el
título de su primer álbum: *Child of the 50s* de 1973. Hablando de Klein, Jay Leno señaló que «no recurría al gancho del
tipo negro o el tipo judío, era tan sólo un tipo divertido».[3]
Pero Klein, que admiraba mucho a Lenny Bruce, era un humorista judío para una nueva era, y su condición influía inevitablemente en su humor,[4] más allá de lo ideológico o lo lingüístico: puesto que su humor se basaba en su propia vida,
y su vida era la de un judío, su condición tenía que formar
parte de sus números, tanto como otros aspectos de su identidad. Esta actitud relajada, incluso amable, puede advertir-

---

[1] Véase David Greenberg, «Little Rascal», http://tabletmag.com/
jewish-arts-and-culture/books/784/little-rascal.

[2] Richard Zoglin, *Comedy at the Edge: How Stand-Up in the 1970s
Changed America*, Nueva York, Bloomsbury, 2008, pp. 73, 76 y ss.

[3] *Ibid.*, p. 81.

[4] No se trataba sólo de un giro judío hacia lo autobiográfico. Hay humoristas no judíos, si no más, decisivos para la historia del humor estadounidense de esa generación que pueden caracterizarse por ese giro, pues
huelga decir que todo el mundo tiene un pasado y un medio cultural que
puede tratar con humor. Entre los compatriotas de Klein de tendencia similar figuran Jay Leno, David Letterman, Robin Williams, Steve Martin,
George Carlin y Richard Pryor. Véase Zoglin, *Comedy at the Edge: How
Stand-Up in the 1970s Changed America, op. cit.*, p. 4.

se también en su contemporáneo David Brenner, cuya autobiografía, *Soft Pretzels with Mustard* (1983),[1] es a su manera
un relato de formación tan judío como *Call It Sleep* de Henry
Roth, aunque no tengan el mismo valor literario.

Varias décadas más tarde el enfoque autobiográfico-an-
tropológico orienta algunas de las obras más influyentes de
la sátira judeoamericana del siglo XXI. Quizá el ejemplo más
destacado es *Un tipo serio* (2009) de los hermanos Coen,
que—entre otras muchas cosas—examina determinado judaísmo conservador que supone el consumismo judío estadounidense, la aculturación, la ignorancia y la discutible búsqueda de espiritualidad. *Wet Hot American Summer* (2001),
de David Wain y Michael Showalter,[2] y su posterior secue-
la, la miniserie de Netflix en 2015, se han convertido en un
referente de la nostalgia cómica judeoamericana contemporánea. Tratan de un rito de paso adolescente judeoamericano que expresa la sensibilidad e identidad judías, y lo inviste
de significado subrayando su omnipresente, aunque superficial, carácter judío. Se insiste en los apellidos judíos de los
campistas; Wain hace un retrato de un consejero israelí, Ya-
ron; y tiene lugar una «lucha a golpes de shofar» que vincula el comportamiento masculino adolescente con los rituales judíos de un modo que habría hecho las delicias de Lenny Bruce.

Pero antes de dejar atrás la década de 1970, deberíamos
revisar la confusión consustancial al enfoque de «lo personal
es político» en la obra de uno de los grandes autores satíricos estadounidenses: Norman Lear, creador de una serie de

---

[1] Nueva York, Arbor House, 1983.

[2] Sobre el carácter judío de *Wet Hot American Summer*, especialmente en contraste con el de su predecesora, la película de 1979 de Ivan Reit-
man (judío canadiense) *Los incorregibles albóndigas*, véase Josh Lambert,
«Wet Hot American Jewish Summer Camp», 30 de julio de 2015, http://
www.tabletmag.com/jewish-arts-and-culture/192063/wet-hot-american-
jewish-summer-camp?Src=longreads.

personajes indelebles que movilizaron la agitada sociedad estadounidense al americanizar el medio judío en el que se habían educado. Lear, a quien cabe considerar la figura más importante en la historia de la comedia televisiva, abordó temas de actualidad—en series como *Todo en familia* y *Maude*—poniéndolos en boca de estadounidenses extraordinariamente ordinarios. Aunque los personajes de Lear no fuesen explícitamente judíos (*Todo en familia* y *Sanford* se basaban en series británicas), Lear insistió en que muchos de los diálogos y situaciones de sus comedias estaban inspiradas en lo que había oído y experimentado en su propia casa.[1] Aunque los judíos se estuvieran convirtiendo en estadounidenses, también eran judíos, si bien de forma velada: para muchos espectadores no había estadounidenses más arquetípicos que Archie y Edith Bunker, tanto si los amaban como si los odiaban.

Lear no fue el único que cultivó la farsa satírica. Cuando la década de 1970 dio paso a la de 1980 y 1990, el director Paul Mazursky llevó el género a la gran pantalla con las películas *Un loco suelto en Hollywood* (1986; Richard Dreyfuss y Bette Midler interpretaban a los Whiteman, lo cual es la forma más explícita de poner una máscara gentil a la sátira social judía) y *Escenas en una galería* (1991), más explícitamente judía, cuyos protagonistas eran Woody Allen y Bette Midler, y el centro comercial en el que estaba ambientada la historia desempeñaba el papel de Nick Nolte.

Pero en general el autor satírico judeoamericano era un autor estadounidense que casualmente también era judío. Estaban Abbie Hoffman y Paul Krassner en la izquierda radical; y Art Buchwald, el famoso columnista, en el centro.

---

[1] Norman Lear, *Even This I Get to Experience*, Nueva York, Penguin Press, 2014. El personaje Archie Bunker, que a duras penas representa las ideas del progresista Lear, se convertiría para muchos en un héroe gracias al texto y a la interpretación de Caroll O'Connor.

Hoffman era más bien un artista, Krassner renegaba de su condición de judío y Buchwald estaba interesado en llegar al público general. Y el lugar más indiscutiblemente influyente en Estados Unidos para la sátira política de las últimas cuatro décadas—*Saturday Night Live*, el programa que su fundador judeocanadiense Lorne Michaels describió originalmente como «Monty Python en sesenta minutos»—no es particularmente judío,[1] como evidencia la declaración de que una de sus influencias es Monty Python. (La mayoría de los sketches políticos de SNL los supervisaba, y a menudo los escribía, Jim Downey, que no es judío; tal vez la influencia más directa de Michaels en la sátira judía—y casi con seguridad en los políticos estadounidenses electos—fue contratar al futuro senador judío Al Franken para su equipo de guionistas). De modo que, al menos en Estados Unidos, la sátira política se ha ido desvinculando paulatinamente de la vida y el destino judíos,[2] a medida que una y otro van haciéndose cada vez más estadounidenses.

[1] La otra influencia fundamental fueron las corrientes contraculturales hoy imperantes, como la revista *National Lampoon*, cuya órbita tampoco era especialmente judía (de la redacción de la revista SNL incorporó a Michael O'Donoghue, John Belushi y Chevy Chase, entre otros; la excepción es Ed Bluestone, a quien se le ocurrió la célebre portada «If You Don't Buy This Magazine, We'll Kill This Dog» ['Si no compras esta revista, mataremos al perro de la foto']).

[2] En ese período, tal vez la excepción que confirma la regla es el cantante vaquero cómico Kinky Friedman, que satirizaba la imagen del judío hiperprogresista en sus interpretaciones a lo campesino blanco sureño de canciones como «Ride em Jewboy», «They Ain't Making Jews Like Jesus Anymore» y «We Reserve the Right to Refuse Service to You». Sobre Friedman, véase Theodore Albrecht, «"They Ain't Making Jews Like Jesus Anymore": The Musical Humor of Kinky Friedman and the Texas Jewboys in Historical and Geographical Perspective», en: Leonard J. Greenspoon (ed.), *Jews and Humor*, West Lafayette (Indiana), Purdue University Press, 2011, pp. 211-224, y Jarrod Tanny, «Between the Borscht Belt and the Bible Belt: Crafting Southern Jewishness Through Chutzpah and Humor», *Southern Jewish History*, n.º 15, 2012, pp. 119-167, esp. 153-156.

Esta realidad, naturalmente, también tuvo consecuencias en la sátira personal y autobiográfica: al irse aculturando la experiencia judeoamericana, a menudo la herencia judía en la biografía del cómico fue perdiendo interés, ofreciendo menos grano para el molino satírico. Hubo importantes excepciones, desde luego, pero tendieron a ir quedando encerradas en la «literatura judeoamericana», que en el último cuarto del siglo xx floreció sobre todo como una especie de literatura dirigida a un nicho muy concreto, el de los miembros de la comunidad judeoamericana con mucha conciencia de su origen. Así, en este tipo de sátiras el escritor, muy comprometido con su origen judío, examina a la comunidad judía, que es la destinataria de la parodia.

En esta categoría se encuentran el escritor Tova Reich, que aborda el carácter obsesivo que tiene en Estados Unidos el tema del Holocausto (*My Holocaust*, 2007);[1] el incisivo análisis que hace la escritora Tova Mirvis de los círculos cerrados y a veces asfixiantes de la hermandad femenina judeoamericana en todos los sentidos del término (*The Ladies Auxiliary*, 2000); y los ajustes de cuentas de Shalom Auslander con el mundo religioso que dejó atrás (*Beware of God*, 2005), entre muchos otros. Estas sátiras evidencian un nivel de refinamiento literario, de familiaridad textual y de profundidad antropológica que habrían sobrecogido a la generación de sus padres, convencidos de que la aculturación estadounidense haría imposible que sus hijos ostentaran los conocimientos y la privilegiada posición del escritor satírico. No obstante, la obra de estos autores atrae a un público minoritario: tanto si sermonean como si reprenden a los miembros del coro, los bancos están cada vez más vacíos. Cómo no, existe una excepción que confirma la regla: Gary Shteyngart,

---

[1] Tova Reich, *My Holocaust*, Nueva York, Harper Collins, 2007; Tova Mirvis, *The Ladies Auxiliary*, Nueva York, Ballantine, 2000; Shalom Auslander, *Beware of God: Stories*, Nueva York, Simon & Schuster, 2005.

cuyas divertidas novelas satíricas—para nosotros la más significativa es su debut *El manual del debutante ruso* (2002)—[1]
han llegado a un público más amplio y variado, si bien carecen de la mayoría de rasgos definitorios de las obras de esta
categoría: al centrarse en el medio de los inmigrantes judeo-
rrusos postsoviéticos los rasgos constitutivos de la identidad
judía son un poco distintos.

La situación es muy diferente en Israel, donde la sátira política y cultural del único Estado judío del mundo está unida a
la sensibilidad y la identidad judías. En general, un enfoque
importante dentro de la sátira israelí es el que se centra en
las similitudes con la política judía previa. Tomemos el ejemplo del famoso chiste sobre la entrevista del presidente Eisenhower con el primer ministro israelí, David Ben-Gurion:
«Cuando Eisenhower está explicando lo difícil que es ser
presidente de millones de personas, Ben-Gurion le responde: "¡Más difícil es ser el primer ministro de dos millones de
primeros ministros!"».[2] Como sugiere el chiste, todos los judíos hablan y meten las narices en todo, del mismo modo que
lo hacían en la casa de baños de Méndele o en el Kasrílevke
de Sholem Aleijem: incluso en el Estado judío, la política es
mayoritariamente política de *shtetl*. Esto quizá sirva para en-

[1] *The Russian Debutante's Handbook*, Nueva York, Riverhead, 2002
[existe traducción en español: *El manual del debutante ruso*, trad. Gabrie-
la Bustelo, Madrid, Alfaguara, 2010]. Sus novelas posteriores *Absurdistan*
(Nueva York, Random House, 2006 [existe traducción en español: *Ab-
surdistán*, trad. Ramón de España, Madrid, Alfaguara, 2008]) y *Super Sad
True Love Story* (Nueva York, Random House, 2010 [existe traducción en
español: *Una súper triste historia de amor verdadero*, trad. Ramón de España, Barcelona, Duomo, 2011]) son incluso más divertidas y, aunque presentan protagonistas similares, se sitúan en un espacio más imaginativo y
farsesco que el de *El manual del debutante*, por eso resultan menos perti-
nentes para nuestro análisis.
[2] Telushkin, *Jewish Humor, op. cit.*, pp. 82-83.

tender la sensibilidad cómica del tercer primer ministro de Israel, Levi Eshkol,[1] famoso por su sentido del humor y sobre todo por su habla reconociblemente yiddish. El humor judeoamericano sobre Israel sigue un rumbo análogo, aunque Israel representa un puesto avanzado de la sensibilidad judeoamericana. He aquí dos chistes ilustrativos. El primero: durante la guerra de los Seis Días, los sirios irrumpen en el Banco de Tel Aviv y se llevan montones de promesas valoradas en un millón de dólares. El segundo, de Milton Berle sobre el soldado desconocido de Israel, en cuya tumba dice: «HYMAN GOLDFARB, PELETERO. Como soldado fue desconocido, ¡pero como peletero le fue muy bien!».[2]

Sin embargo, existen dos contrapuntos a este enfoque. El primero es que la realidad—según el pensamiento sionista—no era como debería ser. El nuevo Estado judío, en los sueños transformadores de sus fundadores, debía conducir a una nueva cultura judía,[3] asociada, lógicamente, a un nuevo humor judío (pues determinada concepción del «humor judío» lo consideraba el resultado de la problemática cultura de la diáspora, acomodaticia o quietista); pero los intentos de hacer realidad esos sueños revolucionarios también eran objeto de las sátiras. Consideremos, por ejemplo, los chistes

[1] Véase Ofra Nevo, «Jewish Humor in the Service of an Israeli Political Leader: The Case of Levi Eshkol», en: Avner Ziv y Anat Zajdman (ed.), *Semites and Stereotypes*, Westport (Connecticut), Greenwood Press, 1993, pp. 165-176.

[2] Véase Henry D. Spalding (ed.), *Encyclopedia of Jewish Humor: From Biblical Times to the Modern Age*, Nueva York, Jonathan David, 1969, pp. 80, 171.

[3] Este movimiento se asociaba también con un lenguaje judío nuevo o, más exactamente, revitalizado; y ese debate lingüístico sobre el idioma del sionismo y el *yishuv*, hebreo más que yiddish, se desarrolló en tiras cómicas satíricas, entre otras formas. Véase Joshua A. Fishman, «Cartoons About Language: Hebrew, Yiddish, and the Visual Representation of Sociolinguistic Values», en: Lewis Glinert (ed.), *Hebrew in Ashkenaz*, Nueva York, Oxford University Press, 1993, pp. 151-166.

chizbat de los integrantes del Palmaj, la unidad de elite anterior a la creación de las Fuerzas de Defensa de Israel. Los chistes mismos—historias disparatadas con finales estúpidos o absurdos, o mofas sobre lo que hacían los miembros del Palmaj—a menudo eran adaptaciones al nuevo paisaje de chistes anteriores, pero de vez en cuando trataban sobre la «falta de sentido del humor» de los soldados y sobre el hecho de que estaban obsesionados con los asuntos serios inmediatos, pues ése era el sello distintivo del nuevo judío emancipado. En el caso del Palmaj, claro está, se trataba de cuestiones militares, de modo que los chistes solían centrarse en el fusil. He aquí un célebre ejemplo:

El Alto Mando tiene que hablar con uno de los instructores para llamarle la atención: «Oye, no puede ser que te limites al fusil: cómo se coge el fusil, cómo se dispara el fusil, como se carga el fusil. También tienes que enseñarles a los reclutas un poco de historia, de cultura, de sociología, no pueden ser todo clases de fusil. Te llegan y tú empiezas con el fusil, empieza con algo de la Biblia y luego ya pasas al fusil, anda». El instructor contesta lacónicamente: «Hecho». Cuando llegan los novatos les dice: «El primer día Dios creó el cielo y la tierra. Después creó el fusil. Pues bien, muchachos, esto es el fusil».[1]

El chiste alude a la ruptura con el pasado, aunque, por supuesto, la historia israelí no suponía una ruptura con el pasado. Algunos de los logros satíricos más mordaces del humor israelí se basan en la tendencia a excederse en la rememoración y ver la historia judía demasiado próxima a la vida israelí contemporánea. Por ejemplo, en un sketch satírico del grupo cómico israelí Hahamishiyá Hakamerit ('El quinteto de

---

[1] Sobre el término *chizbat*, palabra que significa más o menos 'mentira', tomada del árabe, véase Elliot Oring, *Israeli Humor: The Content and Structure of the Chizbat of the Palmah*, Albany (Nueva York), SUNY Press, 1981, pp. 23-38, 53-54, 57-66. El chiste citado se encuentra en p. 101.

cámara') titulado «Gueto», un joven pregunta una dirección para llegar a una fiesta en Tel Aviv y le contestan:

—Toma la calle Gueto de Varsovia, luego doblas en la avenida Campo de Concentración y aparcas en la plaza Dachau.
   —¿Queda cerca?
   —¿Dachau? Está aquí al lado, a la vuelta de la esquina.[1]

Este tipo de chistes sobre la relación entre la actualidad y el pasado oscureció un segundo contrapunto: el hecho de que la población judía de Israel (por no hablar de la población no judía) es cada vez más diversa, y su cultura es más variada y está cada vez más disociada de la historia de la elite askenazí fundadora de Israel. Una parte del humor israelí más destacado trata precisamente de esas comunidades marginadas, y comenzó con las películas melodramáticas en clave cómica (el género se conoce como *bourekas*) de las décadas de 1970 y 1980, generalmente dirigidas por askenazíes que, sin embargo, elaboraban con mucho éxito y popularidad los estereotipos sobre yemeníes, marroquíes y otros judíos sefardíes y mizrajíes.[2]

Aunque los retratos eran estereotipados, al menos visibilizaban a esas minorías, abordando cuestiones relacionadas con su lugar en la cultura israelí. Las películas a menudo eran historias de amor a la Romeo y Julieta, pero con final feliz (matrimonio), y el colofón solía ser: «Todos somos judíos». Ponían el énfasis en el deseo de unidad, un deseo que com-

---

[1] Véase Liat Steir-Livny, «Holocaust Humor, Satire, and Parody on Israeli Television», *Jewish Film and New Media*, vol. 3, n.º 2, otoño de 2015, pp. 193-219, esp. 198. Compárese con Wisse, *No Joke: Making Jewish Humor*, *op. cit.*, p. 195.

[2] Elise Burton, «Ethnic Humor, Stereotypes, and Cultural Power in Israeli Cinema», en: Gayatri Devi y Najat Rahman (ed.), *Humor in Middle Eastern Cinema*, Detroit (Míchigan), Wayne State University Press, 2014, pp. 104-125, esp. 106.

partía el trío conocido como Hagashash Hahiver ('Los pálidos rastreadores'),[1] formado por israelíes sefardíes cuyos discursos destinados al gobierno askenazí trataban menos sobre el conflicto de clase que sobre la esperanza de integración. Incluso los chistes populares de finales de la década de 1990 sobre el ministro de Asuntos Exteriores y vice primer ministro israelí David Levi, un inmigrante de Marruecos, señalan su identidad mizrají como prueba de igualdad, no de diferencia, con sus compatriotas israelíes.[2]

Sin embargo, ejemplos recientes de películas del género *bourekas* se centran más en las fisuras que en la unión, satirizando el sueño de unidad en vez de burlándose de las diferencias. Y una comunidad inmigrante más reciente, los inmigrantes de la antigua Unión Soviética (que han creado su propio género, las películas *pierogi*), también suele dirigir una mirada más escéptica a la sociedad israelí y a la promesa de integración, no siempre cumplida.[3] Autores como Ígor Guberman y Dina Rúbina satirizan su comunidad, la realidad israelí y la situación de los emigrados de la antigua Unión Soviética, que tienen que hacer malabarismos con múltiples idiomas y, a menudo, recurrir al humor perfeccionado durante años de opresión soviética para tematizar los desafíos de la nueva sociedad en la que viven. (A título de ejemplo citaré un chiste publicado en *Beseder?* ['¿Todo bien?'], una revista de humor dirigida a emigrantes rusos de la década de

---

[1] Wisse, *No Joke: Making Jewish Humor, op. cit.*, pp. 200-201.

[2] Véase Hagar Salamon, «The Ambivalence over the Levantizination of Israel: "David Levi" Jokes», *Humor*, vol. 20, n.º 4, 2007, pp. 415-442.

[3] Véase Narspy Zilberg, «In-Group Humor of Immigrants From the Former Soviet Union to Israel», *Israel Social Science Research*, vol. 10, n.º 1, 1995, pp. 1-22, chiste 17; también Maria Yenelevskaya, «Humor in the Russian-Language Media in Israel: Cultural Antecedents, Genres, and Themes», *Israel Studies in Language and Society*, vol. 1, n.º 2, 2008, pp. 36-58, y Anna Ronell, «Russian Israeli Literature through the Lens of Immigrant Humor», *Journal of Jewish Identities*, vol. 4, n.º 1, 2011, pp. 147-169.

1990: «¡Judíos soviéticos, venid a Israel! ¡Sólo aquí veréis realizado vuestro sueño de convertiros en rusos!»).

¿Qué significa que sea posible hacer los mismos chistes sobre israelíes que sobre soviéticos, que cambien los nombres pero no los chistes? Tal vez algo sobre la conciencia satírica o tal vez algo sobre la experiencia judía. Y tal vez, sólo tal vez, algo sobre las limitaciones del efecto satírico: no sólo el autor satírico jamás queda del todo satisfecho, sino que su objetivo es tan imposible como la corrección definitiva de la naturaleza humana.

Un último ejemplo, volviendo al contexto estadounidense, para hablar en nombre de todos.

De 1999 a 2015, *The Daily Show* de Jon Stewart fue uno de los programas televisivos más alabado, mencionado y respetado. Cuando Stewart gritaba «¡Bienvenidos al *Daily Show*!» la audiencia del plató lo aclamaba ruidosamente mientras él se inclinaba hacia delante y ordenaba sus inconfundibles cuartillas de papel azul. Su voz casi parecía expresar la tensión de resistir la indignación de su público: era una indignación mezclada con el suficiente desconcierto, cansancio, resignación e ironía como para recordarle a Stewart que hacía las mejores noticias falsas de la televisión, con la mala leche suficiente para que el público supiera que se preocupaba sincera y profundamente por comunicar lo realmente importante y que tenía la esperanza de cambiar el modo de pensar de muchos.

En *The Daily Show*, Jon Stewart intercalaba a menudo alguna palabra en yiddish, o adoptaba una inflexión judía o aludía a su origen judío. No obstante, el momento decisivo a este respecto probablemente se produjo fuera del marco del programa, en los Premios Emmy de 2003, cuando Stewart sacó a sus guionistas al escenario para aceptar el segundo de sus nueve Emmy en la categoría de mejores guiones de programas televisivos humorísticos o de variedades. Mientras la línea de hombres blancos se extendía tras él, Stewart bromeó sobre la homogeneidad demográfica: «Siempre he creído que la diversidad es la parte más importante de un equipo de guionistas—dijo, mientras el público le devolvía sonoras carcajadas—. No sé si os habéis fijado, pero Steve tiene barba y J. R. no es judío».[1]

Fue un magnífico comentario, y sus implicaciones importan. ¿Había algo judío en la sátira de *The Daily Show* durante el período de Stewart? Y si así es, ¿qué era exactamente? Desde luego la inmensa mayoría de los espectadores de Stewart no se centraron en su evidente y despreocupada identidad judía; era, a lo sumo, un guiño, ayudaba a vender un material de interés general. Pero la larga tradición de la sátira judía—y judeoamericana—deja en el aire la pregunta de qué tipo de judaísmo representaba la sátira judía de Jon Stewart.

Sin duda representaba un judaísmo de dudoso éxito, por desgracia. Desde el punto de vista del humor, de la perspicacia y el carácter crítico, su programa fue un éxito rotundo. Pero ¿consiguió, en su popular mitin en el National Mall de Washington, restaurar la cordura? O incluso ¿consiguió detener las calumnias y las estupideces que difundieron ciertos canales televisivos de noticias (aunque todo parezca indicar que Stewart pensaba que eran un síntoma, más que la enfermedad)?

Tampoco Jeremías tuvo éxito, así que tal vez lo mejor que podamos hacer es dar las gracias a Stewart por intentarlo.

---

[1] «Jon Stewart and The Daily Show at the 2003 Emmy Awards», https://www.youtube.com/watch?v=oachuXf3fg8.

3

EL INGENIO DE LOS JUDÍOS

Pese a todo los que se dice de los judíos como intelectuales, personas inteligentes que leen mucho, representantes del pueblo del libro, poco se habla de ello en el Libro de los Libros. En la mayor parte de la literatura bíblica se profesa poco respeto a los libros.[1] Moisés rompe las tablas de la Ley; un rey, concretamente, arroja al fuego el manuscrito de una profecía; la Ley de Moisés anda perdida durante un tiempo, y sólo se descubre gracias a unas obras de renovación del Templo (da la sensación de que nadie la echaba de menos; además el descubrimiento fue probablemente un «descubrimiento»: los últimos monárquicos encontraron algo para legitimar a los soberanos que gobernaban). Antes de la destrucción del Templo, el intelectualismo que procede del dominio del arte de leer (y escribir) textos tenía muchísima menos importancia que el liderazgo militar o religioso.

Tal vez no sea sorprendente, dado el carácter principalmente oral de la sociedad bíblica, sobre todo si consideramos que algunas habilidades análogas—como el refinamiento verbal, la manipulación del conocimiento y las alusiones conocidas como ingenio—encuentran paladines probables e improbables a lo largo de la Biblia. Consideremos, por ejemplo, una de las primeras grandes exhibiciones de ingenio bíblico: los enigmas de Jueces 14.[2] Los enigmas son mecanismos perfectos para exhibir el despliegue de inteligencia e

---

[1] Éxodo 32, 19; Jeremías 36, 23; 2 Reyes 22.

[2] Sobre las lecturas en clave cómica de la historia de Sansón, compárese J. Cheryl Exum y J. William Whedbee, «Isaac, Samson, and Saul: Reflections on the Comic and Tragic Visions», en: Yehuda T. Radday y Athalya Brenner, *On Humour and the Comic in the Hebrew Bible*, Sheffield, Sheffield Academic Press, 1990, pp. 117-159, esp. 136.

imaginación y la facilidad en el uso del lenguaje. Pero quien utiliza el enigma en este caso no es conocido precisamente por su ingenio—se trata de Sansón, el fortachón por excelencia—, y no propone el enigma para ejercitar el sentido de comunidad armoniosa a través de los textos y el lenguaje gracioso, sino para expresar su enojo con la familia de su mujer (que no es judía, aunque por supuesto el hecho tenga un valor distinto en el período bíblico).

Lo sabemos porque es imposible descifrar el enigma de Sansón, «del que come vino la comida y del fuerte vino la dulzura», pues sólo podría hacerlo quien hubiera estado presente cuando éste realiza su notable hazaña de matar un león con sus propias manos, que la Biblia relata antes: el león en cuestión se convierte en una colmena de abejas que producen miel. Podemos decir que el hecho de que el enigma no obedezca a las convenciones del género es una bella metáfora de la falta de comunicación efectiva entre los judíos y los demás pueblos, o entre Sansón y sus mujeres. Pero desde luego no es una muestra de ingenio, sino más bien de falta de ingenio: puede que ni siquiera sea un enigma en sentido estricto, como señalaron con cierta inquietud los comentaristas bíblicos que intentaron justificar el comportamiento de Sansón.[1] Tampoco el desenlace del relato constituye precisamente un ejemplo de ingenio: la esposa de Sansón da la respuesta del enigma a los filisteos y él reacciona matándolos a todos.[2]

Hasta el ejemplo paradigmático de inteligencia e ingenio en la Biblia—el rey Salomón—es más complicado de lo que

---

[1] Véase Dan Pagis, «Toward a Theory of the Literary Riddle», en: Galit Hasan-Rokem y David Shulman (ed.), *Untying the Knot: On Riddles and Other Enigmatic Modes*, Nueva York, Oxford University Press, 1996, pp. 81-108, esp. 95.

[2] Otro caso de enigma más positivo aparece en los libros apócrifos o deuterocanónicos; la disputa en 1 Esdras 3, 5-4, 41, a la que volveremos más adelante.

parece. En el relato bíblico más famoso sobre el ingenio de Salomón, dos madres, ambas con hijos recién nacidos, uno vivo y el otro muerto, acuden al rey pidiendo justicia: las dos afirman que el superviviente es su hijo.[1] El dictamen de Salomón: que se corte al bebé vivo en dos mitades y que se dé una a cada madre para satisfacer el principio de equidad. La solución le parece buena a una de las madres—lo justo es justo, a fin de cuentas—, pero no a la otra, que prefiere ceder el niño a la primera antes que aceptar que lo partan en dos. Salomón, en lo que parece una demostración de inteligencia, entrega entonces el niño a la madre dispuesta a cederlo para evitar que lo maten, pues con ello ha demostrado tener las cualidades de una auténtica madre.

En primer lugar, esta famosa muestra de inteligencia no parece *tan* inteligente: por un lado, depende claramente de un nivel de estupidez tan exagerado de una de las partes que resulta difícil de creer. Una posibilidad sería pensar que en realidad se trata de una parodia de la sabiduría de Salomón: desde luego la idea ha estimulado fantasías cómicas modernas, y al menos dos interpretaciones diferenciadas han elaborado la idea de que Salomón no es todo lo listo que se ha cacareado. Joseph Heller, en su divertida e infravalorada novela *Dios sabe*, una supuesta autobiografía del rey David, presenta a Salomón como un idiota que realmente *quería* que se partiera al bebé por la mitad. Y, en un episodio de *Seinfeld* de 1996, Kramer y Newman se plantean dividir en dos partes una bicicleta exactamente del mismo modo, y jamás se ha presentado a Kramer ni a Newman como un parangón de inteligencia.[2]

[1] 1 Reyes 3, 16-28.
[2] Joseph Heller, *God Knows*, Nueva York, Knopf, 1984, p. 249 [existe traducción en español: *Dios sabe*, trad. Fernando Santos, Madrid, Alianza, 1986]; la alusión bíblica nunca se menciona explícitamente en *Seinfeld* (en el episodio «The Seven»), pero es evidente.

Pero la solución de Salomón podría interpretarse de otro modo, como si señalara la otra cara del ingenio, el lado cruel y burlón. En efecto, el ingenio puede unir, pero también dividir: puede crear una comunidad a través del chiste, o mostrar el gran cisma entre el ingenioso y el objeto de su chanza. Los enigmas, volviendo al ejemplo anterior, pueden producir cualquiera de estos dos efectos, y en el relato de Salomón producen los dos, uno tras otro. Podemos imaginar la primera respuesta de Salomón como una agudeza: «¿Quieres saber cómo dividir a un niño? Muy fácil, sólo necesitas una espada». Esta salida resultaría particularmente mordaz en una sociedad monárquica autocrática en la que semejante idea —cortar a un bebé por la mitad— sería la respuesta caprichosa y despiadada de un rey injusto ante lo que le parece una estupidez. (Basta pensar, por ejemplo, en que se le plantea esta cuestión al rey niño psicópata de *Juego de tronos* para estremecerse imaginando lo que podría ofrecer HBO a los espectadores). En tal caso, la segunda respuesta sería una especie de corrección del ingenio, en la medida en que Salomón se pondría compasivamente en el lugar de las madres y rechazaría entregarse al juego intelectual abstracto del lenguaje y las ideas, que puede cegarnos. Así, se trataría de una advertencia sobre el precio del ingenio y sobre la necesidad de apelar a la emoción y la sinceridad. En otras palabras, el ingenio se convertiría en sabiduría y la crueldad en compasión.[1]

El espectro del fracaso del ingenio—o, mejor dicho, los límites del ingenio—se plantea claramente en el libro de Ester, nuestro gran texto cómico de referencia. Aunque Ester urde planes y recurre a estratagemas, como el banquete que pre-

---

[1] Un enigma salomónico similar con un efecto unificador, éste en clave romántica (los enigmas, por otra parte, se utilizan a menudo como parte de rituales de boda), se refiere al encuentro de Salomón y la reina de Saba. Véase Dina Stein, «A King, A Queen, and the Riddle in Between: Riddles and Interpretation in a Late Midrashic Text», en: Hasan-Rokem y Shulman, *Untying the Knot, op. cit.*, pp. 125-147, esp. 129.

para para propiciar en Amán una falsa sensación de seguridad, su apelación final a Asuero no sólo va dirigida al intelecto, sino también al corazón. De hecho, el auténtico intrigante del libro de Ester no es ella, sino Amán, quien gracias a su uso retórico del lenguaje convence a Asuero para que apruebe el genocidio. El libro ilustra el aciago destino de quien se pasa de listo y echa mano de las intrigas y estratagemas en un mundo regido por el azar, las cómicas casualidades, el capricho personal, los vínculos de afecto o los inescrutables caminos del Señor. Demasiado ingenio, parece sugerir el libro, nos ciega y nos impide ver la importancia de la fe.

El tercer tema del humor judío que analizaremos a continuación es el poder y el valor del ingenio, pero conviene advertir de entrada que sus practicantes han sido siempre muy conscientes de sus límites, por grandes que sean sus esfuerzos intelectuales, y abundantes sus lecturas y sus juegos de palabras.

Naturalmente, los rabinos del Talmud ponían la fe por encima del ingenio, aunque hubiera discrepancias al respecto.

Por una parte, resulta comprensible la transformación postbíblica de Sansón, al hilo del enigma, en un personaje ingenioso y hábil con las palabras. A todos nos gusta contar las historias a nuestra imagen, y la imagen del judío arquetípico estaba experimentando una reformulación radical con la destrucción del Templo y el exilio en Babilonia. Paralelamente, ganaron importancia los textos, la erudición y la interpretación de la ley más que los ritos, el culto, las proclamas proféticas o el servicio militar (incluso se reformula el enigma: «¿Quién es sabio?», pregunta Ben Zoma en la Ética de los Padres: «El que aprende de todo hombre», concluye, sin asomo de ironía).[1] El adalid judío debería ser alguien in-

---

[1] Véase Pagis, «Toward a Theory of the Literary Riddle», *op. cit.*, p. 103.

teligente, instruido, erudito y elocuente, y en la versión que los rabinos dan de la historia bíblica de Sansón al personaje pueden suponérsele todos esos atributos.

Pero también tienen que ocuparse del peligro de que alguien pueda pasarse de listo, lo cual es todo un problema. El ingenio y la sabiduría de Sansón, como su fuerza, cuando se desvinculan de la voluntad divina dejan de ser reales. Y ése es el quid: cuando las inteligencias más distinguidas de la vida judía se han establecido en las academias babilónicas y jerosolimitanas durante varios siglos y se han consagrado a establecer distinciones sobre cuestiones legales tan sutiles que sus ramificaciones prácticas a menudo son inexistentes, el resultado es un cierto tipo de pedantería judía inmediatamente reconocible.[1] Este tipo nos lleva a la cuestión central que subyace a cualquier análisis del humor rabínico: *¿acaso estos individuos se burlaban de la interpretación de la ley?*

De buenas a primeras la respuesta fue que no, claro está. La empresa talmúdica se basa en la conciencia teológica de que la Halajá—la ley religiosa judía—es el complemento oral a la Torá escrita, recibida por Moisés en el Sinaí del propio Dios, y puesto que esta última es un poco imprecisa en muchos de los detalles sobre la aplicación de las leyes en la vida cotidiana (¿qué significa exactamente descansar en el Shabbat?), los rabinos han de hacer, literalmente, el trabajo de Dios. Por otra parte, profundizar tanto en los detalles, contemplando casos hipotéticos que podrían no ocurrir jamás, por ejemplo, significa que a veces hay razones para preguntarse si la interpretación y reinterpretación intelectual se ha impuesto a la consideración estrictamente jurídica.[2]

---

[1] Compárese con William Novak y Moshe Waldoks, *The Big Book of Jewish Humor*, Nueva York, Harper & Row, 1981, pp. 51-57.

[2] Para un análisis de esta cuestión, véase Holger Zellentin, *Rabbinic Parodies of Jewish and Christian Literature*, Tubinga, Mohr Siebeck, 2011, pp. 43, 216.

Pensemos, por ejemplo, en el caso de la paloma. En el Talmud hay una discusión sobre cómo establecer la propiedad de una paloma que se encuentra a cierta distancia del palomar: ¿a qué distancia debe estar para asumir que es silvestre y los cazadores puedan tratar de capturarla para apropiársela en vez de tener que devolverla a su (presunto) propietario? La pregunta parece razonable. He aquí la discusión:

Un pichón a cincuenta codos de un palomar pertenece al dueño del palomar. Si se halla a más de cincuenta codos, pertenece a quien lo encuentre. El rabino Yirmeya preguntó: «Si una pata del pichón se halla a cincuenta codos y la otra fuera a más de cincuenta, ¿a quién pertenece?» [...] Por eso expulsaron al rabino Yirmeya de la academia talmúdica.[1]

Es posible, claro está, que este tipo de planteamientos, como afirma un crítico, se concibiese como un «instrumento pedagógico» para dilucidar o establecer principios legales, como el caso extremadamente improbable de que un cuchillo surcando el aire consiguiese sacrificar por el camino un animal según todos los requisitos del ritual o el caso del carro tirado por una cabra y un pez para determinar si viola los preceptos sobre la mezcla de especies.[2] Ninguno de ambos casos constituye una falta que motive expulsión, a diferencia de la pregunta del sabio Peleimu: «En el caso de alguien con dos cabezas, ¿en cuál de ellas no se pone filacterias?», a lo que el rabino Yehuda Hanasi le responde: «A quien hace una

[1] TB Baba Batra 23b.
[2] TB Chullin 31a; TB Baba Kama 55a. Véase Hershey H. Friedman, «Talmudic Humor and the Establishment of Legal Principles: Strange Questions, Impossible Scenarios, and Legalistic Brainteasers», *Thalia: Studies in Literary Humor*, vol. 21, n.º 1, 2004, de donde se han tomado algunos de estos ejemplos. Véase también David Brodsky, «Why Did the Widow Have A Goat in Her Bed? Jewish Humor and Its Roots in the Talmud and Midrash», en: Leonard J. Greenspoon (ed.), *Jews and Humor*, West Lafayette (Indiana), Purdue University Press, 2011, pp. 13-32, 40-42.

pregunta tan ridícula se le impone el exilio o la excomunión».[1] Y es que los editores talmúdicos y los rabinos eran muy conscientes de los peligros del ingenio burlón,[2] que podía hacer que se desmoronara todo, como el templo de Dagón en la historia de Sansón. Pero, por otra parte, el editor anónimo del Talmud parece tener la última palabra sobre el asunto al añadir: «Y he aquí que acudió entonces un hombre a la academia diciendo que acababa de tener un hijo con dos cabezas y quería saber cuánto debía dar al sacerdote por la redención de su primogénito». Pues si bien existe el ingenio, no hay que olvidar que el mundo puede ser más desconcertante que el propio ingenio.

Lo cual es una forma de explicar la diferencia entre tres tipos distintos de ingenio rabínico, ejemplificados por tres personajes diferentes: el rabán Gamaliel, Hilel y el rabino Akiva. Nos hemos encontrado ya con Gamaliel en el primer capítulo, donde se enfrentaba—y derrotaba—a herejes o a los personajes de autoridad gentiles que acudían a él con preguntas. La razón para volver a traerlo a colación es que esos desafíos se consideran combates de ingenio, centrados tanto en la destreza verbal como en el conocimiento de la tradición textual. He aquí un ejemplo similar aunque con un rabí diferente:

La Guemará relata un episodio similar: un hereje llamado Sason dijo una vez al rabino Abbahu: «Está escrito que los judíos estáis destinados a sacar agua para mí en el más allá: "Sacaréis con *sason* ['alegría'] el agua de las fuentes" (Isaías 12, 3)». «No lo has entendido: "con *sason*" significa 'con la piel de Sason', es decir, que con tu piel haremos odres para sacar el agua de las fuentes».[3]

---

[1] TB Menachot 37a.
[2] Caso aparte son los insultos o mofas que se usan en el discurso talmúdico normal, que pueden poseer cierto grado de ingenio (o carecer de él). Véase Arthur E. Helft, *Talmudic Insults and Curses*, Create Space Independent Publishing Platform, 2012.
[3] TB Sukkah 48b.

En otros relatos, incluso un emperador cita textos bíblicos, convirtiéndose en un (deficiente) talmudista al actuar como los rabinos.

Pero éste no suele ser el procedimiento del Talmud. Algunos de los momentos más destacados de los rabinos son la derrota del pseudoingenio—como vimos en el caso de Salomón—mediante el recurso a una forma de sabiduría que corta el paso al cinismo y a la burla en nombre de los sentimientos, un tipo de ingenio que parece el resultado de lo que podríamos llamar antivirtuosismo. Tal vez el ejemplo más famoso de este procedimiento sea el caso de Hilel,[1] asediado por hombres que intentan conseguir que pierda su templanza ideando insultos supuestamente inteligentes o desafíos, como enseñarle la Torá sosteniéndose en un solo pie. (Los insultos los recibe en forma de historias en las que los defectos aluden a las características étnicas y personales de Hilel).

Mientras su colega Shammai, más temperamental, ahuyenta a la gente, Hilel se mantiene firme (presumiblemente sobre ambos pies) y no toma las burlas como una oportunidad para entregarse a la sátira, ni para recurrir a la cita irónica o a la violencia (como Sansón o Shammai). En vez de eso, contesta a las preguntas paciente y serenamente (en una ocasión incluso esgrime la famosa Regla de Oro, «no hagas a los otros lo que no te gusta que te hagan»), y sólo al final del episodio—cuando insinúa a un hombre que preferiría perder el doble de lo que perdió éste en una apuesta que perder la templanza—advertimos cierta ironía soterrada bajo la superficie aparentemente plácida. En este sentido, es similar a Salomón, ya que al final el despliegue de ingenio no está dirigido a su interlocutor sino a sí mismo, a su Dios y, tal vez, a sus lectores (dependiendo de cómo se conciba el papel del editor).

Nótese que la formulación de Hilel no es la cita bíblica «amarás al prójimo como a ti mismo». En el Talmud, y en ge-

[1] TB Sabbath 31a.

neral en la literatura rabínica (sobre todo en la colección de comentarios legales o exegéticos conocida como Midrash), es donde cobra sentido otro tipo de alarde de ingenio: las alusiones.[1] (De hecho, técnicamente Hilel está aludiendo, no citando, puesto que altera ligeramente la formulación bíblica convirtiéndola en «No hagas a los otros lo que no te gusta que te hagan», gracias a lo cual, en la situación concreta, se convierte en un codazo verbal). Tales muestras de ingenio requieren por definición una tradición literaria anterior, de modo que, aunque existan alusiones intrabíblicas, no suelen ser—en términos generales—el tipo de sólida base para urdir una historia o hacer un chiste, como ocurre en la literatura postbíblica.

Las alusiones ingeniosas pueden consistir en una forma de reconocimiento del doble sentido de una palabra o frase en una situación dada. Desde este punto de vista, el retruécano o el juego de palabras son modalidades de alusión, así como muchos chistes clásicos (por ejemplo: «¡Soldado, firme!». «¿Dónde firmo, señor?»).[2] También puede consistir en una especie de juego para celebrar la comprensión del universo literario que un texto evoca introduciendo otro libro o canon como marco de referencia suplementario. La alusión puede conducir a dos tipos distintos de relación con el material anterior, basados ambos en tomarlo profundamente en serio, ya que, a fin de cuentas, es preciso conocerlo a fondo para poder aislarlo y utilizarlo como base para proponer un juego de palabras o, en otro contexto, cierta interpretación de la ley.

---

[1] Véase Brodsky, «Why Did the Widow Have A Goat in Her Bed?», *op. cit.*, pp. 13-14.

[2] Para un análisis diferente de los juegos de palabras y el ingenio en relación con la religión, en que la ambivalencia puede conducir a complejas relaciones con la fe (o, alternativamente, aunque no se explicite, a un sentido casi místico de las potencialidades de la Palabra divina), véase Sten H. Stenson, *Sense and Nonsense in Religion: An Essay on the Language and Phenomenology of Religion*, Nashville (Tennessee), Abingdon Press, 1969, pp. 136-137.

Consideremos, por ejemplo el relato del rabino Akiva y el zorro, en el que la risa es un indicio de que no se ha perdido la fe. No es exactamente divertido, pero sí ingenioso, e ilustra que la esperanza puede florecer incluso en los más funestos lugares, en este caso en las ruinas del Templo destruido. Cuenta el relato que Akiva y algunos de sus colegas rabínicos andaban paseando entre las ruinas cuando vieron salir corriendo a un zorro del lugar donde había estado el Santísimo Lugar. Los rabinos se echaron a llorar, y al ver que, inexplicablemente, Akiva sonreía le preguntaron por qué. Entonces él les preguntó a su vez por qué lloraban y los rabinos recitaron un versículo sobre la gloria de Jerusalén, cuya pérdida explicaba su actual desolación. Akiva respondió que por la misma razón sonreía él: aquel triste acontecimiento demostraba el poder predictivo del texto bíblico, de modo que otros tantos versículos debían ser igual de verdaderos, incluidos los de la redención final y la reconstrucción del Templo en tiempos mesiánicos.[1]

En individuos menos sensibles, la respuesta de Akiva habría sido tan sólo una manifestación de superioridad para poner en evidencia a sus colegas peor informados y menos sagaces. Sin embargo, la risa de Akiva no es una muestra de superioridad, sino el cálido y feliz resplandor de la fe consumada (de ahí que los rabinos repliquen: «Akiva, nos has confortado»). No obstante, a lo largo de los siglos venideros de diáspora se discutirá largo y tendido sobre el consuelo que puede ofrecer el ingenio, una cuestión que ya estaba planteada en la relación de Akiva con la risa. Por una parte, la risa de Akiva reaparece a menudo en el Talmud como un medio de expresar el consuelo ante cuestiones metafísicas delicadas—sonríe, por ejemplo, ante el sufrimiento del rabino Eliazar,[2] pero sólo porque comprende que el lugar de éste en el mundo futuro está asegurado—. Y, sin embargo,

---

[1] TB Makkot 24b.   [2] TB Sanhedrin 101a.

Akiva afirma explícitamente que la risa y la frivolidad conducen al libertinaje.[1]

Las afirmaciones aparentemente contradictorias de Akiva ilustran bien la ambivalencia de los rabinos con respecto a la risa. Por una parte, los rabinos podían decir que «desde el día de la destrucción del Templo no hay diversión para el santo, alabado sea»,[2] y que el estudioso de la Torá apenas debería permitirse alguna risa. De ahí que el rabino Ashi rompiera un vaso en una boda cuando la alegría se desbordó (ése es uno de los orígenes de la costumbre judía, aún hoy común, de romper en las bodas un vaso bajo la *jupá*, 'el velo nupcial'). De hecho, los esenios, una comunidad particularmente pietista de la Antigüedad judía anterior al Talmud, tenían una regla según la cual «aquel que haya reído neciamente hará penitencia treinta días».[3]

¿Acaso les preocupaba que la excesiva frivolidad condujese a una disminución del estudio de la Torá, que para ellos era lo más importante? Tal vez, pues, como dice el Cantar de los Cantares Rabbah:

Si tuvieras un recipiente lleno de aceite hasta los bordes y le cayera una gota de agua, la cantidad que se derramaría sería una gota de aceite; así también por cada palabra de la Torá que llene tu corazón saldrá una palabra de *letsanut* (humor); y por cada palabra de *letsanut* que llena nuestros corazones perdemos una palabra de la Torá.[4]

---

[1] Avoth 3, 13; véase Chaim W. Reines, «Laughter in Biblical and Rabbinic Literature», *Judaism*, vol. 21, n.º 2, 1972, pp. 176-184, esp. 182, y Samuel E. Karff, «Laughter and Merriment in Rabbinic Literature», en: Abraham J. Karp, *Threescore and Ten*, Hoboken (Nueva Jersey), KTAV, 1991, pp. 75-86.

[2] Véase TB Avodah Zarah 3b y Avoth 6, 5.

[3] Citado en Ingvid Saelid Gilhus, *Laughing Gods, Weeping Virgins: Laughter in the History of Religion*, Nueva York, Routledge, 1997, p. 68.

[4] Cantar de los Cantares Rabbah 1, 2; véase también TB Avodah Zarah 18b-19a.

Es posible que los rabinos también asociaran la frivolidad con ritos paganos como el circo o el teatro, de modo que la oposición al humor debería entenderse como parte de la más amplia lucha contra la idolatría.

Pero, por otro lado, es indudable que eran conscientes de que el humor podía desempeñar un papel pedagógico beneficioso, no sólo nocivo: en el Talmud, el rabino Shimon señala que el quehacer más recomendable para quienes buscan diversión es leer la Torá.[1] Y hasta podía contarse una historia más poderosa como la del profeta Elías—un hombre que, como hemos visto en el capítulo anterior, podía ser sarcástico—, quien alabó a dos hombres sencillos que con sus bromas no sólo alegraron a personas tristes, sino que lograron que dejasen de pelearse entre ellas.[2] El debate sobre el valor moral de la risa persiste en los círculos rabínicos hasta hoy.

Sin embargo, la ambivalencia debía provenir en parte de la observación de que las alusiones jocosas—en las que la superioridad intelectual y verbal puede convertirse en una forma de humillar a quienes no la poseen—pueden desembocar en una forma de profanación y parodia. En la medida en que un individuo no se supedita a las exigencias del texto, éste se convierte en un pretexto para el bromista. O como ilustra un chiste de una *yeshivá*—la institución que sucedió a las academias rabínicas en siglos posteriores—: «Kopl le dice a su amigo que debería ser el hombre más feliz del mundo. "¿Eso por qué?", replica el amigo. "¡Porque tengo una respuesta, una respuesta maravillosa, perfecta!". "¡Felicidades! ¿Y qué resuelve tu respuesta?". "Ésa es la cosa, tengo la respuesta, pero no la pregunta"».[3]

---

[1] TB Shabbat 30b.

[2] Véase TB Berakhot 31a y TB Taanit 22a; compárese con Reines, «Laughter in Biblical and Rabbinic Literature», *op. cit.*, p. 183.

[3] Adaptado de la versión de Rufus Learsi, *Filled With Laughter*, Nueva York, Thomas Yosseloff, 1961, p. 248.

Tras la conclusión del canon talmúdico, el siguiente gran período del ingenio y el intelectualismo judíos alcanzó su apogeo cultural y literario en la península ibérica en lo que algunos han denominado «la Edad de Oro de España», que más o menos abarca desde principios del siglo x, de forma intermitente, hasta la expulsión de los judíos a finales del siglo xv, pero sobre todo entre finales del siglo x y principios del siglo xiii. Se ha escrito mucho sobre el estatus de los judíos sefardíes bajo el califato musulmán, si fue un período ideal de *convivencia* o una situación establecida de servidumbre y sometimiento. Lo cierto es que en ese período se produjo una notable variedad de manifestaciones culturales judías, en particular poesía en hebreo, a menudo creada a partir de los modelos árabes de la época.

Hablar de poesía judeoespañola y centrarse en las creaciones divertidas es como escribir una biografía de Shakespeare y mencionar sólo los sonetos. Pero hay dos cosas que tienen una importancia real para nuestro análisis del ingenio. La primera es que gran parte de este humor, como gran parte del arte y del efecto de la poesía, se basa en una cuidadosa manipulación del lenguaje, y se produce sobre todo de dos formas. La primera con el uso subversivo o ingeniosamente blasfemo de frases del canon bíblico, un recurso frecuente en escritores como Salomón ibn Gabirol (Avicebrón) o Judá Leví para estremecer a su cosmopolita y elitista público (pocos podían abrirse paso a través del recóndito hebreo para captar el significado de los versos, mucho menos de los chistes). He aquí uno simple, raras veces traducido, del poeta de los siglos xii y xiii Judá Al-Haziri:

Oh, pulga sin escrúpulos, que profanas mi lecho,
que me chupas la sangre para saciar tu apetito,
que gozas entregándote a tu gula asesina
sin tregua ni descanso, ni en Shabbat ni en festivo.

Mis amigos me dicen que nuestra ley dicta
que matar pulga en Shabbat está prohibido,
pero yo a eso antepongo otra ley que dice:
evita que el asesino se salga con la suya.[1]

El poema finge adoptar la obediencia a la ley judía con el fin de privilegiar la sensación de gozoso placer—o al menos el fin del sufrimiento—frente a la observancia tradicional. Para ello es preciso el recurso a un lenguaje ingenioso que trascienda la fidelidad teológica.[2] El hecho de que los poetas hayan utilizado a menudo la picadura de las pulgas como alusión al deseo sexual—John Donne, entre otros—agudiza en el lector el efecto transgresor.

Sin embargo, otro de los recursos de la poesía judeoespañola es tener en cuenta el lenguaje del entorno—el árabe—para crear ingeniosas interacciones entre los dos idiomas. Por ejemplo: los largos enigmas en verso estuvieron de moda en España e Italia desde la Edad Media hasta el siglo XVII, y su comprensión dependía a menudo del conocimiento del hebreo y el idioma local para apreciar cómo actuaban independiente y complementariamente.[3] Este tipo de creaciones «macarrónicas»—en el texto escrito en una lengua se mezclan palabras de otra—es más común en sociedades más multilingües que la estadounidense. En muchos aspectos, es la otra cara de un tipo diferente de humor ingenioso, cada vez más prominente en el humor judío a medida que se elaboran materiales anteriores. El gazapo, por ejemplo: un perso-

[1] Citado en Gustav Karpeles, *Jewish Literature and Other Essays*, Filadelfia, Jewish Publication Society, 1895, p. 212.

[2] Un ejemplo un poco menos subversivo del mismo proceso es la obra del *paytán* del siglo XIII Rabbi Yehosef Ha-Ezovi: B. Bar-Tikva, «Humor in the Piyyutim of Rabbi Yosef Ha-Ezovi», en: Ulf Haxen *et al.* (ed.), *Jewish Studies in a New Europe*, Copenhague, European Association for Jewish Studies, 1994, pp. 54-63.

[3] Véase Pagis, «Toward a Theory of the Literary Riddle», *op. cit.*, p. 82.

naje cree estar usando bien una palabra pero en realidad la está confundiendo con otra de sonido similar pero significado distinto, de modo que sólo el público advierte claramente la diferencia y el error. Como los judíos en la diáspora a menudo conviven con otros idiomas y tienen que manejar varios—el de la sociedad en la que viven, el lenguaje sagrado judío, el hebreo, y lenguas vernáculas como el yiddish, el ladino, el judeoárabe y otros que son a su vez la fusión de varios—, la capacidad para pasar de unos a otros proporciona una fuente de diversión y regodeo.[1]

Esta dinámica se desarrolló en torno a los patios y fuentes de la España medieval, donde la refinada y elegante poesía ocultaba juegos de palabras e indecorosos dobles sentidos, pero puede hallarse en otras manifestaciones de la diáspora judía medieval. Por poner un ejemplo, citaré una canción de boda del período que entreteje de forma blasfema el francés y el hebreo en una interpretación llena de dobles sentidos en la que se anuncia al novio que será el rey del Monte Seir, lo que en hebreo suena como «el monte velludo» (no cuesta mucho reconocer la alusión).[2] Vale la pena señalar que los dobles sentidos hebreos, a diferencia de los franceses, son los más obscenos, y también que el humor verde está destinado sobre todo a los varones. Este tipo de división de los sexos no era infrecuente en la época medieval. Immanuel Ben Solomon, también conocido como Immanuel el Romano, escribió a principios del siglo xiv una comedia, siguiendo el

---

[1] Y continuaría en el medio europeo oriental, donde las canciones populares yiddish mezclarían libre y juguetonamente hebreo, yiddish y eslavo para reflejar y parodiar las circunstancias vitales de la vida judía en aquel paisaje en rápido cambio e ironizar sobre ellas. Véase David Roskies, «Ideologies of the Yiddish Folksong in the Old Country and the New», *Jewish Book Annual*, n.º 50, 1992, pp. 143-166, esp. 150-151.

[2] Kirsten Fudeman, «"They have ears, but do not hear": Gendered Access to Hebrew and the Medieval French Wedding Song», *JQR*, vol. 96, n.º 4, otoño de 2006, pp. 542-556.

modelo de Dante,[1] para mostrar a su público cosmopolita lo divertido que podía ser yuxtaponer hebraísmo y helenismo. Este desafío sería aún más seductor en el mundo moderno, en el que la comunidad judía siguió a los herederos de Dante. Lo atestigua el hecho de que, un siglo después, Yosef Caro, autor del mayor código de leyes judío, prohibiese la lectura de la comedia de Immanuel el Romano.

Si bien las elites del período medieval vincularon ingenio, texto y sabiduría, también comprendieron las finas y a menudo difusas líneas que separaban la sabiduría de la necedad. Sin duda, ésta no era una preocupación exclusivamente judía. Los cristianos, ateniéndose al dictamen de Pablo («Si alguno entre vosotros cree que es sabio [...] hágase necio para llegar a ser sabio»), también eran muy afectos a esta problemática.[2] La humanidad ha considerado la necedad como un tema atractivo desde el punto de vista filosófico, teológico o estético—y cómico—desde que existen necios. En el primer libro de Samuel, David—que aún no es rey—, para evitar el cautiverio, envuelve la sabiduría en necedad, con lo cual queda clara su superioridad sobre los gentiles, incapaces de reconocer la diferencia. El autor del libro de los Proverbios, tan obsesionado con la sabiduría, es particularmente severo en lo que se refiere a la relación entre el género literario que cultiva y la necedad: «Como rama de espino en mano de un borracho, así es el proverbio en la boca del necio».[3]

Pero durante el período medieval esta preocupación alcanza un nuevo nivel y la interpretación teológica desarrolla (en el contexto cristiano, ciertamente) la idea de que la sabi-

---

[1] Véase J. Chotzner, *Hebrew Humour and Other Essays*, Londres, Luzac & Co., 1905, pp. 82-102.
[2] 1 Corintios 3, 18.
[3] 1 Samuel 21, 11-16; Proverbios 26, 9. Véase también Proverbios 26, 3.

duría puede ser un fin peligroso, ya que—después de todo—la búsqueda de la misma condujo a la Caída.[1] La necedad y sus ramificaciones se multiplican en muchas direcciones—algunas de las cuales, como la vulgaridad y la parodia asociada a ella, analizaremos en el capítulo siguiente—, pero la más destacada es la necedad ilustrada, la que se sirve del ingenio y la lógica (o la falsa lógica, la sofística) sin atenerse a la sabiduría ni al sentido común, de modo que conduce a conclusiones aberrantes. Esta preocupación por los peligros del ingenio desemboca en una magnífica innovación a principios del período moderno: el pueblo de los judíos tontos, más conocido como Chelm.[2]

Los pueblos de tontos no se inventaron en el período medieval ni en el Renacimiento, aunque la imagen fuese particularmente popular entonces. Por lo demás, Chelm no es ninguna invención, sino un lugar real, situado no lejos de Varsovia, en la misma región en la que se desarrollan la mayoría de obras de Isaac Bashevis Singer (que siguió desarrollando el tema de Chelm en una serie de relatos).[3] Pero, pese a su existencia concreta, en realidad es sobre todo una metáfora. En un relato clásico de Chelm, el rasgo decisivo no es simplemente la estupidez de sus habitantes, sino más bien la apli-

---

[1] Véase un análisis en Andrew Stott, *Comedy*, Nueva York, Routledge, 2005, pp. 47-48.

[2] En realidad estoy simplificando, ya que, en el folclore judío, el pueblo de los tontos y los relatos asociados al mismo no se identificaron con Chelm hasta finales del siglo XIX. En ese período concreto del relato histórico, el paradigma del pueblo de tontos solía situarse en la población alemana de Schildburgo. Pero la asociación con Chelm los ha inmortalizado en el folclore judío, por eso me refiero a Chelm. Para una historia pormenorizada, véase el excelente y docto tratamiento del tema que hace Ruth von Bernuth, *How the Wise Men Got to Chelm: The Life and Times of a Yiddish Folk Tradition*, Nueva York, NYU Press, 2016.

[3] Véase R. Barbara Gitenstein, «Fools and Sages: Humor in Isaac Bashevis Singer's "The Fools of Chelm and Their History"», *Studies in American Jewish Literature*, n.º 1, 1981, pp. 107-111.

cación de la inteligencia talmúdica a los problemas—sin el menor rastro de la autoconciencia de los rabinos que echaban a los aficionados a patadas de la *yeshivá*—, algo que suele empeorar aún más la situación. Un ejemplo: los chelmitas, enamorados de la impoluta capa de nieve que cubre las calles de su pueblo, quieren asegurarse de que el empleado municipal que acude a despertarlos puntualmente para las oraciones de la mañana no estropee el níveo manto. Así que contratan a cuatro personas para que lleven al empleado encima de una mesa y evitar así que sus pies toquen el suelo.

El corolario decisivo es que los chelmitas no *comprenden* que están empeorando las cosas: les complace la sensación de resolver un problema intelectual tan serio, pero no se dan cuenta de que los efectos concretos en la «vida real» son peores. En otro relato, por ejemplo, la gente pobre del pueblo se permite tomar leche buena por el simple procedimiento de llamar a la leche agria *buena*.[1] A falta de mejores soluciones, el ingenio puede compensar los sinsabores, pero en una cultura que cree eso el ingenio puede acabar habituando a quienes lo practican a carencias de otro modo inasumibles. Y así podría resultar que el ingenio (en su forma más exagerada) alentara la indiferencia quietista respecto a situaciones críticas o fomentara la resistencia al sufrimiento. Tal vez el ejemplo más radical de esta posibilidad sea el relato de Nathan Englander «The Tumblers» ['Los acróbatas'], un relato de chelmitas del siglo XX que se enfrentan a la amenaza nazi.[2] Su incomprensión—más trágica que cómica—de los peligros a los que se enfrentan y de su magnitud parece sugerir que la estupidez, en este contexto alegórico, podría ser ciertamente un problema cultural e histórico de suma gravedad.

La tensión entre el gusto por las manifestaciones de inge-

[1] Véase Learsi, *Filled With Laughter, op. cit.*, p. 138.
[2] Nathan Englander, «The Tumblers», en: *For the Relief of Unbearable Urges*, Nueva York, Knopf, 1999.

nio y la preocupación de que el exceso del mismo condujera al desastre fue un sello distintivo de la primera literatura judía moderna. Los aspirantes a sofisticados urbanitas de la Haskalá, siguiendo la adhesión general de la Ilustración judía a los estándares culturales y cómicos del mundo europeo occidental, intentaron dominar el arte del ingenio. Consideraban que sus esfuerzos por contribuir al ingenio eran una forma de dar continuidad a la tradición de los poetas sefardíes medievales, cuya herencia admiraban profundamente,[1] y tenían la esperanza de que si eran capaces de demostrar el mismo ingenio el resultado social sería una realidad similar a lo que imaginaban que había sido la Edad de Oro de España: una grata coexistencia cosmopolita. A muchos modernizadores judíos—y también a algunos antisemitas que se oponían a la emancipación judía—les parecía tan importante el vínculo de ingenio y humor con la plena participación en el Estado moderno emancipado que terminaron identificando el sentido del humor con el carácter auténticamente civilizado. Y en algunos lugares eso llevó a que el «humor judío» se identificara con la modernidad.[2]

Sin duda, es mucha responsabilidad, pues, como Oscar Wilde señaló, nada lastra tanto el ingenio como esforzarse en ser ingenioso. No es extraño que una buena parte del humor de la Haskalá adolezca de ese mal: a menudo, los autores se felicitan por su última mordacidad sin darse cuenta de que resultan más tendenciosos que divertidos. Dicho esto, lo que solía impedirles el acceso a los salones era más el antisemitismo que la falta de ingenio; y cuando la Haskalá se abrió paso en Europa del Este, fue el ingenio lo que se puso

[1] Véase Ismar Schorsch, «The Myth of Sephardie Supremacy», *Leo Baeck Institute Year Book*, vol. 34, n.º 1, 1989, pp. 47-66.

[2] Para una excelente panorámica de la historia de esta concepción, véase John Efron, «From Lodz to Tel Aviv: The Yiddish political humor of Shimen Dzigan and Yisroel Schumacher», *JQR*, vol. 102, n.º 1, 2012, pp. 51-52.

una vez más en entredicho. El desafío lo planteó uno de los adversarios de la Haskalá: un rebe jasídico que advirtió, quizá mejor que nadie, los riesgos morales del ingenio.

Sería fácil sugerir que el humor fue territorio exclusivo de las fuerzas de la modernidad, que se opusieron a los ignorantes tradicionalistas estancados en los tiempos oscuros de la Edad Media. Pero tal lectura no haría justicia al dinamismo, la inteligencia, la ductilidad y el sentido del humor de la cultura judía tradicional, que consideraba a estos idealistas modernos de la Haskalá unos necios dispuestos a arrojar por la borda siglos de tradición judía por una promesa incierta. Como hemos visto en el capítulo anterior, los ilustrados depositaron buena parte de su cólera en los jasidíes, y el maestro jasidí Nachmán de Bratislava respondió a estos ataques en un relato que abordaba pulcramente, en unas pocas páginas, el tema de la modernidad judía.

A Nachmán no se lo solía considerar ni de lejos un escritor cómico. Pese a fallecer en 1810 a los treinta y ocho años y no haber creado una escuela, su número de adeptos no ha dejado de crecer y muchos de ellos llenan las paredes de las ciudades de Israel de lemas dedicados a él y acuden en tropel a su tumba en Uman. Es conocido sobre todo por su pensamiento místico-extático y por una serie de pseudofábulas de hadas que parecen alegorías herméticas sobre los esfuerzos que exige la cábala y la posibilidad de redención. Pero en esos relatos puede advertirse la dimensión cómica de la condición humana, en clara sintonía con las ambigüedades y dobles sentidos característicos del género cómico.

Esto es particularmente cierto en el caso de «La historia del hombre sabio y el hombre simple»,[1] una fábula que no tiene nada de simple en la que el sabio de marras—un claro doble

---

[1] «The Hakham and the Tam (The Clever Man and the Ordinary Man)», en: *Nachman of Bratslav: The Tales*, Nueva York, Paulist Press, 1978, pp. 139-161.

de los miembros de la Haskalá a los que Nachmán había conocido en sus viajes—es tan listo que se engaña a sí mismo. Confiando sólo en los preceptos de la Ilustración—el empirismo, los datos de los sentidos y el razonamiento lógico que tanto aprecia—acaba llegando a conclusiones falsas (niega a su rey pues no lo ha visto nunca) y necias (se mete en un profundo cenagal del que no es capaz de salir porque se empeña en que no está allí). Nachmán se arroga la prerrogativa del satírico —y del místico—de poner las cosas cabeza abajo para sugerir que el hombre simple posee sabiduría y el sabio es un necio.

Nachmán adoptó las formas del relato popular en un cuento escrito en *proste mame-loshn* (yiddish sencillo) donde también abrazaba la sabiduría de una forma de ingenio judío muy antigua: el dicho popular, que puede tener un valor epigramático o psicoostensivo. Los dichos populares, las bendiciones, las maldiciones, las esperanzas y los temores a menudo son excelentes ejemplos de una sensibilidad ingeniosa que es posible advertir en textos tan antiguos como el Talmud. («Si tu amigo te llama burro, échate la silla de montar a la espalda», reza uno de esos dichos, y otro dice así: «Demasiados cocineros arruinan el puchero»).[1] Los judíos han utilizado en todo el mundo esas escuetas expresiones—pensemos, por ejemplo, en el refranero judeoespañol, que incluye refranes como «Sólo por un cuchillito somos judíos»; «Dos judíos, tres congregaciones»; y «Un rabino sin barba vale más que una barba sin rabino»—,[2] pero los judíos askenazíes alcanzaron al menos el mismo nivel en la cultura de la Europa del Este, donde la maldición yiddish puede, en su apogeo, convertirse en la esencia barroca del ingenio.[3]

[1] TB Baba Kama 92b; Heller, *God Knows, op. cit.*, p. 109.

[2] Véase Matilda Cohen Sarano, «Jewish Themes and Thoughts in the Judeo-Spanish Refrán», en: *The Sephardic Journey, 1492-1992*, catálogo de exposición, Nueva York, Yeshiva University Museum, 1992, pp. 156-171.

[3] Yosef Guri, *Let's Hear Only Good News*, Jerusalén, Hebrew University, 2004, pp. 12, 102, 94, 108, 70, 65. Véase también Michael Wex, *Born*

En ocasiones son alusiones muy creativas, como por ejemplo: «Ojalá te perfore el cráneo el gusano de Tito», que se refiere a una leyenda midrásica que habla del fatídico castigo que recibió el general romano, más tarde emperador, que saqueó Jerusalén; pero también pueden ser más explícitas, como «Ojalá se te rompan los huesos en tantos pedazos como las tablas de los diez mandamientos». Pueden ser interesantes por su imaginativo barroquismo: «Ojalá tengas un centenar de casas con un centenar de habitaciones en cada una y veinte camas en cada habitación, y la fiebre te lleve de cama en cama»; «Ojalá seas bendito como una vela de Shabbat y ardas por arriba y te fundas por abajo»; «Ojalá se te caigan todos los dientes menos una muela que te atormente». También pueden ser de una sencillez engañosa y de una inmensa mordacidad, como «Ojalá les pase esto a los antisemitas». No es de extrañar que en el siglo xix circulara un dicho que rezaba: «Líbrame de manos de gentiles y de lenguas judías».[1] También existen variantes modernas en inglés, desde la versión de Ernst Lubitsch: «Ojalá tuvieras muchísimo dinero y fueses el único rico de tu familia»,[2] hasta el éxito más reciente en Internet con carga política: «Maldiciones en yiddish para los judíos republicanos».[3] (Otro ejemplo: «Ojalá tu hijo haga su discurso de Bar Mitzvá sobre el talento de Ayn Rand»). Pero todas estas maldiciones pueden considerarse una revancha contra las elites, que creen tener el monopolio del ingenio.

to Kvetch, Nueva York, Harper Perennial, 2005, pp. 118-139, y James A. Matisoff, *Blessings, Curses, Hopes, and Fears: Psycho-Ostensive Expressions in Yiddish*, Filadelfia, Institute for the Study of Human Issues, 1979.

[1] Citado en Joseph Telushkin, *Jewish Humor: What the Best Jewish Jokes Say About the Jews*, Nueva York, William Morrow, 1992, p. 17.

[2] *Ibid.*, p. 105.

[3] Michael Schulman, «Yiddish Curses for Republican Jews», *The New Yorker*, 30 de agosto de 2012, http://www.newyorker.com/humor/daily-shouts/yiddish-curses-for-republican-jews.

Cuando las promesas de la Ilustración quedaron en nada y la reacción conservadora se extendió por toda Rusia, el ingenio de los *maskilim* se volvió en su contra, poniendo en duda el valor de todo su proyecto intelectual. Tomemos por ejemplo este chiste anticlerical cuya mordacidad va más allá del retrato rabínico:

Un rabino está intentando arbitrar entre dos miembros de la congregación. El primero da su versión de los hechos; el rabino lo escucha y finalmente dictamina: «Tienes razón». De inmediato el segundo protesta, cuenta su versión de los hechos y el rabino responde: «¿Sabes qué? Tienes razón». Entonces, la esposa del rabino, que lo ha oído todo, exclama: «¡No pueden tener razón los dos!». Y el rabino responde: «¡Pues tienes razón!».[1]

La capacidad intelectual de ver las dos caras de un problema permite abordar situaciones muy diversas, pero no es especialmente idónea para el ejercicio y el establecimiento de posiciones firmes (William Hazlitt, en sus *Lectures on the English Comic Writers*, definió el ingenio como «la elocuencia de la indiferencia»).[2] De ahí que algunos críticos como Ruth Wisse hayan sugerido que el humor judío, en concreto el que ejemplifica y ensalza esa capacidad intelectual, ha sido contraproducente para los judíos en la medida en que el paralizador ingenio sustituye la acción. O, en los términos del chiste que Wisse cita en su ensayo sobre el humor judío:

Dos judíos viajan en carro por un estrecho camino cuando de pronto topan con unas rocas que les bloquean el paso y se ponen a discutir qué conviene hacer. Mientras están allí parados llega otro carro con dos campesinos. Los gentiles se bajan, se remangan y retiran las piedras del camino.

[1] Nathan Ausubel, *Treasury of Jewish Folklore*, Nueva York, Crown, 1981, p. 22.
[2] William Hazlitt, *Lectures on the English Comic Writers*, Londres, John Templeman, 1844, p. 24.

—Ahí tienes cómo piensan los gentiles—le dice un judío al otro—: siempre recurren a la fuerza.[1]

En efecto, hubo escritores del siglo XX que podrían ilustrar el punto de vista de Wisse, como S. Y. Agnón y Eliezer Steinbarg—por dar ejemplos en hebreo y yiddish—, quienes, en el período de entreguerras, abordaron el ingenio no como una bendición cultural, ni siquiera como una vía de escape, sino como una desesperanzada manera irónica de reflexionar sobre las penosas circunstancias. Las fábulas de Steinbarg constituyen versiones modernas de un género humorístico muy antiguo que consiste en valerse de todos los registros del idioma (en su caso el yiddish) para sugerir las tensiones entre el arte y la vida;[2] las novelas de Agnón, llenas de alusiones inteligentes y librescas a la cultura de Europa del Este, están escritas después de la desolación de la Primera Guerra Mundial y deliberadamente concebidas como lápidas de una determinada vida intelectual.[3]

Pero la realidad no se agota con estos casos: también es posible identificar ejemplos de la vitalidad del ingenio en la primera mitad del siglo XX. Un enclave destacado de esa vitalidad era Odesa, sobre todo los relatos de delincuencia judía en los *Cuentos de Odesa* de Isaak Bábel,[4] por ejemplo en relatos como «Liubka el cosaco» y «El rey», en que gánste-

[1] Ruth Wisse, *No Joke: Making Jewish Humor*, Princeton University Press, Princeton (Nueva Jersey), 2013, pp. 231-232.

[2] Véase Eliezer Steinbarg, *Mesholim*, Tel Aviv, Y. L. Peretz, 1969; una de sus obras, «A Tale Without an End», está traducida al inglés en Nathan Ausubel (ed.), *A Treasury of Jewish Humor*, Doubleday, Garden City (Nueva York), 1956, p. 415.

[3] Dos ejemplos: el primero es de 1931, *The Bridal Canopy*, Nueva York, Schocken, 1967; el segundo es de 1935, *A Simple Story*, Nueva York, Schocken, 1985.

[4] Véase Jarrad Tanny, *City of Rogues and Schnorrers: Russia's Jews and the Myth of Old Odessa*, Bloomington (Indiana), Indiana University Press, 2011, pp. 2-3, 99-100.

res judíos guardan su botín dentro de rollos de la Torá, tienden emboscadas a sus adversarios fingiendo procesiones fúnebres judías y disparan al aire para evitar matar a alguien. Pero incluso esos relatos ilustran todo lo que ha quedado atrás: el ingenio de las calles no es comparable al de los bulevares, ni mucho menos al de las hileras de bancos de las escuelas talmúdicas o *yeshivot*.

He aquí un chiste sobre el asunto:

Un joven que acaba de salir de la escuela talmúdica viaja a Cracovia para visitar al famoso hereje de la ciudad. Confiando en congraciarse con él, en cuanto llega le comenta una contradicción flagrante en una obra rabínica de la Baja Edad Media, pero el hereje masculla que no la conoce. El joven, un poco desconcertado, le cita otro ejemplo de un famoso comentarista bíblico, pero el hereje tampoco le sigue. La situación se repite varias veces, hasta que el joven exclama: «¡Creía que era usted un hereje, pero es sólo un ignorante!».[1]

En el mundo moderno los héroes del ingenio, que tan a menudo habían sido, al menos para algunos, maestros de una peculiar sabiduría judía, tuvieron que aceptar la devaluación de la misma como moneda del reino. La transgresión sólo se apreciaba cuando compartía las normas establecidas de lo que podía transgredirse.

Décadas más tarde, Saul Bellow recordaba un comentario mordaz, nostálgico, irónico e ingenioso que le había hecho Agnón cuando fue a visitarlo a Jerusalén en la década de 1950, antes de que ninguno de los dos hubiera recibido aún el Nobel. Según Bellow, Agnón le informó muy contento de que la obra de Heinrich Heine se había traducido al hebreo, y añadió: «Ahora está a salvo».[2] Alguien tan irónico

---

[1] Véase una versión alternativa en Henry D. Spalding (ed.), *Encyclopedia of Jewish Humor: From Biblical Times to the Modern Age*, Nueva York, Jonathan David, 1969, pp. 60-61.

[2] Véase Saul Bellow, *Great Jewish Short Stories*, Nueva York, Dell, 1963, «Introduction», pp. 9-16, esp. 14-15.

como Agnón sin duda era muy consciente tanto de que Heine circulaba mucho más en alemán que en hebreo, como de la percepción que los judíos tienen de su fe y del hebreo: es el idioma del pueblo elegido, es decir, el único eterno. Asimismo, también era muy consciente de que las recientes circunstancias históricas habían convertido el poder del ingenio en un mecanismo de asimilación… Y, sin embargo, allí estaban Bellow y Agnón en Jerusalén, la capital del Estado judío. La rueda gira y gira sin cesar.

La reputación literaria de Bellow—en inglés—se debe en buena medida a su maestría en una de las formas de ingenio que hemos analizado.[1] Aunque el ingenio judío basado en los tradicionales juegos de palabras alusivos podría parecer prácticamente imposible en un idioma que contiene poca o ninguna huella de esa tradición, la judaización que efectúa Bellow de la tradición liberal y filosófica angloamericana probablemente sea (junto con el judeoamericano de Cynthia Ozick, capaz de convertir Nueva York en «Nueva Yavne») lo más cerca que ha llegado la literatura judeoamericana a la comedia de ingenio. La suya es una literatura que muestra la fluidez intelectual de los autores muy cultos, capaces de dialogar con James Joyce, Henry James, Bertrand Russell, el Talmud y Maimónides. Y lo hace, significativamente, para retratar a individuos que a menudo son, dicho suavemente, perdedores. En esto se diferencian los personajes de Bellow de los llorones y metiches de otros escritores como Stanley Elkin, Bruce Jay Friedman y Bernard Malamud: son pretenciosos. Lo cómico del fracaso de los protagonistas de obras como *Herzog* o *El planeta de Mr. Sammler* de Bellow y *Los*

---

[1] Véase Mark Schechner, «Saul Bellow and Ghetto Cosmopolitanism», *Studies in American Jewish Literature*, vol. 4, n.º 2, 1979, pp. 33-44, esp. 33-34, y el número especial de *Saul Bellow Journal* (SBJ), vol. 18, n.º 2, 2002, dedicado a Saul Bellow como escritor cómico, sobre todo los artículos de Siegel y Kremer citados en la siguiente nota.

papeles de Puttermesser de Ozick es que para ellos el mundo debería seguir basándose en la confianza en la inteligencia, la cultura y en que es posible una solución filosófica para alcanzar la armonía y la síntesis última del mundo. (A Bellow le resultaba frustrante que hubiera lectores que no advirtieran que *Herzog* era una novela paródica: «¡Pero si me burlaba de la pedantería!»).[1]

Lo más próximo al gran ingenio, quizá sea—aunque sólo si se define «gran ingenio» de tal modo que excluya uno de los puntos culminantes del ingenio judío estadounidense— el mundo mucho más demótico—por utilizar un término que habría gustado a Bellow y a sus colegas de la Universidad de Chicago—de la edad dorada del teatro musical estadounidense, con autores como George Kaufman, Moss Hart, Stephen Sondheim. En todos estos casos, vemos la imagen del foráneo con la nariz pegada al escaparate de una tienda a la que desea entrar, y echando mano de la astucia y la destreza verbal—que implica una gran riqueza léxica, un profundo conocimiento de todos los recursos del lenguaje y de muy diversos registros, desde el argot hasta los pareados más ingeniosos, muy superior al de muchos representantes de la cultura mayoritaria—, lo que conduce a que el foráneo se convierta en el ventrílocuo más notable de la cultura. Éste fue un rasgo de Estados Unidos, donde la vieja concepción europea del ingenio como cancerbero cultural siempre se complicaba a causa del impulso incontenible de dar la bienvenida al recién llegado acudiendo a un agudo sentido del humor. Los salones estadounidenses—o al menos sus templos de la cultura de masas—estaban dispuestos a llegar adonde sus equivalentes europeos se negaban a hacer acto de presencia.

---

[1] Véase Ben Siegel, «Confusion Under Pressure: Saul Bellow's Look at Comic Society and the Individual», *SBJ*, vol. 18, n.º 2, 2002, pp. 3-22, esp. 6-7, 18, y S. Lillian Kremer, «High Art/Low Life: The Human Comedy in Saul Bellow's Fiction», *SBJ*, vol. 18, n.º 2, 2002, pp. 78-94, esp. 78-81.

Los templos estadounidenses de la alta cultura tardaron un poco más en abrir sus puertas a los recién llegados. Los periódicos y las revistas fueron más abiertos y acogedores en las décadas de 1920, 1930 y 1940, aunque hubo excepciones a la regla. La mejor prueba de esta regla fue S. J. Perelman, quien básicamente escribió el manual del ingenio. La obra de Perelman no es rigurosamente judía, a pesar de los ocasionales yiddishmos (por cierto, deliciosos, como al comienzo de su parodia «Waiting for Santy. A Christmas Playlet», dedicada a Clifford Odets, donde la emprende contra el izquierdismo y remonta sus raíces judías al Polo Norte: «Un parásito, una sanguijuela, un chupóptero, ¡un lamentable y absoluto inútil! ¡Salarios de hambre recibimos para que él pueda cabalgar por ahí en un carro rojo con renos!», se queja Riskin, uno de los gnomos que trabaja para Santa Claus).[1] Perelman describió su propio estilo como

un *mélange* […] una mezcla de todo el sedimento lodoso que dejaron mis lecturas de la infancia, los clichés, grandes dosis de yiddish y de argot del hampa, además de lo que me enseñaron maestros poco pacientes en una escuela de Rhode Island, Providence.[2]

Su procedimiento—jugar con la lógica, ensañarse con el lenguaje descomponiéndolo y volviendo a componerlo de formas increíblemente absurdas—tiene similitudes con el de los eruditos poetas que compusieron pastiches verbales en la antigua tradición judía.

Pero su comentario sobre la mezcla de referentes culturales y clichés también presagia el destino del ingenio en el entretenimiento de masas estadounidense. A mediados del

[1] S. J. Perelman, *The Most of S. J. Perelman*, Nueva York, Simon & Schuster, 1958, p. 3.

[2] Douglas Fowler, *S. J. Perelman*, Boston, Twayne, 1983, pp. 4-6, 93-108, cita en p. 97; Louis Harap, *Dramatic Encounters: the Jewish Presence in Twentieth-Century American Drama, Poetry, Humor and the Black-Jewish Literary Relationship*, Nueva York, Greenwood Press, 1987, p. 46.

siglo XX, cuando los días brillantes del grupo de escritores, críticos y actores de Broadway conocido como la Mesa Redonda del Algonquin eran ya historia, el concepto empezaba a mencionarse entre comillas. Los humoristas judíos probablemente fuesen tan responsables de ello como cualquier otro. No tanto los más pobres del Borscht Belt—la zona turística de las familias judías en las Catskills—, cuyo ritmo trepidante y verborrea eran variantes de un tipo anterior de humor, aunque en clave yiddish, sino más bien humoristas como Shelley Berman, Mike Nichols y Elaine May o Woody Allen.

Nichols y May—él era inmigrante ruso y ella era hija del teatro yiddish y había interpretado a un personaje llamado «Baby Noodnick» en la radio yiddish—eran inseparables desde sus tiempos en la Universidad de Chicago.[1] Su breve carrera a finales de la década de 1950 y principios de la de 1960 tuvo mucha influencia: trasladaron la sensibilidad del teatro de improvisación de los Compass Players al club nocturno y al medio del monólogo cómico, contribuyeron a introducir en el escenario a «personas reales» y, lo más importante para nuestros propósitos, articularon un tipo distinto de ingenio en sus números, un simulacro de ingenio que representaba un nuevo planteamiento del humor alusivo.[2] Los medievales escribieron un tipo de poesía que exigía un profundo conocimiento del contexto aludido para poder entender el chiste. Nichols y May, en sus parodias de los farsantes del mundo del espectáculo y de los profesionales de clase media alta, soltaban palabras, clichés de moda y nombres de personas importantes, de modo que prácticamente cualquiera mínimamente informado podía pillar los chistes. Lo que unía al público y a los autores era precisamente que

---

[1] Véase Gerald Nachman, *Seriously Funny: The Rebel Comedians of the 1950s and 1960s*, Nueva York, Pantheon Books, 2003, p. 325 y ss.

[2] Es un poco distinto de otros tipos de personajes bufos en que también se especializaron judíos como Sid Caesar e Irwin Corey.

sólo conocían lo que todo el mundo sabía, de modo que todos eran farsantes.

De hecho, Nichols hizo un sketch con los Compass Players titulado «Cómo parecer culto». Asimismo, hizo con May una escenificación en diez segundos de Dostoievski (May reía furiosamente durante diez segundos, mientras Nichols decía «¡Qué desdichada, ay!»). Normalmente May no había leído ni visto las cosas que parodiaba, y Nichols, por su parte, lo dejó muy claro en 1961, cuando explicitó:

A mí no me seduce nada todo ese rollo de los comediantes «intelectuales» [...] Hoy en día te las puedes dar de intelectual aprendiéndote en veinte segundos ciertos nombres y soltándolos a la primera de cambio: Nathanael West, Djuna Barnes, Dostoievski, Kafka. Intelectual solía significar cierta capacidad para pensar, o ciertos conocimientos. Por alguna razón incomprensible, ya no es así.[1]

En ese mismo período, Shelley Berman—destacado miembro de los Compass Players y el primer cómico que obtuvo un premio Grammy—hizo un número titulado «Most Important Booking Agent in the World», en el que encarnaba a un agente promotor que hablaba al teléfono con algunos de sus clientes, entre ellos Pablo Picasso, Ernest Hemingway, Albert Schweitzer y el papa.[2]

Y luego está Woody Allen, el *non plus ultra* del fenómeno. Según cuenta la leyenda, el primer chiste que hizo Allen fue: «Yo y la naturaleza hemos partido peras». Tal vez no sea cierto, pero resume algo esencial de Allen: antes muerto que pardillo; es un urbanita, un enterado, de ahí que repita frenéticamente nombres como Kierkegaard y Dostoievski. Bien sea en sus frecuentes colaboraciones en *The New Yorker*, en sus números en solitario o en las muchas películas que ha escrito y dirigido, a Allan Stewart Konigsberg, nacido en 1935,

[1] Nachman, *Seriously Funny*, *op. cit.*, pp. 336, 343-345, cita en p. 348.
[2] *Ibid.*, pp. 298, 307, 321.

le ha obsesionado el pensamiento desde que tiene uso de razón. De ahí que se lo haya convertido en la apoteosis de un determinado tipo de judío y, a su vez, de cierta clase de humor judío.

Como monologuista, en el fondo Allen nunca se alejó del escritor de chistes que empezó siendo. Sus números más logrados solían ser recreaciones ante el público (tanto de los espectáculos en directo, como de las grabaciones), mediante palabras, de situaciones que habría sido imposible recrear visualmente—lo intentó en sus primeras películas con relativo éxito—: los llamaba «viñetas verbales».[1] Pero fue el intelectualismo—en buena medida el pseudointelectualismo de clase media que tan certeramente practicaron y parodiaron Nichols y May, quienes al principio tenían mucha más autoridad cultural que Allen—el que desempeñó un papel pequeño al comienzo pero creciente en su trabajo, sobre todo en sus artículos para *The New Yorker*. En la época, como hoy, se consideraba que *The New Yorker* era un bastión de la sofisticación y el cosmopolitismo—el joven Allen había idolatrado a Perelman—,[2] de modo que para él escribir artículos que satisficieran los intereses culturales de sus lectores (biografías literarias, obras teatrales escandinavas, filosofía existencialista) era natural, y se convirtió en un ingrediente esencial para su reputación de cómico intelectual.[3]

El intelectualismo de Allen es indudable—es un lector

[1] Véase Eric Lax, *On Being Funny: Woody Allen and Comedy*, Nueva York, Charterhouse, 1975, p. 6, y Foster Hirsch, *Love, Sex, Death, and the Meaning of Life: The Films of Woody Allen*, Nueva York, Da Capo, 2001, pp. 24-25, 48-51.

[2] Véase Eric Lax, *Conversations with Woody Allen*, Nueva York, Knopf, 2009, edición ampliada, p. 91; Fowler, *S. J. Perelman, op. cit.*, p. 106.

[3] Unos pocos ejemplos de esa reputación pueden encontrarse en Gerald McKnight, *Woody Allen: Joking Aside*, Londres, Star, 1983, pp. 59-62, y Diane Jacobs, *...But We Need the Eggs: The Magic of Woody Allen*, Nueva York, St. Martin's Press, 1982, p. 5.

voraz, le interesan las cuestiones metafísicas y filosóficas—,[1] pese a que él lo niegue. Como decía en una entrevista:

Es cierto, se ha dicho que soy un intelectual tantas veces que ya he perdido la cuenta—decía en una entrevista—, pero no es cierto, no soy in intelectual. Por bien que suene que te llamen intelectual en el mundo del espectáculo, la verdad es que yo me limito a *citar* a los intelectuales.[2]

Y es evidente que el intelectualismo de Allen se confunde, o se funde, con el de su humor, que se basa más bien en el simulacro de intelectualidad.[3]

Para que piezas como «Si los impresionistas hubiesen sido dentistas», «El episodio Kugelmass» y «La puta de Mensa» resulten graciosas es necesario conocer los referentes culturales a los que aluden (el impresionismo, *Madame Bovary* y el escenario cultural contemporáneo de Nueva York, respectivamente). Y a veces Allen—que estudió hebreo dos años y medio en la escuela—también hace alusiones a referentes de la cultura judía.[4] Piezas como «Los rollos» y «Leyendas jasídicas según la interpretación de un distinguido erudito» tratan del descubrimiento de los Manuscritos del mar Muerto y del entusiasmo que suscitó la versión en lengua inglesa de la traducción y los comentarios de Martin Buber a los relatos jasídicos.[5] Pero tanto las alusiones a la cultura judía como a las de otras tradiciones sólo exigen una cultura superficial, de cóctel. Algunos de los hallazgos del judeoallenismo, como

[1] McKnight, *Woody Allen: Joking Aside, op. cit.*, p. 109.

[2] Lax, *On Being Funny, op. cit.*, p. 17. Véase también Graham McCann, *Woody Allen: New Yorker*, Nueva York, Polity Press, 1990, pp. 3-4.

[3] Compárese con Stephen J. Whitfield, «The Distinctiveness of American Jewish Humor», *Modern Judaism*, vol. 6, n.º 3, 1986, pp. 245-260, esp. 256-257.

[4] McKnight, *Woody Allen: Joking Aside, op. cit.*, p. 47.

[5] Woody Allen, *The Insanity Defense*, Nueva York, Random House, 2007, pp. 140, 145.

«Quien ama la sabiduría es justo, pero el que anda en compañía de aves de corral es raro» o «Aún no está claro por qué la ley hebraica prohíbe el cerdo, y algunos eruditos creen que la Torá se limitó a sugerir que no se comiese cerdo en determinados restaurantes», exigen poca familiaridad con la ley y la tradición judías. De hecho, una mayor familiaridad con las mismas mengua su efecto cómico.

El relato de Allen que ganó el premio O. Henry, «El episodio Kugelmass»—en el que la Emma Bovary de Flaubert tiene un affaire con Kugelmass, una especie de Henry Higgins judío y neurótico que la saca de la novela y la lleva a Nueva York, lo cual da lugar a episodios hilarantes—, puede describirse como una escenificación cómica del encuentro de los judíos con la literatura occidental. Uno de los mejores chistes del relato es que la aparición de Kugelmass en la vida de Emma Bovary cambia el texto de la novela de Flaubert, de modo que el cuento se convierte en un comentario sobre el vago conocimiento que tienen los lectores sobre los personajes de un libro que aseguran adorar: «No me lo explico—dijo un profesor de Stanford—. Primero aparece ese extraño personaje llamado Kugelmass, y ahora ella ha desaparecido de la obra. En fin, supongo que lo propio de un clásico es que puedes releerlo mil veces y siempre encuentras algo nuevo».[1] Y en «La puta de Mensa»—una magnífica parodia llena de humor negro, en la que contratan al protagonista para investigar una red de prostitutas intelectuales a las que acuden los que no pueden hablar con su mujer de temas como la obra de Melville—*todo el mundo* finge: las prostitutas sólo repiten como loros cosas oídas y leídas, y hasta la librería de Hunter College es una tapadera.

Tal vez en origen el intelectualismo de Allen fuese aspiracional, tal como él mismo ha explicado:

[1] *Ibid.*, p. 255.

En la escuela, mis profesores estaban asombrados de que mis referencias fueran tan sofisticadas. Apenas sabía leer ni escribir, pero mis referencias eran ingeniosas. Desde bien jovencito hacía chistes sobre Freud, los martinis y otras cosas por el estilo, sin saber ni siquiera de qué hablaba, porque imitaba la forma de hablar que veía en las películas, y emulaba a los personajes que me habría gustado ser, con los que me identificaba.[1]

Pero este humor pseudointelectual y el ingenio superficial se transformaron, y en su obra de madurez advertimos una mirada sensible, capaz de captar la profunda angustia pese a presentarla tras una fachada cómica. Recordemos la escena de *Annie Hall* (1977, el mismo año en que se publicó «El episodio Kugelmass») en la que Allen y Diane Keaton están charlando de temas intelectuales y aparecen unos subtítulos donde podemos leer los temores e inseguridades de cada uno de los personajes: «Éste estará pensando que sólo hablo de mí misma», se inquieta Keaton. Y Allen, por su parte, piensa: «No sé lo que estoy diciendo, se está dando cuenta de que soy un tipo superficial».

A propósito de la icónica lista de razones para vivir que hace el personaje de Allen al final de *Manhattan* (1979), Joan Didion señaló que:

Es el definitivo informe del consumidor, y la frecuencia con que se la cita con aprobación sugiere que ha surgido una nueva clase en Estados Unidos, un submundo de personas rígidas que temen morir si usan unas deportivas inadecuadas, mencionan la sinfonía equivocada o prefieren a Madame Bovary.[2]

Este público de *The New Yorker* (y también los neoyorquinos,[3] cuyos limitados horizontes tan cómicamente represen-

---

[1] Lax, *Conversations with Woody Allen*, *op. cit.*, p. 121.

[2] Citado en Myles Palmer, *Woody Allen: An illustrated biography*, Nueva York, Proteus, 1980, p. 120.

[3] Sobre Allen como neoyorquino véase McCann, *Woody Allen: New*

tó Saul Steinberg en la famosa portada de *The New Yorker* titulada «The View of the World From Ninth Avenue», publicada un año antes de que se estrenara *Annie Hall*) no estaba menos enamorado del ingenio que los judíos de la Haskalá o los rabinos de Babilonia.

Sin embargo, también están presentes las angustias, insatisfacciones y preocupaciones: Woody Allen, cuyas películas están en su mayor parte consagradas al intelectualismo —incluso las primeras comedias—, también se ha consagrado a mostrar que, por citar *This is Spinal Tap* (que por desgracia no forma parte de nuestra historia), la línea que separa la estupidez de la inteligencia es muy delgada. Los personajes intelectuales de sus comedias—Fielding Mellish en *Bananas*, Alvy Singer en *Annie Hall*, Boris Grushenko en *La última noche de Boris Grushenko*—suelen hacer el ridículo por culpa de una especie de cortocircuito de su propia inteligencia. Allen señala que, a fin de cuentas, la inteligencia no es nada comparada con otras fuerzas (en las primeras películas, la lujuria, sobre todo; en otas posteriores, como *Poderosa Afrodita* o *Sombras y niebla*, factores como el azar, la necesidad o la fragilidad humana). Y, a veces, la inteligencia incluso ofusca al individuo y lo aleja de lo que más le conviene. Por escalofriante que resulte, quizá sea eso lo que Allen sugiere en *Manhattan*: que Tracy (Mariel Hemingway) tal vez era lo mejor que le había pasado. Se trata de una posibilidad compleja y dudosa, que no obstante refleja las irrenunciables preocupaciones del más célebre exponente del ingenio y el humor judíos.

¿Quiénes son los herederos de Allen, Bellow, Ozick, Nichols y May en la actual cultura postmoderna? Si las barreras en-

---

Yorker, op. cit., esp. pp. 20-21. Parte del complejo de Nueva York: «The View of the World», *The New Yorker*, 29 de marzo de 1976.

tre alta cultura y cultura popular eran difusas en los artículos de Allen para *The New Yorker*, o derribadas en nombre de la humanidad en las novelas de Bellow, la actual cultura del cotilleo y el pastiche amenaza con borrarlas del todo.

Amenaza, pero aún no lo ha conseguido. Examinemos, por ejemplo, a un nuevo talento en un medio nuevo e insospechado en la época de Bellow (un medio en el que no ha conseguido penetrar la conciencia fílmica de Allen). Twitter ha servido como incubadora de innumerables humoristas nuevos, y una de las mejores es Megan Amram, que toca la fibra del humor intelectual precisamente haciendo alarde de su falta de intelectualidad. En su libro de 2014 *Science-For Her!*,[1] presenta a un personaje que refleja el pensamiento misógino según el cual las mujeres son incapaces de sobresalir en las disciplinas científicas. Pero sus mejores contribuciones en Twitter suelen tratar de temas judíos, sobre todo relacionados con el Holocausto.[2] Pese a esforzarse en crear personajes estúpidos, es una maestra del medio, idóneo para las exhibiciones epigramáticas de ese juego intelectual conocido como ingenio. «Si eres judío, nadie puede saber si eres moderno, porque la *yarmulke* ['kipá'] vuelta hacia atrás se ve igual que si la llevas como corresponde», comenta.[3] O, en el primer día de Pésaj: «MALDITA SEA, PRECISAMENTE HOY he olvidado untar la puerta de entrada con sangre de cordero». O, menos específicamente judío, pero muy adecuado para este capítulo: «Voy a darme un buen atracón de mirar palabras (leer)».

Pero no todas las muestras de ingenio son breves. Las novelas monumentales de Joshua Cohen, no precisamente epi-

---

[1] Megan Amram, *Science-For Her!*, Nueva York, Scribner, 2014.

[2] Otra voz destacada en Twitter es David Javerbaum, cuyos tuits como el Ser Supremo (@TheTweetOfGod) dieron lugar más tarde a un espectáculo en Broadway.

[3] @meganamram; 19 de mayo de 2016; 23 de abril de 2016; 4 de abril de 2016.

gramáticas, son de una erudición brillante. Si la comedia de Bellow es la respuesta de quien ha presenciado el fracaso del pensamiento liberal ilustrado de Occidente a manos de la barbarie de los nazis y de las locuras de los radicales de la década de 1960 (conste que no me parecen comparables ambas cosas), la novela de Cohen, *Witz* (2010), sugiere que el lenguaje—ingenioso, casi joyceiano—podría ser lo único que quede cuando desaparezcan de la faz de la tierra todos los judíos salvo uno.[1] Mordazmente, en el mundo de *Witz* (¿quizá no sólo en ése?) se admira todo de los judíos—su cultura, su sensibilidad—salvo, por supuesto, a los propios judíos. Y su novela más reciente, *The Book of Numbers*,[2] es una clase magistral sobre esa forma de ingenio que es la alusión, como sugiere el título de resonancias bíblicas, en el que reformula el vagabundeo israelita por el desierto en la era de Internet. La escritura de Cohen es de una inteligencia asombrosa, y está plagada de juegos, referencias y reverencia por la tradición.

Otras obras contemporáneas del ingenio judeoamericano moderno son igualmente cultas pero más introspectivas: como corresponde al estilo liberal contemporáneo, los personajes se mofan de su educación, parcialmente avergonzados (o del todo avergonzados) de sus pretensiones y de su ingenio, pese a no ocultarlos. Un buen ejemplo es la novela de Jonathan Safran Foer *Todo está iluminado* (2002),[3] donde el objeto de burla es claramente el viajero epónimo, quien posee tantísima cultura que no puede tener éxito en el mundo que lo rodea (y cuyas flagelaciones recibe el lector a través del precario lenguaje de su guía Alex, cuya comicidad es una hazaña verbal). Y, en otro medio, podemos mencionar al per-

---

[1] Joshua Cohen, *Witz*, Nueva York, Dalkey, 2010.

[2] Joshua Cohen, *The Book of Numbers*, Nueva York, Random House, 2015.

[3] Jonathan Safran Foer, *Everything Is Illuminated*, Nueva York, Houghton Mifflin, 2002 [existe trducción en español: *Todo está iluminado*, trad. Toni Hill Gumbao, Barcelona, Seix Barral, 2016].

sonaje principal de la serie *Girls* de HBO, Hannah Horvath, creación de Lena Dunham. Puede uno congeniar o no con ella; puede considerársela, en sus propias palabras, como «la voz de mi generación, o al menos una voz de *alguna* generación». Pero sin duda se trata de uno de los retratos más memorables de la cultura cómica, por el autosabotaje y bloqueo constantes a que somete Horvath sus posibilidades artísticas e intelectuales, en buena medida a causa de la incomodidad que le produce su favorecida condición; por el conflicto entre una educación privilegiada y los desafíos prácticos de la vida adulta; y por las dificultades de articular su voz en una sociedad en la que el rol de las mujeres se halla en una compleja transición.

Muchos de los humoristas judíos actuales son, en suma, hiperelocuentes y profundamente cultos, pero a menudo están convencidos de su propia ignorancia, o de los problemas que suponen los beneficios de su propia sabiduría. En este sentido, no son muy distintos de sus predecesores. Pero esta conciencia es por sí sola una forma de sabiduría.

4

UNA VISIÓN PROSAICA

Bueno, ya está bien de hablar de chistes intelectuales, pasemos de una vez a los pedos.

A menudo se llama a los judíos «el pueblo del libro», pero recientemente ha surgido entre los estudiosos un movimiento que insiste en recordar que también los judíos tienen cuerpo, y les ha dado sus alegrías, no sólo en el terreno del humor, claro está. Así que, a los pedos.

Tal vez algunos preferirían hablar de *flatulencias*, pero no Mel Brooks, cuyo amor al chiste vulgar es tan conocido como su gusto por recordar su condición judía. La escena clásica aparece en su paródico western de 1974 *Sillas de montar calientes*, la popular película que lo convirtió en una celebridad durante una década en la que se reformuló la concepción del espectáculo de masas en Estados Unidos, incluida la comedia (sólo fue superada, poco después del estreno, por MASH, la comedia cinematográfica más taquillera de todos los tiempos).[1] En el western de Brooks una pandilla de vaqueros entrados en años están sentados alrededor del fuego comiendo vorazmente el plato típico de la frontera, alubias. Lo que sigue es lo que cabe esperar que ocurra de forma natural—al menos para una determinada forma de pensar, y para alguien muy consciente de lo que Hollywood había omitido una y otra vez—: uno a uno, los vaqueros empiezan a eructar y tirarse pedos hasta que se forma un auténtico concierto pedorro. Nada más, ésa es la famosa escena.

No había, justo es decirlo, ningún pedo en la filmografía

---

[1] James Robert Parish, *It's Good to Be the King: The Seriously Funny Life of Mel Brooks*, Hoboken (Nueva Jersey), John Wiley & Sons, 2007, p. 13.

de John Ford. Y, en buena medida, a eso se debía que el espectador no se sintiera en casa, en un entorno acogedor y familiar. Es Brooks, de hecho, quien lo señala:

En todas las películas del Oeste, los vaqueros se sientan alrededor del fuego y comen chorrocientas mil alubias, pero no sueltan un solo eructo, no digamos ya un pedo. Nos hemos pasado setenta y cinco años viendo a rudos hombretones peludos rompiéndose la cara entre ellos a puñetazos o agujereándose con revólveres, pero ninguno se tiraba un solo pedo [...] ¿Qué humor puede ser más chabacano que un puñado de vaqueros tirándose pedos alrededor del fuego? Pero funcionó. La gente estaba preparada para verlo. Era una verdad valiente y universal en la que todo el mundo había pensado al ver las clásicas películas del Oeste.[1]

Para Brooks, la ordinariez y la parodia van de la mano. La parodia—sea vulgar, obscena o blasfema—siempre consiste en cierta dosis de esa «verdad valiente y universal» de la que habla Brooks sobre aspectos de la propia tradición que se han ido encorsetando, sedimentando y sacralizando. Al explicar cómo estaba elaborando el guión de *Tex X*, Brooks dio una respuesta que se ha hecho famosa: «Estamos tratando de usar los clichés de las películas del Oeste, confiando en acabar con todos en el proceso».[2] Aunque tal propósito podría parecer vandalismo cultural, es exactamente lo contrario: para expresarlo en los inmortales términos de Roger Ebert—que tanto debía al propio Brooks—está muy por debajo de la ordinariez.[3]

El arte de la parodia requiere amor, conocimientos e inte-

[1] Citado en Parish, *It's Good to Be the King, op. cit.*, p. 11. Para el lector al que le interesan las cuestiones técnicas: ninguno de los sonidos era causado por flatulencias reales, todos se produjeron con espuma de jabón, bolsas de aire y la esporádica ayuda vocal de Brooks.

[2] *Ibid.*, p. 7. Participó en el guión con Andrew Bergman, Norman Steinberg, Alan Uger, y sobre todo Richard Pryor.

[3] *Ibid.*, p. 12.

ligencia, incluso familiaridad intelectual con la cultura de la que el artista paródico se distancia.[1] Para parodiar una película del Oeste, una película muda, una serie de espías, una película de terror, una epopeya histórica, una saga espacial de ciencia ficción, una película de suspense de Hitchcock, o más bien, para conseguirlo, es preciso un profundo amor al objeto de la parodia, pues sólo así es posible saber perfectamente cuál es su punto débil. Asimismo, para cultivar la ordinariez con inteligencia—en vez de una vulgar ordinariez— es precisa una comprensión íntima de los puntos débiles de la condición humana, y entender que la ridiculez del cuerpo humano sólo es tal en los momentos, las condiciones y los lugares adecuados—del mismo modo que los recintos más sagrados de la cultura son susceptibles de ser ridiculizados por las personas adecuadas—.

Theodor Reik, destacado psicoanalista de mediados del siglo xx y estudioso del ingenio judío, escribió en un tratado sobre el tema: «El investigador perspicaz observará, por ejemplo, que la burla a la invalidez, a los defectos físicos y a la fealdad [...] son temas insólitos en el humor judío».[2] Esta tesis es polémica, y tal vez se deba a que el autor no considerara suficientes manifestaciones del humor judío, o simple y

---

[1] Disculpen la fastidiosa nota al pie, pero es preciso indicar que la parodia, en el sentido más riguroso de la palabra, no tiene por qué ser divertida. Pese a que se utilice a menudo para satirizar, o ridiculizar, o subvertir, o producir un efecto cómico (no son cosas idénticas), no siempre es así. La mayoría de los críticos consideran en realidad la parodia una subcategoría de la sátira: véase Gilbert Highet, *The Anatomy of Satire*, Princeton (Nueva Jersey), Princeton University Press, 1962, p. 68 y ss., por ejemplo. Véase también Simon Dentith, *Parody*, Londres, Routledge, 2000, esp. pp. 9-21, 32, 36-37. Para una buena visión general, véase también W. Kynes, «Beat Your Parodies into Swords, and Your Parodied Books into Spears: A New Paradigm for Parody in the Hebrew Bible», *Biblical Interpretation*, n.º 19, 2011, pp. 276-301, esp. 280-289.
[2] Theodor Reik, *Jewish Wit*, Nueva York, Gamut Press, 1962, pp. 111-112. [*Psicoanálisis del humor judío*, Buenos Aires, Leviatán, 1994, p. 86].

llanamente a que se atuvo a una idea preconcebida, pero en cualquier caso no es cierta. Y no la desmiente sólo Mel Brooks: ayer y hoy, el humor judío *ha sido* grosero, vulgar, obsceno, blasfemo y escatológico. Y el equilibrio entre el amor y la distancia siempre ha sido precario: la relación íntima con la propia tradición bascula entre la glorificación y el escarnio.

Los estudiosos que retratan a los judíos como «el pueblo del cuerpo» han encontrado sus pruebas más tempranas en la Biblia, en la que ciertamente hay algunos libros extraños, paródicos y groseros. La primera risa de la historia judía—la de Sara cuando oye que Dios promete dar a Abraham un heredero—señala las clásicas y cómicas angustias a que da lugar la impotencia masculina. ¿Será capaz un centenario de hacer lo necesario para darle a Sara un heredero? Los chistes sobre pollas son tan viejos como la propia comedia, basta pensar en Aristófanes para recordar la aparición de los falos en el escenario. El cuerpo—y muy en particular ese miembro corporal—siempre se ha relacionado con el poder, con su presencia o ausencia. Así que no es en absoluto sorprendente que los mejores chistes bíblicos sobre el asunto aparezcan en el libro de los Jueces, lo más parecido a la literatura de acción y héroes que es posible encontrar en las Escrituras.

Un juez de ese género es Aod,[1] cuyo adversario es Eglón, el rey de Moab. Al propio Eglón lo retrata el autor del libro de un modo simple y directo: se burla de su cuerpo y sus fun-

---

[1] Véase Jueces 3, 12-30; Athalya Brenner, «On the Semantic Field of Humour, Laughter, and the Comic in the Old Testament», en: Yehuda T. Radday y Athalya Brenner, *On Humour and the Comic in the Hebrew Bible*, Sheffield, Sheffield Academic Press, 1990, pp. 39-58, esp. 45, y James K. Aitken, «Fat Eglon», en: Geoffrey Kahn y Diana Lipton (ed.), *Studies on the Text and Versions of the Hebrew Bible in Honour of Robert Gordon*, Leiden, Brill, 2012, pp. 141-154, aunque ponga menos énfasis en el carácter humorístico del episodio que muchos otros críticos.

ciones. Eglón es un hombre gordo, muy gordo (en hebreo, el nombre deriva de la palabra *ternero*, de modo que Eglón es una especie de ternero engordado para el matadero). Cuando Aod lo mata, lo hace de un modo particularmente ignominioso, que añade un toque escatológico a la representación paródica: Aod dice a Egón que tiene que contarle un secreto, y el rey, que no es precisamente el más listo del reino, despide a todos sus guardianes. Aprovechando que están solos, Aod hunde una daga en el vientre de su enemigo, tan gordo que la mano que empuña el arma desaparece entre la grasa, un detalle curioso en un texto como la Biblia, habitualmente lacónico. Luego, Aod sale de la estancia y echa la llave, de modo que los guardianes piensan que el rey se ha encerrado para hacer sus necesidades y toman el olor del cadáver por el que produce normalmente Eglón en su retrete, lo que permite a Aod escapar impunemente. Sin duda, se insinúa de forma burlona que los guardianes están acostumbrados a que salgan de la estancia del rey toda clase de hedores.[1]

Este tipo de humor escatológico puede advertirse también en el siguiente capítulo del libro de los Jueces. Sísara, el general cananeo que se opone a los israelitas, encuentra también su fin ignominiosamente (desde la perspectiva bíblica): Jael, la esposa de Jeber, le ofrece un cuenco de leche, tras lo cual Sísara se queda dormido y ella le hunde en la sien un (fálico) clavo, de modo que el general expira, infantilizado y feminizado al mismo tiempo.[2] Parecido es el destino de otros enemigos del pueblo judío en otros libros de la Biblia. En Números, Dios obliga a Balam a convertirse en un profeta desastroso: no sólo le ordena que no luche contra Israel, pese a que lo han contratado para hacerlo (en una escena que al

---

[1] Compárese Marcos 24.

[2] Jueces 4, 8-21; véase Lowell K. Handy, «Uneasy Laughter: Ehud and Eglon as Ethnic Humor», *Scandinavian Journal of the Old Testament*, vol. 6, n.º 2, 1992, pp. 233-246.

lector moderno tal vez le recuerde al abogado que dice la verdad en la película *Mentiroso compulsivo* [1997], de Jim Carrey, aunque sea más poética y conmovedora), sino que además su asna—que ve al ángel que manda Dios para cerrarle el camino a Balam—lo hace caer al suelo y lo estampa contra una pared, de modo que siente que el animal se burla de él, quien no ve al ángel de Dios.[1] (La leyenda rabínica, siempre interesada en aliñar midrásicamente la humillación, convierte a la asna, que termina rogándole a Balam que no la golpee más por haberlo tirado al suelo, en una amante que lamenta las bestiales inclinaciones de su amo). Nabucodonosor, rey de Babilonia, se ve aquejado de una locura que lo obliga a ocultarse en los campos y comer hierba como un animal; y el poderoso y gran rey Baltasar, después de ver el mensaje *«Mene, mene, tequel, ufarsin»* escrito en la pared, se mea encima como un niño asustado o, dicho en el lenguaje más refinado de la Biblia, «se relajaron los músculos de sus lomos, y sus rodillas daban una contra otra».[2]

Sin duda alguna, muchos de estos relatos resultan vulgares y groseros, pero no necesariamente divertidos, al menos para el lector actual, que puede no tener demasiado claro qué relación tienen con la *parodia*. A ello podría responderse con dos palabras: Thomas Hobbes. La teoría del humor del filósofo político inglés está basada en el poder, lo cual no es sorprendente teniendo en cuenta que estructuró toda su visión del mundo en torno al poder: quién lo detenta, quién

---

[1] Números 22-24; TB Sanhedrin 105a-b; Marcos 34-36.

[2] Daniel 5-6; véase Brenner, «On the Semantic Field of Humour», *op. cit.*, p. 43. David Valeta, «The Satirical Nature of the Book of Daniel», en: Christopher Rowland y John Barton (ed.), *Apocalyptic in History and Tradition*, Sheffield, Sheffield Academic Press, 2002, p. 87, sugiere que se caga encima. Otro monarca no judío que puede ser objeto de un tratamiento cómico similar es Abimelec, rey de Gerar, véase Tzvi Novick, «'Almost, At Times, The Fool': Abimelekh and Genesis 20», *Prooftexts*, n.º 24, 2004, pp. 277-290.

no, quién lo cede a quién. Hobbes señaló que el humor se basa en lo que los críticos han denominado *teoría de la superioridad*: nos reímos de algo porque nos sentimos superiores. O, como lo expresó el filósofo en su elegante prosa: «En conclusión, la pasión de la risa no consiste sino en una glorificación repentina, procedente de una súbita concepción de superioridad nuestra en comparación con las flaquezas de los demás o con nuestro propio pasado».[1] Normalmente se trata de dos formas de superioridad: física o intelectual. Nos reímos, como sugirió Platón en el *Filebo*, de quienes saben menos que nosotros—o simplemente menos de lo que deberían saber—, y también de quienes son físicamente inferiores.[2] Sería difícil discutirle a Hobbes que, a lo largo de la historia, nadie ha considerado la estupidez, la necedad ni la imperfección magníficas fuentes de alegría y gozo. Si lo que eso evidencia sobre la condición humana nos disgusta, más vale no perder el tiempo con un tipo como Hobbes, famoso por definirla como mezquina, brutal y limitada.[3]

El filósofo inglés, que conocía bien a Platón, también era un lector sutil y cuidadoso de la Biblia—su *Leviatán* está plagado de referencias bíblicas—, y no es de extrañar que en su concepción del humor hayan influido en buena medida algunas escenas de las Escrituras. Pero, como correspondía a un perfecto defensor del *statu quo*, se centró exclusivamente en un lado de la ecuación: el sentido del humor del fuer-

---

[1] Thomas Hobbes, *The Moral and Political Works*, Londres, 1750, p. 20. [*Elementos de derecho natural y político*, trad. D. Negro Pavón, Madrid, Centro de Estudios Constitucionales, 1979, p. 13].

[2] Según Platón, quien no se conoce a sí mismo resulta ridículo. Aristóteles lo lleva aún más lejos, sugiriendo que «lo risible es una especie de lo feo»; véase Jim Holt, *Stop Me If You've Heard This*, Nueva York, Norton, 2008, p. 67.

[3] Soy consciente de que esa concepción de la condición humana sólo se refiere al estado de naturaleza, pero en cualquier caso da una idea de la visión del mundo del filósofo.

te. En los capítulos anteriores ya nos hemos referido a esa risa desdeñosa, tan común en la Biblia;[1] lo interesante en este caso es que ese «humor étnico» se manifiesta a través de representaciones vulgares, escatológicas u obscenas de los escarnecidos.[2]

Si ninguna de esas manifestaciones evidencia demasiada sensibilidad paródica probablemente se deba a que son también—excepcionalmente, en la historia judía—manifestaciones de un sentimiento hobbesiano de superioridad. Representan un humor que procede de la certeza que tienen los judíos de ser la cultura mayoritaria, hegemónica.[3] Los contraejemplos de la Biblia—los que *no* ilustran ese sentimiento de superioridad e incluso lo ponen en duda—aparecen, por lo general, después del desafío a la superioridad judía que supuso la destrucción del Templo. Y esos cuestionamientos—como suele hacer cualquier cuestionamiento de los relatos recibidos—adoptan la forma paródica.

Un ejemplo elocuente es un libro bíblico postexílico (es decir, posterior a la destrucción del Primer Templo en el año 586 antes de la era común): Jonás.[4] Se difundió probable-

[1] John Morreall, «Sarcasm, Irony, Wordplay and Humor in the Bible: A Response to Hershey Friedman», *Humor*, vol. 14, n.º 3, 2001, pp. 293-301, esp. 300-301. O, como dice John A. Miles («Laughing at the Bible», *JQR*, vol. 65, n.º 3, enero de 1975, p. 180), «el humor antiguo era característicamente más *reírse de* que *reír con*».

[2] Athalya Brenner, «Who's Afraid of Feminist Criticism? Who's Afraid of Biblical Humour? The Case of the Foreign Ruler in the Hebrew Bible», *Journal for the Study of the Old Testament*, n.º 63, 1994, pp. 38-55, esp. 42-43.

[3] Quizá en este caso la excepción que confirma la regla—ver a Balam como profeta paródico—reforzara esa sensibilidad: se lo parodiaba porque no se ajustaba a la misión que el Dios judío le había asignado.

[4] La primera mención de los Doce Profetas (que contiene el libro de Jonás) como libro canónico se encuentra en Ben Sirá (*c.* 180 antes de la era común); y la primera mención de la costumbre de leerlo data de siglos posteriores, en el Talmud (TB Megillah 31a).

mente a partir de finales del siglo V antes de la era común, aproximadamente en la época de Aristófanes. Es un ejemplo excéntrico, porque generalmente el libro de Jonás no se considera una obra cómica: de hecho, desde la época talmúdica es el libro que se lee el día más santo del año judío, en el servicio vespertino del Yom Kipur, el día de la Expiación, por lo que se lo suele considerar como un testimonio del poder del arrepentimiento. Pero cualquier mirada atenta al libro de Jonás nos revela que en realidad no representa un modelo simple de arrepentimiento ni, para el caso, de nada.

Jonás, parece claro, es un profeta del Señor. O al menos el Señor le pide que profetice—no a los judíos, sino a los habitantes de Nínive, que han pecado mucho—. Jonás elude la tarea escapándose, una estrategia no tan extraña entre los profetas del Señor (pensemos en Moisés y en Jeremías), pero es el único caso de fugitivo que acaba siendo tragado por un gran pez (en el original hebreo no está claro si se trata de una ballena), reza en el vientre del animal y es vomitado.

Jonás es también el único profeta cuya profecía tiene éxito. De hecho, logra un *profundo* éxito: nunca ha habido un orador con más éxito en la historia judía, en el sentido de que sus palabras fueron escuchadas. Jonás sólo tiene la oportunidad de decir cinco palabras en hebreo—«*od shivim yom venineveh nehefékhet*», o 'De aquí a cuarenta días será destruida Nínive'—y toda la ciudad-Estado se sume en una orgía de llantos y lamentos, vistiendo de saco a humanos y animales. Tal reacción parece—no sólo a mí, sino mucho antes, a diversos estudiosos—un poco excesiva.[1] (No debería pasar inadvertido—como sin duda no lo hizo entre los lectores de la época—que este notable éxito profético pudo deberse a que en este caso la palabra del Señor no iba dirigida a los

[1] Véase, por ejemplo, E. M. Good, *Irony in the Old Testament*, Filadelfia, The Westminster Press, 1955, p. 49.

judíos).[1] Sea como fuere, la actitud de Jonás ante su notable éxito es sorprendentemente malhumorada (al menos hasta que uno recuerda su talante adusto a lo largo de todo el libro),[2] y en el final del libro, que ha desconcertado a los lectores durante siglos, se enzarza en una discusión con Dios sobre un arbusto.[3]

Sin embargo, la mayoría de enigmas del libro pueden resolverse si cambiamos nuestro marco de referencia y lo entendemos como una parodia de la misión profética más que como un relato de la misión misma.[4] Ésta fue, dicho sea de paso, la lectura del panfletista y héroe de la guerra de independencia americana Thomas Paine: «Si el propósito de la historia era que la creyéramos, es ridícula; y si era poner a prueba lo que puede llegar a tragarse un crédulo, es una historia de risa, porque quien se traga el cuento de Jonás y la ballena puede tragarse cualquier cosa», escribió.[5] Jonás, a

---

[1] Véase Elias Bickerman, *Four Strange Books of the Bible*, Nueva York, Schocken, 1967, p. 17.

[2] Sobre el extraño personaje que es Jonás, véase Yvone Sherwood, «Cross-Currents in the Book of Jonah: Some Jewish and Cultural Midrashim on a Traditional Text», *Biblical Interpretation*, vol. 9, n.º 1, 1998, pp. 49-79, esp. 53. Lutero, entre otros, lo considera una prueba del odio judío a los gentiles; véase Bickerman, *Four Strange Books of the Bible, op. cit.*, p. 18.

[3] Para una posible explicación, véase Rob C. Barrett, «Meaning What They Say: The Conflict Between YHWH and Jonah», *Journal for the Study of the Old Testament*, vol. 37, n.º 2, 2012, pp. 237-257.

[4] Incluidas algunas cuestiones lingüísticas que son demasiado técnicas para el presente análisis, como una amplia consideración de juegos de palabras con el término *vómito* (que incluye al «arbusto», el *kikiun*, cuyo nombre podría traducirse literalmente por algo así como 'árbol del vómito'). Sobre los juegos de palabras como una fuente de humor en el libro, véase Willie Van Heerden, «Humour and the Interpretation of the Book of Jonah», *Old Testament Essays*, n.º 5, 1992, pp. 375-388.

[5] Thomas Paine, *The Age of Reason*, Londres, B. D. Cousins, p. 132. Conviene señalar que Paine creía que el libro era la sátira de un mal profeta más que una parodia general de la misión profética. Para otros intentos de determinar exactamente el objetivo de la parodia—¿se pretendía ridiculi-

diferencia de otros profetas, no protesta verbalmente, tan sólo se echa a dormir en la bodega de la embarcación cuando se desencadena la épica tormenta; y mientras que el resto de marineros aceptan la grandeza de Dios, él parece desentenderse. Asimismo, la oración de Jonás parece más bien una parodia del grito a Dios en el salmo *De profundis*, puesto que en efecto Jonás se encuentra literalmente *en las profundidades*, que en este caso parecen una materialización cómica de la imagen poética ya tópica.[1]

Los protagonistas de las parodias suelen ser individuos que están en los márgenes, que no están perfectamente integrados en la cultura hegemónica. El nombre de Jonás, hijo de Amitai, aparece temprano en la Biblia:[2] todo lo que sabemos de él es que lo ejecutó Jeroboam II, uno de los reyes malvados del norte. Quien escribiese el libro de Jonás tomó a una figura profética menor y marginal para elaborar un relato paródico, en el que no sólo se juega con su nombre, que puede traducirse como 'Paloma, hijo de Veracidad'—a diferencia de la paloma de Noé, ésta se hunde, y difícilmente parece albergar su corazón el amor a la verdad—, sino que, con su notable e increíble éxito, pone en evidencia los fracasos de la profecía judía. En este caso, lo cómico consiste en

---

zar la profecía?, ¿satirizar a quienes tomaban demasiado en serio las Escrituras hebreas?, ¿criticar a quienes no se atenían a una conducta profética adecuada, fuesen profetas o individuos desobedientes e impíos?—, véase John A. Miles Jr., «Jonah as Parody», *JQR*, vol. 65, n.º 3, 1975, pp. 168-181, y Kynes, «Beat Your Parodies into Swords», *op. cit.*, pp. 300-303.

[1] Sobre esto último véase en concreto Judson Mather, «The Comic Art of the Book of Jonah», *Soundings*, n.º 65, 1982, pp. 280-91, esp. 284-285.

[2] 2 Reyes 14, 25. Es posible que en la época circularan otras historias sobre Jonás; el profeta anterior vivió al menos un siglo antes de que pudiera haberse compuesto el libro de Jonás. Sobre aspectos del nombre, véase Yehuda T. Radday, «Humour in Names», en: Radday y Brenner, *On Humour and the Comic in the Hebrew Bible*, *op. cit.*, pp. 59-97, esp. 75-76.

contar la historia de alguien que intenta fracasar haciéndolo todo mal y termina saliéndole todo bien.[1]

No es extraño que nos suene la canción: recuerda a la queja de Max Bialystock—el personaje de *Los productores* (1967) de Mel Brooks—cuando descubre los elogios de la crítica a la obra *Springtime for Hitler*. El libro de Jonás no es *Los productores*, pero tienen cosas en común.

En el siglo II antes de Cristo el libro de Jonás se había convertido en sagrada escritura y los eruditos habían pulido los elementos paródicos y vulgares para evitar cualquier inquietud en torno al poder profético. Aunque el libro de Ester alcanzó un estatus similar canónica y litúrgicamente, *sus* aspectos paradójicos y vulgares no fueron revisados. Todo lo contrario, se vieron potenciados en la medida en que formaban parte de la festividad carnavalesca de Purim.

Lo cómico y el carnaval van de la mano, incluso etimológicamente. La palabra de origen griego *comedia* probablemente procede de las palabras que designaban la «celebración procesional» o «fiesta» (que significa a su vez 'festival aldeano', lo que probablemente explique la definición de Aristóteles de *comedia* como género vinculado a improvisaciones en la forma de «canciones fálicas», signifique lo que signifique).[2] Desde luego las celebraciones judías de Shushan (la ciudad persa de Susa) al final del libro de Ester son festivas. Pero, si bien casi todas las festividades judías tienen algún componente festivo, Purim fue diferente desde el principio, ya que permitía una celebración corporal, una válvula

[1] Véase R. P. Carroll, «Is Humour Also Among the Prophets?», en: Radday y Brenner, *On Humour and the Comic in the Hebrew Bible, op. cit.*, pp. 169-189, esp. 180-181.

[2] Véase Harry Levin, *Playboys and Killjoys: An Essay on the Theory and Practice of Comedy*, Nueva York, Oxford University Press, 1987, pp. 156-157.

de escape para evitar explosiones. A su debido tiempo nos ocuparemos de las canciones fálicas, pero primero centrémonos en las borracheras y las escabechinas.

El vino y la celebración están directamente asociados en la cultura judía, y según el famoso aforismo del Talmud, en la celebración de Purim, que es la más festiva del judaísmo, hay que emborracharse hasta ser incapaz de distinguir entre el genocida antisemita Amán y el héroe judío Mardoqueo. El anhelo de los rabinos de cumplir ese mandamiento, relata el Talmud, conduce a lo que tal vez sea uno de los chistes rabínicos más tempranos:

Un rabán y un rabino se juntan para celebrar el Purim, pero beben tanto que el rabán empuña la espada y decapita al rabino. Al día siguiente, ya sobrio, al darse cuenta de lo que ha hecho, le pide misericordia a Dios, que le devuelve la vida al rabino. Al año siguiente el rabán invita de nuevo a su amigo a celebrar el Purim, pero el rabino rechaza la invitación diciendo: «Los milagros no suceden todos los años».[1]

Un equilibrio cómico típicamente judío, que confronta la celebración desbocada y la precaución irónica: las válvulas de escape son fabulosas y recomendables, pero sin pasarse.

En el Talmud se ha vertido mucha tinta sobre los cuerpos de los rabinos:[2] que si uno está muy obeso, que si el tamaño del pene del otro es notable, etcétera. Cómo es posible que sobrevivieran estos detalles a la pluma del copista es algo sobre lo que se especula mucho, pero sin duda una razón es que la parodia y la vulgaridad son en cierto modo válvulas culturales de escape. Por más que el intelectualismo de los rabinos—el poder y la autoridad que les da su dominio de diversas formas de ingenio—sea la fuente y el fundamento

---

[1] TB Megillah 7b.
[2] Véase TB BM 84a; Daniel Boyarin, *Socrates and the Fat Rabbis*, Chicago, University of Chicago Press, 2009, *passim*, esp. pp. 177-186.

de su poder cultural, tienen plena conciencia de la posibilidad de parecer demasiado envarados, de modo que puede resultar muy conveniente cierta obesidad y ordinariez para acercarse al público menos elitista. Esto explica que la cultura rabínica—y su texto, el Talmud—contengan de todo: los elementos paradójicos y vulgares forman parte de la estructura misma, igual que la válvula de escape forma parte de la maquinaria. (Ello no excluye la posibilidad, claro está, de que tanto a las elites rabínicas como a los editores del Talmud les hicieran gracia los chistes sobre penes, como a todo hijo de vecino).

Cualquiera que haya visto *South Park* o *Padre de familia* es consciente del carácter caricaturesco de la escatología—y de lo graciosa que resulta—. Tratar el cuerpo como una especie de saco de excrementos repugnante es exactamente la antítesis—la parodia, al fin y al cabo—de los principios filosóficos y teológicos que representan al ser humano como imagen de lo divino: muestra claramente la diferencia entre el original y la copia. El libro de Jonás, lleno de regurgitaciones, es un caso ejemplar. Esta parodia profética puede haber creado otra, uno de los apócrifos del Antiguo Testamento: el libro de Tobías, probablemente escrito en el siglo II o III antes de Cristo.[1] El libro presenta a Tobit, un hombre arrogante e impopular que se queda ciego porque le caen en los ojos excrementos de pájaro y al que cura su hijo Tobías gracias a un remedio mágico hecho de hígado de pescado que le derrama en los ojos y huele tan mal que incluso los demonios que lo afligen no pueden soportarlo (juro que no me lo estoy inventando).

[1] Véase el análisis de Erich Gruen, *Diaspora: Jews amidst Greeks and Romans*, Cambridge (Massachusetts), Harvard University Press, 2002, pp. 148-158. Para una opinión opuesta sobre el valor cómico de Tobías, véase J. R. C. Cousland, «Tobit: A Comedy in Error?», *Catholic Biblical Quarterly*, vol. 65, n.º 4, 2003, pp. 535-553, esp. 546-547.

Tobías es un libro situado en la diáspora y sus lecciones —esencialmente que los judíos deben mantener su fe y casarse sólo entre ellos, aunque las relaciones extremadamente conflictivas de la familia de Tobías sugieran que puede haber cierta ironía— son diaspóricas. Lo cual nos lleva de nuevo al libro de Ester, no tanto al texto original como al modo en que el libro se amplió y utilizó a lo largo de los siglos, empezando por el período rabínico. En la mayor parte de la cultura judía tradicional los principales ejemplos de parodia, ordinariez y escatología —elementos potencialmente subversivos— proporcionaban una válvula de escape, y quedaban convenientemente delimitados en un contexto muy específico: la celebración de Purim. Que la festividad tenga lugar entre invierno y primavera, la época en que la muerte da paso al renacimiento, en que los calendarios tanto paganos como cristianos están llenos de carnavales, es un hecho llamativo. Como hemos visto una y otra vez, el humor judío a menudo reviste su contenido particular de formas culturales del entorno.

Un ejemplo particularmente interesante es el midrásico amontonamiento literal de humillaciones sobre Amán. Las autoridades rabínicas se basan en un texto corrupto en el que se describe a éste volviendo con su esposa y familia «*avel vechafui rosh*» ('de duelo, con la cabeza cubierta') tras el desfile triunfante de Mardoqueo, porque esta versión del texto les brinda la oportunidad de imaginar un burlón escenario escatológico que dé sentido a ese pasaje y, de paso, permita a los fieles reírse a expensas de Amán.[1] Un comentario explica que la hija de Amán, creyendo que quien conducirá finalmente el caballo del rey por las calles no será su padre sino Mardoqueo, prepara una peculiar emboscada: se instala en una azotea con un montón de excrementos, dispuesta a echárselos al judío cuando pase. Y efectivamente vacía el balde, pero, dado el cambio de personas, cubre de mierda al padre. Sólo

---

[1] TB Megillah 16a.

cuando éste alza la vista, ella se da cuenta de lo que ha hecho y se siente tan mortificada que se arroja desde la azotea y muere. Eso explica que Amán vuelva a casa de duelo por la muerte de su hija «y con la cabeza cubierta»... de mierda.

Quiénes se preguntan qué papel desempeña la arrogancia de la hija de Amán en el efecto cómico del relato (y, más allá, en el rompecabezas textual) pierden de vista lo más esencial: la hija de Amán no es tanto un personaje «real» como un dispositivo diseñado para darse el gusto de explicar el texto con elegancia y, al mismo tiempo, presentar a Amán, el archienemigo tradicional del pueblo judío, *cubierto de mierda*.

Podría pensarse que tales perspectivas cómicas sobre la historia de Purim se agotarían con el personaje de Amán (o, a lo sumo, con su familia). Pero el verdadero motor cómico de la pieza acabará siendo Mardoqueo. En un movimiento que tendrá notables consecuencias, al Amán midrásico y talmúdico se lo retrata como un hombre que nunca ríe, es decir, que carece de sentido del humor, un perfecto *agelast* ['aguafiestas'], en los términos de Harry Levin. También es posible considerarlo, dicho en la terminología de la comedia clásica griega, como *alazon*, «el fanfarrón, el farsante que finge ser más de lo que es»:[1] en el humor judío, Amán es un catalizador inagotable. Los *agelasts* hacen su debut en la comedia romana—eran personajes clave en las obras de Plauto—, y el paso del «gentil seboso y estúpido» al «gentil sin gracia» como señal definitiva de desprecio resonará a lo largo de los siglos de historia y humor judíos. Pero para entender la historia de su contraparte—es decir, el judío brillante que remata todos los chistes—es preciso hablar de los judíos y el teatro, puesto que para la mayor parte de la civilización occidental el teatro es el lugar donde nace la comedia.

---

[1] Good, *Irony in the Old Testament*, *op. cit.*, p. 14; compárese con el análisis de Arkadi Kovelman, «Farce in the Talmud», *Review of Rabbinic Judaism*, vol. 5, n.º 1, 2002, pp. 86-92, esp. 87-89.

Quizá resulte sorprendente, pero de hecho a los primeros judíos les inspiraba bastante antipatía el teatro. Aunque tal vez no sea tan sorprendente, dados los orígenes del teatro en la tradición religiosa pagana. Los rabinos prohibieron la asistencia a teatros y circos, sugiriendo que quienes asistían eran indignos: puesto que en la época todos los actores eran masculinos, la interpretación de papeles femeninos violaba la prohibición bíblica de travestismo.

No obstante, hubo una celebración en el calendario judío que constituiría una excepción a la regla, la cual se fue suavizando y permitió que esa fiesta se convirtiera en una tradición popular con el Medioevo y el Renacimiento, cuando el teatro quedó progresivamente separado de sus orígenes religiosos. Esa celebración era, por supuesto, la festividad de Purim, en la que grupos de aficionados efectuaban representaciones no demasiado distintas de las de sus vecinos cristianos: eran especialmente populares dramas bíblicos como la historia de Jonás y la ballena, o la de José y sus hermanos. Pero la más popular de todas era la dramatización de la historia de Ester. Antes del nacimiento del teatro judío profesional a finales del siglo XIX, la interpretaban estudiantes itinerantes que querían costearse el viaje de regreso a casa y llevar dinero a la familia en las vacaciones de Pascua.

Esas compañías de teatro amateur, como los personajes de *Sueño de una noche de verano* de Shakespeare (representada más o menos en la época en que estas obras de Purim estaban en su apogeo), solían ser vulgares en ambos sentidos de la palabra. Puesto que se representaban en el salón de casas privadas o en posadas, no destacaban por la escenografía ni el vestuario. Compensaban estas carencias con acrobacias, danza y una forma de actuación que debía mucho a la *commedia dell'arte* italiana. También podían ser escandalosamente obscenas, como ilustran estos pasajes de uno de los pocos *Purim shpils* del período que han sobrevivido. He aquí a Mardoqueo encomiando (más o menos) a Ester ante el rey:

Poco ha, mi majestad, he oído que andáis buscando
a una jovencita que os satisfaga con su encanto,
dizque una puta, o acaso prefiráis llamarla virgen [...]

Dejadme hablaros primero de sus curvas:
redonda como borrega, pero de naricilla chata
digna de mona, frente abombada cual elefanta
y un par de orejas como las del servil borrico,
más dos grandes melones para quien guste.[1]

Y, para darse una idea del tono original yiddish, he aquí
un pareado de la época en el que Mardoqueo dice a Asuero:
«*Halt mir dem shtekn | In arsh zolst mikh lekn*», 'El cipote
me agarraréis | y el culo me besaréis'.[2]

Quizá burlarse de los personajes bíblicos para humani-
zarlos sea cosa vieja. Después de todo hemos visto a Abraham convertido en un granujilla y a Jonás en profeta paródico.[3] Pero las obras de Purim llevan al límite la obscenidad
y la escatología, y la parodia incluso alcanza la esfera teológica o, dicho de otro modo, roza la blasfemia. Consideremos la parodia del Mardoqueo del *Vidui*, la sagrada confe-
sión judía (casi todas las palabras en mayúscula están en hebreo, salvo unos pocos de los últimos nombres, tomados del
texto original):

---

[1] Cita de Jean Baumgarten, *Introduction to Old Yiddish Literature*,
Nueva York, Oxford University Press, 2005, p. 377. Procede de *Eyn sheyn
purim-shpil* de 1697.

[2] Citado en Ahuva Belkin, «The 'Low' Culture of the Purimshpil», en:
Joel Berkowitz (ed.), *Yiddish Theatre: New Approaches*, Londres, Littman,
2003, pp. 29-43, esp. 37.

[3] Podrían darse otros ejemplos, como el libro apócrifo de José y Ase-
net. Aunque hay muchos detalles que no están claros—como su autor y su
datación: se supone que se escribió probablemente en los siglos I o II de
la era común—, el protagonista es mucho menos íntegro y virtuoso que en
el original, y el relato parece deber mucho a la tradición griega de la comedia
y el mimo. Véase Angela Standhartinger, «Humour in Joseph and Aseneth»,
Journal for the Study of the Pseudepigrapha, n.º 24, 2015, pp. 239-259.

POR
Me tiro a mocitas en el corral.
EL PECADO
Y con mayor gusto aún en el lecho.
QUE HEMOS COMETIDO
Hasta con una viuda he pecado.
ANTE VOS
A ninguna he perdonado.
ABRAHAM PECÓ
Tiene una tienda inmensa,
y allí da su recompensa.
ISAC PECÓ
La tiene bastante larga
y a las pícaras no amarga.
GEDALIA PECÓ
Tiene una buena tranca
para domar a toda potranca.
GUMPL PECÓ
Tan inmensa verga es la suya
que todas gritan ¡aleluya!
MOISÉS PECÓ
De gran miembro dotado
a todas las ha empotrado.
MEYER PECÓ
Los tiene éste tan grandes
como los de un elefante.[1]

¿Por dónde empezar? Por un parte, advertimos la introducción de groseras insinuaciones sexuales en el relato de Purim, y nada menos las hace el virtuosísimo Mardoqueo. Por si esto no fuera suficientemente escandaloso, nada es sagrado, ni siquiera los patriarcas (a los que se elogia por el tamaño de su pene, en vez de por su irreprochable comportamiento y su fe religiosa; se trata de un eco de las canciones

---

[1] Traducción inglesa de Baumgarten, *Introduction to Old Yiddish Literature*, *op. cit.*, p. 279. [La traducción española que se ofrece parte de la inglesa. (*N. del T.*)].

fálicas que mencionaba Aristóteles). Y tal vez lo más blasfemo de todo sea que precisamente Mardoqueo—el personaje que hacía de narrador, el cómplice del público que solía hacer los apartes dirigidos a los espectadores—haga estos últimos comentarios parodiando la oración que se reza en Yom Kipur al confesar la lista de comportamientos pecaminosos. Es evidente que Mardoqueo no parece demasiado arrepentido.

Llama la atención otro detalle, tal vez menos vulgar, pero igualmente paródico, aunque menos obvio en la traducción. El parlamento de Mardoqueo es bilingüe, mezcla el *Vidui* en hebreo con los comentarios en yiddish, de modo que también parodia el estilo de interpretación bíblica y hebrea habitual en la época. Y el juego lingüístico—más sutil, quizá, pero no menos importante para el efecto cómico—de contrastar el hebreo elevado y sagrado con el yiddish del habla cotidiana nos recuerda que el término *vulgar* está etimológicamente relacionado con el lenguaje común. Los artistas cómicos judíos utilizaron estos juegos lingüísticos para cultivar el ingenio tradicional y, como prueban estos ejemplos, podían lucirse en el registro más soez.

El hecho de que una parodia de las enseñanzas, o al menos de la liturgia, se cuele en la obra de Purim es un recordatorio de que la parodia de Purim—y en general la parodia judía—abarca todo el espectro intelectual. En el Talmud, por ejemplo, existen ingeniosas parodias de la interpretación rabínica y de los escritos cristianos.[1] Muchas son demasiado técnicas para lectores no familiarizados con la lógica talmúdica, pero un ejemplo similar puede hallarse en un notable texto fechado en Irak entre de los siglos VIII y X: *El alfabeto de Ben Sira*. Este libro, que, como los relatos de Purim, mezcla escatología e ingenio, cuenta la historia de un

---

[1] Véase Holger Zellentin, *Rabbinic Parodies of Jewish and Christian Literature*, Tubinga, Mohr Siebeck, 2011, *passim*.

niño prodigio llamado Ben Sira que escribió el libro apócrifo del Eclesiástico: su nacimiento, resultado de un incesto accidental (porque al profeta Jeremías lo obligan a masturbarse públicamente en los baños adonde también acude su hija, y el semen queda flotando en el agua), su escasa educación, sus ingeniosas respuestas a Nabucodonosor (y la curación de unas molestas flatulencias que padece la hija de éste), etcétera.

He aquí lo primero que dice Ben Sira, nacido con dientes y con el don del habla, para explicar quién es su padre:

«¡El hijo de Sira soy, el hijo de Sira!». Su madre le dijo: «¿Quién es ese Sira, hijo mío, un gentil o un judío?». Ben Sira respondió: «Madre, Sira es Jeremías, y él es mi padre». «¿Y por qué se llama Sira?». «Por ser el *sar*, el oficial al mando, que está por encima de todos los oficiales [de las naciones gentiles], y está destinado a hacer que todos ellos y sus reyes beban la copa del castigo [...] ¡No tienes más que sumar los equivalentes numéricos de las letras del nombre Jeremías, que suman 271, y las del nombre Sira, que suman lo mismo [lo cual prueba que Jeremías y Sira son la misma persona]!». Su madre le dijo: «Si eso es cierto, deberías haber dicho: "Soy el hijo de Jeremías"». Ben Sira replicó: «¡Eso *quería* decir, pero no me atrevía a insinuar que Jeremías se acostó con su hija!».[1]

Para comprender la dimensión paródica del pasaje es necesario tener nociones de gematría, un método de exégesis numerológica común en obras de interpretación rabínica, y conocer algunas claves etimológicas (para captar el juego de palabras entre *sar* y *sira*). La plena comprensión de la obra requiere también conocer los textos bíblicos específicos, y las interpretaciones de los mismos relacionadas con Jere-

---

[1] Sobre este texto, véase David Stern, «The 'Alphabet of Ben Sira' and the Early History of Parody in Jewish Literature», en: Hindy Najman y Judith H. Newman (ed.), *The Idea of Biblical Interpretation: Essays in Honor of James L. Kugel*, Boston, Brill, 2004, pp. 423-448, cita en pp. 430-431.

mías, que parodia esta obra.[1] Diferentes lectores la apreciaron de distinto modo en función de su nivel de conocimientos, educación, familiaridad y sofisticación textual, lo cual ocurre con casi cualquier parodia, y sin duda con las parodias de Purim que florecieron a lo largo de la Edad Media y el Renacimiento.

Las festividades medievales de Purim, por ejemplo, eran bien conocidas, siguiendo las tradiciones cristianas del carnaval y su rey, por los «rabinos de Purim».[2] El rabino de Purim podía ser simplemente el portavoz del pueblo, que participaba en la subversión de la jerarquía social común al carnaval, pero también podía pronunciar *purim torah*, parodias extremadamente detalladas y recónditas de sermones rabínicos, jocosas sólo para un público extremadamente selecto. (Este tipo de parodias no eran exclusivamente judías: los goliardos, estudiantes clericales pobres en las nuevas universidades de la temprana Edad Media, llevaban vidas licenciosas y pícaras, aunque los estudiosos aún no han establecido vínculos entre los goliardos y los eruditos parodistas judíos).

Aunque los sermones de Purim, difundidos oralmente, apenas se hayan conservado, otras parodias de textos rabínicos escritas en el mismo período pueden darnos una idea. Por ejemplo, la parodia talmúdica *Tractate Purim*, escrita probablemente a principios del siglo XVI, aunque la tradición en la que se inscribe se remonta siglos atrás[3] e incluye

[1] Véase Stern, «The 'Alphabet of Ben Sira' and the Early History of Parody in Jewish Literature», *op. cit.*, pp. 433 y ss; los textos incluyen Job 1, 10, así como ejemplos de *midrashim* relacionados con Jeremías.

[2] Peter J. Haas, «Masekhet Purim», en: Leonard J. Greenspoon (ed.), *Jews and Humor*, West Lafayette (Indiana), Purdue University Press, 2011, pp. 55-65, esp. 57-58; Ariella Krasny, «Rav shel purim-teatron shel yom echad», *Bikoret ufarshanut*, n.º 41, 2009, pp. 93-110; Dentith, *Parody, op. cit.*, p. 50; Ingvid Saelid Gilhus, *Laughing Gods, Weeping Virgins: Laughter in the History of Religion*, Nueva York, Routledge, 1997, pp. 85-104.

[3] Véase Israel Davidson, *Parody in Jewish Literature*, Nueva York, Columbia University Press, 1907, p. 19.

la obra escrita de personajes a los que ya hemos mencionado, como Kalonymus ben Kalonymus e Immanuel el Romano. (La parodia más antigua de la que tenemos noticia, un
himno de la noche de Purim del siglo XII aproximadamente, parodia un himno de la noche de Pascua: jugando con la
idea de que esa noche goza de protección divina, *leil shimu-
rim*, la transforma en noche de borrachera, *leil shikorim*).[1]
Va un pasaje:

Dijeron los rabinos Keg y Jug: «Las Escrituras dicen: "Quitarás el
mal de en medio de ti" (Deuteronomio 21, 21). Y el mal no es otro
que el agua, pues "las aguas son malas y la tierra estéril" (2 Reyes 2,
19). Lo cual confirma la lectura del rabino Vinoañejo, quien dijo
que la generación del diluvio fue castigada por beber agua en Purim, pues, como bien se dice de los hombres de aquellos tiempos,
"todos sus pensamientos y deseos sólo y siempre tendían al mal"
(Génesis 6, 5). También se nos ha enseñado que quien beba agua
en Purim no verá la Tierra Prometida, pues es bien sabido que "el
pueblo se querelló contra Moisés diciendo: 'Danos agua'" (Éxodo 17, 2). Esto significa que si hubiesen pedido vino habrían tenido
sitio en la Tierra Prometida, porque "Noé comenzó a labrar y plan-
tó una viña" (Génesis 9, 20)».[2]

Puedo asegurar que para quien se ha criado en la tradición
rabínica y ha estudiado el Talmud durante años, esta pieza
resulta una hilarante parodia de la literatura rabínica. Las
parodias de este género (como comentó uno de los más antiguos estudiosos del tema: «No es ninguna exageración decir que la parodia judía contiene toda la literatura judía en
miniatura; de hecho, sería fácil realizar una colección de parodias que representasen la Biblia, el Talmud, la Midrash, la

---

[1] Véase J. Chotzner, *Hebrew Humour and Other Essays*, Londres, Luzac & Co., 1905, pp. 110-112. El himno paródico aparece en el *Mahzor Vit-
ry*. Véase Davidson, *Parody in Jewish Literature*, *op. cit.*, pp. 4-5.
[2] Traducción tomada de Haas, «Masekhet Purim», *op. cit.*, p. 61.

literatura de la *responsa*, el código de la Torá, la Liturgia, el Zohar y las Homilías»)[1] prosiguieron a lo largo de la Edad Media y en siglos posteriores, particularmente en la cultura rabínica de las *yeshivot*. Una anécdota ilustrativa sobre los discursos de Purim en la famosa *yeshivá* de los siglos XIX y XX, situada en Volozhin (en la actual Bielorrusia):

En la época en que el rabino Ítzeleh dirigió la *yeshivá* [Isaac de Volozhin, fundador y director de la *yeshivá* de la ciudad], Mordechai Gimpel Yaffeh, uno de los mejores estudiantes, fue elegido rabino de Purim. Cuando le llegó la hora de pronunciar su discurso, los estudiantes se agruparon a su alrededor para escucharlo, y lo mismo hizo el rabino Ítzeleh. El rabino de Purim pronunció un discurso agudo y bien razonado sobre una aparente contradicción entre una sentencia del Talmud de Jerusalén y un fallo legal citado por Maimónides. Los estudiantes se volvieron hacia el rabino Ítzeleh para protestar: el rabino de Purim no había cumplido con la condición de dar una lección ficticia. El rabino Ítzeleh se rio y les dijo: «El razonamiento legal en sí es auténtica Torá, pero la sentencia y el fallo son una invención».[2]

La mayor parte de este tipo de piezas debieron ser ininteligibles salvo para un pequeño grupo de estudiantes varones con años de estudio en la *yeshivá*. No obstante había materiales más accesibles, como las parodias de disputas sobre cuestiones de metafísica y teología. Mientras que, como hemos visto, sus equivalentes reales eran causa de profunda angustia para la comunidad judía, sus contrapartidas paródicas tenían menor importancia, salvo por su valor para entretener. He aquí una parodia en yiddish de 1517 en la que distintas festividades judías discuten sobre cuál es mejor:

[1] Davidson, *Parody in Jewish Literature*, *op. cit.*, p. xix.
[2] Citado en Daniel Z. Feldman, «The Lomdus of Laughter: Toward a Jewish Ethic of Humor», en: Yehuda Sarna (ed.), *Developing a Jewish Perspective on Culture*, Nueva York, Yeshiva University Press, 2014, pp. 408-429, esp. 417-418, ligeramente glosado.

—Abreviemos—dijo Pésaj, dando un paso adelante—: el premio ha de ser para mí. Mi día marca el comienzo del relato, Dios eligió mi noche para salir de Egipto y partió las aguas del mar Rojo.

—No tengo nada que envidiar—replicó Janucá—, la gente come mucho mejor en mi día. Jóvenes y viejos se alegran al verme. ¡Así que a ver si te callas, charlatán!

[…]

—Lamento deciros—añadió Purim—que gano yo: en mi día se cocina lo mejor y además el pueblo de Israel se salvó y Amán fue ahorcado.

—Sigues siendo inferior—replicó sabiamente Janucá—, porque mi fiesta dura ocho días en total, y aun así se hace corta.[1]

Y a continuación, el vino y el agua enzarzados en una disputa parecida:

—¡Deberías alabarme!—exclamó el vino altivamente—. No sólo se me vierte en el altar del sacrificio cada día, sino que la gente paga por mí grandes sumas de dinero y me almacenan en preciosos toneles mientras que a ti te tiran por el suelo.

—¡Deja de jactarte a mi costa!—protestó el agua—. Tú fuiste el culpable de que las hijas de Lot pecaran: le dieron unos tragos de vino a su padre, y de lo que pasó luego mejor no presumas, ¡porque las dejó preñadas a las dos![2]

Estas parodias, pese a basarse en las costumbres o rituales que conocía cualquier miembro de la comunidad judía tradicional, no son ni demasiado vulgares ni demasiado excluyentes; no están exentas de vulgaridad (me remito a la alusión a Lot), pero no son excesivamente explícitas; aunque rocen los límites del decoro, no los traspasan. Hay otras crea-

---

[1] Zalman Khazak, «The War of the Holy Days» (Oldendorf, 1517), en: Joachim Neugroschel, *No Star Too Beautiful: Yiddish Stories From 1382 to the Present*, Nueva York, Norton, 2002, p. 11.

[2] Zalman Sofer, «Debate Between Wine and Water» (1517), en: Neugroschel, *No Star, op. cit.*, p. 9.

ciones similares, como los almanaques/calendarios bufos de Purim, que mezclan los meses y colocan las festividades en fechas equivocadas.

Mijaíl Bajtín, en su original estudio sobre el mundo de Rabelais,[1] muestra la constante pugna en el mundo renacentista entre cultura oficial y cultura popular, entre los que mandan y los mandados, un mundo en el que el carnaval y el humor carnavalesco constituían formas reguladas y autorizadas de rebelión—en otras palabras, válvulas de escape destinadas a reforzar el control institucional—. Bajtín no habla de los judíos, pero en su análisis de fiestas de origen medieval como la «fiesta de los tontos» o «la fiesta del obispillo», la simulación de la vida de los santos, las parodias litúrgicas, los centones humorísticos en que se reordenaban versículos bíblicos para componer nuevos textos, las parodias medievales y renacentistas recorren todo el espectro, de arriba abajo, desde la elite hasta lo popular. Lo bajo era considerado parte esencial del conjunto, incluso por los de arriba.

En otras palabras, pese a lo que puedan parecernos estas obras aparentemente blasfemas, y pese a la capacidad que pudieran tener para socavar los fundamentos de la cultura y la sociedad, no deberíamos rechazarlas sin más. Las produjeron, difundieron y disfrutaron personas que apreciaban la cultura tradicional y la cultura rabínica. Muchos de los actores cómicos de Purim pasaban meses y años en la *yeshivá*. Tales parodias tenían más que ver con el amor que con la distancia.

Naturalmente, al cabo de los siglos la cosa se complicó.

---

[1] Véase Mijaíl Bajtín, *Rabelais and His World*, Bloomington (Indiana), Indiana University Press, 1984 [existe traducción en español: *La cultura popular en la Edad Media y el Renacimiento: el contexto de Rabelais*, trad. Julio Forcar y César Conroy, Madrid, Alianza, 2003], y un análisis en Andrew Stott, *Comedy*, Nueva York, Routledge, 2005, pp. 32-38.

Buena parte de estas parodias medievales inquietaban especialmente a los judíos modernizadores preocupados por su aceptación en la sociedad gentil, pues les parecían inadecuadas para una época luminosa como la Ilustración. Los activistas de la Haskalá no fueron en modo alguno los primeros que intentaron censurar las obras cómicas de la tradición popular: *El alfabeto de Ben Sira* contaba con un buen número de lectores ofendidos, algunos de los cuales consideraban que era una falsificación antirrabínica. También tenían sus adversarios en el mundo de la *yeshivá* de los *Purim shpils*,[1] pues consideraban que era una frivolidad inadecuada para los estudiantes. Pero sin duda los miembros biempensantes de la Haskalá elevaron la crítica a un nuevo nivel, convirtiendo la reforma de las obras de Purim en uno de sus primeros objetivos literarios, como parte del esfuerzo por ofrecer una imagen de la propia tradición aceptable en los salones de la Berlín de la Ilustración. Piezas teatrales como *Laykhtzin un fremelay* ['Estupidez y mojigatería'] estaban concebidas como obras de Purim refinadas para representar en las nuevas instituciones educativas que se estaban creando con el propósito, nada menos, de cultivar un nuevo sentido del humor judío.

Pero este espíritu no duró mucho, pues por lo visto tampoco los reformistas de la Haskalá eran inmunes a los atractivos de la parodia, el humor escatológico y vulgar. Esto se hizo evidente sobre todo cuando el movimiento de la Haskalá topó con los jasidíes de la Europa del Este y fue ganando terreno el yiddish, la llamada lengua vulgar. Como ya hemos comentado, los escritores de la Haskalá consideraban a los jasidíes la antítesis judía del Siglo de las Luces: les parecían necios y supersticiosos, normalmente manipulados por sus corruptos líderes. Los jasidíes, lamentándolo mucho, no

---

[1] Véase Shulchán Aruch, *Or hachayim* 307, 16, basado en una lectura de Salmos 1, 1 («Bienaventurado el que [...] no se sienta en compañía de malvados»).

estaban de acuerdo, pero en cualquier caso sus ideas místicas sobre la necesidad de trascender el mundo físico participando en él (como atestiguan los relatos de rabinos jasidíes bailando, cantando y comiendo: trataban de investir esos actos de sacralidad) los convirtieron en la diana de una serie de relatos donde se los representaba como vulgares maníacos sexuales, glotones insaciables, jugadores empedernidos o simples ignorantes.

Ya hemos citado chistes en este sentido. Muchos de esos ataques también se efectuaban a través de parodias de los crédulos relatos de los adeptos al jasidismo, o del típico cuento hagiográfico jasídico, como los que pueden leerse en *Shivchei Ha-Besht* ['Elogios del Baal Shem Tov', *c.* 1780 o 1810], la antología de leyendas sobre el fundador del jasidismo. Tales parodias a menudo incluían generosas dosis de obscenidad y escatología. En *Megaleh Tmirim* ('El revelador de secretos') de Joseph Perl, por ejemplo, el rabino jasidí muere ignominiosamente cuando, borracho como una cuba, cae por la ventana de un cuarto de baño. Transcurridos dos mil años, todavía pueden oírse los ecos de la muerte de Eglón, y sin duda la alusión es deliberada: para la Haskalá, los jasidíes son tan peligrosos como lo fueron los moabitas.

Si *Megaleh Tmirim* parodia el discurso jasídico en una forma literaria occidental como la novela epistolar, el compañero de viaje de Perl, Isaac Mayer Dick—cuyo rabino jasídico tiene un destino similar en la sátira «El gilgul»—, se vale de géneros judíos más tradicionales. No sólo en el testimonio sobrenatural del espíritu reencarnado de «El gilgul», sino también en un tratado pseudotalmúdico titulado *Masekhet Aniyut* ('Tratado de pobreza'), firmado con el pseudónimo «El pobre, líder de los pobres, el rabino Pobretón», que incluye las anotaciones «de aquellos sabios de los pobres, haraganes que han consagrado sus vidas a la investigación de la pobreza». Una pseudoley del mismo reza: «Cualquier hijo de Israel puede oficiar bodas, cantar y enseñar, incluso los que en su vida han leído la Torá ni han ido a la escuela. Como dice el gran rabino de los pobres y haraganes: incluso el tartamudo y el ignorante».[1]

La parodia de Dick, como otras de la Haskalá, es de una mordacidad polémica. En este caso desliza una crítica a las prácticas profesionales y educativas tradicionales. Pero mientras que Dick aún albergaba la esperanza de que sus esfuerzos paródicos propiciasen un cambio social, Méndele Móijer Sfórim utilizaría la literatura para burlarse de tales esperanzas ilustradas tachándolas de quijotescas en su parodia de la gran obra de Cervantes. En el primer capítulo hemos mostrado que *Viajes de Benjamín III* (traducido al polaco como 'El don Quijote judío') es una crítica a las instituciones liberales y, en general, a los poderes políticos judíos. No obstante, no se ha mencionado cuán brillante es el homenaje a su ilustre predecesor. El Benjamín de Méndele parte en busca de gloria personal y nacional (y también para huir de la bruja de su mujer), pero es incapaz de llegar mucho más allá de su patio trasero. Como en el caso de don Quijote, su búsqueda está condenada al fracaso; pero, como evidencian su propia cobardía, el carácter acomodaticio y pietista de su Sancho Panza, Sénderl, y los abusos de los judíos locales con los que topa, el fracaso carece de la trágica nobleza del héroe cervantino, que es reemplazada por la angustiosa ignominia judía. (Especialmente porque, para acentuar la humillante situación de Benjamín y Sénderl, Abramovich los cubre de vez en cuando de excrementos y aguas residuales: la comedia escatológica sigue imponiéndose).

Aun así, la parodia yiddish siguió siendo en cierto sentido estructuralmente optimista mientras se abría camino hacia el siglo XX. Imitando y haciendo guiños a las corrientes lite-

[1] *Masekhet Aniyut* (Vilna, 1878), p. 26. Sobre este texto véase también Derek Penslar, «The Continuity of Subversion: Hebrew Satire in Mandatory Palestine», *Jewish History*, vol. 20, n.º 1, 2006, pp. 19-40, esp. 23-25.

rarias occidentales y a las corrientes judías más antiguas, podía servir como consigna de las posibilidades de una literatura judía moderna consciente de sí misma. A fin de cuentas, parodiar la cultura y la literatura occidentales implica haber interiorizado los temas, estilos y preocupaciones de esa cultura e ilustra cómo pueden prosperar (aunque en clave cómica y de forma sesgada) en la propia cultura. Que a los hablantes de yiddish su lengua les pareciera particularmente flexible favoreció el proceso, ya que el estar abiertos a la incorporación en la literatura de otros idiomas permitía juegos paródicos. Podía tratarse de canciones yiddish cuyas rimas y melodía estaban tomadas del cabaret polaco, canciones que abrazaban y cuestionaban a la vez la participación judía en esa cultura como minoría.[1] O podía tratarse, como en la reformulación que hizo Itzik Manger, de historias bíblicas tradicionales en forma de balada, creando una tensión natural entre los elevados personajes bíblicos y los personajes terrenos, melodramáticos y patéticos:

> Lot, ya me perdonarás que te lo diga,
> pero tu juerga nocturna me fustiga,
> ayer fuiste a la taberna de aquí al lado
> y la liaste bien, me lo han contado.
> Deja que beba tu vecino el sastre,
> que si tú bebes acabará en desastre:
> tienes dos hijas, dinero y poderío,
> ¡y no hay perdón para el judío impío![2]

Pero el tratamiento que Manger hizo del libro de Ester suponía una concepción más moralizante sobre las posibilidades de integración cultural que simbolizaba la parodia: el

---

[1] Véase David Roskies, «Major Trends in Yiddish Parody», *JQR*, vol. 94, n.º 1, 2004, pp. 109-122.

[2] «Abraham Scolds Lot», en: Itzik Manger, *The World According to Itzik*, New Haven (Connecticut), Yale University Press, p. 8.

autor incorpora a un nuevo personaje en el libro bíblico, un sastre enamorado de la reina que intenta asesinar a Asuero. Pero Amán, convertido en el director de un periódico antijudío contemporáneo que difunde mensajes sobre la perfidia judía parecidos a los de los *Protocolos de los Sabios de Sión* encarna el fracaso del ingenio artístico frente al antisemitismo agresivo eliminacionista.

Otros enfoques de la «cuestión judía» propuestos ante el fracaso de la emancipación también eran sensibles a las posibilidades de la parodia. Los sionistas que llegaron a Palestina antes de la fundación del Estado de Israel produjeron sus propias parodias en todo el espectro de las ideologías políticas.[1] Una de estas parodias de la Hagadá de Pascua, titulada «Desde Egipto hasta aquí», por ejemplo, estaba destinada a convencer al lector de que vertiera su rabia contra los británicos, «los gentiles que nos han engañado, y contra las comisiones que no invocaron nuestro nombre». Al mismo tiempo, en la historia de los cuatro hijos, asignaba los papeles menos lucidos de tres de ellos a distintos representantes de la política judía de la época: el hijo malvado era un revisionista; el hijo simple, un binacionalista, y el hijo que no sabe cómo preguntar, un comunista. Otras obras del período anterior a la creación del Estado de Israel criticaban la ultraortodoxia, y una recóndita parodia talmúdica de 1913 satirizaba el debate sobre qué lengua enseñar en la escuela primaria, si hebreo o yiddish. Generaciones posteriores de israelíes serían igualmente sacrílegas; por ejemplo, en la guerra del Líbano, se transformó una canción popular clásica sobre el deseo de ser enterrado en la primera bodega judía de la Palestina pre-Estado cambiando la letra. El original rezaba:

> Cuando nos llegue la muerte
> que nos dejen descansar

---

[1] Penslar, «The Continuity of Subversion», *op. cit.*, pp. 27-32.

en la animada bodega
que hay en Rishon LeZion,
porque allí hay mozas bonitas
que hasta arriba llenan copas
de un vino rojo rubí.

La parodia:

Cuando nos llegue la muerte
que nos saquen por la escotilla
del interior de los tanques
donde estaremos calcinados,
porque allí hallarán los restos
perfectamente esparcidos
de carne rojo carbón.[1]

Como cabe imaginar hubo un clamor de protesta, y el ejército se apresuró a omitir en la televisión la imagen de los soldados cantando esta canción.

Pero el sionismo no fue la única ideología que recurrió a—o abundó en—la parodia. En la temprana Unión Soviética, las «*haggadot* ['narraciones'] rojas» parodiaban el servicio de Pésaj para desacreditar la celebración de la fiesta o de otros rituales religiosos.[2] En Inglaterra y en Estados Unidos los socialistas utilizaron el libro y la historia del Éxodo para crear obras como la Hagadá Socialista (que apareció por primera vez en el *Worker's Friend* en 1887)[3] y en un pasaje de «Una parodia socialista de los Diez Mandamientos» (1895) de Morris Winchevsky se lee:

---

[1] Tomado de Yael Zerubavel, *Recovered Roots: Collective Memory and the Making of Israeli National Tradition*, Chicago (Illinois), University of Chicago Press, 1995, p. 175.

[2] Penslar, «The Continuity of Subversion», *op. cit.*, p. 22.

[3] Eddy Portnoy, «Paschal Lampoon», http://www.tabletmag.com/jewish-life-and-religion/65090/paschal-lampoon.

Yo soy Yaveh, tu Dios, y Mammón es mi nombre [...] *No tomarás mi nombre en vano* [...] no jurarás en falso por mi nombre salvo si hacerlo te permite aumentar la cuenta bancaria [...] *No matarás* [...] por grandes que sean tus tesoros, no cargues con tan grave pecado, hijo mío; mas no te inquietes si te dan la noticia de que una de tus máquinas ha amputado a alguno de tus trabajadores.[1]

Pese a la influencia real de los movimientos socialistas entre los judíos emigrados a Estados Unidos, la ideología que más rápida y mayoritariamente abrazaron fue la americanización. El lenguaje tradicional de la parodia judía se empleó a menudo para abordar las cuestiones que planteaba la aculturación. En el libro en hebreo *Tractate America* de Gerson Rosenzweig, por ejemplo, podían leerse pasajes de fragancia talmúdica como éste:

Los sabios han contado siete características en los pardillos recién llegados: comen vorazmente, caminan por en medio de la calle, maldicen el nombre de Colón, usan palabras en inglés, piden consejo pero no lo siguen y abaratan el precio de mano de obra en el mercado de trabajo.[2]

Pero la parodia no tardó en convertirse en un medio para comentar la brecha entre inmigrantes e hijos de inmigrantes y dar un toque étnico al chiste de judaizar algo profundamente estadounidense—por ejemplo, los hijos de los inmigrantes, que se habían transformado en perfectos americanos, o al menos podían aspirar a hacerlo—. El yiddish se volvió, como ya había ocurrido en los *Purim shpils*, parte del chiste. Pero en vez de llevar el pasado épico o el presente trascendente al terreno de lo cotidiano, se convirtió en un recordatorio de

---

[1] En Gary Phillip Zola y Marc Dollinger (ed.), *American Jewish History: A Primary Source Reader*, Waltham (Massachusetts), Brandeis University Press, 2014, pp. 144-145, esp. 144.

[2] Citado en Davidson, *Parody in Jewish Literature, op. cit.*, p. 103.

algo situado en un pasado cada vez más lejano, lo cual producía una compleja mezcla de apego y extrañeza. Dados los avatares de la americanización, estos recordatorios paródicos adoptaron dos formas. O bien sugerían la distancia entre las identidades «judeoamericana» y «americana», o bien se burlaban de cómo la identidad cultural estadounidense en realidad se estaba volviendo judía, a pesar de los frecuentes esfuerzos de sus creadores judíos por ocultar esta realidad.

Tomemos ejemplos musicales. Mickey Katz era un nombre familiar entre las comunidades judías a mediados del siglo XX, y sus parodias de canciones populares estadounidenses estaban salpicadas de yiddish. Chicos y chicas de todas partes conocían *The Ballad of Davy Crockett* ['La balada de Davy Crockett'], que contaba la historia del «rey de la frontera del salvaje Oeste», «nacido en la cima de un monte de Tennessee», quien «mató un oso cuando no tenía ni tres años». En una versión de 1955, Katz rebautizó a este héroe de la frontera como Duvid Crockett, nacido en Delancey Street, cuya hazaña a los tres años consistía en perseguir gallinas.

Ambos Crockett se iban al Oeste: David para convertirse en una leyenda y dejar un glorioso legado (al menos en la canción); Duvid, por su parte, iba a jugar a Las Vegas y terminaba perdiendo hasta la camisa: «Se fue a casa *naket* ['desnudo']» dice la canción, y esta modificación yiddish de la palabra *naked* permite hacer la rima con *Crockett.* Tanto si los oyentes entendían cada una de las palabras yiddish que salpicaban las canciones de Katz como si no—es muy probable que muchos las entendieran, o les sonasen de la infancia—, se captaba perfectamente la parodia por la mezcla de dos mundos discordantes que el uso del yiddish ilustraba.[1]

---

[1] Otros mundos discordantes, como señala Jarod Tanny, eran también los del norte y el sur «judíos». Véase Jarrod Tanny, «Between the Borscht Belt and the Bible Belt: Crafting Southern Jewishness Through Chutzpah and Humor», *Southern Jewish History*, n.º 15, 2012, pp. 126-129.

Y la burla sonó alto y claro: «Duvid Crockett, King of Delancey Street» vendió doscientas mil copias y alcanzó el segundo puesto en la lista de los más vendidos.[1] Las bromas que en la década de 1950 hacía Katz—en la portada del álbum aparecía en una charcutería rodeado de salamis, con atuendo de vaquero del rancho «Bar Mitzvá»—abrieron el camino a otros humoristas musicales judíos de la década siguiente.[2]

Algunos de ellos adoptaron enfoques ligeramente distintos, como Allen Sherman, mucho más popular, que se hizo famoso trabajando en—y contra—el habla quintaesencialmente estadounidense de la música folk. Sherman, que creció en Chicago en la década de 1930 y se empapó del teatro yiddish, dirigió al principio sus burlas a Broadway, señalando—mucho antes que otros—la sensibilidad judía en aquellas obras completamente estadounidenses. Lo plasmó en parodias de musicales de Broadway que interpretaba para públicos privados en la década de 1950: *My Fair Lady* se convirtió en *My Fair Sadie*; *South Pacific* en *South Passaic*. En un cóctel organizado en el Friar's Club para el magnate judío de los estudios cinematográficos Jack Warner se representó la parodia de *My Fair Lady* en la que una joven florista, Liza, hablaba un inglés demasiado perfecto para que pudieran entenderla en los círculos judeoamericanos, pero un judío con perfecto acento yiddish acudía en su ayuda y prometía enseñarle a hablar tan bien que en seis meses sería elegida presidenta de la Hadassah ['Organización Sionista Femenina Americana'].[3]

[1] Véase Donald Weber, «Taking Jewish American Popular Culture Seriously: The Yinglish Worlds of Gertrude Berg, Milton Berle, and Mickey Katz», *Jewish Social Studies*, n.º 5, 1998-1999, pp. 124-153, esp. 140.

[2] Josh Kun, «The Yiddish Are Coming: Mickey Katz, Antic-Semitism, and the Sound of Jewish Difference», *American Jewish History*, n.º 87, 1999, pp. 343-374, esp. 349, 371-373.

[3] Véase Mark Cohen, «My Fair Sadie: Allan Sherman and a Paradox of American Jewish Culture», *American Jewish History*, vol. 93, n.º 1, 2007, pp. 51-71, cita en p. 68.

Sherman comprendió que su parodia, a diferencia de la de Katz, por ejemplo, consistía en sacar a relucir el carácter judío oculto tras la cultura de masas estadounidense. Al presentar sus parodias ante familiares y amigos decía: «Estas canciones muestran lo que pasaría si los judíos escribiésemos todas las canciones, que de hecho es lo que ocurre».[1] Pero al no poder producir sus parodias de las obras de Broadway por cuestiones de derechos de autor (es decir, porque algunos autores se negaban a autorizar parodias de sus musicales), recurrió a obras de dominio público. Su álbum *My Son, the Folk Singer* (1962)—que incluía temas como «Sir Greenbaum's Madrigal», «Sarah Jackman» («*How's Your brother Bernir? | He's a big attorney*» ['¿Cómo le va a su hermano Bernir? | Es un gran abogado']) y «Shake Hands With Your Uncle Max»—vendió un millón de copias.

Lingüísticamente, las canciones de Sherman eran mucho menos exigentes para el gran público estadounidense que las parodias salpicadas de yiddish de Katz, y se centraban en una serie de estereotipos judeoamericanos muy reconocibles que estaban emergiendo. Pero la creciente aceptación de judeoamericanos en la sociedad estadounidense a lo largo de la década de 1960 fue decisiva. Una tesis doctoral de la época llegaba incluso a afirmar que el éxito de *My Son, the Folk Singer* se debía a un secreto deseo estadounidense de ser judío. (Respuesta de Sherman: «Menuda novedad para el New York Athletic Club»).[2]

Sin duda las cosas estaban cambiando cuando un cómico judío podía bromear en las narices del presidente de la Corte Suprema Earl Warren sobre su supuesta condición judía y alabarlo por ello: en 1963, con ocasión de un acto en el National Press Club en el que se celebraba la toma de posesión

---

[1] Cohen, «My Fair Sadie», *op. cit.*, p. 56.
[2] Gerald Nachman, *Seriously Funny: The Rebel Comedians of the 1950s and 1960s*, Nueva York, Pantheon Books, 2003, p. 18.

del nuevo presidente, un ejecutivo advirtió a Sherman de que su número podría resultar demasiado «étnico», ya que sólo un diez por ciento del público, aproximadamente, era judío. Cuando subió al escenario, Sherman, dirigiéndose al presidente Earl Warren, sentado en la primera fila, le dijo:

Me advirtieron antes de llegar que el público sólo sería un diez por ciento judío. Quizá pensaron que ese hecho me desalentaría, pero nada de eso, estoy encantado: señor presidente, ha sido una grata sorpresa descubrir que es usted judío, aunque sólo sea un diez por ciento, no tenía ni idea.[1]

Sherman comprendió que su público era muy amplio y no se reducía a los judíos estadounidenses, y los comentarios que se permitía hacer al respecto eran indicativos del giro que había experimentado el humor judío en Estados Unidos. Como él mismo explicaba:

Me di cuenta de que me siento incómodo actuando para un público totalmente judío, porque parecen esperar algo que no puedo darles. Quieren que me ajuste a un molde en el que nunca he encajado, que me resulta ajeno, porque lo crearon ellos, no yo. Les gustaría que fuera un judío profesional, un judío auténtico, para sentarse a reír, con la complicidad de los enterados: «Yo te entiendo, pero los *goys* no». Y no puedo hacer ese papel, es demasiado judío.[2]

Sherman contribuyó muchísimo a fomentar la creciente sensibilidad de que, sin duda, no era necesario ser judío para disfrutar del humor judío. La parodia fue, en muchos sentidos, el puente que unió dos formas de humor judío, aunando cánones y modalidades dispares. Para la cultura en general, la burla de la cultura mayoritaria y un modo particularmente judío de burla se fueron convirtiendo en algo cada vez más común e inseparable.

[1] Citado en Steve Allen, *More Funny People*, Nueva York, Stein & Day, 1982, p. 243.
[2] *Id.*

Esa combinación era un rasgo fundamental de la revista *Mad*, una de las instituciones más importantes del humor estadounidense de esa época y de cualquier otra. *Mad* había empezado como un volumen de tiras cómicas en 1952, pero se transformó en una revista tres años después, y a principios de la década de 1970 vendía dos millones y medio de ejemplares al año. En palabras de Art Spiegelman fue «más importante que la marihuana y el LSD en la formación de la generación que protestó contra la guerra de Vietnam».[1] Y sus artífices—Will Elder (Wolf William Eisenberg), Harvey Kurtzman (cuyos padres hablaban yiddish), Al Jaffee (educado en la observancia tradicional y criado en Lituania de los seis a los doce años) y William Gaines (hijo del innovador de los cómics Max Gaines, que se llamaba en realidad Maxwell Ginzberg)—crearon aquella originaria sátira contracultural situándola en un marco judío, a través de la parodia yiddishizada.

En las parodias de la cultura popular que se publicaban en *Mad*—cuyo mejor ejemplo tal vez sea la innovadora parodia «Superduperman» publicada en el número cuatro de 1953— se ridiculizaba a los héroes del cómic presentándolos como neuróticos, hiperemotivos, logorreicos y maníacos: en suma, judíos. (*Mad* tuvo un antecedente, aunque menos explícitamente judío: los personajes de los estudios de animación Fleischer, sobre todo Betty Boop, que eran, en muchos sentidos, inversiones paródicas judías de los personajes de Disney: urbanos, étnicos, picantes y estridentes, por contraste con las edulcoradas creaciones bucólicas de Walt).[2] La fuerza visual y verbal de *Mad* rebasaba los límites de los bocadillos y

---

[1] Citado en Harry Brod, *Superman is Jewish?*, Nueva York, Free Press, 2012, pp. 59-60.
[2] *Ibid.*, p. 72; J. Hoberman y Jeffrey Shandler, *Entertaining America: Jews, Movies, and Broadcasting*, Princeton (Nueva Jersey), Princeton University Press, 2003, p. 164.

los marcos de las viñetas, salpicaba los espacios entre viñetas y los márgenes, en los que, metafóricamente, florece la parodia. Elder llamaba a los dibujitos de los márgenes «la grasa del pollo»,[1] por ese ingrediente básico de la cocina judía: «La parte del caldo que te perjudica pero le da su delicioso aroma». De uno de los primeros números de la revista bimensual *Panic*—«la única imitación autorizada» de *Mad*—,[2] «se prohibió la venta en Boston por ridiculizar a Santa Claus», cosa que también hicieron Alvy Singer o S. J. Perelman.

Los judíos de cierta edad tal vez habrían despreciado los ejemplares de *Mad* que leían sus hijos si no se los hubieran confiscado antes. Pero tenían su equivalente, su propio espacio para que los cómicos compusieran chistes subidos de tono en inglés con remates en *mame-loshn* ('lengua materna' o yiddish). En el Borscht Belt—la zona turística de las familias judías en las Catskills—se invertían las tornas: allí era la generación más joven la que podía decir que estaban pasando cosas, aunque no estuviese muy claro cuáles.

Para los judíos el Borscht Belt nació por pura necesidad. En Nueva York hacía demasiado calor, y aún no se había inventado el aire acondicionado: en fecha tan temprana como 1893, en la guía Rand McNally del río Hudson ya se decía que Tannersville era «un fantástico lugar de veraneo de nuestros hermanos israelitas».[3] No todo el mundo hablaba con tanta delicadeza: varios años antes, la revista *Puck* había publicado un poema en dialecto titulado «The Catskill Mountains Are Full of Jews» ['Las Catskills están llenas de judíos'], donde

---

[1] Citado en Brod, *Superman is Jewish?*, *op. cit.*, p. 63.
[2] Paul Buhle, *Jews and American Comics: An Illustrated History of an American Art Form*, Nueva York, New Press, 2008, p. 63.
[3] Esther Romeyn y Jack Kugelmass, *Let There Be Laughter: Jewish Humor in America*, Chicago, Spertus Press, 1997, p. 56.

se retrataba a los judíos como prestamistas ataviados con las elegantes prendas de sus clientes camino de las montañas;[1] un recordatorio de que también floreció en Estados Unidos el humor *sobre* los judíos, buena parte del cual no era precisamente agradable. Pero aunque algunos hoteles de montaña pusieron trabas a los clientes judíos, brotó en el vacío un vasto complejo de hoteles, *resorts* y *bungalows* de propiedad judía cuyos atractivos eran, en buena medida, materiales.

Se ofrecía comida a buen precio y en porciones copiosas, hasta glotonas—por ejemplo un gran vaso de *borscht* bautizado como Grossinger's—, los siete días de la semana y las cincuenta y dos semanas del año, lo que llevó al director de *Variety*, Abel Green, a acuñar el inolvidable apodo de la región, Borscht Belt (Paul Grossinger, hijo de los fundadores del hotel Grossinger's, explicaba que: «En el fondo, a todos nos pareció un apodo despectivo, y tal vez lo fuese, pero con el tiempo muchos se lo apropiaron como una enseña de coraje»).[2] Pero además acudían a la región hombres y mujeres atractivos, buenos partidos que iban a buscar pareja, y la posibilidad de ver espectáculos cómicos seleccionados y organizados por infatigables agentes de viaje atrajo a más y más gente.

Con la Segunda Guerra Mundial existían unos cuatrocientos hoteles en las montañas, y no había actores ni animadores suficientes para satisfacer la demanda, especialmente de humoristas, que para muchos eran uno de los principales atractivos de las montañas.[3] El cómico Freddy Roman (Fred Kirschenbaum) bromeaba con mucha gracia sobre lo importantes que eran los espectáculos para los visitantes de las Catskills:

[1] *Puck*, n.º 17, 1884-1885, p. 356, citado en Rudolf Glanz, *The Jew in Early American Wit and Graphic Humor*, Nueva York, KTAV, 1973, pp. 35-37.

[2] Myrna Katz Frommer y Harvey Frommer, *It Happened in the Catskills*, Nueva York, Harcourt Brace Jovanovich, 1991, p. 223.

[3] *Ibid.*, pp. 68, 82-83.

El visitante y su señora llegan al hotel y se registran. Dejan las maletas en la habitación, toman el desayuno, van a ver una película mala, luego almuerzan, haraganean en la piscina, reman en el lago, juegan al softball, cenan, van al espectáculo de la tarde, luego al de la noche, luego al de la cafetería. A las cuatro de la mañana, la mujer dice: «Oye, ¿y si vamos a la cama?». «¿Por qué, quién actúa allí?».[1]

Cuesta menos enumerar a los que no actuaban en las Catskills en los años de la guerra y la postguerra que a los que sí: Eddie Cantor, Milton Berle, Henny Youngman, Joey Adams, Danny Kaye, Jackie Mason y Jerry Lewis entre muchísimos otros, actuaron allí. (Mi artista invitado imprevisto favorito de la historia del Borscht Belt fue Wilt Chamberlain, que trabajó como botones en Kutsher Country Club a principios de la década de 1950, mientras estudiaba secundaria).[2] Tantos actores y animadores actuaron en las Catskills que el resultado fue una especie de miopía natural, la sensación de que aquel lugar de veraneo era el centro del mundo. Como decía Sam Levenson en un chiste:

VERANEANTE: ¿Hay buenas vistas desde el *bungalow*?
  AGENTE: Bueno…, desde la puerta hay una vista magnífica del hotel Grossinger's, pero aparte de eso sólo verá lagos azules y cumbres nevadas.[3]

Sin embargo, los actores y animadores no lo tenían fácil. La necesidad constante de espectáculos nuevos—que demandaba una inagotable creatividad para ofrecer un espectáculo nuevo digno de Broadway cada noche de sábado, de formato similar al de los primeros tiempos de la televisión— requería una conexión inmediata con el público de pago,

---

[1] *Ibid.*, p. 182.   [2] *Ibid.*, p. 124.
[3] Sammy Levenson, *Folks: A Session of American Jewish Humor*, Nueva York, Citadel Press, 1948, p. 91.

que estaba formado por espectadores muy exigentes: veían muchos espectáculos, tenían muchas expectativas y estaban dispuestos a manifestar de inmediato lo que no les gustaba. Como confesaba el veterano cómico Joey Adams: «Poner un huevo en un espectáculo de las Catskills es lo más difícil del mundo [...] cuando fallas en las montañas es como un campo de concentración regado con crema agria».[1] Uno de los mejores medios para complacer al público era parodiando versiones expurgadas de musicales de Broadway o de otros espectáculos de moda.[2] En aquel campo de entrenamiento de elite que era el Borscht Belt (también conocido como las Sierras de la Crema Agria o Derma Road),[3] la experiencia judía se manifestaba en todas sus variantes escatológicas, obscenas y pantagruélicas, y el humor judío era paródico en el mejor sentido del término.

Para rastrear la encarnación más profunda de esta deriva nos centraremos en un mediocre saxofonista del Borscht Belt cuyos números cómicos en el Avon Lodge tuvieron tanto éxito que la gente dejaba los otros hoteles para verlo actuar, aunque fuera desde la puerta o desde las ventanas.[4] La asociación de Sid Caesar con el agente turístico Max Liebman—que comenzó cuando las piezas humorísticas de Caesar en una revista de guerra llamaron la atención de Liebman, que era director—prosiguió en las Catskills, en clubs nocturnos de todo el país, luego en el club Roxy y el teatro Broadhurst de Manhattan, y, finalmente, en la televisión. Programas televisivos como *Admiral Broadway Revue* y *Your Show of Shows* estaban llenos de debutantes de los centros de veraneo, y entre ellos destacaban Lucille Kallen y Mel Tolkin

---

[1] Joey Adams, *The Borscht Belt*, Nueva York, Bobbs-Merrill, 1966, p. 57.

[2] Parish, *It's Good to Be the King, op. cit.*, p. 37.

[3] Lawrence J. Epstein, *The Haunted Smile: The Story of Jewish Comedians in America*, Nueva York, Public Affairs, 2001, p.111.

[4] Según Frommer, *It Happened in the Catskills, op. cit.*, p. 65.

de Tamiment.[1] Liebman se jactaría en el *World-Telegram* de Nueva York:

Mientras que lleva meses y meses montar un musical de dos horas en Broadway, nosotros hacemos un espectáculo original de una hora, con canciones, bailes y humor ¡en una semana! Los fanáticos del teatro hablan de la emoción de la noche del estreno. ¡Nosotros estrenamos cada noche![2]

El comentario era más afín al espíritu del Borscht Belt que al de Broadway.

Como correspondía a su inscripción en el Borscht Belt, el don más prodigioso de Caesar—por el que en buena medida se lo sigue recordando—era su talento paródico, sus imitaciones burlonas. Su humor era como música—había empezado a tocar el saxofón cuando el inquilino de una de las habitaciones que alquilaba su padre se había largado abandonando el instrumento—, parodiaba el lenguaje y el habla; caricaturizaba tanto a los héroes de acción como a los directores clásicos. Su lenguaje paródico, su famoso doble discurso,[3] fruto de la mezcla étnica de su entorno (antes de que la Gran Depresión arruinase a sus padres, éstos poseían cafeterías, y Caesar había estado expuesto a la amplia variedad de nacionalidades e idiomas de la clientela), probablemente floreció en un número que hacía durante la guerra en el que reproducía una conversación entre Adolf Hitler y el Pato Donald interpretando los dos papeles.[4] Las palabras que usaba eran disparatadas, las entonaciones y los ritmos extraños y divertidísimos.

---

[1] Parish, *It's Good to Be the King, op. cit.*, p. 61. Téngase en cuenta que el complejo turístico de Tamiment estaba emplazado en realidad en las Poconos, más que en las Catskills: Nachman, *Seriously Funny, op. cit.*, p. 113.

[2] Citado en Parish, *It's Good to Be the King, op. cit.*, p. 64.

[3] Véase Sid Caesar, *Where Have I Been?: An Autobiography*, Nueva York, Crown, 1982, pp. 13, 18.

[4] *Ibid.*, p. 51.

Las parodias posteriores de Caesar en *Your Show of Shows* también eran muy entretenidas,[1] aunque bastante moderadas: estaban condicionadas por el decoro obligado al entrar de puntillas en el nuevo medio de la televisión y el respeto de un grupo de escritores judeoamericanos preocupados por la aceptación cultural del gran público. Al inscribirse en ese entorno más bien aséptico, combinado con el aspecto indefinido de Caesar y su nombre gentil (que, inexplicablemente, no modificó), resultaba difícil considerar esta innovadora comedia televisiva como profundamente judía. No obstante, muchas de sus parodias, de acuerdo con el origen de los creadores del espectáculo, se basaban, en menor o mayor medida, en la incorporación de una dimensión étnica en materiales que no lo eran. (Como lo expresó Larry Gelbart, uno de los guionistas de Caesar que después crearía *MASH*: «Éramos un grupo de jóvenes judíos, neuróticos y muy talentosos, devanándonos los sesos»).[2]

Como la cháchara de Caesar incorporaba una gran dosis de yiddish (véase, por ejemplo, el famoso sketch «The German General»),[3] éste se abrió camino en otras parodias lingüísticas. En una imitación del cine japonés en la que los actores hablaban exclusivamente un japonés inventado, los nombres de los personajes eran *shmate* ['trapo'], *gantze mishpokhe* ['viejo clan'] y *gehakte leber* ['hígado picado'].[4] Y en una parodia de la película del Oeste *Raíces profundas*, cuan-

---

[1] En ese sentido, también llevan el ADN de otros muchos talentos judíos que se dedicaron a parodiar los medios de comunicación estadounidenses; quizá en particular Jerry y David Zucker y Jim Abrahams, que dirigieron *¡Aterriza como puedas!* (1980) y *Top Secret!* (1984), así como la innovadora *Kentucky Fried Movie* (1977), basada en su trabajo humorístico y sus sketches.

[2] Citado en Nachman, *Seriously Funny*, *op. cit.*, p. 108.

[3] «The German General», *Caesar's Hour*, NBC, Nueva York, 26 de septiembre de 1954, https://www.youtube.com/watch?v=5m6Czgl1acU.

[4] Véase Romeyn y Kugelmass, *Let There Be Laughter*, *op. cit.*, p. 60.

do Caesar se burlaba de la tópica sed del vaquero aclarando que había desayunado arenques el público se desternillaba ante la idea de un personaje quintaesencialmente estadounidense desayunando algo típicamente judío (téngase en cuenta que en los primeros tiempos de la televisión, por razones relacionadas con la distribución demográfica y la localización de los propietarios de televisores, el público era más cosmopolita y sofisticado que cualquier otro hasta los tiempos de la televisión de pago por cable y HBO).[1]

El enfoque paródico de Caesar tuvo una enorme influencia en la historia de la comedia estadounidense. Podía ufanarse de contar con guionistas como Carl Reiner, Mel Brooks y (más tarde) Woody Allen, entre otros. Merece la pena recordar que la serie icónica de Reiner y Brooks *2000 Year Old Man* comienza, explícitamente, con una parodia, según Reiner, de un programa de «noticias» que vio donde se pretendía invitar al espectador a imaginar que era el protagonista de ciertos acontecimientos históricos. Las parodias de las noticias no eran ninguna novedad. Una de las primeras aportaciones regulares de Brooks al programa de Caesar, «Nonentities in the News»,[2] consistía en un reportero que entrevistaba a extraños personajes interpretados por Caesar y otros. (Lenny Bruce, al que podría considerarse tan influyente en la parodia como en la sátira, también realizaba por entonces parodias de entrevistas a personajes del mundo del espectáculo, entre ellas una del presentador de espectáculos de variedades y empresario Lawrence Welk que intentaba entrevistar en vano a un moderno de la década de 1950). Fue el elemento judaizante—la presentación de Brooks, improvisando salvajemente y con tanta brillantez que salían chispas—la causa de que Brooks y Reiner se negaran a difundir por todo el mundo *2000 Year Old Man* y prefirieran interpretar el número en

---

[1] Caesar, *Where Have I Been?: An Autobiography*, *op. cit.*, p. 114.
[2] Parish, *It's Good to Be the King*, *op. cit.*, p. 65.

fiestas, hasta que George Burns los amenazó con robarles el material si no lo grababan.[1] Es más, tras efectuar una serie de grabaciones de corta tirada y difusión privada, gracias en parte a los esfuerzos y al estímulo de Steve Allen, cayó una copia en manos de Cary Grant, quien se la dio a escuchar a una gentil que era nada menos que la reina madre de Inglaterra. Si Grant y la reina Isabel podían disfrutar de sus sketches, quiénes eran Reiner y Brooks para interponerse en su camino.

Tal vez los sketches de Brooks y Reiner para *2000 Year Old Man* sean la demostración más contundente de la tesis que defendía la revista *Mad*, o Katz, Sherman y otros, según la cual parodiar algo era presentar la propia versión judía (aunque informes contemporáneos consideran que la grabación original de Brooks en 1960 no fue en modo alguno tan popular como la de Sherman o la de Katz),[2] ya que identifican a la humanidad entera con sus estereotipos y burlas de la clase media judeoamericana. El anciano de dos mil años al que alude el título de la serie tiene veinticinco mil hijos, y ni uno de ellos escribe; oye mal al antisemita Paul Revere y cree que insiste en que el yiddish se está imponiendo; cree que Shakespeare no escribía precisamente bien, pues basta mirar sus manuscritos para darse cuenta de que la caligrafía dejaba mucho que desear, y afirma que falta una pieza de Shakespeare en las obras completas del autor, «Queen Alexandra and Murray», y lo sabe de buena tinta porque él invirtió dinero en la misma. Brooks adoptó el mismo enfoque para ocuparse del Medioevo (su rabino de *Las locas, locas aventuras de Robin Hood*) y del espacio exterior (muchísimos de los personajes de *La loca historia de las galaxias*, y también los judíos que viajan al espacio para proteger a los hebreos en el tráiler de *La loca historia del mundo. Parte II*).

---

[1] Véase Allen, *Funny People*, *op. cit.*, pp. 54-55, y Norman Lear, *Even This I Get to Experience*, Nueva York, Penguin Press, 2014, p. 162.

[2] Véase Cohen, «My Fair Sadie», *op. cit.*, p. 55 n. 21.

El tema de los judíos y el espacio nos lleva de nuevo a otro discípulo de Caesar, Woody Allen, y su sensibilidad paródica. La temprana pieza cómica de Allen «The Science Fiction Film» sugiere—no está claro que sea inverosímil—que los hostiles y depredadores alienígenas que se proponen conquistar la tierra desde los tiempos de H. G. Wells en realidad están interesados en nuestras habilidades como sastres: acuden a nuestro planeta para poner a toda la humanidad a coser pantalones para una boda extraterrestre. El corolario—el triunfo de la raza humana—se encuentra en el chiste con que concluye la pieza: «Se frustraron, porque viajaron ciento diecisiete millones de años luz para llegar aquí y se olvidaron el billete».[1] Más allá de una parodia absurda de las normas de la cultura popular, se trata de la intervención del elemento étnico judío; por supuesto, el mismo hombre que se burlaba diciendo que los valores de sus padres eran Dios y las moquetas es el que afirma que los alienígenas se convertirán en judíos de mediados del siglo xx de clase media obsesionados por su indumentaria. Y hay muchos ejemplos más—el robot judío de *El dormilón*, el bufón del Borscht Belt en la escena medieval de *Todo lo que siempre quiso saber sobre el sexo y nunca se atrevió a preguntar*, la transformación de Virgil Starkweather en un rabino en *Toma el dinero y corre*—que muestran lo bien que Allen articuló judeidad y parodia.[2]

Pero fue Brooks el legítimo heredero paródico de la corona de Caesar. Había aspirado a ella honestamente: su propio debut en el Borscht Belt como *tummler*—según la propia definición de Brooks, «veraneantes que ejercían de animadores, no ya en los escenarios, sino en lugares de veraneo judíos en

[1] Woody Allen, *Standup Comic*, 1979, grabado en 1964-1968.
[2] Me remito también a la brillante pieza «Kidnapped» (https://www.youtube.com/watch?v=gum-zhfMWYU), por ejemplo, que termina como las películas sobre fugas carcelarias e incluye un intercambio entre la policía y los secuestradores que es un disparate verbal digno de los hermanos Marx.

la montaña, principalmente después de la comida»; también Danny Kaye y Jerry Lewis dieron sus primeros pasos como *tummlers*—[1] es ya una célebre parodia en sí misma. Brooks, de traje y con una cartera,[2] disfrazado del típico hombre de negocios que llegaba a ese tipo de residencias de veraneo los viernes, subía hasta el trampolín de la piscina y hacía una reflexión propia del hombre de negocios: «¡Los negocios son terribles! ¡Ya no puedo más!», y se dejaba caer desde el trampolín. El hecho de que no supiera nadar y tuvieran que sacarle habitualmente de la piscina demostraba que se tomaba muy en serio su oficio de comediante.

Era bien sabido que Brooks y Caesar tenían una estrecha relación, ya que Caesar había introducido a Brooks en el negocio de la televisión (quizá sea más exacto decir que Caesar disfrutaba teniendo cerca a Brooks y éste merodeaba a su alrededor y, en palabras de Caesar, se abría «camino en el despacho de los guionistas mediante una combinación de talento en crudo, inercia y simple caradura»,[3] si bien Max Liebman lo despidió porque le parecía un *meshuggener* ['loco, chiflado']). Pero en el caso de Brooks no era sólo una cuestión de simple gratitud o de influencia personal. Él compren-

---

[1] Véase Romeyn y Kugelmass, *Let There Be Laughter*, *op. cit.*, p. 58. Brooks citado en Sanford Pinsker, «The Instruments of American-Jewish Humor», *The Massachusetts Review*, vol. 22, n.º 4, 1981, pp. 739-750, esp. 743.

[2] Véase Maurice Yacowar, *Method in Madness: The Comic Art of Mel Brooks*, Nueva York, St. Martin's Press, 1981, p. 14.

[3] Caesar citado en Parish, *It's Good to Be the King*, *op. cit.*, p. 70. La relación Caesar/Brooks ha sido interminablemente analizada, presentada y representada; véase Parish, *It's Good to Be the King*, *op. cit.*, pp. 62-63; en pp. 76-77 da una relación completa de la escena icónica en que Caesar, exasperado por Brooks hasta perder el juicio, lo saca por la ventana de la planta dieciocho del Drake Hotel de Chicago y lo deja colgando sujeto por las piernas. (En la autobiografía de Caesar, relaciona esa conducta con su alcoholismo; véase Caesar, *Where Have I Been?: An Autobiography*, *op. cit.*, p. 118).

dió la íntima conexión entre la parodia y la actuación en directo de un modo en que nunca llegó a hacerlo Allen—pese a escribir obras y pequeños sketches con mayor frecuencia—, poniendo por delante de todo el teatro, incluso en el cine: «Yo nunca dejo el negocio del espectáculo—dijo una vez—. Está en todo lo que hago».[1]

Esta dimensión puede advertirse muy pronto, por ejemplo, al final de *Sillas de montar calientes*, donde vemos que el típico paisaje desértico con crepúsculo es el plató de rodaje, pero alcanza su culminación, por supuesto, en otro de sus filmes (aunque pocas veces se la considere como tal): una parodia de las películas de «vamos a montar un magnífico espectáculo» que tanto lo marcaron en su infancia.[2] En este caso, sin embargo, se produce otro típico giro judío, puesto que se centra menos en las ingenuas niñas gentiles de lindos ojos que actúan que en los insignificantes y cutres promotores que están detrás del espectáculo: *Los productores* combina todos los ingredientes de esa corriente de humor judío, teatro, parodia, vulgaridad y «mal gusto», si bien esto último es una sombra que se cierne sobre la carrera de Mel Brooks. Pero de toda la vulgaridad y puerilidad que es posible achacar a este género—y que, como he tratado de mostrar, tienen una historia notablemente larga en el humor judío—, las versiones más vigorosas y profundas son las piezas donde se aborda la historia, el destino y la vida judías. Y, por supuesto, al ocuparse del Holocausto, *Los productores* (1967) da en el clavo en sus momentos más sombríos.

Conviene señalar dos hechos importantes al hablar de *Los productores*. En primer lugar, por muy influyente y popular

[1] Citado en Parish, *It's Good to Be the King, op. cit.*, p. 141.
[2] Sanford Pinsker también se refiere a ello en «Mel Brooks and the Cinema of Exhaustion», en: Sarah Blacher Cohen, *From Hester Street to Hollywood*, Bloomington (Indiana), Indiana University Press, 1983, pp. 245-256, esp. 246.

que sea ahora la película (el éxito de la versión teatral, treinta y pico años después de que se estrenara el filme, atestigua sobradamente su influencia y popularidad), en la época fue un fracaso comercial y no tuvo nada que ver con lo que Brooks lograría tan sólo unos cuantos años después. Sin embargo, aunque no fue un éxito comercial, al menos fue—como podría haber dicho el propio Brooks—un fracaso de crítica. Renata Adler la calificó en *The New York Times* de «burda, grosera y cruel» (aunque también admitía que era «divertida de un modo completamente inesperado»), y añadía:

Nunca se me habría ocurrido que fuera posible hacer humor negro a partir de la idea de Hitler, o del personaje, o de cualquier cosa relacionada con el nazismo [...] supongo que lo siguiente serán los musicales sobre el cáncer, Hiroshima o la minusvalía.[1]

Pauline Kael, por su parte, opinaba:

En el fondo *Los productores* no es poco convencional, sólo lo parece por el humor soez típico de los humoristas aficionados, y porque se regodea en el humor judío sobre el negocio del espectáculo que solía considerarse demasiado especializado para el cine.[2]

Pero no fue un fracaso en *todos* los sentidos. De hecho, proporcionó a Brooks su segundo Óscar, al mejor guión original, en una época en que la Academia era probablemente aún más conservadora que hoy. (Para ser justos admitamos que las otras películas candidatas, *2001*, *La batalla de Argel*, *Rostros* y *Un cerebro millonario*, a excepción de la última, eran también bastante arriesgadas. Dada la historia y las co-

---

[1] «Screen: The Producers at Fine Arts», *The New York Times*, 19 de marzo de 1968; «Anyone for a Good Cry?», *The New York Times*, 31 de marzo de 1968.

[2] Citado en Parish, *It's Good to Be the King, op. cit.*, pp. 181-182; véase James D. Bloom, *Gravity Fails: The Comic Jewish Shaping of Modern America*, Westport (Connecticut), Praeger, 2003, p. 121.

nexiones de Brooks con la industria, es muy posible que en este caso fuese el candidato más afín a la Academia). Pero tanto la película como el guión de *Los productores* trataban de cómo era posible aceptar el humor atrevido y original que representaba.[1]

Consideremos, por ejemplo, la escena culminante de la película, en la que se levanta el telón de la primera escena de «Springtime for Hitler». Curiosamente, ése era el título de Brooks en su primera concepción de la película: teatralidad y estupidez, todo en uno. Lo que nos lleva a mi anécdota favorita sobre *Los productores*: cuando Brooks se puso a buscar compañía cinematográfica, fue rechazado en todas partes;[2] sólo el ejecutivo de Universal Pictures, Lew Wasserman, se avino a acogerla, pero con la condición de que Hitler fuese sustituido por Mussolini, menos polémico. Brooks, considerando sabiamente que «Springtime for Mussolini» no tendría tanto interés cómico, se negó.

La actuación es inmensamente divertida (bailarinas con típicos *pretzels* y jarras de cerveza) y emocionante (para mí, el cancán de la esvástica es probablemente lo más sugestivo). Brooks, con mucha inteligencia, enfoca al público de la función de Broadway—rico, blanco, de mediana edad, elegantemente vestido—y ofrece siempre la misma toma: todos están paralizados por el horror. En cierto momento, alguien se levanta para aplaudir y es abucheado unánimemente por el resto del público, que de inmediato empieza a levantarse y a salir en grupos, y se oye a uno decir: «¡Qué mal gusto!». No obstante, cuando empieza a desarrollarse la trama de la obra y oímos el ridículo monólogo de Hitler, alguien del público

---

[1] El Holocausto y la comedia del Holocausto son la apoteosis de esta clase de humor; véase Gilman, «Is Life Beautiful? Can the Shoah Be Funny? Some Thoughts on Recent and Older Film», *Critical Inquiry*, vol. 26, n.º 2, 2000, *passim*.

[2] Parish, *It's Good to Be the King, op. cit.*, p. 173.

dice: «¡Qué gracia!». A partir de ese momento, el público, en vez de asistir al espectáculo como si se tratara de un solemne objeto de contemplación, se da cuenta de que puede reír y burlarse, y se muestra encantado, lo cual desencadena los resultados trágicos para los señores Bialystock y Bloom.[1]

En las muchísimas entrevistas que ha concedido Brooks sugiere con bastante coherencia que *Los productores* era parte de una deliberada estrategia agresiva de venganza contra Hitler y el nazismo a fuerza de ridiculizarlo. Y es cierto que las absurdas pretensiones del dramaturgo de *Springtime*, quien pretende hacer una apología de Hitler y dar a conocer al mundo al hombre real—«No mucha gente lo sabe, pero el Führer es un bailarín increíble»; «Hitler… ¡fue un gran pintor! ¡Era capaz de pintar un apartamento entero en una sola tarde, y daba dos capas!»—, consiguen menoscabar la imagen del dictador. Pero una gran parte de la simpatía (relativa) que inspira la película se debe al género en el que se inscribe: las amables películas sobre proyectos teatrales, pese a que en este caso el contenido sea perturbadoramente poco convencional.

Otro signo del carácter conservador del marco en el que se inscribe esta radical película (ese tira y afloja de amor y distancia que consiste en incorporar actitudes establecidas y, al mismo tiempo, menoscabarlas) son sus burlas del radicalismo cultural de la época. Las cosas que más delatan la época en que fue realizada *Los productores* son las parodias de la cultura de los setenta, como el casting del hippie que aparece con un ramo de flores y dice llamarse Lorenzo St. Dubois, LSD para los amigos. Tales chistes dificultan la inscripción de Brooks, si es que debe inscribírsele en algún lado, como representante de su generación. A Brooks rara vez se lo inscribe en la categoría de cineastas rebeldes y contracultura-

[1] Ruth Wisse hace una consideración similar en *No Joke: Making Jewish Humor*, Princeton (Nueva Jersey), Princeton University Press, 2013, p. 181.

les de la década de 1960: ello puede deberse al rechazo de su sentido del humor, pero probablemente también se deba, en buena medida, a la evidente confianza y apego de Brooks a las convenciones tradicionales, que si bien son necesarias para la parodia, lo alinean con el *establishment* en ciertos aspectos fundamentales.

Si la esvástica no crispa los nervios ni rebasa los límites del buen gusto, he aquí un chiste de pocas décadas después: «Si hubiera habido negros en Alemania, jamás se habría producido el Holocausto... al menos de los judíos».[1] Es de Sarah Silverman, humorista y actriz, una de las herederas más directas de Brooks: por su consagración al arte de ofender, por su forma de envolver esa antipatía en el típico carácter del judío convencido de que es irresistible (en el caso de Silverman, es el personaje de la dulce chica judía, no el del simpático chico judío). Naturalmente, el chiste no es una burla del Holocausto, sino de la persistencia del odio y de la compleja jerarquía racial de la persecución, y una inversión de la cháchara piadosa progresista (todas estas estrategias son la especialidad de Silverman, que interpretó la mayor parte de un episodio de su comedia televisiva, en general bastante escatológica, con la cara pintada de negro).[2] Asimismo, el sketch de Amy Schumer «The Museum of Boyfriend Wardrobe Atrocities», en su serie *Inside Amy Schumer*, trata menos sobre el Holocausto (aunque el escenario, el diálogo y las reacciones de los personajes sean brillantes caricaturas de cómo conmemoran en la actualidad el Holocausto tanto las instituciones como los visitantes) que sobre los actuales varones estadounidenses y el horror que provocan en las mujeres

---

[1] Citado en David Gillota, *Ethnic Humor in Multiethnic America*, New Brunswick (Nueva Jersey), Rutgers University Press, 2013, p. 57.

[2] *Id.*

que los observan. Hacia el final de la primera década del siglo XXI, el Holocausto, aunque no haya perdido en modo alguno su capacidad de conmover, causa un efecto mucho menos visceral en los espectadores estadounidenses que el humor que coloca a los judíos en una posición incómoda frente a cuestiones como el racismo o el machismo. (Parodias como la comedia *The Hebrew Hammer* [2003], que reformula el poder negro como ultraortodoxia de sombrero negro, se sitúan en un ámbito parecido).

Esto se debe en parte a que el Holocausto va quedando cada vez más lejos: lo que era profundamente polémico cuando Brooks lo expuso en 1968 emocionó al público de Broadway en el siglo XXI. El humor relacionado con el Holocausto está en todas partes (véase la invención de la Ley de Godwin en 1990,[1] según la cual «cuando una discusión en línea se prolonga demasiado, la probabilidad de una comparación que incluya a los nazis o a Hitler aumenta») y, como cualquier cosa que está en todas partes, su efecto se diluye cada vez más. Esto sucede en un momento en el que las alegaciones y preocupaciones judías en torno al antisemitismo en Estados Unidos alcanzan niveles antes inconcebiblemente bajos (aunque tendencias recientes y acontecimientos políticos puedan mover a reconsiderar esta valoración). Pero lo que causaba vivo desconcierto cuando se estrenó *Los productores* hace medio siglo y aún tiene la capacidad de conmover puede haber empezado a perder parte de su filo cómico—lo cual no significa negar el horror ni la importancia de las lecciones del Holocausto—.

Este fenómeno no sucede sólo en Estados Unidos. En un sketch de la década de 1990 del grupo israelí Hahamishiyá Hakamerit ('El quinteto de cámara') se bromea con el turismo en Polonia:

[1] Mike Godwin, «Meme, Counter-Meme», *Wired*, 1.º de octubre de 1994.

Ofrecemos un fin de semana en Polonia que incluye la visita a tres campos de concentración. También tenemos una semana completa en Polonia que incluye la visita a siete campos de concentración, además de un día de compras en Varsovia. Y existe una opción ampliada que incluye visitas a todos los campos de concentración, incluido Auschwitz, pero sin el día libre de compras en Varsovia.[1]

La guía recomienda el último basándose en la experiencia de su sobrina: «Ella lloró de lo lindo en Auschwitz».

Pero el fenómeno no tiene tanto que ver con la historia judía como con el progreso (por llamarlo de algún modo) de instituciones culturales y con la tolerancia del público a la comedia «ofensiva» en general. El cine, la radio, la televisión o la industria discográfica tienen sus propias prohibiciones y su censura, que adoptan formas diferentes. Brooks pudo dar salida en el cine a un material que no habría podido aparecer nunca en televisión; la decisión del Tribunal Supremo en 1978 que respaldó el derecho de la Comisión Federal de Comunicaciones a prohibir el lenguaje «aparentemente ofensivo» durante las horas de audiencia infantil y llevó a la creación de la «hora familiar» en los canales televisivos contribuyó a crear una brecha cultural en lo que se refiere al establecimiento de límites. Al menos hasta el desarrollo de la televisión de pago por cable, en que pudieron televisarse películas sobre el mundo del espectáculo y desarrollarse programas de actuaciones en directo de humoristas; o la creación de canales como Comedy Central, que proporcionó un espacio a Sarah Silverman. Actualmente han emergido otros canales de comunicación—transmisión de vídeo, canales de Internet, radio satélite, clips de YouTube—y el control es prácticamente imposible, lo cual permite al «mal gusto» o al «ju-

---

[1] Cita de Eyal Zandberg, «Critical Laughter: Humor, Popular Culture, and Israeli Holocaust Commemoration», *Media, Culture, and Society*, vol. 28, n.º 4, 2006, pp. 561-579, esp. 572.

dío desagradable» alcanzar nuevas cotas, para mejor o para peor.

Existe *Difficult People* (2015) de Hulu, la serie en la que Julie Klausner y Billy Eichner pueden ponerse y quitarse la máscara del antisemitismo con una facilidad que años antes habría provocado mil protestas de la Liga Anti Difamación;[1] también podemos ver a Rachel Bloom, cuya canción de 2013 «Historically Accurate Disney Princess»,[2] que se hizo viral en YouTube, no sólo introduce la persecución de los judíos en una típica fábula gentil estadounidense, sino que despliega una saludable dosis de irónico autoodio y pone en evidencia el antisemitismo de la factoría Disney, con lo cual lleva la supuesta inocencia de Sarah Silverman a un nuevo nivel. (También puede verse su canción de 2012 «You Can Touch My Boobies», en la que un adolescente fantasea con su profesora de hebreo y es reprendido por el espíritu de la primera ministra de Israel Golda Meir). El paso de Bloom a la cadena CW en 2015, con *Crazy Ex-Girlfriend*, muestra lo difusas que están haciéndose esas líneas;[3] y lo mismo ocurre con *Broad City*, estrenada el año anterior, cuyas protagonistas Abbi Jacobson e Ilana Glazer, intrépidas, groseras y chabacanas, producen un humor tan transgresor que resulta comprometedor mencionarlas en este libro.

Baste decir que el cuarto episodio de la segunda temporada de *Broad City*, titulado «Knockoffs», es indiscutiblemente la combinación más hábil y desazonadora de judeidad y escatología desde la escena de los pedos de los vaqueros en *Sillas de montar calientes*, o tal vez desde las obras en yiddish de Purim. En el episodio de marras, Ilana (cuya lista de cosas

[1] http:www.slate.com/blogs/brobeat/2015/8/27/difficult_people_re viewed_the_show_may_not_be_great_but_its_jewish_jokes.html.

[2] https://www.youtube.com/ watch?v=g5wFS6Gnkk4.

[3] http://www.tabletmag.com/jewish-arts-and-culture/178143/rachel-bloom.

que hacer antes de morir, que hemos conocido en un episodio previo, incluye hacer su propio Séder de Pésaj y aprender a regar) sufre la pérdida de su abuela materna, y vemos cómo la madre desplaza la desazón hacia su amor por las falsificaciones de bolsos de marca, al mismo tiempo que Abbi trata de desinhibirse sexualmente. Esta descripción puede sonar relativamente apacible, hasta que descubrimos que la trama conduce—seré recatado—al descubrimiento de un juguete sexual de segunda (es decir, una imitación) en el bolso de Abbi durante la *shivá* ['el período de duelo'] de la abuela Ester, en el que no obstante ha depositado todas sus esperanzas: confía en que sustituya a otro que ha destrozado al utilizarlo en un acto sexual que le resultó sorprendente, un poco asqueroso, pero (tal vez) su oportunidad de autorrealizarse. Desconcertada por la reacción de la madre de Ilana (que, de acuerdo con la concepción matizada de la madurez y la inmadurez sexual en la serie, adopta una actitud más solidaria que represora: «*Me alegro* por ti, siempre es bueno probar cosas nuevas»), Abbi trata de justificarse mencionando el entusiasmo vital de la difunta: «Pues sí, probé por detrás, pero fue un homenaje a la abuela Ester, ¿sabes?».

No estoy seguro de lo que habría pensado de *Broad City* la abuela Ester, pero creo saber lo que diría Mel Brooks. No obstante, la manera en que ese episodio se regodea en lo más bajo de Nueva York—de hecho, Iliana y su madre descienden literalmente al submundo en busca de sus amadas falsificaciones de bolsos de marca—evoca sobre todo a otro grosero y descarado neoyorquino icónico: Howard Stern, quien durante la primera parte de su carrera fue vilipendiado como un «presentador escandaloso» a causa de algunos de sus personajes, como Fartman ['Hombre de los pedos'], que en opinión de los críticos sólo evidenciaban el mal gusto y la obscenidad de su autor. No obstante, Stern pretendía desarrollar estrategias para escandalizar a la sociedad y señalar los límites, en ocasiones arbitrarios y represores, que regían la radio, y su franqueza dio paso a conversaciones sobre sexualidad que, en lo que a unos les parece hoy una época más simple y a otros más retrógrada, no tuvieron igual en el espacio público. Además, Stern demostró ser un maestro revitalizador de la radio, aprovechándose de la discreción característica de ese medio (es decir, de la ventaja de que, a falta de imágenes, es mucho lo que se deja a la imaginación: como él mismo admitía a menudo, su cara y su cuerpo estaban hechos para la radio) y sacándole tanto partido como un virtuoso violinista a un Stradivarius.

El humor de Stern no siempre era judío, de hecho a menudo no lo era—es difícil limitarse a ese filón en un programa diario de varias horas—, pero fue uno de los mayores responsables de dar un rostro judío a la sordidez de la ciudad de Nueva York en la década de 1980: después de Lenny Bruce y Lou Reed, pero antes de *Seinfeld*, sugirió que lo que hacía judíos a los neoyorquinos era la capacidad para apropiarse de la actitud neoyorquina. Dustin Hoffman hizo un buen trabajo en *Cowboy de medianoche*, pero lo hizo como Ratsi Rizzo. Era preciso que apareciera Howard Stern para que un judío pudiera ser tan cutre.[1]

Naturalmente, tan sólo estoy diciendo que la vulgaridad, el mal gusto, la blasfemia y demás groserías pueden formar parte del arte: lo importante es no confundir la simple vulgaridad (como alzar el dedo medio) con el arte. Consideremos, por ejemplo, una de las recientes exhibiciones más evocadoras de grosería pública, obra de un cómico judío, un momento único que amplió el panorama cómico, y nos permite considerar qué papel desempeña la ética en el humor: no si los chistes son o no divertidos, sino si deberían contarse.[2]

---

[1] Comparárese con Hoberman y Shandler, *Entertaining America: Jews, Movies, and Broadcasting, op. cit.*, pp. 201-202. En 1998, Stern, que anteriormente había dicho ser medio judío, proclamó que lo era del todo.

[2] Véase Berys Gaut, «Just Joking: The Ethics and Aesthetics of Hu-

El actor y humorista Gilbert Gottfried, más conocido por la voz aguardentosa e inconfundible del pato Aflac o del loro Iago en *Aladin*, dejó clara a lo largo de su carrera la costumbre de decir cosas que lo metían en líos. Tres semanas después de la mayor tragedia de la historia de Nueva York, protagonizó uno de los momentos clave en la historia del humor ofensivo estadounidense. El 29 de septiembre de 2001, cuando participaba en una celebración del Friars Club en honor a Hugh Hefner, se disculpó por llegar tarde diciendo que no había podido coger un vuelo directo porque su avión había tenido que hacer una parada en el Empire State Building.

Cualquier aficionado al humor está familiarizado con la frase «demasiado pronto», y a menudo se esgrime desdeñosamente para señalar que ciertas bromas son inaceptables: es una forma de advertir que ciertos temas son intocables y abordarlos es demasiado transgresor. Muchos humoristas, tanto aspirantes como profesionales, asumen esa limitación como advertencia. Pero, como he dicho, en general Gottfried no era uno de ellos, y en este caso la naturaleza de una sola frase ingeniosa resultó inadmisible incluso para los miembros de Comedy Central que asistieron al Friars Club y manifestaron claramente su disgusto, pese a no ser de los que se ofenden fácilmente. En la grabación de ese evento es posible ver a Gottfried visiblemente desconcertado y perdido: por lo visto, hay ocasiones lo suficientemente poderosas para conmover incluso la sensibilidad cómica más curtida. Al cabo de unos instantes, Gottfried se recompone y cuenta «Los aristócratas», el chiste más desagradable y de mal gusto que se haya contado jamás, y que voy a transcribir a continuación.

Ofrezco una versión no especialmente desagradable ni pro-

mor», *Philosophy and Literature*, vol. 22, n.º 1, 1998, pp. 51-68, esp. 67; J. P. Steed, «"Can Death Be Funny?": Humor, the Holocaust, and Bellow's The Bellarosa Connection», *Saul Bellow Journal*, vol. 19, n.º 1, 2003, pp. 30-44, esp. 34.

caz, lo cual, como se verá, viene mucho al caso. Va el chiste, para los que no han visto el documental dedicado al mismo:

Un hombre entra en la oficina de un representante de artistas y le explica que tiene un número que tal vez pueda interesarle. El agente, como es natural, le pide que le explique el número, a lo que el hombre responde diciendo: «Bueno, es un número familiar», y a continuación describe alegremente todo tipo de prácticas sexuales, incluido el incesto, el sexo en grupo, la pedofilia, la coprofilia, la necrofilia y la zoofilia. Tras lo que parece una descripción interminable, finalmente el hombre se calla, y el agente, un tanto asombrado, por supuesto pregunta: «Ahá, ya veo, menudo número... Y, dígame, ¿cómo se titula?». «¡Los aristócratas!».[1]

Querría comentar tres cosas sobre el chiste, que difícilmente resultará divertido tal como lo he contado.

1. El efecto cómico depende claramente de la sección media y de la inventiva del humorista para recrearse en los detalles del número.

2. La composición de esos detalles es una prueba de Rorschach de la sensibilidad cómica del humorista (qué le parece divertido o cómicamente provocador), de su visión del público y de su deseo de buscar complicidad con él. En este sentido «Los aristócratas» puede ser un chiste judío o no, dependiendo de quién lo cuente y de cómo lo cuente. El público del Upper West Side con el que vi el documental—que simpatizaba con la forma en que Gottfried lo había contado y estaba compuesto por muchos cómicos famosos que contaban sus versiones del mismo en el documental—rio con suficiencia y seguridad ante versiones del chiste que incluían prácticas racistas, incestuosas, coprofágicas o necrofílicas, pero se escandalizaron y ofendieron al ver que uno de los cómicos susurraba aquellas porquerías y barbaridades a su hijo de diez meses, aunque las posibilidades de que el bebé enten-

---

[1] *The Aristocrats*, 2005, dirs. Penn Jillette y Paul Provenza.

diese lo que escuchaba eran nulas. Invito al lector a completar mi comentario con su propia lectura psicológica de la sensibilidad de una zona urbana predominantemente judía. Yo me limitaré a indicar que la ofensa difiere de una comunidad a otra.

3. Y, en este sentido, en septiembre de 2001 Gottfried contó un chiste que podía ofender por muchas razones, pero le permitió desviar la atención de la única realmente ofensiva. Y funcionó: el espectáculo continuó.

Ser profundamente ofensivo, blasfemo o grosero es fácil y carece de arte. Pero serlo significativamente, de un modo que ilumine e ilustre, es un arte que tiene una larga tradición. Y sólo es posible practicarlo con amor.

5

LA DIVINA COMEDIA

Purim, la festividad en que se lee el libro de Ester,[1] recibe su nombre del pasaje en que Amán decide echar a suertes (*purim*) la fecha del exterminio de los judíos. En un típico giro cómico, la fecha se convierte en lo contrario, una celebración, un alegre festejo. Pero, como es bien sabido, la suerte es ciega, pues depende por definición del azar, y no significa nada, así que a lo largo del libro se suceden un montón de acontecimientos que tienen enormes consecuencias—tanto destructivas como salvíficas—, pero son el resultado de la simple casualidad y del azar.

El oportuno momento en que Asuero padece insomnio; que Mardoqueo se entere del complot para asesinarle; que Ester sea, de entre todas las mujeres, la que cautive casualmente al rey y que resulte ser prima de Mardoqueo; que Amán tropiece casualmente y caiga sobre Ester en el momento en que Asuero regresa de los jardines..., todas estas casualidades permiten leer el libro de Ester como el chiste más negro y sombrío de la historia judía: el destino de la nación entera—del pueblo que se autoproclama y se percibe como elegido por Dios—depende del puro azar. Sobre todo porque, lo que resulta insólito en la Biblia, no se menciona a Dios en todo el libro.[2] He aquí una broma muy seria.

En general, la Biblia no tiene reparo en mostrar la inter-

---

[1] La relación precisa entre la festividad y el libro en que se explica su origen excede el ámbito de este trabajo; véase Arkadi Kovelman, «Farce in the Talmud», *Review of Rabbinic Judaism*, vol. 5, n.º 1, 2002, pp. 90-91, y Sandra Beth Berg, *The Book of Esther*, Ann Arbor (Míchigan), Scholars Press, 1979, pp. 3-4.

[2] Véase Michael V. Fox, «The Religion of the Book of Esther», *Judaism*, vol. 39, n.º 2, 1990, pp. 135-147.

vención divina en los asuntos de los mortales, ni en suponer que se ha producido. El hecho de que en el libro de Ester no haya rastro de Dios—y las consecuencias y desafíos teológicos de tal ausencia—propició la aparición del humor judío más irónico: los intentos de articular las grandes decisiones y alianzas con las tensiones y limitaciones de la condición terrenal, de fundir metafísica y humanidad. Desde el Talmud a *Tevie*, desde los maestros jasídicos a los novelistas que escribieron después del Holocausto, los artistas judíos han tratado de comprender el significado de la historia y el destino del pueblo judío a la luz de sus orígenes, de las audaces afirmaciones de los primeros judíos y de las promesas de su Dios. Muchos de ellos lo hicieron en clave cómica, a despecho—o tal vez a causa—de los riesgos. Este capítulo recoge la suma de sus respuestas, ya sean gozosas reafirmaciones de la fe, sombrías impugnaciones irónicas de lo aprendido, o incómodas risas causadas por la dificultad para equilibrar ambos polos.

Tomada en su conjunto, la Biblia no es divertida.

No obstante, considerando lo que se ha mostrado en anteriores capítulos, conviene matizar tal afirmación. Ciertamente, tomada en su conjunto, es decir, desde el punto de vista de Dios, la Biblia no es divertida. De hecho, el mismísimo Dios se encarga de dejarlo claro en cuanto se presenta la primera ocasión en la Biblia: cuando Sara ríe a propósito del anuncio del nacimiento de su hijo Isaac (cuyo nombre proviene de la palabra hebrea para 'risa'). Como sabemos, Sara ríe por primera vez cuando su anciano marido le cuenta que le han prometido, en contra del sentido común y de la biología, que su esposa le dará un hijo para recompensarle su hospitalidad. La risa de Sara es irónica: sabe cómo funciona el mundo y se burla de su necio marido y de sus creencias fantásticas.[1]

---

[1] Véase J. Cheryl Exum y J. William Whedbee, «Isaac, Samson, and Saul:

Pero ésa no es la risa que Dios decidió aprobar. En un universo centrado en una divinidad que hace milagros regularmente para favorecer a su pueblo elegido, la fe no es en absoluto una fantasía: es sabia, y la ironía es un error. De modo que finalmente Isaac nace, Dios reprende a Sara por reírse y Sara vuelve a reír, pero ya no se trata de la risa causada por un sentimiento de superioridad, sino de una sonrisa humilde.

Este relato bíblico tiene la virtud de incorporar dos de los tres principales enfoques de la teoría del humor que científicos y filósofos han conseguido elaborar, fundiéndolos entre sí. (Hemos analizado el tercero, la teoría de la superioridad, en el capítulo anterior). Las *teorías de la incongruencia* de la comedia tienden a sugerir que la razón de que nos riamos es que advertimos que algo es incongruente:[1] un mono en bicicleta, o, en uno de mis chistes judíos favoritos, la respuesta del vampiro al que le muestran una cruz: «Ay, amigo, ¿por quién me has tomado?». La primera risa de Sara (y de Abraham) es de esta naturaleza: es el resultado de saber cómo funciona el mundo. Mi hijo de cuatro años, por ejemplo, está empezando a entender por qué sería divertido dibu-

Reflections on the Comic and Tragic Visions», en: Yehuda T. Radday y Athalya Brenner, *On Humour and the Comic in the Hebrew Bible*, Sheffield, Sheffield Academic Press, 1990, pp. 123-124.

[1] Véase Arthur Schopenhauer, *The World as Will and Idea*, trad. R.B. Haldane, Londres, Kegan Paul, 1907, 1, §13, p. 76 [*El mundo como voluntad y representación*, trad. Pilar López de Santa María, Madrid, Trotta, 2022, p. 109], donde leemos que: «La risa no nace nunca sino de la percepción repentina de la incongruencia entre un concepto y los objetos reales que en algún respecto se habían pensado con él, y ella misma es la simple expresión de esa incongruencia». Hay propuestas filosóficas anteriores en Kant («la risa es una emoción que nace de la súbita transformación de una ansiosa espera en nada» [*Crítica del juicio*, trad. Manuel García Morente, Madrid, Tecnos, 2011, p. 262]) y Francis Hutcheson («En general, la risa se produce al juntar imágenes que tienen asociadas ideas opuestas», *Reflections on Laughter*, 1750). Sobre esta cuestión, véase John Morreall, *Taking Laughter Seriously*, Albany (Nueva York), SUNY Press, 1983, pp. 15-19.

jar un mono en bicicleta, pero los elementos que hacen chocante el cruce de estereotipos judíos y vampiros quedan con toda seguridad fuera de su alcance.

La segunda risa, sin embargo, atañe a lo que los filósofos han denominado *teoría del alivio*: es la idea de que la risa se debe a la alegría de aliviar una tensión, relacionada con la idea shakespeariana (aunque no sean idénticas) de que bien está lo que bien acaba y de que todo va bien en el mundo. La segunda risa de Sara—de la que procede el nombre de Isaac—es de este tipo. Isaac se convierte en ejemplo viviente del alivio que produce la alianza de Dios con la familia de Abraham, el hecho de que un dios intervencionista cambie literalmente el mundo para ayudar al pueblo elegido.[1] (Por supuesto, la alianza se pone a prueba cuando Dios pide a Abraham que sacrifique a Isaac, pero ya se sabe que todo tiene un precio).

La reprimenda que recibe Sara muestra que la Biblia castiga la ironía, ese sentimiento de superioridad que procede del conocimiento humano y a menudo se expone en la comedia griega o romana. (El término *ironía* procede del griego, y los últimos acontecimientos narrados en el canon bíblico tienen lugar casi al mismo tiempo que la representación de las obras de Aristófanes). Pero, curiosamente, la ironía de Sara está profundamente relacionada con una especie de ironía estructural debida al conocimiento de la historia desde una perspectiva divina,[2] una ironía que recuerda a la del lector, relacionada con cierto sentido metafísico. La divina comedia, vaya, muy distinta de la comicidad de los simples mortales. En este capítulo nos ocuparemos de averiguar si los ju-

[1] Isaac se convierte también, para algunos críticos, en ejemplo de humor: véase Joel S. Kaminsky, «Humor and the Theology of Hope: Isaac as A Humorous Figure», *Interpretation*, vol. 54, n.º 4, 2000, pp. 363-375.
[2] Véanse comentarios sobre cómo actúa esa sensibilidad en todo el libro del Génesis, en E. M. Good, *Irony in the Old Testament*, Filadelfia, The Westminster Press, 1955, pp. 81-114.

díos eran capaces de apreciar esta modalidad de lo cómico y cómo la apreciaban, y de mostrar la inevitable y necesaria brecha entre la risa de Dios y la del pueblo judío.

Tomemos dos textos bíblicos que no suelen considerarse precisamente chistosos: el Eclesiastés y Job. El Eclesiastés es particularmente reacio a la risa: «Dije a la risa: "Eres una loca"»; «Mejor es la tristeza que la risa».[1] El rechazo a la risa parece provenir de objeciones filosóficas y de un exceso de sabiduría irónica. La conciencia de las ironías de la vida—a todos nos aguarda el mismo destino, las riquezas se prodigan a los necios que las malgastan, etcétera—significa que para el autor del libro la única respuesta racional es el desprecio de un mundo que es pura *vanidad* (*hevel*, por utilizar el término recurrente en el Eclesiastés). O, dicho de otro modo, la vida no tiene gracia.[2] No obstante, podríamos preguntarnos si se pretendía que admirásemos esta perspectiva o que rechazáramos la ausencia de risa por las mismas razones que rechazamos el regocijo inapropiado de Sara.

El otro libro es el de Job. Incluso los lectores familiarizados con el relato (Dios señala a Job como hombre justo, pero Satán replica que la felicidad y la riqueza de las que goza su fiel tal vez expliquen que no se haya rebelado, y desafía a Dios arrebatándole todo a su hombre justo—hijos, riquezas, salud—para comprobar si realmente es fiel: sometido a esta dura prueba, Job se lamenta durante muchos capítulos, pero jamás maldice a Dios) tal vez olviden que el desenlace

---

[1] Eclesiastés 2, 2; 7, 3.

[2] Compárese Hershey H. Friedman, «Humor in the Hebrew Bible», *Humor*, vol. 13, n.º 3, 2000, p. 266; Edward L. Greenstein, «Sages with a Sense of Humor: The Babylonian Dialogue between a Master and His Servant and the Book of Qohelet», en: Richard J. Clifford (ed.), *Wisdom Literature in Mesopotamia and Israel*, Atlanta (Georgia), Society of Biblical Literature, 2007, pp. 55-65, esp. 62, 64, y Etan Levine, «Qohelet's Fool: A Composite Portrait», en: Radday y Brenner, *On Humour and the Comic in the Hebrew Bible, op. cit.*, pp. 278-294.

marca la diferencia: Job oye la voz de Dios que le habla desde el torbellino para preguntarle si cree que puede cuestionar el poder y los designios divinos, y tras responder Job aceptando su insignificancia, recupera de nuevo, con creces, todo lo perdido. Este final feliz convierte el libro en comedia, al menos de acuerdo con algunas definiciones técnicas. Los críticos que consideran el libro de Job como una pieza cómica tienden a señalar las caricaturas satíricas de los amigos filosofantes y teologizantes que acuden a confortarle pero olvidan la bondad y la providencia divinas. Job los reprende, y su tono sarcástico atraviesa los siglos y llega hasta nosotros: «Cierto que sois vosotros la humanidad toda, y con vosotros va a morir todo el saber. Pero también tengo yo, como vosotros, algún seso».[1] Son ellos los que no entienden nada; Job sí, por eso es recompensado.

Por otra parte, tampoco es difícil *no* leer el libro en clave cómica. La historia de Job, las duras pruebas a las que es sometido, tal vez importan tanto como el venturoso desenlace, si no más. Los hijos de Job mueren al principio del relato: ¿acaso que se le otorguen otros hijos es una recompensa suficientemente gozosa? Podría discutirse sobre qué habrían respondido a esta pregunta los lectores originales del libro, pero la cuestión del equilibrio entre la recompensa teológica prometida y las dolorosas vicisitudes del relato y de la vida misma—aplicadas al pueblo judío en general, no sólo a Job—ha animado casi toda la historia judía y esta forma específica de lo cómico.

La perspectiva de Abraham y Job se identifica con la alegría de comprender, o al menos interiorizar, la creencia teo-

---

[1] Job 12, 2-3. Compárese James William Whedbee, «The Comedy of Job», *Semeia*, n.º 7, 1977, pp. 1-39, *passim*; Athalya Brenner, «On the Semantic Field of Humour, Laughter, and the Comic in the Old Testament», en: Radday y Brenner, *On Humour and the Comic in the Hebrew Bible*, *op. cit.*, p. 41 n. 9; Good, *Irony in the Old Testament*, *op. cit.*, pp. 214-215.

lógica según la cual los judíos, siguiendo a su Dios, estaban en el lado correcto de la historia. Como se ha sugerido en el anterior capítulo, la Biblia parece tolerar la risa satisfecha de quien se sabe la mano derecha de Dios y desprecia a aquellos pueblos, desde los egipcios a los moabitas, que están excluidos de la verdad. Pensemos en el canto triunfal de la profetisa Débora, en Jueces, burlándose de la madre de Sísara, asomada a la ventana y escuchando las lisonjas de otras mujeres que le hablan del regreso triunfal de su hijo: ¿no *saben* que ir contra Dios sólo conducirá a la destrucción? Qué *idiotas*. ¡Y doblemente idiotas, porque ignoran que Sísara ha muerto!¹

Pero hay otro tipo de comicidad que la Biblia tolera: la alegría metafísica. Ese tipo de alegría sustituye la evocación de la *teoría de la incongruencia* por algo que probablemente sea en rigor una teoría del alivio, aunque va más allá de lo que podríamos llamar *teoría de la congruencia*: cuando el mundo, abusando de la terminología de otro pensador alemán, se corresponde con el caso, cuando todo encaja y parece revelar la armonía divina y el destino histórico.

En la Biblia, las muestras de este tipo de armonía se producen en los niveles más fundamentales: la palabra, y más específicamente el nombre. Los nombres pueden ser perfectamente congruentes, como en el caso de Nabal ('necio'), que se comporta con tanta estupidez como su nombre sugiere, o irónicamente incongruentes (Labán, cuyo nombre significa 'blanco', se comporta siempre de un modo oscuro con Jacob, dejando al margen los tintes racistas de la caracterización). El nombre de Asuero probablemente sugería algo así como 'rey jaqueca', pero mi favorito en este contexto es Cusán Rasataim, que al oyente—no olvidemos que la Biblia estaba des-

---

¹ Véase Jueces 5, 28-30. Sobre la ironía en el libro de los Jueces en un sentido más general, véase Lillian Klein, «Irony in the Book of Judges», en: Athalya Brenner y Frank H. Polak, *Words, Ideas, Worlds: Biblical Essays in Honor of Yaira Amit*, Sheffield, Sheffield Phoenix Press, 2012, pp. 133-144.

tinada a la lectura en voz alta—debía sonarle como «Negrísimo Malvadísimo».[1] Pero en el texto la relación cómica entre la palabra y la cosa—o las palabras y las cosas, porque la estructura del hebreo permite un tipo de humor a partir de la semejanza familiar más difícil de captar en inglés—se basaba en, y condujo a, un reconocimiento del universo metafísicamente ordenado: la sonrisa de reconocimiento que provocaba el humor era de alivio.[2]

Este sentido del orden también resuena en la Biblia. El lector llega a reconocer gozosa y placenteramente títulos, repeticiones e inversiones irónicas recurrentes que sólo son posibles en una historia divinamente ordenada. La más famosa y representativa es la historia de Jacob, el hermano menor que recibe el derecho de primogenitura que corresponde a Esaú, el mayor. Sin embargo, más tarde, el que engaña es engañado: sus propias tretas para arrebatar la primogenitura se repiten cuando su hijo preferido, José, es vendido como esclavo por sus envidiosos hermanos. El dictamen «Con la medida con que midáis se os medirá» puede aplicarse a la risa: el burlador será burlado.[3] El faraón que se burla pensando que tiene todas las cartas ganadoras, por ejemplo, resulta ser la víctima de la burla. (Generaciones posteriores de intérpretes explicitaron esta dinámica, incluido el autor de la canción que reza: «Una mañana, cuando el faraón despertó en su lecho, | estaba su almohada, y toda su cama, ¡llena

---

[1] Véase Yehuda T. Radday, «Humour in Names», en: Radday y Brenner, *On Humour and the Comic in the Hebrew Bible, op. cit.*, pp. 61-63, cita en p. 61, y Yehuda T. Radday, «Esther with Humour», en: Radday y Brenner, *On Humour and the Comic in the Hebrew Bible, op. cit.*, pp. 295-313, esp. 296. Esto no era sólo un enfoque bíblico: ya en el siglo IV, el gramático romano Donato sugirió que «los nombres deberían encajar con quienes los llevan».

[2] Véase Ernst Simon, «Notes on Jewish Wit», *Jewish Frontier*, n.º 15, 1948, pp. 42-48.

[3] Véase Marcos 4, 24.

de ranas!»).[1] Dios interviene activamente en la historia con el fin de proteger a los miembros de la familia elegida con la que ha establecido la alianza que la convierte en un pueblo (Jacob, al que Dios renombra Israel).[2] Tales ironías, adecuadamente reconocidas y apreciadas—tanto por los protagonistas como por los lectores—, provocan una risa que sólo puede considerarse alegría.

Así funcionaban las cosas mientras hubo una clara congruencia entre la historia judía y la teología judía,[3] cuando los judíos estaban en la cima. Se mantuvo con la humillación de Egipto, la conquista de Israel, la expansión del reino de Israel con David, e incluso durante la división del reino entre Judá e Israel. Pero después del acontecimiento más estremecedor de la historia judía—la destrucción del Templo y el final de la independencia política judía durante dos mil años—los viejos modelos cómicos resultan insostenibles. ¿Cómo es posible sentirse superior cuando la casa de Dios está en ruinas y su reino—el signo tangible de la fuerza de Dios en la tierra—pertenece a otro imperio? ¿No socavan esos acontecimientos la confianza en la propia interpretación del mundo? Esencialmente, todo parece reducirse a un gran chiste, el mayor chiste judío de todos los tiempos: vosotros los babilonios (o los romanos, o los cruzados, etcétera), ¿os creéis que por haber irrumpido en nuestros territorios, quemado nuestras casas, matado a nuestras familias, destruido nuestras propiedades, *habéis ganado*? Qué idiotas. Nosotros sabemos que somos el Pueblo Elegido de Dios, y que quien ríe último ríe mejor.

---

[1] Para una interpretación más tradicional en esta clave, véase Chaim W. Reines, «Laughter in Biblical and Rabbinic Literature», *Judaism*, vol. 21, n.º 2, 1972, p. 179.

[2] Génesis 35, 9-11.

[3] Véase John Morreall, «Sarcasm, Irony, Wordplay and Humor in the Bible: A Response to Hershey Friedman», *Humor*, vol. 14, n.º 3, 2001, pp. 293-301, esp. 300-301.

Naturalmente, estoy parafraseando.

Me he limitado a resumir el enfoque teológicamente ortodoxo del gran desafío que supuso la destrucción del Templo para la identidad judía. La respuesta, desde luego, es que la alianza entre el Dios omnipotente y su pueblo elegido persiste, pero, como el pueblo ha pecado, ha caído sobre él la ira de Dios, lo que supone un momentáneo revés. Pero todo volverá a su cauce. El regreso a Jerusalén varias generaciones después de algunos representantes del poder babilónico—mientras tanto, habían surgido y caído imperios; se habían adoptado nuevas políticas—no debilitó necesariamente esta convicción.

Pero sí obligó a contemplar la posibilidad, que convivía incómodamente con la interpretación ortodoxa, de que los hechos fueran más complicados. Quizá, se pensaba, se había minimizado la magnitud del desastre, quizá todo el cuento de la alianza era una broma pesada, un chiste judío ejemplar sobre la capacidad de resistencia frente a la persecución gracias a la fe, y sobre el humor que permite al perseguido mantener el ánimo y seguir adelante. Pero también es humor negro, cómo no, pues el pueblo elegido no olvida que podría ser el objeto de la burla. (A los judíos de la Biblia les preocupaban las burlas como a cualquiera, tal como sugiere una y otra vez el libro de las Lamentaciones: «Muchos son los pecados de Jerusalén; por eso fue objeto de burla», entona el apesadumbrado narrador).[1] De modo que, en el fondo de la conciencia judía, una vocecita dice: «¿A quién pretendemos engañar con nuestro complejo de superioridad? Basta mirar dónde están ellos y dónde estamos nosotros: el chiste de la historia somos nosotros, no ellos». Valga decir que

[1] Lamentaciones 1, 8. Sobre la terrible suerte asociada en la Biblia a la idea de ser objeto de burla y mofa, véase Salmos 44, 14-15, y compárese con Thomas Jemielity, *Satire and the Hebrew Prophets*, Louisville (Kentucky), Westminster-John Knox Press, 1992, p. 26.

no sólo a los judíos les preocupaba ser los perdedores. En fecha tan temprana como el siglo IV Juliano el Apóstata escribía: «¿Pensará alguien que la victoria en la guerra es menos deseable que la derrota? ¿Quién sería tan estúpido?».[1] Pero los judíos escuchaban sobre todo sus propias voces. Y así se inició esta variante del humor judío, quizá la más grandiosa de todas.

La serie de coincidencias del libro de Ester—además de la ausencia de Dios, nunca mencionado—podría ser el mejor ejemplo de esta nueva sensibilidad, teológicamente angustiada e irónica. Ahora bien, las autoridades tradicionales señalaban que esa sucesión de puras coincidencias es tan altamente improbable que debe—*debe*—tener un autor, y los rabinos ampliaron y reelaboraron el relato, no sólo añadiendo detalles escatológicos o bufonadas, sino reintroduciendo a Dios en la narración.[2] (En ocasiones hacían ambas cosas, por ejemplo enviando al ángel Gabriel para que empujara a Amán de modo que cayese de culo directamente en el regazo de Ester y provocar así la caída literal y metafórica del villano).[3] Y el propio nombre de Ester se convierte por derecho propio en una afirmación teológica rabínica: sometido a un pequeño juego de palabras etimológico, se revelan las

[1] Citado en Ruth Wisse, *No Joke: Making Jewish Humor*, Princeton (Nueva Jersey), Princeton University Press, 2013, p. 105.

[2] Para un examen contemporáneo de este enfoque, véase Gordon H. Johnston, «A Funny Thing Happened on the Way to the Gallows! Irony, Humor, and Other Literary Features of the Book of Esther», en: David M. Howard Jr. y Michael A. Grisanti (ed.), *Giving the Sense: Understanding and Using Old Testament Historical Texts*, Grand Rapids (Míchigan), Kregel, 2003, pp. 380-406, 392-395; véase también Barry Dov Walfish, *Esther in Medieval Garb*, Albany (Nueva York), SUNY Press, 1993, pp. 74-94.

[3] Véase TB Megillah 16a, y Elias Bickerman, *Four Strange Books of the Bible*, Nueva York, Schocken, 1967, p. 183.

conexiones temáticas con el término imperante para el *deus absconditus*, el Dios que oculta su rostro al mundo.

La teología de los rabinos—interesados en equiparar el equilibrio emocional de Dios con el de su pueblo elegido—se pregunta si Dios, aunque oculto a los que sufren y a los exilados, tiene razones para reír. Los Salmos ofrecen una imagen intrigante a los rabinos en un versículo que afirma: «El que mora en los cielos se ríe».[1] Pero la causa que a menudo se atribuye a la risa de Dios—el pagano («Pero tú, ¡oh, Yavé!, te ríes de ellos, haces burla de todas las naciones») y el impío («Pero Yavé se ríe de él, porque ve que su día se acerca»)—[2] parecía huera, o incluso ofensiva, en un mundo postexílico en que los malvados paganos habían vencido al pueblo elegido. Desde el punto de vista teológico, los rabinos eran máquinas de producir congruencia, de resolver obstinadas contradicciones bíblicas a su propia satisfacción y armonizarlas con sus ideas de Dios y de la historia, y no tenían empacho en valerse de cualquier recurso que les permitiera hacerlo.

La primera táctica fue situar la risa divina en el tiempo y el espacio: el «ve que su día se acerca» de los Salmos parecía ofrecer un atisbo de un ajuste de cuentas pendiente al final de la vida humana o del imperio nacional, lo cual permitía a los rabinos afirmar que «desde el día de la destrucción del Templo, no hay diversión para el Santo».[3] En ese día del resurgir nacional, reír sería por fin participar de la misma alegría mesiánica de los judíos descrita en los Salmos, cuando Dios vuelve con los jubilosos de Sión: «Cuando restauró Yavé la suerte de Sión [...] Llenóse entonces de risas nuestro corazón y de júbilo nuestra boca».[4]

[1] Salmos 2, 4.
[2] Salmos 59, 9, y Salmos 37, 13.
[3] TB Avodah Zarah 3b; véase también Kovelman, «Farce in the Talmud», *op. cit.*, p. 87.
[4] Salmos 126, 1-2; véase también Reines, «Laughter in Biblical and Rabbinic Literature», *op. cit.*, *passim*.

Algunas autoridades rabínicas, en un movimiento que ya hemos analizado, adoptaron esta explicación para indicar que la risa *antes* del período mesiánico resultaba sospechosa. Interpretaron que el significado del versículo era que la risa en este mundo debía desaconsejarse, y hasta quizá proscribirse del todo.[1] Llegaban a remitir un raro comentario positivo del Eclesiastés sobre la risa—«Dije de la risa: "Alabada sea"»—[2] a la risa de los justos en un mundo metafísico futuro, que habría sorprendido al autor del texto, sin duda comprometido con el aquí y el ahora. Pero existía otra explicación que, más que aplazar la risa, la redefinía. Lo ilustra un ejemplo muy citado, valioso porque nos proporciona una visión mejor de la mentalidad rabínica respecto a la risa que la de la jurisprudencia en general, que es la que suele analizarse.

La cuestión legal específica planteada a los rabinos en el caso que se conoce como «el horno de Ajnai» es menos relevante para nosotros que el resultado: los sabios fallaron contra un rabino, a pesar de sus muchos argumentos.[3] Ese rabino, Eliazar, contrariado por lo que le parecía un quebrantamiento de la ley, dijo: «¡Si la ley es como yo digo, que este algarrobo lo demuestre!». Y el algarrobo se desarraigó y se desplazó cincuenta metros. «No traemos evidencia de un algarrobo», respondieron los sabios. Eliazar no se rindió: «Si la ley es como yo digo, que el agua me lo compruebe». E inmediatamente «el mar dio vuelta a su curso». «No traemos

---

[1] Para un ejemplo, véase TB Berakhot 31a; para diversas posiciones, incluyendo la cuestión de la «risa excesiva», véase el análisis de Daniel Z. Feldman, «The Lomdus of Laughter: Toward a Jewish Ethic of Humor», en: Yehuda Sarna (ed.), *Developing a Jewish Perspective on Culture*, Nueva York, Yeshiva University Press, 2014, pp. 414-415.

[2] TB Shabbat 30b; véase también Toni Craven, «Is That Fearfully Funny?: Some Instances from the Apocryphal/Deuterocanonical Books», en: Athalya Brenner (ed.), *Are We Amused? Humor About Women in the Biblical Worlds*, Londres, T&T Clark International, 2003, p. 71.

[3] TB Baba Metzia 59b.

evidencia del curso del agua», contestaron una vez más los sabios. Eliazar dijo lo mismo a las paredes de la sala de estudio en la que se encontraban, y las paredes se inclinaron. Finalmente, Eliazar dijo: «Si la ley es como yo digo que lo demuestre una voz del cielo». Y de inmediato se oyó una voz del cielo que decía: «¿Por qué discutís con Eliazar si la ley es siempre como dice él». A lo que el rabino Joshua respondió con un versículo: «¡La Torá no se encuentra en los cielos!» (Deut. 30, 12) o, dicho de otro modo: «No te metas». A continuación, el Talmud aclara: «Una vez que nos entregaste la Torá en el Sinaí ya no escuchamos otra voz celestial, una vez que nos entregaste la Torá debemos seguir a la mayoría».[1] ¿El resultado? El Talmud prosigue relatando que el rabino Natán se encontró con el profeta Elías y le preguntó qué hacía Dios mientras se celebraba este juicio. Y Elías (que, como nunca había muerto y había sido transportado vivo al cielo en un carro, disfrutaba de una posición excepcional para llevar y traer mensajes) informó diligentemente que Dios se había echado a reír y había dicho: «Mis hijos me han vencido, me han vencido».

En cierto sentido, este pasaje resulta inmensamente transgresor desde el punto de vista filosófico. Parece inscribirse en esa variante del humor que celebra los giros inesperados, y sugiere que, después de la destrucción del Templo, es posible la revuelta religiosa, lo cual en último término amenazaría con desbaratar la vida y la fe judías en su totalidad. (El lema de tal revuelta podría muy bien ser el famoso versículo de nuestro esencial libro de Ester: *«venahafoch hu»*, 'el mundo está patas arriba').[2] De hecho, muchos han utilizado este relato talmúdico para abogar por un cambio radical de la ley judía.

---

[1] Éxodo 23, 2.
[2] Ester 9, 1. Sobre las estructuras de cambio en el libro de Ester, véase Johnston, «A Funny Thing Happened on the Way to the Gallows!», *op. cit.*, esp. 389-390, y Berg, *The Book of Esther, op. cit.*, pp. 104-113.

Pero yo creo que sería una interpretación errónea, al menos desde el punto de vista cómico. En realidad, ese relato talmúdico evidencia el humor que nace de una relación real y vivida con Dios. En tal caso, el cuestionamiento—incluso, y quizá especialmente, la risa y las bromas—podría ser un signo de unión, proximidad y amor, no de antagonismo, o no sólo. El cielo está íntimamente involucrado en las consideraciones sobre la ley, pero se mantiene respetuosamente al margen cuando los mortales dirimen sus propios asuntos legales. Dios incluso acepta que su ley—o, más exactamente, la interpretación adecuada e ingeniosa de la ley—también lo obliga a Él. Gracias al ingenio y el descaro suficientes, basados en el conocimiento y la inteligencia, y gracias también a la comprensión de las apuradas circunstancias que evidencia la relación Dios-Israel en su encarnación diaspórica, es posible conseguir que Dios ría y deje en paz a los hombres con amorosa indulgencia.

Ludwig Wittgenstein afirmó en alguna ocasión: «Una obra filosófica seria debería estar compuesta enteramente de chistes».[1] ¿Podría hacerse también un obra moderna de teología judía, o de filosofía o pensamiento, del mismo modo? Sí y no. En la teología judía el humor no es la única forma de relacionarse con Dios, de modo que no es sorprendente que algunos de los textos que hacen énfasis en la distancia y el miedo—los adeptos medievales de Maimónides, por ejemplo—no sean en absoluto filones de humor teológico. (No obstante, no querría que el lector se llevara la impresión de que Maimónides, el extraordinario jurista, estudioso, filósofo y médico,

---

[1] Norman Malcolm, *Ludwig Wittgenstein: A Memoir*, Londres, Oxford University Press, 1966, p. 29. [Existe traducción en español: *Ludwig Wittgenstein. Esbozo biográfico*, trad. Mario García Aldonate, Madrid, Mondadori, 1990].

era un perfecto *agelast* ['aguafiestas']: como doctor personal del sultán de Egipto aconsejaba a otros galenos que era
preciso «fortalecer la vitalidad de los pacientes contándoles
relatos divertidos que alivien el alma y dilaten el corazón, y
refiriendo noticias que distraigan el pensamiento y hagan reír
al paciente y a los amigos que lo rodeen»).[1] Por otra parte,
cuando nos adentramos en los siglos XVIII y XIX, el jasidismo—que tanto insistió en la proximidad divina y en que Dios
está a nuestro alrededor, en todas partes, y es infinitamente
accesible—rebosa humor gozoso, irónico y entusiasta.

Esa sensibilidad no se limita ni mucho menos al jasidismo. Uno de los fundadores de lo que actualmente llamaríamos ortodoxia moderna, Samson Raphael Hirsch, comentando el versículo de Éxodo en que los judíos se quejan (14,
11: «¿Es que no había sepulcros en Egipto, y nos has traído
al desierto a morir?»), escribió: «Esta aguda ironía, incluso
en un momento de profundas angustia y desesperación, es
un rasgo característico del carácter inherentemente ingenioso judío desde los orígenes».[2] De hecho, tal vez sea un sello
distintivo de las sociedades tradicionales para las que la divinidad es algo tan cotidiano que bromear resulta mucho menos tabú que en sociedades donde la fe es cuestionada constantemente. He aquí dos chistes que lo ilustran:

A un hombre le ofrecen dos kopeks por sentarse en las afueras del
shtetl y avisar si llega el mesías. Un vecino le dice:
—¿Sólo te pagan dos kopeks? No es gran cosa.
—Pues no, pero es un trabajo de por vida.

O:

Un hombre va al sastre para encargarle un traje y el sastre le dice
que vuelva a recogerlo en seis días.

[1] Citado en Feldman, «The Lomdus of Laughter: Toward a Jewish
Ethic of Humor», *op. cit.*, p. 410.
[2] *Ibid.*, p. 409. El versículo, Éxodo 14, 11.

—¿Seis días? ¡¿Tanto?!—protesta—. ¡En seis días Dios tuvo tiempo de crear el mundo!

—Cierto—replica el sastre, y señalando las perchas con trajes añade—: Pero mire cómo está el mundo, ¡y mire esos pantalones![1]

Ambos chistes habrían pasado sin comentario en la sociedad tradicional, pero el segundo—una versión del horno de Ajnai en el *shtetl*: los mortales pueden hacer las cosas mejor que Dios—ejemplifica el sentido del humor jasídico.

Como hemos visto en el primer capítulo, parte del humor jasídico, dado el carácter evangelizador del movimiento, consiste en relatos que ilustran la superioridad teológica. Tales relatos tienen finales felices, como el de Sara, en los que el individuo inicialmente escéptico se convierte en un auténtico creyente. Sin embargo, en el jasidismo es raro que Dios sea el objeto de mofa: ese papel corresponde al individuo aparentemente sofisticado que es incapaz de comprender la radical simplicidad de la sabiduría. Hay relatos sobre rabinos jasidíes que intercambian su papel con un cochero, por ejemplo, y resulta que éste exhibe la sabiduría que deberían poseer los rabinos.

Pero eso no quiere decir que los creyentes no tengan sus horas bajas, y esos momentos de duda se expresan a través de comentarios sardónicos sobre Dios, la oración y el mundo. Por ejemplo, un chiste cuenta que el rabino jasídico Levi Yitzchok, de la ciudad ucraniana de Berdichev, harto de la inveterada desigualdad entre ricos y pobres, decidió rezar para cambiar la situación (conviene tener en cuenta que este chiste se basa en una interpretación jasídica según la cual sus

---

[1] Una versión de este chiste se encuentra en Henry D. Spalding (ed.), *Encyclopedia of Jewish Humor: From Biblical Times to the Modern Age*, Nueva York, Jonathan David, 1969, pp. 14-15. O la queja de un hombre que cuando su rabino le dijo que Dios proveería, responde: «Ay, lo sé, lo sé; sólo querría que me proveyese hasta que provea», en Simon R. Pollack, *Jewish Wit For All Occasions*, Nueva York, A&W Visual Library, 1979, p. 33.

líderes espirituales tienen la capacidad mística—el término preciso sería *teúrgica*—de cambiar el destino del mundo persuadiendo a Dios de que modifique su plan para el universo):

Mientras el maestro Yitzchok reza, sus discípulos lo observan atentamente. Después de un largo rato, apartándose la mano de los ojos, dice:
—He rezado para que los ricos repartan sus bienes con los pobres y todo el mundo sea igual. Y tengo una buena noticia: ¡ya he conseguido la mitad!
Los discípulos, un poco incrédulos, pero felices, preguntan:
—¿De veras?
—¡Sí! ¡Los pobres ya han dicho que están de acuerdo!¹

Por una parte, se trata de un chiste sobre los límites de la naturaleza humana, pero también es un comentario sobre la aparente incapacidad o falta de voluntad de Dios para cambiar la vida de los mortales en lo que más importa a la mayoría. Éste no fue un problema menor para un movimiento que se enorgullecía de ser popular (al menos en sus manifestaciones literarias y folclóricas). Dada la concepción jasídica de la intimidad con lo divino y la orientación místico-filosófica que situaba la actividad humana en el centro de la acción metafísica—la humanidad era capaz nada menos que de reparar una divinidad rota—, a los rabinos jasidíes no solía asustarlos discutir con Dios, ni tratarlo como a un amigo y compañero que a veces tomaba un camino equivocado.
Fijémonos de nuevo en Levi Yitzchok de Berdichev, conocido por su afán de «discutir con Dios» y cuya capacidad para mezclar un tono ligero con los intereses teológicos más serios tan bien ilustra el particular sentido del humor espiritual. En una célebre anécdota un sastre le cuenta al rabino el trato que ha hecho con Dios en Yom Kipur:

¹ Otra versión en Spalding, *Encyclopedia of Jewish Humor, op. cit.*, p. 90.

Por una parte, le confesé al Altísimo, alabado sea, que yo no había sido fiel a los mandamientos, había cometido pecados veniales y cosas por el estilo. Pero por otra parte, Dios tampoco había sido muy bueno con los judíos. De modo que le propuse que lo comido por lo servido: Él nos perdonaba nuestros pecados y nosotros le perdonábamos la historia judía.[1]

Es un chiste mordaz como el que más, que plantea las cuestiones importantísimas en los términos de un *regateo* comercial. Pero lo más significativo es la puntilla final, cuando Levi Yitzchok dice la última palabra y le señala al sastre que dejó que Dios saliera demasiado bien librado: «Teniendo en cuenta la historia del pueblo judío, ¡debería haberle pedido que acelere la llegada del mesías!». Semejante gesto—intentar «acelerar el final», dicho en la fraseología del misticismo judío en la que tan a menudo se desaconseja precipitar el gozoso plan final de Dios, es decir, la redención mesiánica, y consumar la historia judía y universal—es la cuestión de fe más allá de la cual jamás va el humor judío tradicional. Dicho en las palabras del personaje que más discute con Dios y es el teólogo cómico más destacado de la literatura judía: «Lamenté no tener tanta instrucción como otros para poder hallar una explicación satisfactoria».[2]

Tevie, el personaje de Sholem Aleijem, «autor» del comentario citado, sólo existe en el papel, es decir, en los relatos que Sholem Aleijem escribió—a diferencia de su encarnación posterior en el musical *El violinista en el tejado* de fama universal—. Todo lo que sabemos de Tevie es a través de los monólogos que entrega a un tal Sholem Aleijem, cosa

[1] Otra versión en Nathan Ausubel, *Treasury of Jewish Folklore*, Nueva York, Crown, 1981, pp. 160-161.

[2] Sholem Aleijem, *Tevye the Dairyman and the Railroad Stories*, Nueva York, Schocken, 1987, p. 81. [*Tevie el lechero*, trad. Bernardo Kolesnicoff y Mario Calés, Buenos Aires, Riopiedras, 2004, edición digital].

que lo hermana con los actuales humoristas en directo. Una parte esencial del personaje de Tevie son sus discusiones, no sólo con el público del autor yiddish Aleijem—al que desea explicar por lo que ha pasado, cuál ha sido su suerte, qué ha sido de sus hijas—, sino con Dios mientras vaga con su carro por los caminos.

Una de las características más destacadas de esos monólogos es la forma de citar pasajes de la Biblia, el Talmud y la liturgia judía, y ofrecer a continuación su «traducción» yiddish de los mismos. Pongo entre comillas el término *traducción* porque—contra lo que creen algunos críticos estadounidenses no demasiado familiarizados con la tradición literaria judía—Tevie no está realizando precisamente una traducción fiel de esos pasajes. No es que confunda las palabras, pero más que un traductor fiel es un comentarista cuidadoso e irónico de las promesas de Dios y de las consiguientes reclamaciones del pueblo judío, tomadas de los textos sagrados utilizados en la liturgia que Tevie ha recitado todos los días de su vida:

Es como decimos en la oración *Nos darás la fortaleza*: «Unos suben y otros bajan» [...] Lo importante es tener esperanza, no perder jamás la esperanza. ¿Que entretanto a uno lo abruma la miseria? Para eso somos judíos, *el pueblo elegido*, ¿no es así? Por algo nos envidian.[1]

Este pasaje refleja audazmente la orientación moderna de Aleijem y al mismo tiempo reproduce el tono de la fe tradicional. Tevie ilustra la búsqueda por parte del judío tradicional de un lugar en el mundo moderno, abordando con intimidad, calidez y compasión los dilemas teológicos que esa búsqueda plantea.

Tal vez a ello se deba que Sholem Aleijem se convirtiera en el autor canónico de la moderna tradición judía en Europa del Este. A menudo pensamos que el acceso de los judíos

[1] *Ibid.*, p. 5.

a la cultura secular supuso una ruptura radical con la tradición, como si al llegar a las costas del Nuevo Mundo los judíos hubieran arrojado por la borda el *tefilin* y las filacterias, cosa que parece sugerir este chiste:

La señora Cohen llega en barco desde el viejo continente y la recibe su hijo, a quien apenas reconoce.
—¡Te has afeitado la barba, hijo mío!
—Oh, mamá, en América todo el mundo se afeita.
—¿Sigues comiendo *kosher*?
—Es muy difícil aquí, mamá, sale muy caro, y cada penique cuenta.
—¿Y el Shabbat?—pregunta ella, esperanzada.
—Uf, la competencia es feroz, así que no queda más remedio que trabajar siete días a la semana.
Preocupada, le pregunta al oído:
—Dime una cosa, hijo, ¿sigues circuncidado?[1]

No obstante, del mismo modo que la observancia cambió en Europa oriental y en Estados Unidos, y la naturaleza de ese cambio fue a menudo sutil y compleja, también la concepción, sutil y compleja, de la relación entre los judíos, Dios y la historia cambió, aunque con menos rapidez de lo que habría podido pensarse. Nuevas formas de nacionalismo fomentaron que los individuos pensaran en su papel en la historia judía de un modo transformador. No obstante, la perpetuación de factores fundamentales, como las persisten-

[1] Véase otra versión en Spalding, *Encyclopedia of Jewish Humor*, *op. cit.*, pp. 160-161, o en la canción del gran cantante y actor yiddish Aaron Lebedev en el espectáculo *Der litvisher yankee*: «No ahorré esfuerzos para llegar a América | soñando en ser rabino de largas barbas. | Ya tenía un par de hermosos tirabuzones, | pero ahora ¡adiós barba y tirabuzones! | Preguntarás cómo es posible tanta calamidad, | y la respuesta, amigo, es muy simple: | ¡qué voy a hacer, así es América! | La gente de por aquí viste así, | ¡qué voy a hacer, así es América! | ¡Aquí judíos y *goyim* lucen igual!», citado en David Roskies, «Ideologies of the Yiddish Folksong in the Old Country and the New», *Jewish Book Annual*, n.º 50, 1992, p. 164.

tes diferencias entre judíos y no judíos, supuso que reinase cierto escepticismo razonable incluso entre los que reconocían que los tiempos estaban cambiando. Al meditar sobre el pueblo judío, su destino, su diferencia a la luz de las luchas de Tevie para entender su presente, Sholem Aleijem mantenía un perfecto equilibrio entre la identidad de una comunidad judía basada en las ideas más elevadas sobre la alianza de Dios con el pueblo judío y la identidad basada en factores nacionales, étnicos y de otro género. Eso parece ilustrar, por ejemplo, el hecho de que a Tevie le resulte problemática la situación de su tercera hija, Chava, enamorada de un gentil. En ese episodio, la realidad retratada no es en absoluto divertida, puesto que no hay alternativa, como en los mejores chistes. (Ese tipo de matrimonios había sido particularmente doloroso en la Rusia zarista, donde no existía el matrimonio interconfesional: casarse con un cristiano significaba convertirse al cristianismo). Aleijem escribió sobre Chava en los años turbulentos que siguieron a la revolución rusa de 1905, cuando todo empezaba a cambiar. La cuestión era cuánto podía cambiar Tevie, un hombre de fe y tradicional: el personaje del hombre maduro que tiene dificultades para adaptarse es un clásico del género cómico—desde Abraham a *Todo en familia*—, y, como Sholem Aleijem señala, Tevie está dispuesto a llegar hasta cierto punto, pero no más allá.

El mundo, pese a todo, no se detuvo: Tevie envejeció, tanto el personaje como los relatos, y el delicado equilibrio que ejemplificaba pareció cada vez menos viable, tanto en una Europa en la que Yiddishlandia estaba completamente destruida, como en la América en la que se estaba reescribiendo la gramática misma de la existencia judía. En la Europa de 1939, *Dos Bukh fun Gan Eydn* ['El libro del Paraíso'] de Itzik Manger aborda los grandes relatos de la metafísica judía a través de mecanismos que recuerdan el *Tristam Shandy*. El narrador, Samuel Aba, es un ángel de doce años que desciende a vivir en la tierra. La mayoría de los que están a punto de nacer antes de abandonar el paraíso reciben un puñetazo en la nariz que les hace perder la memoria, pero como Samuel esquiva el golpe puede recordar cada detalle de su vida anterior, que explica al asombrado auditorio. Gracias a su relato descubrimos que el cielo no es muy distinto de la tierra: eso que los judíos llevan anhelando desde hace siglos no es más que una réplica de la vida en el *shtetl*. El paraíso es tan sólo la recreación artística en la imaginación de autores cómicos, lo cual no contribuye precisamente a motivar a los fieles a obrar mejor.

Por su parte, el escritor yiddish nacido en Varsovia Isaac Bashevis Singer pinta un panorama similar en su descripción de los demonios judíos. En un relato tragicómico titulado «El último demonio», las entidades que pietistas anteriores habían presentado como prueba de la omnipotencia y la providencia divinas se revelan como simples judíos, aturdidos y reducidos al silencio. Así que el último demonio está solo, hablando sobre sí mismo, para sí mismo, huérfano en un *shtetl* arrasado:

El infraescritor, un demonio, da fe de que ya no quedan demonios. ¿Para qué más, si el hombre de por sí es un demonio? ¿De qué sirve persuadir a hacer el mal a alguien que ya está convencido? [...] De más está decirles que soy judío. ¿Qué otra cosa podría ser? ¿Un gentil?[1]

El último demonio acaba su relato buscando palabras en un libro de cuentos yiddish. Pero los espectros de Singer sugieren la aterradora posibilidad de que para él —y quizá para

[1] Isaac Bashevis Singer, «The Last Demon», en: *Collected Stories*, Nueva York, Farrar, Straus & Giroux, 1983, pp. 179-187, esp. 179 [«El ultimo demonio», en: *Una boda en Brownsville*, trad. Juan del Solar y Patricia Cruzalegui, Barcelona, Bruguera, 1981]. Compárese con el análisis de Robert Alter, «Jewish Humor and the Domestication of Myth», en: Sarah Blacher Cohen (ed.), *Jewish Wry*, Detroit (Míchigan), Wayne State University Press, 1987, pp. 25-36, esp. 26-27, 30-31.

otros—la tensión resultante de contrastar la providencia divina con las condiciones terrenales que padecían los judíos, más que el testimonio de una experiencia cómica sea la reliquia de un pasado histórico, cuyas estructuras, fe y teología habían socavado los millones de muertos en los guetos y los campos de concentración, los millones de potenciales lectores asesinados.

En los lugares muchísimo más seguros de Estados Unidos, sin embargo, es posible abordar las cuestiones teológicas, no ya *in extremis*, sino intelectualmente, lo que no quiere decir que los individuos que rompen con las tradiciones y costumbres familiares no padezcan su personal trauma, claro está. Tal vez esta seguridad explica que en Estados Unidos el personaje cómico sea el que tiene dudas religiosas, no el cuentista de Singer. Así es, sobre todo, para un escritor que amó profundamente a Sholem Aleijem y se crio leyéndolo: Saul Bellow, quien describió la labor de la literatura judía como una mezcla de risa y temblor, lo que recuerda los términos con que suele caracterizarse la contribución de Sholem Aleijem al humor judío cuando se dice que combinaba «risa y lágrimas». Pero mientras que la segunda caracterización señala el humor judío (no siempre correctamente, en mi opinión) como una reacción emocional a la historia judía, convirtiendo los melodramas de Aleijem en una forma de reconocimiento irónico, la formulación de Bellow, que aparece en su introducción a una antología de relatos judíos de 1963, incorpora un componente intelectual y tal vez incluso teológico:

Yo calificaría las actitudes de los relatos aquí reunidos como característicamente judías. En todos ellos, risa y temblor se mezclan de un modo tan curioso que no es fácil determinar el peso de una y otro. A veces la risa simplemente parece restaurar el equilibrio de la cordura; otras, los personajes del relato o de la parábola parecen incitarnos al temblor con el secreto objetivo de que lo superemos por medio de la risa [...] Recientemente, un escritor judío [...] ha afirmado que la risa, la dimensión cómica de la vida, puede ofrecerse como prueba de la existencia de Dios: la vida es demasiado *graciosa* para no tener un creador.[1]

La metáfora teológica de Bellow, no muy alejada de Søren Kierkegaard, tenía sentido en los años de postguerra en Estados Unidos, cuando se intentaba concebir el judaísmo como una fe confesional en condiciones de competir en pie de igualdad con el protestantismo y el catolicismo. También tenía sentido después del Holocausto, que había puesto de manifiesto la creciente crisis del pensamiento teológico desde los inicios de la modernidad. Las novelas de Bellow a menudo presentan a personajes que intentan hallar su camino en un mundo de hostilidad o indiferencia casi existencial que los empequeñece hasta volverlos ridículos, aunque ello no excluya cierta grandeza moral y religiosa. Herzog, por ejemplo, escribe montones de cartas devotas a los buenos y los grandes sin esperanza alguna de respuesta. El señor Sammler, el superviviente tuerto del Holocausto, se abre paso por el reino de los ciegos, las calles de la ciudad de Nueva York de finales de la década de 1960, llenas de jóvenes insulsos, narcisistas y antiintelectuales (desde el punto de vista de Bellow, los jóvenes estadounidenses, entre otras muchas cosas, no tienen gracia: son *agelasts*, aguafiestas, mortalmente serios y carecen de la ironía del intelectual, una de las peores faltas).[2]

Dicho esto, como los grandes almacenes de la literatura

[1] Saul Bellow, *Great Jewish Short Stories*, Nueva York, Dell, 1963, «Introduction», p. 12.

[2] Saul Bellow, *Herzog*, Nueva York, Viking Press, 1964 [existe traducción en español: *Herzog*, trad. Rafael Vázquez Zamora, Barcelona, DeBolsillo, 2005]; *Mr. Sammler's Planet*, Nueva York, Viking Press, 1970 [existe traducción en español: *El planeta de Mr. Sammler*, trad. Rafael Vázquez Zamora, Barcelona, DeBolsillo, 2005].

judeoamericana tienen muchas secciones y plantas, hubo escritores que adoptaron un enfoque más íntimo, casi jasídico. El propio Kierkegaard escribió en su *Post Scriptum no científico y definitivo a «Migajas filosóficas»*, que «la existencia del humorista es lo más parecido a la del religioso», ya que también el humorista reconoce su sufrimiento existencial, si bien «efectúa el giro traicionero que le permite revocar el sufrimiento a fuerza de burlarse» (el humor es casi una fe, la obra del que quiere creer).[1] Bernard Malamud (en relatos como «El barril mágico», «El pájaro judío», «Angel Levine», «El último mohicano»,[2] e incluso su novela, en buena medida desconocida, *La gracia de Dios*)[3] fue capaz de crear una serie de judíos alienados, principalmente estadounidenses, que aceptan la presencia de algo más grande en sus vidas, una perspectiva que los intelectuales de Bellow sólo contemplan cerebralmente. Sin embargo, también en las obras de Malamud advertimos ese sentimiento de insignificancia que señaló Bellow: a veces contrasta con el abrumador paisaje americano, a veces lo alientan las típicas circunstancias apuradas de la vida judeoamericana, pero en cualquier caso los protagonistas de Malamud ignoran cómicamente la posibilidad de trascendencia, o rechazan activamente la posibilidad de ese don.[4]

[1] Søren Kierkegaard, *Concluding Unscientific Postscript to the Philosophical Crumbs*, Cambridge, Cambridge University Press, 2009, p. 375. [Existe traducción en español: *Post Scriptum no científico y definitivo a «Migajas filosóficas»*, trad. Javier Teira y Nekane Legarreta, Salamanca, Sígueme, 2011].

[2] Véase S. Lillian Kremer, «Mentoring American Jews in Fiction by Bernard Malamud and Philip Roth», *Philip Roth Studies*, vol. 4, n.º 1, 2008, pp. 5-18, esp. 5-8.

[3] *La gracia de Dios* no está ambientada en Estados Unidos, véase Estelle Gershgoren Novak y Maximillian E. Novak, «Bernard Malamud's God's Grace as Ironic Robinsonade, Ironic Akedah», *Prooftexts*, vol. 34, n.º 2, 2014, pp. 147-169.

[4] Sobre los finales irónicos, sombríos y retorcidos de los relatos de Ma-

También merece la pena mencionar a los *kibitzers* ['meti- ches'] y los llorones de Stanley Elkin,[1] que son, a su manera, el equivalente literario del logorreico de Lenny Bruce: ins- talados en sus propios rincones, todo lo que pueden hacer los protagonistas de los relatos de *Criers and Kibitzers, Kibit- zers and Criers* (1979) y de sus novelas *The Living End* y *The Rabbi of Lud* (1987) es rezar oraciones étnicamente secula- res. Sería divertido si no fuese tan patético—o, más exacta- mente, resulta divertido por patético—. Son el equivalente en clave teológica del humor negro de Bruce Jay Friedman. Pero el humor judío de Elkin nunca llegó al gran público, y Malamud cambió de bando (literalmente), sobre todo cuan- do llevó su capacidad para crear alegorías religiosas al cris- tianismo, como en *El dependiente*, *The Natural*, e incluso *El reparador* (que toma un relato judío y lo cristianiza). Tal vez no sea casual que ninguna de estas obras sea cómica.

La verdad es que la obra de ficción judeoamericana más plena y popular, la que mejor se ocupa de estos temas—diría que va directa al grano, por no decir que va directa a otras partes—es la de Philip Roth.

«Ésta es mi vida, doctor Spielvogel, ésta es mi vida; y re- sulta que toda ella pasa en un chiste de judíos. Soy hijo de un chiste de judíos, ¡*pero sin ser ningún chiste*!», grita Alexan- der Portnoy en *El mal de Portnoy*,[2] la novela más famosa

---

lamud, véase Sanford E. Marovitz, «Malamud's Early Stories: In and Out of Time, 1940-1960, with Humor, History, and Hawthorne», *Studies in American Jewish Literature*, n.º 29, 2010, pp. 114-122, esp. 114-115.

[1] *Criers and Kibitzers, Kibitzers and Criers*, Nueva York, Random House, 1966; *The Living End*, Nueva York, Dutton, 1979; *The Rabbi of Lud*, Nueva York, Scribner, 1987. Sobre Elkin, véase Maurice Charney, «Stanley Elkin and Jewish Black Humor», en: Cohen, *Jewish Wry*, *op. cit.*, pp. 178-195, y Daniel Green, «The Rabbi as Vaudevillian: Stanley Elkin's Comic Rhetoric», *Contemporary Literature*, vol. 34, n.º 1, 1993, pp. 88-102.

[2] Philip Roth, *Portnoy's Complaint*, Nueva York, Random House, 1969, pp. 36-37 [*El mal de Portnoy*, trad. Ramón Buenaventura, Barcelo- na, DeBolsillo, 2013, edición digital].

de Philip Roth. Desde su debut con la colección de relatos *Goodbye, Columbus*, que incluye el relato descaradamente titulado «La conversión de los judíos», donde el patetismo, la caricatura y la bufonería se combinan con una profunda inmersión en la teología judeoamericana, Roth es nuestro gran autor cómico y cósmico del siglo XX, el que mejor comprendió que contar chistes es en buena medida una manera de afrontar la difícil tarea de asomarse al vacío, de lidiar con la falta de sentido.[1]

Cuando le preguntaron a Roth si *El mal de Portnoy* estaba influida por los humoristas que actuaban en la década de 1960 y habían empezado a ocuparse de temas más serios, dio la célebre respuesta de que quien más le había influido había sido un humorista que jamás había actuado en un escenario: Franz Kafka. No obstante, suelen olvidarse otras influencias que mencionó, por ejemplo Henny Youngman, «un cómico judío de club nocturno y de vodevil cuyos chistes, improvisados en voz lastimosa mientras tocaba el violín de una manera atroz, me causaron una enorme impresión cuando tenía diez años».[2] La tradición en la que se inscriben los personajes indelebles de Roth—el profesor de deseo que una mañana acaba convertido en un pecho gigante; el titiritero llorica, quejica, incontinente y onanista; el charlatán cuyo apellido significa 'ombligo' en yiddish—mezcla el humor elevado y el chabacano con el más trascendente de los objetivos: explorar nada menos que el lugar de los judíos en un mundo impregnado de un Dios omnipresente e infinitamente inasequible.

Roth entró en escena en 1959 con una colección de relatos que ganó el premio literario National Book Award y que, al

[1] Sobre la visión cómica de Roth, véase Lawrence E. Mintz, «Devil and Angel: Philip Roth's Humor», *Studies in American Jewish Literature*, vol. 8, n.º 2, 1989, pp. 154-167.

[2] Philip Roth, *Reading Myself and Others*, Nueva York, Penguin, 1985, p. 80. [*Lecturas de mí mismo*, trad. Jordi Fibla, Barcelona, DeBolsillo, 2011, edición digital].

menos en la comunidad judía, se hizo tristemente célebre por su sátira escabrosa. «Goodbye, Columbus»,[1] el relato largo que daba título a la colección, parodiaba a los manufactureros judíos nuevos ricos y a las princesas mimadas de sus hijas, así como al joven rencoroso y resentido que se cruzaba con ellas. Pero tal vez fuesen aún más polémicos otros tres relatos: «El defensor de la fe», «Eli, el fanático» y «La conversión de los judíos». En el primero, el protagonista es un sargento del ejército que tiene que lidiar con soldados judíos que consiguen convencerle mediante lisonjas y halagos para que les otorgue ciertos privilegios; al final deja de hacerlo porque se da cuenta de que en el fondo es una forma de degradar la religión, de mercantilizarla convirtiéndola en moneda de cambio para conseguir lo que se quiere (Roth, pese a ser realista, a menudo escoge nombres simbólicos para sus personajes, y no creo que sea casual que el apellido del sargento sea Marx). Tal vez el hecho de que este cuento resultara tan polémico al publicarse se deba a que ofrecía una imagen no demasiado modélica de una comunidad cuyos líderes estaban desesperados por presentar como minoría ejemplar. No es extraño que un buen número de representantes de la comunidad judía afirmaran que la obra de Roth «perjudicaba a los judíos», ni que el escritor respondiera escuetamente que retratar a judíos individuales no decía nada de la cuestión judía.[2] Aunque no sea difícil estar de acuerdo con la posición de Roth, lo cierto es que el carácter alegórico de otros relatos del mismo volumen sugiere que tal vez no fuese del todo sincero.

En el final de «La conversión de los judíos», un manifies-

---

[1] Philip Roth, *Goodbye, Columbus*, Nueva York, Houghton Mifflin, 1959. [Existe traducción en español: *Goodbye, Columbus*, trad. Ramón Buenaventura, Barcelona, Seix Barral, 2007].

[2] Véase Roth, «Writing About Jews», *Commentary*, vol. 36, n.º 3, diciembre de 1963, pp. 446-452.

to teológico poderoso aunque simplista, todos los personajes repiten a una el mantra «Nunca hay que pegarle a nadie por cosas de Dios». En este relato, la teología sofisticada se vuelve farsa, si no exactamente chiste. El protagonista es un escolar de trece años, y todo el cuento transmite el nerviosismo y la inquietud de los adolescentes, incluso en las esporádicas incursiones en el patetismo genuino. Pero, como su título lo sugiere, el relato no es del todo cómico, aborda preguntas de fondo—particularmente por la dinámica que impera en el aula de la escuela hebrea, que parece obedecer a la máxima del liberalismo americano—, preguntas como: ¿a qué se convierten los judíos?, ¿y qué eran antes de convertirse?

Una respuesta parcial a estas preguntas se encuentra en el tercer relato, «Eli, el fanático», de tono más sutil e irónico, que trata sobre los desafíos teológicos de la década de 1950 y sobre la modernidad y la secularidad en general. El cuento retoma el tema de «El defensor de la fe» al sugerir que el verdadero problema es quién representa a la comunidad y quién es expulsado de ella. Ambientado en los suburbios de Estados Unidos, narra la historia de Eli, a quien sus vecinos consideran un loco fanático porque intenta ocuparse de problemas serios de la comunidad judía como la solidaridad, que se vuelve necesaria con la llegada de un grupo de supervivientes del Holocausto, principalmente escolares, al plácido barrio en el que todo el vecindario, de diversos credos, convive en armonía siempre y cuando nadie destaque demasiado ni perturbe la idílica vida vecinal. Roth aborda un problema cada vez más común a finales de la década de 1950: ¿qué lugar ocupa la espiritualidad judía en un mundo que la considera, ya no amenazadora, sino simplemente anticuada, ridícula, europea?

Es difícil exagerar el inmenso impacto que tuvo *Goodbye, Columbus*, la cantidad de pasajes memorables en la literatura judeoamericana que escribió un autor de veintipocos años. Desde mi punto de vista, el libro es el *Revolver* de la literatura judeoamericana, y conste que no comparo a la ligera. La escritura de Roth es similar a la de otros autores de la década de 1950—la experiencia de la movilización militar en «El defensor de la fe», el patetismo del gris abogado confrontado con los supervivientes del Holocausto en «Eli, el fanático»—, pero lo cierto es que la línea que separa la anodina década de 1950 de la marchosa de 1960 no es tan nítida como en ocasiones la presentan los historiadores de la cultura, y Roth, en sus vagabundeos, la cruza a menudo y lanza dardos contraculturales en todas direcciones. (Otra lectura de *Goodbye, Columbus*, por ejemplo, podría señalar su anticipación de la revolución sexual; sus malabarismos con la religión organizada y la búsqueda espiritual, que también caracterizarían a una parte del movimiento hippie, y su representación de la profunda brecha generacional, en particular su retrato de los miembros de la generación de los mayores como ignorantes despistados).

Podría argumentarse, de hecho, que Roth pasó la mayor parte de la década de 1960 tratando de desentenderse de la rebeldía de esos años, que él mismo había planteado en su primera colección de relatos, en un intento infructuoso de ser Henry James, hasta que eclosionó gloriosamente con *El mal de Portnoy*, la novela en la que combina dos de sus principales obsesiones, sus máscaras autobiográficas y la voz judía, y aborda cuestiones trascendentes como la existencia, la fe y el destino judíos en un estilo paródico plenamente maduro. En *Portnoy* hay risitas complacidas, ironía barata, sarcásticos reproches y farsa, pero todos esos recursos están en manos de un artista magistral que los utiliza diestramente, como un mago experto que se hace pasar por un aficionado para disfrazar el juego de manos real que oculta.

Leer las lamentaciones de Alexander Portnoy resulta divertido, aunque me temo que pocos envidian sus calvarios psicológicos, sea cual sea la causa. (La última frase del libro, el amargo humor negro de la despedida, sugiere la inquietante idea de que, después de todo, Portnoy no ha hecho más que iniciar su travesía psicoanalítica). Su intento de difuminar la diferencia entre vida y ficción en su empeño por hacerse entender ante el oyente implícito, por comunicarse, bordar sus chistes, abrirse camino a fuerza de equivocarse una y otra vez con tal de hacerse entender a cualquier precio, evidencia la propia confusión del personaje y su complicada relación con una sociedad que se transforma muy rápido.[1]

Como en el caso de Tevie, en *El mal de Portnoy* no existe una realidad objetiva: es un monólogo, una ocasión de oír qué piensa el personaje sobre lo divino y lo humano (realmente habla de todo: la religión, el sexo, la vida y el destino judíos, los argumentos a favor y en contra del liberalismo político, la identidad judeoamericana, Israel, el sexo, las relaciones entre judíos y gentiles, el sexo…), de ver el mundo a través de la deformante lente individual. Roth se había distanciado de las opiniones y perspectivas de sus personajes mucho antes de *El mal de Portnoy*, pero esta novela y su recepción hicieron que el escritor diera un inmenso salto adelante en el proceso de (des)identificación con sus personajes. No obstante, aunque Roth criticara la identificación, para ser justos hay que admitir que parecía gustarle provocar a sus lectores y críticos, a juzgar por un buen número de libros en los que parece alimentar la tentadora posibilidad de establecer conexiones entre el autor y sus personajes. Sin embargo, la ambigüedad de Roth no es muy distinta a la de los humoristas o la de cualquiera que cree voces singulares, en particular voces singulares en primera persona, un recurso que permite a los

---

[1] Evocando el famoso comentario de Roth en *American Pastoral* (Nueva York, Houghton Mifflin, 1997, p. 35): «En cualquier caso, sigue siendo cierto que de lo que se trata en la vida no es de entender bien al prójimo. Vivir consiste en malentenderlo, malentenderlo una vez y otra y muchas más, y entonces, tras una cuidadosa reflexión, malentenderlo de nuevo» [*Pastoral americana*, trad. Jordi Fibla, Barcelona, DeBolsillo, 2020, edición digital].

autores tomar lo que ven sus personajes como excusa para recrear en el escenario lo que parece la deriva del pensamiento y las divagaciones características del relato terapéutico, pero es en realidad una actuación perfectamente estructurada.

La literatura de Roth—al menos su dimensión cómica—trata de la invocación de la realidad a través de la voz y del lenguaje, tanto en el caso de Moishe Pipik, el extraño *alter ego* judío de Roth que aparece en *Operación Shylock*, como en el de los estrambóticos jugadores de béisbol y políticos que pueblan *La gran novela americana*[1] (o en su parodia de la transformación kafkiana, en la que el profesor de deseo se convierte en un pecho gigante).[2] En todas estas obras, Roth se enfrenta con lo metafórico que se vuelve real, con el chiste que no tiene ninguna gracia. Mientras que en Bellow las preguntas filosóficas y teológicas no recibían respuesta, sólo resonaban, y en Singer la mitología y la cultura religiosa judías se utilizaban para proporcionar consuelo teológico (tragi)cómico, en Roth esas preguntas hallan un eco casi sobrenatural, y la teología se repite, no ya como tragedia, sino como farsa.

Eso ocurre en *La visita al Maestro*, donde la aparición de Anne Frank, que ha sobrevivido al Holocausto, produce algo parecido a una risa sobresaltada y un inmenso alivio, y se reedita, de un modo más triste y maduro, la visión de Portnoy, consciente de todo lo que el destino se ha asegurado de relegar a la imaginación espectral: «Virtuoso lector, si piensas

---

[1] Lo mismo ocurre en *La mancha humana* con el origen afroamericano de Coleman Silk, largamente sepultado y desenterrado abruptamente a causa de un juego de palabras, o incluso con el antisemitismo de un mundo alternativo como Estados Unidos en *La conjura contra América*.

[2] Philip Roth, *Operation Shylock*, Nueva York, Simon & Schuster, 1993 [existe traducción en español: *Operación Shylock*, trad. Ramón Buenaventura, Barcelona, DeBolsillo, 2013]; *The Great American Novel*, Nueva York, Holt, Rinehart & Winston, 1973 [existe traducción en español: *La gran novela americana*, trad. David Paradela, Barcelona, Contra, 2015]; *The Breast*, Nueva York, Houghton Mifflin, 1972 [existe traducción en español: *El pecho*, trad. Jordi Fibla, Barcelona, Mondadori, 2006].

que después del coito todos los animales se quedan tristes, prueba a masturbarte en el diván del estudio de E. I. Lonoff y verás cómo te sientes al terminar».[1] Y en el Philip Roth que viaja a Israel, en el estrambótico relato geopolítico de espionaje *Operación Shylock*, una especie de John le Carré en el que todos los personajes han estudiado en alguna *yeshivá* o en City College en vez de en Oxford o Cambridge. Y en los múltiples Philip Roth de *La contravida*, donde nos revela su reconocimiento irónico de que, aunque sea posible tomar distintos caminos, la multiplicidad no es infinita: resuena y se intensifica de un modo que no sólo atestigua la pericia de la estructura literaria, sino también la ineluctabilidad del destino y de la identidad. No hay escapatoria—al menos ninguna más allá del cuerpo, las demás son sucedáneos—. La cómica situación de Alexander Portnoy en realidad se debe a su mente: como le señala Mona, los policías que tanto teme que lo *detengan* (en todos los sentidos de la palabra), «sólo están en tu imaginación—observación que no habría carecido de sutileza, si hubiese llevado intención sutil».[2] Los personajes de Roth están atrapados, repitiendo las mismas preguntas que los estudiantes de la *yeshivá* de Singer convertidos en lectores de Schopenhauer, pero libres de grilletes gracias al vasto paisaje erótico, estilístico y lingüístico que su sentido del humor le permite crear.

¿Tiene algo que ver con la masculinidad judeoamericana el hecho de que, en la segunda mitad del siglo xx, la relación con lo trascendente se exprese cómicamente mediante la liberación de fluidos corporales? En *El teatro de Sabbath*, Mickey Sabbath orina en la tumba de su amante,[3] y en *An-*

[1] Philip Roth, *The Ghost Writer*, Nueva York, Farrar, Straus & Giroux, 1979, p. 112. [Existe traducción en español: *La visita al Maestro*, trad. Mireia Bofill, Barcelona, Argos Vergara, 1979].

[2] Roth, *Portnoy's Complaint, op. cit.*, p. 212 [*El mal de Portnoy, op. cit.*].

[3] Philip Roth, *Sabbath's Theater*, Nueva York, Houghton Mifflin, 1995 [existe traducción en español: *El teatro de Sabbath*, trad. Jordi Fibla, Bar-

gels in America de Tony Kushner (estrenada, en dos partes, en 1991-1992), el personaje de Walter Prior, siempre que se acerca al ángel de América, experimenta involuntariamente una erección y termina eyaculando. Es cierto que Walter Prior no es judío, pero la «fantasía gay sobre temas nacionales» de Kushner incorpora muchísimos elementos humorísticos judíos: los chistes masculinos judíos estereotípicos, el uso del yiddish para rematar los chistes y ocurrencias, y la transformación de la tradición de discutir con Dios en una mezcla sublime y ridícula. En la parte final de la obra, Prior va al cielo: allí se reúne con Kushner y ambos hacen frente a la magnificencia de lo trascendente echando mano de ingenio, desenfado y cara dura—siguiendo el ejemplo de Itzik Manger—, y así consiguen que un lugar tan solemne como el cielo se vuelva prosaico, humano e inofensivo.[1] Kushner no pone todas las ideas en boca de personajes judíos, porque para él la cuestión teológica de Estados Unidos la expresan mejor sus minorías religiosas: los personajes de diversas filiaciones e identidades—gays, mormones, conservadores partidarios de Reagan—necesitan sus contrapartidas judías y la ciudad «judía» de Nueva York para realizarse plenamente como teólogos *cómicos*.

La obra de Kushner—igual que otras piezas teatrales que entretejen teología y comedia, como *El favorito de Dios* (1974) de Neil Simon, basada en el libro de Job, o incluso el monólogo de Tevie en *El violinista en el tejado* (1964)—trata sobre la interpretación, a diferencia de la de Philip Roth y la de Sholem Aleijem: Alexander Portnoy y Tevie (en la versión de Aleijem) son criaturas hechas de lenguaje, mientras

---

celona, DeBolsillo, 2011, edición digital]; Tony Kushner, *Angels in America: A Gay Fantasia on National Theme*, Nueva York, Theatre Communications Group, 1993.

[1] El último término es de Alter; véase Alter, «Jewish Humor and the Domestication of Myth», *op. cit.*, *passim*.

que los personajes Louis Ironside y Tevie (interpretado por el actor Zero Mostel) también están hechos de expresiones y gestos. ¿Dónde están los humoristas de la teología, el espectáculo de los gestos religiosos?

La mayoría de humoristas judeoamericanos de las últimas décadas no conocen las grandes cuestiones teológicas—o no les preocupan—lo suficiente para plantearse abordarlas. En buena medida se debe a que el humor se ha vuelto pequeño y se ocupa de cosas como los calcetines de Seinfeld, pero también a que se ha adaptado al medio estadounidense, por ejemplo a las parodias de Brooks. Por último, se debe sencillamente a que, en esta época secular, para la gran mayoría temas como la raza, el género o la política no están relacionados con la religión, y no digamos para los judeoamericanos. Hay excepciones, particularmente humoristas que actúan en directo y cuyos monólogos están dedicados parcial o completamente al público judío practicante. Elon Gold lo hace con mucho éxito para el público ortodoxo, con un espectáculo que a menudo gira en torno a las minucias de la observancia religiosa judía en un mundo secular; o Mordechai Schmutter,[1] columnista de humor del periódico ultraortodoxo *Hamodia* que retrata de forma cotidiana (como había hecho antes Erma Bombeck en su celebérrima columna) las manías y debilidades de una comunidad religiosa como cualquier otra. Pero hay otros que abordan temas religiosos y apuntan al gran público: son los Bellow y Roth del escenario y el micrófono.

David Steinberg creció en Winnipeg (Canadá) y era hijo de un rabino ortodoxo. En 1960 llegó a Chicago para asistir a la *yeshivá* y luego estudió literatura inglesa en la Universidad de Chicago. En sus años de estudiante universita-

---

[1] Mordechai Schmutter, *A Clever Title Goes Here*, Lakewood (Nueva Jersey), Israel Bookshop Publications, 2009.

rio, vio a Lenny Bruce en la sala de conciertos y espectáculos Gate of Horn—«fue como ver por primera vez a los Rolling Stones»—y le impresionó la forma en que Bruce intercalaba el yiddish en sus monólogos. Steinberg se vinculó a Second City (empresa teatral especializada en comedia de improvisación) y muy pronto se hizo célebre por sus propios monólogos improvisados: remedos cómicos de sermones bíblicos que giraban en torno a los personajes bíblicos que el público le proponía. (Una generación más tarde, también en Chicago, Robert Smigel, más conocido por ser el creador de la marioneta Triumph the Insult Comic Dog y del espacio «TV Funhouse» en *Saturday Night Live*, haría una versión bufonesca de tono parecido: salía a escena vestido como un perfecto judío ortodoxo, con una barba de algodón de azúcar; se lamía el dedo, pasaba una página de la Biblia que sostenía en la mano, se arrancaba un trozo de barba, se la comía y se lamía el dedo una vez más).[1] Steinberg acabó llevando sus sermones cómicos a la televisión nacional, donde causó indignación. En octubre de 1968, un sermón de Moisés en el programa televisivo *The Smothers Brothers Comedy Hour* provocó una avalancha de cartas de protesta; en abril de 1969, cuando reapareció a petición de Tommy Smothers, pese a las objeciones del canal televisivo, pronunció un sermón sobre Jonás, en el que sugirió que los estudiosos escépticos del Nuevo Testamento «tienen literalmente agarrados a los judíos por el Antiguo Testamento» y acompañó la frase del (in)apropiado gesto con la mano.[2] La broma provocó una crisis que acabó desembocando en la cancelación del programa.

---

[1] Mike Sacks, *And Here's the Kicker: Conversations with 21 Top Humor Writers on their Craft*, Cincinnati (Ohio), Writer's Digest, 2009, p. 249.

[2] Richard Zoglin, *Comedy at the Edge: How Stand-Up in the 1970s Changed America*, Nueva York, Bloomsbury, 2008, pp. 70-71. En ese mismo número: «Y los gentiles, de vez en cuando, si les da por ahí, tiran al judío por la borda», en Lawrence J. Epstein, *The Haunted Smile: The Story of Jewish Comedians in America*, Nueva York, Public Affairs, 2001, p. 226.

Las posiciones polémicas de Steinberg sobre religión, por moderadas que puedan parecer hoy, tuvieron un efecto incalculable en una cultura cuya diversión estaba menos estratificada, cuyo discurso era mucho menos grosero (o más contenido, tanto da) y cuya cultura pública era significativamente más religiosa desde muchos estándares. Pero aún es posible escandalizar al público, y quizá lo logren especialmente—como era de prever—los escritores que, precisamente por sus propias circunstancias autobiográficas, están librando batallas que la mayoría de la comunidad judía dejó atrás hace muchas décadas, si no siglos.

En los relatos reunidos en *Beware of God* (2005), las memorias *Lamentaciones de un prepucio* (2007) y la novela *Esperanza: una tragedia* (2012), Shalom Auslander desahoga su cólera contra las enseñanzas ultraortodoxas que le inculcaron de niño y las convierte en humor absurdo y explosivo:[1] encontramos hámsteres que debaten sobre teología o reflexionan sobre James Patterson, el autor de thrillers superventas, o a un desafortunado personaje que descubre a Anne Frank en su desván (esta Anne Frank no es la melancólica superviviente de *La visita al Maestro* de Roth, sino una colérica y airada joven que maldice el destino metafísico: ni siquiera el Roth más desaforado se habría atrevido a poner las palabras «Qué te den» en boca de Anne Frank).

El protagonista de *Esperanza: una tragedia*, como *Portnoy*,

---

[1] *Foreskin's Lament: A Memoir*, Nueva York, Riverhead, 2007 [existe traducción es español: *Lamentaciones de un prepucio. Memorias*, trad. Damià Alou, Barcelona, Blackie Books, 2016]; *Hope: A Tragedy*, Nueva York, Riverhead, 2012 [existe traducción en español: *Esperanza: una tragedia*, trad. Carles Andreu, Barcelona, Blackie, 2012]. Este humor podría compararse con el tipo de metafísica cómica cotidiana del escritor israelí Etgar Keret (véase, por ejemplo, *The Bus Driver Who Wanted to Be God*, Nueva York, Thomas Dunne-St. Martin's Press, 2001), de un modo que podría sugerir cómo se manifiesta la teología judía en una sociedad totalmente judía y secular.

visita a un terapeuta que insiste en contarle chistes deprimentes.

—¿Qué dijo Jesucristo cuando lo clavaron en la cruz?... Pues «¡Arghhh!», qué iba a decir—explicó el profesor Jove.
—No lo entiendo—repuso Kugel.
—No hay nada que entender—respondió el profesor Jove—. Le dolió, en este mundo el dolor existe. Esperar que no exista sólo aumenta el dolor.[1]

Auslander, pese a su educación—o más bien a causa de ella—aún se toma la teología en serio, aunque querría no hacerlo. Pero sus chistes escuecen de un modo distinto a los de Sarah Silverman, por ejemplo el que hemos citado en el primer capítulo, donde se refiere a Jesús como un mago («papi cree que Jesús hacía ¡magia!»). En efecto, el chiste de Silverman es en cierto sentido teológico, pero no sólo desprecia el cristianismo, sino todas las cuestiones metafísicas; como humorista está abrazando sin más, igual que un número creciente de estadounidenses, la idea de que la vida es un chiste, tanto dan las implicaciones filosóficas de esta idea. Desde este punto de vista, Silverman es un perfecto reflejo de la mayoría de estadounidenses y de judeoamericanos. Las consecuencias que tendrá esta perspectiva en la variedad de humor judío que hemos examinado en este capítulo aún están por ver.

---

[1] *Hope: A Tragedy, op. cit.*, pp. 40-41.

6

LA TRADICIÓN POPULAR

¿Es muy popular el humor judío? Hasta ahora, no mucho.

¡Es broma! Estaba haciendo un juego de palabras, no muy ingenioso, a partir del doble sentido de *popular*. Pero vayamos a la pregunta: si se trata de saber si el humor judío entretiene y edifica a un amplio público, la respuesta es que a veces sí y a veces no, como se ha visto en los capítulos sobre la sátira y el ingenio. Pero si se trata de responder si refleja la sociedad judía en toda su amplitud y extensión, ésa es otra pregunta.

La abrumadora mayoría de manifestaciones del humor judío que hemos analizado hasta ahora—y sin duda hasta antes de principios del siglo xx—estaba compuesta por y para reducidos círculos de elite casi exclusivamente masculinos. Los estudiosos de las academias talmúdicas, los panfletistas y propagandistas de la Haskalá, incluso los salones literarios de escritores en yiddish e intelectuales estadounidenses eran entornos cultos, principalmente masculinos. Y eso, tanto como cualquier otro de los aspectos que hemos analizado, determinó el tono y los límites del humor. (La excepción que confirma la regla: el humor vulgar de las parodias, e incluso en tales casos tenían sus contrapartidas cultas). Esta realidad hizo que una gran porción del mundo judío quedara infrarrepresentada: sobre todo, la parte menos cultivada y, más aún, la femenina.

Infrarrepresentada, pero no por ello menos analizada. Cuando examinamos en la Antigüedad, el Medioevo y el Renacimiento el humor sobre las mujeres—casi todo son obras *sobre* mujeres, porque han sobrevivido poquísimas obras en la literatura judía escritas *por* mujeres en esos períodos— encontramos muchas piezas en que se hacen bromas a sus expensas, misóginas y crueles, que, no obstante, nos dicen mucho sobre el papel de las mujeres, su poder y las motivaciones y personalidades que se les atribuían. No son personajes ricos en matices, complicados por derecho propio; se hallan reducidas a una caricatura, a un estereotipo. No son las que hacen los chistes, sino, casi siempre, el blanco del chiste.

Volvamos a Ester, por ejemplo. Porque, no nos equivoquemos, en buena medida su libro trata sobre el poder de las mujeres y el miedo que los hombres les tienen. La negativa de la reina Vasti, la predecesora de Ester, a acudir a una fiesta del rey da lugar a un pasaje en que el monarca anticipa (exagerando, como corresponde al espacio de lo cómico) que esa insubordinación conducirá a que todas las mujeres del imperio desobedezcan a sus maridos, y de inmediato se aprueba un real decreto que prohíbe a Vasti volver a presentarse ante el rey para que todas las demás mujeres aprendan la lección. El resultado es que Ester *utiliza* su sexualidad con un resultado nefasto para los hombres y, en buena medida, *desobedece* a su marido: en este sentido la comedia pasa de la sátira a la brillante y profunda ironía.[1] Naturalmente, Ester obra de este modo por la mejor de las razones, para proteger a su pueblo: es una comedia doméstica de interés nacional. Además, lo hace con gracia y con encanto, cosa que se ha ensalzado y festejado interminablemente. Pero ¿lo hace con ingenio? Jamás he visto que se sugiera siquiera que Ester tenía sentido del humor. No obstante, no es demasiado justo: desde el momento en que aparece en el relato se encuentra en circunstancias muy críticas y es muchísimo, y muy serio, lo que está en juego para ella. Pero, como veremos, en las elaboraciones posteriores del relato toda la diversión corre a cargo de otros personajes, cómo no varones.

El relato de Ester a lo largo de los tiempos, y el relato de la

---

[1] Sobre la ironía en Ester, véase Stan Goldman, «Narrative and Ethical Ironies in Esther», *Journal for the Study of the Old Testament*, n.º 47, 1990, pp. 15-31.

comedia doméstica de la que forma parte, es la historia de las mujeres en el humor, judío y gentil, hasta fecha demasiado reciente. Durante la mayor parte de la historia, las mujeres estaban claramente identificadas con lo doméstico, con la cultura popular y con la transmisión oral. Esto no las hace necesariamente contadoras de chistes, pero convierte su historia en un buen punto de partida para analizar lo doméstico en el humor judío, el que se centra en la vida cotidiana judía e incluye, de paso, un buen número de estereotipos, algunos encantadores y otros profundamente perniciosos. Estos estereotipos—que, como veremos, a menudo ganan en grandeza y sustancia inscritos en lo cómico hasta convertirse en representaciones más próximas a los arquetipos—no son sólo evocaciones del humor popular que se producía y circulaba de forma general, sino que nos dan una idea—puesto que son distorsiones forzadas por la lente cómica—de la imagen que el pueblo judío tenía de sí mismo: no se trata de la historia, sino de algo más próximo al mito, al cuento popular.

Estos estereotipos—de mujeres, pero también de rabinos, pordioseros, *schlemiels* ['pobres infelices'], tontos, casamenteros y de muchos otros—se hallan en los chistes de un modo particularmente sucinto, así que nos centraremos en los chistes judíos de forma general y tendremos en cuenta la historia de quienes los contaban y cómo los contaban. Pero seguiremos volviendo a las historias de, y sobre, mujeres, dentro y fuera del humor; porque ese estereotipo es el más amplio de todos y, en muchos sentidos, el más revelador. Y la historia empieza—una vez más—con la primera mujer que se ríe en la literatura judía.

Volvamos de nuevo a la historia de la risa de Sara, pero esta vez desde un punto de vista menos benevolente. En primer lugar, es el relato de una mujer que no capta el chiste o, más exactamente, que cree que hay un chiste donde no lo hay. Dicho de otro modo, es un relato sobre cómo las mujeres no pillan el humor. (El hecho de que Abraham también se ría pero no se considere que haya cometido una falta puede constituir un temprano ejemplo del doble rasero que opera a menudo en el ámbito del humor).[1] Y la *clase* de risa de Sara es esa risa burlona que tan a menudo hemos encontrado en la Biblia: pero aquí el (presunto) inferior, a su entender, es el impotente anciano Abraham, lo que la convierte, quizá después de Eva, en la primera representante de una larga estirpe de mujeres consideradas como figuras potencialmente castradoras en la Biblia y después.

Tenemos a Miriam,[2] que critica la decisión de su hermano Moisés de casarse con una mujer etíope (y es castigada con la lepra por ello, a diferencia de su hermano Arón, que ha criticado a Moisés por lo mismo); las tentativas constantes de Dalila de castrar a Sansón, o Jael, la esposa de Jeber, que le hunde un clavo en la sien a Sísara, relato readaptado en la historia apócrifa de Judit y Holofernes. En la historia de Judit, que decapita al general asirio, se la representa como notablemente devota, tanto que ayuna durante tres años y medio sin interrupción: en suma, se la retrata como una *agelast*, alguien que *nunca ríe*, y no es la única. Micol,[3] hija de Saúl y esposa de David, es castigada con la esterilidad—un destino monstruoso en el mundo antiguo, sobre todo para una mu-

---

[1] Nota técnica: parte de la complejidad del relato a este respecto parece surgir de su composición como mezcla de dos textos diferentes de dos autores bíblicos distintos.

[2] Números 12; Jueces 16; libro de Judit. Sobre Judit, véase Toni Craven, «Is that Fearfully Funny?: Some Instances from the Apocryphal/Deuterocanonical Books», en: Athalya Brenner (ed.), *Are We Amused? Humor About Women in the Biblical Worlds*, Londres, T&T Clark International, 2003, pp. 74-75.

[3] 2 Samuel 6, 20-22; véase Athalya Brenner, «On the Semantic Field of Humour, Laughter, and the Comic in the Old Testament», en: Yehuda T. Radday y Athalya Brenner, *On Humour and the Comic in the Hebrew Bible*, Sheffield, Sheffield Academic Press, 1990, p. 43.

jer—por decir la verdad de un modo mordaz y sarcástico: indicarle a David que estaba ridículo al celebrar la recuperación del arca bailando despreocupadamente y dejando ver sus genitales. No es la única que se burla de David: el profeta Natán lo pone en una situación embarazosa ante toda su corte. Pero es Micol la que recibe un implacable castigo. El papel de Micol como la esposa iracunda, rencorosa y bruja halla su eco en Proverbios: «Mejor es vivir en un desierto que con mujer rencillosa e iracunda»; «Mejor es vivir en un rincón del desván que con mujer rencillosa en casa espaciosa».[1]

Ésta es una de las caras de la moneda misógina por lo que respecta al humor: la supuesta falta de sentido del humor femenino. Pero el sexismo puede mantener simultáneamente estereotipos negativos contradictorios, y otro prejuicio lo expresó un escritor algo más tardío, el historiador judío romano Flavio Josefo, quien escribió: «No se admitirá el testimonio de las mujeres, por su veleidad y la audacia de su sexo».[2] Flavio Josefo ofreció una imagen de las mujeres como si fueran niñas:[3] proverbialmente curiosas e indignas de confianza, debido en buena medida a su incapacidad para pensar racionalmente más allá de sus deseos sexuales. En el Génesis se retrata a la esposa de Putifar como lo que en otras épocas solía llamarse «calentorra»: persigue a José cuatro veces en seis versículos del Génesis (quizá tuviera algo que ver que estuviera casada con un eunuco).[4] La explicación midrásica del relato lleva el desenfreno femenino al extremo de lo bu-

---

[1] Proverbios 21, 19; 25, 23.

[2] *Antigüedades de los judíos* 4, 219 [https://archive.org/details/AntiguedadesDeLosJudiosCompletoFlavioJosefo].

[3] Véase Brenner, *Are We Amused?, op. cit.*, pp. 98-99. Curiosamente, Brenner sugiere que esta idea se relaciona con la vida familiar de Flavio Josefo (p. 104).

[4] Génesis 39, 12; 14; 15; 18. Eunuco: *saris*, 39, 1; compárese con Yehuda T. Radday, «Sex and Women in Biblical Narrative Humor», *Humor*, vol. 8, n.º 4, 1995, pp. 363-384, esp. 374-375. Véase también TB Megillah 11b.

fonesco al describir a las amigas de la esposa de Putifar, que han acudido a merendar para ver a José («Era José de hermosa presencia y bello rostro», Génesis 39, 6), tan entusiasmadas con el joven que se cortan las manos con los cuchillos que están utilizando para pelar la fruta.

Otro estereotipo misógino (aunque la moneda sólo tenga dos caras, pido perdón) es el de que las mujeres con poder, que actúan sorprendentemente al margen de los papeles convencionales—Tamar, Rahab y Rut, por ejemplo, evidenciando capacidades como la iniciativa y la inteligencia—, a menudo son marginadas a fuerza de reducir su poder a la esfera sexual.[1] Por supuesto, el limitado margen de acción de las mujeres en la Antigüedad suponía que no tenían muchas otras posibilidades a su disposición, pero eso no equivale a que no tuvieran ninguna otra, y sin duda el estereotipo de la mujer que instrumentalizaba el sexo reforzaba precisamente el miedo a la castración. Por ejemplo, en uno de los libros apócrifos, Esdras 1, tres hombres juegan a las adivinanzas con el rey preguntando cuál es la más poderosa de todas las cosas.[2] El primero propone que es el vino; el segundo, el propio rey; y el tercero, las mujeres, pues una mujer puede incluso pegar a un rey y ser éste quien pida perdón por cualquier cosa que haya hecho.

Este paradigma—tres hombres hablando de las mujeres y ninguna mujer para comentarlo—establece el tono de la mayor parte de la historia literaria judía (y general), donde las mujeres no tienen muchas oportunidades de dar la réplica

---

[1] Véase un enfoque ligeramente distinto en F. Scott Spencer, «Those Riotous—Yet Righteous—Foremothers of Jesus: Exploring Matthew's Comic Genealogy», en: Brenner, *Are We Amused?*, *op. cit.*, pp. 7-30. Sobre Tamar, véase Mary E. Shields, «'More Righteous Than I': The Comeuppance of the Trickster in Genesis 38», en: Brenner, *Are We Amused?*, *op. cit.*, pp. 31-51.

[2] Véase 1 Esdras 3, 5-4, y Craven, «Is that Fearfully Funny?», *op. cit.*, pp. 69-70.

(a pesar de la reputación de charlatanería que tienen: «Descendieron al mundo diez unidades de charla ociosa. Nueve se dieron a las mujeres», leemos en el Talmud).[1] Y sin duda delata la absoluta misoginia de gran parte de la cultura premoderna, judía y gentil. En la Europa medieval y renacentista las mujeres eran motivo de burla entre los judíos casi exactamente igual que entre sus vecinos: criaturas voluptuosas que sólo están dispuestas a usar la inteligencia para consumar el adulterio—el Talmud dice también que las mujeres tienen nueve unidades de indulgencia sexual por una de continencia—, viciosas o arpías cuyo principal propósito era convertir la existencia de sus maridos en un infierno en vida.

Esta concepción se elaboró en fábulas cómicas, cuentos populares, o poemas desde el Medioevo en adelante. Ya se tratase del *Séfer Sa'asu'im* (*c.* 1200, conocido como *Libro de las delicias*) de Yosef ben Meir ibn Sabarra («Cuidaos del consejo de las mujeres, pues son pérfidas, crueles y amargadas. Tienen el corazón de pedernal y en la casa son una plaga maldita. Los hombres prudentes y avisados no hacen caso a sus esposas, pues son veleidosas»);[2] del *Séfer Tahkemoní* de Yehudá ben Salomó al-Harizi (principios del siglo XIII), una serie de cincuenta relatos, uno de los cuales se titula «Siete doncellas mendaces»;[3] o de «El enemigo de las mujeres», del siglo XIII, de Ibn Shabbetai, una obra paródica que evidencia el dominio de las convenciones y los estereotipos en la literatura misógina,[4] los retratos son no-

[1] Citado en Joseph Heller, *God Knows*, Nueva York, Knopf, 1984, p. 111.

[2] Joseph Ben Meir Zabara, *The Book of Delight*, Nueva York, Columbia University Press, 1960, p. 57.

[3] Judah Alharizi, *The Book of Takhkemoni*, Oxford, Littman, 2001, pp. 195-200.

[4] Véase la introducción de Raymond Scheindlin a su traducción en David Stern (ed.), *Rabbinic Fantasies: Imaginative Narratives From Classical*

tablemente similares,[1] escritos por hombres y poblados de personajes masculinos que elaboran cómicamente su hostilidad hacia las mujeres. Y el estereotipo se mantuvo tristemente vigoroso. He aquí un breve cuarteto de cinco siglos más tarde, titulado «Epitafio para un marido calzonazos»:

> Por fin ha legado mi hora
> y me he librado de mi señora,
> pero ¿podré de una vez descansar,
> o me la volveré a encontrar?[2]

Un panfleto cómico de Ámsterdam a finales del siglo XVIII o principios del siglo XIX describe una pelea entre unos recién casados en veintidós estrofas (el número de letras del alfabeto hebreo), cada una de las cuales empieza con una cita litúrgica, bíblica o rabínica que se convierte en un medio para el insulto. La primera, por ejemplo, deforma una de las evocaciones bíblicas más cálidas de la felicidad doméstica, en Proverbios, que los maridos recitan a sus esposas la víspera de Shabbat:

> *Eshet jail mi imtza*
> '¿Quién puede hallar a una mujer virtuosa?'
> ¿Acaso hay alguna que no sea rencorosa?
> ¿Acaso hay alguna que ame a su marido?
> Por bella que sea, ninguna es buen partido.[3]

Hebrew Literature, New Haven (Connecticut), Yale University Press, 1990, pp. 269-294, 271.

[1] Hay muchos ejemplos en cuentos populares askenazíes y sefardíes: véase, por ejemplo, «Brides and Grooms: A Judeo-Spanish Version of Well-Known Literary Parallels», *Shofar*, vol. 11, n.º 4, 1993, pp. 1-17.

[2] Véase J. Chotzner, *Hebrew Satire*, Londres, Kegan Paul, 1911, pp. 23-26. El cuarteto, de 1763-1813, en p. 161.

[3] Marion Aptroot, «Western Yiddish 'Yontev-Bletlekh': Facing Modernity With Humor», *Jewish Studies Quarterly*, vol. 15, n.º 1, 2008, pp. 47-67, esp. 56, 58-59.

Estas representaciones de las mujeres sentarían las bases de su complicada condición de objetos de burla y parodia hasta el día de hoy.

Naturalmente, estos estereotipos no sólo circularon en las altas esferas, como trasfondo de la poesía hebrea erudita medieval. Ni siquiera estuvieron limitados a los libritos y folletos yiddish más populares y lingüísticamente accesibles. El medio principal por el que se difundieron—y por el que se difunden más fácilmente la mayoría de los estereotipos—fue el oral, y el vector más eficiente para la transmisión oral fue el chiste.

Los chistes son antiguos, por supuesto, muy antiguos. Aún existe una recopilación de chistes de la Grecia del siglo v, el *Filógelos* ('Amante de la risa'),[1] y sabemos que siglos antes uno de los escritores favoritos del emperador romano del siglo I Augusto, al parecer recopiló unas ciento cincuenta antologías de chistes (ninguna de las cuales ha llegado a nuestros días, por desgracia). Las explicaciones que ha dado la filosofía y la psicología de los chistes, su estructura e incluso su base neurológica, son múltiples. Como medio, los chistes ejemplifican a la perfección las teorías del humor que hemos mencionado: la teoría de la incongruencia la ilustran los juegos de palabras y las agudezas, o el chiste surrealista absurdo; y existe una amplia variedad de chistes dedicados a establecer la superioridad de un grupo sobre otro (en la actualidad, al contarlos suelen indicar exactamente lo contrario).

En cuanto a la tercera teoría, la del alivio, conviene citar a Sigmund Freud, el gran estudioso judío del chiste. El padre del psicoanálisis fue un gran amante de los chistes,[2] especial-

---

[1] Véase Jim Holt, *Stop Me If You've Heard This*, Nueva York, Norton, 2008, pp. 8-11.

[2] Véase Sigmund Freud, *Jokes and Their Relation to the Unconscious*,

mente de los judíos: le fascinaba lo que delataban de quienes los contaban y lo que revelaban de su mentalidad. Así que buscó ejemplos en su entorno y, pese a su compleja y a veces controvertida relación con el judaísmo de su familia, escribió un libro sobre el humor en el que los chistes judíos eran la referencia de todo. Freud desarrolló la idea de que etnias y grupos tenían rasgos que reflejaban el carácter nacional, e indicó que también los judíos tenían su cuota de agresividad. En realidad, ésta formaba parte de la función esencial del chiste, una válvula de escape para dar salida a frustraciones mediante formas artificiales de contención social (y lingüística) sin alterar el orden establecido. En los términos de la antropóloga Mary Douglas, los chistes son «antirritos»,[1] en la medida en que se burlan o parodian las prácticas o los ritos de una sociedad determinada. Asimismo, son una especie de contrato social sobre los límites de la transgresión. O, como decía el historiador de los chistes obscenos Gershon Legman, los chistes contienen «infinitas agresiones»,[2] especialmente de los hombres contra las mujeres, pero están *ocultas*. Aunque, para que el chiste funcione realmente, no pueden ocultarse demasiado.

Freud hizo también un comentario célebre sobre los judíos y *sus* chistes: «No sé si hay muchos otros pueblos que se burlen hasta tal punto de su propio carácter». Desde su perspectiva, lo característico en el caso del humor judío es que la

---

Londres, Hogarth Press, 1905 [existe traducción en español: *El chiste y su relación con el inconsciente*, trad. Luis López-Ballesteros, Madrid, Alianza, 2012], y Elliott Oring, *The Jokes of Sigmund Freud: A Study in Humor and Jewish Identity*, Filadelfia, University of Pennsylvania Press, 1984, pp. 2-3.

[1] Véase Mary Douglas, «The Social Control of Cognition: Some Factors in Joke Perception», *Man*, vol. 3, n.º 3, 1968, pp. 361-370; Simon Critchley, *On Humour*, Londres, Routledge, 2002, pp. 4-5 [existe traducción en español: *Sobre el humor*, trad. Antonio Lastra, Cantabria, Quálea, 2010]; Arthur Asa Berger, *The Genius of the Jewish Joke*, New Brunswick (Nueva Jersey), Transaction Publishers, 2006, pp. 26-27.

[2] Véase Holt, *Stop Me If You've Heard This*, *op. cit.*, p. 35.

agresión se vuelve contra los propios judíos. Discípulos de Freud como Theodor Reik y Martin Grotjahn llevaron esta hipótesis más allá y desarrollaron una teoría[1] del ingenio judío basada en una interpretación específica del carácter judío no tan distinta de las que hemos analizado en capítulos anteriores.[2] El argumento postulaba un masoquismo específicamente judío y, en consecuencia, podría decirse que definía el humor judío como una forma (psico)patológica. De hecho, algunas de estas afirmaciones las adoptarían jubilosamente «estudiosos» pronazis.[3] En los años previos a la Solución Final, intentaron «demostrar» que el humor ario era el mejor, por ejemplificar valores arios compartidos, y que el humor judío no sólo era retorcido y grotesco, sino que ilustraba los defectos del pueblo odioso.

Éste no era en absoluto el enfoque de Reik ni de Grotjahn. En palabras de este último:

Sin embargo, el chiste judío es sólo una máscara masoquista, en modo alguno un signo de perversión masoquista, ya que obtiene su victoria de la derrota. El judío perseguido que se burla de sí mismo desvía la peligrosa hostilidad de sus perseguidores hacía su propia persona. El resultado no es la derrota ni la rendición, sino la victoria y la grandeza.[4]

[1] Véase Theodor Reik, *Jewish Wit*, Nueva York, Gamut Press, 1962, *passim*, esp. pp. 41, 218-220, 226, y Martín Grotjahn, «Jewish Jokes and Their Relation to Masochism», en: Werner M. Mendel, *A Celebration of Laughter*, Los Ángeles, Mara Books, 1970, pp. 135-137.

[2] Véase también Ruth Wisse, *No Joke: Making Jewish Humor*, Princeton (Nueva Jersey), Princeton University Press, 2013, esp. pp. 10, 33.

[3] Estas tesis aparecían en obras como la de Siegfried Kadner, *Rasse und Humor* ('Raza y humor', 1930, reimp. 1936 y 1939), y la de J. Keller y Hanns Andersen, *The Jew as Criminal* (1937), que sugerían que a los asesinos judíos los protegía y encubría ¡su habilidad para hacer reír! Véase Mel Gordon, «Nazi Proof That Jews Possessed the Worst Humor in the World», *Israeli Journal of Humor Research*, vol. 1, n.º 2, 2012, pp. 97-100.

[4] Grotjahn, «Jewish Jokes and Their Relation to Masochism», *op. cit.*, p. 139. Además, no todos los chistes que analizan estos autores cumplen

Sin embargo, se trata en cualquier caso de un análisis circunscrito—define el humor judío, o al menos el chiste judío, exclusivamente desde esta perspectiva—, y espero que la diversidad de manifestaciones del humor judío analizadas a lo largo de este libro sirva para poder afirmar que las interpretaciones freudianas, como otros enfoques críticos que hemos examinado, conviene tomarlas, no como el todo, sino como una parte.[1] Es bien sabido que Freud sacaba conclusiones universales basándose en pruebas particulares, pero el talento del padre del psicoanálisis para analizar el humor es el mismo con el que examina otros fenómenos: ofrece fogonazos que iluminan el entorno pero no necesariamente dan una visión de conjunto.

Consideremos, por ejemplo, la primera entrada de una temprana antología de chistes judíos modernos, *Röyte Pomerantsen* ['Granadas rojas'] de Immanuel Olsvanger, sobre la práctica misma de contar chistes:

Cuéntale un chiste al campesino y se reirá tres veces: cuando se lo cuentas, cuando se lo explicas y cuando lo entiende. El terrateniente se reirá sólo dos veces: cuando oye el chiste y cuando se lo explicas, ya que nunca lo entenderá. El oficial del ejército se reirá sólo una vez: cuando le cuentes el chiste, pues nunca dejará que se lo expliques, y sobra decir que es incapaz de entenderlo. Ahora bien, cuéntale un chiste a otro judío y te interrumpirá: «¡Ese chiste es muy viejo», y de inmediato te demostrará que él lo cuenta muchísimo mejor.[2]

con el planteamiento masoquista. Véase Christie Davies, *The Mirth of Nations*, New Brunswick (Nueva Jersey), Transaction Publishers, 2002, pp. 53-67.

[1] Para una crítica más completa de esa hipótesis, véase Dan Ben-Amos, «The 'Myth' of Jewish Humor», *Western Folklore*, vol. 32, n.º 2, 1993, pp. 112-131.

[2] Immanuel Olsvanger, *Röyte Pomerantsen: Jewish Folk Humor*, Nueva York, Schocken Books, 1947, p. 3. La traducción de Irving Howe, «The Nature of Jewish Laughter», en: Sarah Blacher Cohen (ed.), *Jewish*

Podemos reconocer la agresividad y el hecho de que, como dijo Freud, está dirigida hacia los propios judíos. Pero no sólo advertimos esta característica: más bien se trata de que la última risa, la mejor y quizá la más amarga, apunta en esa dirección. No obstante, dos tercios del chiste tratan de los demás. Por un momento, fijémonos en la parte que generalmente pasamos por alto: la burla del campesino, del terrateniente y del oficial del ejército. Como no significa mucho para nosotros, podemos disfrutar el chiste—particularmente del remate del mismo—sin detenernos en los detalles. Pero, sin duda, para alguien de Europa del Este a finales del siglo XIX las otras caracterizaciones, aunque estereotipadas, también resultaban jugosas.

Dicho de otro modo, en el fondo existen tres tipos de chistes judíos: chistes que muestran condiciones o circunstancias judías particulares, chistes que destacan sensibilidades judías particulares y chistes que muestran arquetipos judíos particulares. Los chistes del primer tipo—que analizan cómo viven los judíos en el mundo y cómo reaccionan a sus cambiantes circunstancias—los hemos analizado en capítulos anteriores como parte del tema general. Los chistes del segundo tipo, que hablan de algo así como la sensibilidad o naturaleza judías, son los más próximos al enfoque de Freud. Pero incluso esa sensibilidad o naturaleza judía es un motivo cambiante de burla, tanto a causa de los acontecimientos históricos como del hecho de que en el humor judío hay muchas naturalezas y muchas sensibilidades, cosa que ya hemos visto.

¿Qué decir de la última categoría, la de los chistes arquetípicos? Todos los chistes, de todos los tiempos, están por definición relacionados con la sociedad en la que circulan. Esto es verdad en el nivel más básico del lenguaje: los típi-

Wry, Detroit (Míchigan), Wayne State University Press, 1987, pp. 16-24, esp. 16-17.

cos chistes de «"Toc toc", "¿Quién es?"» no tienen ningún sentido para quien sea ajeno a la tradición cultural en la que antes de entrar en un lugar hay que llamar a la puerta, por ejemplo. No obstante, es preciso un delicado equilibrio entre la realidad y el estereotipo, entre lo universal y lo particular. Los chistes de médicos, por ejemplo, que han circulado por lo menos desde el primer libro de chistes griego mencionado, se centran en una serie bastante estable de temas (el curanderismo o el cobrar de más) junto con otros que son con toda claridad culturalmente específicos (la predilección por el golf). Rastrear los estereotipos cómicos judíos, si han cambiado y cómo, puede resultar particularmente iluminador. Ya hemos empezado a hacer este ejercicio con el estereotipo más poderoso, perdurable e incisivo del humor judío: la mujer judía. Hemos rastreado ese arquetipo desde la Biblia hasta el umbral de la modernidad, y volveremos al tema en breve para examinar su encarnación más reciente, concretamente en chistes, aunque no sólo. A continuación examinaremos también otras cartas en la baraja del humor judío: primero a personajes específicamente judíos, es decir, que corresponden de un modo u otro a una circunstancia cultural judía muy concreta, y luego a otros personajes más universales que no obstante adquieren un singular giro judío.

Los chistes han estereotipado siempre determinadas profesiones. De modo que no es de extrañar que a la profesión judía por excelencia, el rabino, le corresponda su cuota de escepticismo y escrutinio. Desde los tiempos de Moisés, los judíos se han permitido cierta falta de respeto con sus autoridades. El rabino es objeto de burla por la extensión de sus aburridos sermones, la falta de capacidad para desempeñar el cargo o la hipocresía, dado su papel como maestro y ejemplo moral. No obstante, de un período a otro, los chistes de rabinos difieren en los detalles. Se vuelven cada vez más frecuentes y específicos como subcategoría con la creciente profesionalización del rabinato en el período moderno. Un chiste estadounidense muy frecuente, que servirá de modelo para muchos otros, trata del rabino que juega al golf en Yom Kipur y hace dieciocho hoyos en uno, uno detrás de otro:

Los ángeles protestan ante Dios por este aparente desmadre en los asuntos humanos:

—¿Cómo es posible que se recompense a un mortal que ha osado cometer el pecado de jugar al golf en el día más sagrado?

Dios sonríe y, acariciándose la barba, responde:

—Ya, pero no se lo va a poder *contar* a nadie.[1]

Las tentaciones y vanidades de los rabinos no son distintas de las del resto de mortales.

No obstante, en general los chistes sobre rabinos—de acuerdo con una tradición tan antigua como la del «rabino de Purim» que hemos analizado en el capítulo cuatro y que tal vez se remonte al Talmud—están destinados a legitimar la institución burlándose de las manzanas podridas (con la excepción de las sátiras sociales en las que se satiriza con saña una *rama* particular de rabinos—el rabinato jasídico, por ejemplo, o el rabinato de la Reforma—como clase, más que como individuos). Consideremos este caso, por ejemplo:

Un rabino pide que le aconsejen sobre cómo dar un sermón y recibe tres consejos: primero, habla del pasaje semanal de la Torá; segundo, sé sincero con la congregación; tercero, sé breve. Llegado el Shabbat, el rabino se levanta, sube al púlpito y dice: «Deberíamos leer el pasaje de la Torá de esta semana. Seré sincero: no tengo ni idea de cuál es. Gracias». Y dicho esto, se retira.[2]

---

[1] Adaptado de Simon R. Pollack, *Jewish Wit For All Occasions*, Nueva York, A&W Visual Library, 1979, pp. 124-125.

[2] Adaptado de Nathan Ausubel (ed.), *Treasury of Jewish Folklore*, Nueva York, Crown, 1981, p. 72.

En muchos chistes, sin embargo, el rabino muestra una visión clara y penetrante de su propia situación, la del solitario poseedor de sensatez en un mundo de ignorancia y frivolidad.[1] Algunos de mis chistes preferidos, suficientes para constituir una subcategoría, se centran en una tarea rabínica muy tradicional: la necesidad de escribir cartas dando el visto bueno a manuscritos carentes de mérito sobre cuestiones rabínicas o recomendando a personas indignas. (Un rabino, al escribir una recomendación para un autor no cualificado, apunta el nombre de éste al final de la carta; cuando el autor le pregunta por qué, contesta con un versículo bíblico: «Aléjate de toda mentira»).[2] También los hay que tratan de fieles alborotadores: Sholem Aleijem se ocupó de uno de éstos en un relato breve titulado «Donde las dan, las toman», en el que tanto el rabino como el fiel se ofenden uno a otro y se acusan mutuamente de ladrones.[3]

Este apego a la figura arquetípica puede aplicarse también a otros arquetipos. Uno de los mejores ejemplos es el del *schnorrer*, el pedigüeño, el gorrón. El contexto de este personaje es la pobreza increíble de los judíos en la Europa del Este, donde un número enorme de personas competían por los mismos kopeks, rublos y groschen, y donde, en ocasiones, era el ingenio, por no decir la caradura, lo que distinguía al que lograba unas monedas del que no (al menos en la visión cómica de la realidad histórica, en la vida real las relaciones entre ricos y pobres eran sin duda mucho menos graciosas).

[1] Véase con Ed Cray, «The Rabbi Trickster», *The Journal of American Folklore*, n.º 77, 1964, esp. p. 338.

[2] Éxodo 23, 7. La historia se atribuye al Gaón de Vilna en Ausubel, *A Treasury of Jewish Folklore, op. cit.*, p. 358.

[3] Alfred Kazin (ed.), *Selected Stories of Sholem Aleichem*, Nueva York, Modern Library, 1956, pp. 212-228. [Pueden escucharse fragmentos del relato en https://www.radiosefarad.com/donde-las-dan-las-toman/(*N. del T.*)].

Detengámonos, por ejemplo, en la historia del *schnorrer* que aparecía todos los años para pedir limosna en la casa del mismo hombre rico, hasta que un año aparece con otro individuo. Al preguntarle quién es su acompañante, el pedigüeño responde: «Es mi yerno, ¡lo estoy introduciendo en el negocio familiar!». U otro similar en que el hombre rico le dice al *schnorrer*: «Lo siento, sólo puedo darle la mitad de la limosna habitual, he tenido un mal año», a lo que el *schnorrer*, sin pestañear, protesta: «Conque un mal año, ¡¡¡¿y por qué tengo que pagarlo yo?!!!».[1] Podemos citar también el que menciona Freud: un *schnorrer* acude a un médico especialista muy caro y cuando llega la hora de pagar alega su pobreza. «¿Y entonces cómo se le ocurrió acudir al mejor profesional de la ciudad?», le dice el médico. «¡Porque nada me parece caro cuando se trata de mi salud!», le responde el *schnorrer*.[2] U otro en que el *schnorrer* aborda al judío rico arquetípico de la Europa del Este, el barón Rothschild en persona. Después de darle limosna, el magnate le dice al pedigüeño: «Si no te hubieras puesto tan pesado te habría dado el doble», a lo que el *schnorrer* responde: «¿Acaso yo le doy consejos financieros a usted, caballero? Soy un pedigüeño profesional y no necesito que me explique cómo sablear al personal, un respeto».[3]

Así que, a fin de cuentas, es posible que sí *sea* cuestión de caradura (de hecho, el *Jewish Year Book* de Londres de 1899 define al *schnorrer* como «nombre técnico del pedigüeño judío, que se diferencia del resto de mendigos por su

[1] Citado (ligeramente distinto) en Hershey H. Friedman y Linda Weiser Friedman, *God Laughed: Sources of Jewish Humor*, New Brunswick (Nueva Jersey), Transaction Publishers, 2014, p. 26.
[2] Véase Freud, *Jokes, op. cit.*, pp. 55-56 [*El chiste y su relación con el inconsciente, op. cit.*, p. 111] (aunque en la obra se trate de un balneario de aguas termales, la idea es la misma).
[3] Henry D. Spalding (ed.), *Encyclopedia of Jewish Humor: From Biblical Times to the Modern Age*, Nueva York, Jonathan David, 1969, pp. 30-31.

insolencia»).[1] Había algo en los chistes sobre la figura del *schnorrer* que sugería un elemento esencial, si no de dignidad,[2] sí al menos de no mostrar vergüenza por la propia pobreza. Pero era una delgada línea la que separaba la voluntad de no avergonzarse de la agresividad en razón de las diferencias de clase. Un último chiste de un *schnorrer* literario, el famoso personaje popular Hershel de Ostropol. Hubo otros célebres *schnorrers* ingeniosos en la Europa del Este judía—Shmerl Snitkever y Lebenyu Gotsvunder de Podolia, Motke Chabad de Lituania, Shayke Fefer de Polonia—,[3] pero sólo Hershel fue lo suficientemente famoso para que lo inmortalizara Isaak Bábel.[4] He aquí una historia clásica del personaje:

Hershel entra en una posada y pide la cena, a lo que el posadero, que conoce a los *schnorrers*, le pregunta si tiene dinero para pagarla.

—Pues la verdad es que no, pero si no me dan de cenar me veré obligado a hacer lo que hacía mi padre en tales circunstancias.

El posadero y su mujer, asustados, le sirven una cena opípara, y sólo cuando Hershel por fin termina le preguntan tímidamente qué hacía su padre.

—¡Pues se iba a la cama sin cenar![5]

[1] Citado en Edna Nahshon, *From the Ghetto to the Melting Pot: Israel Zangwill's Jewish Plays*, Detroit (Míchigan), Wayne State University Press, 2006, p. 389.

[2] Compárese con Howe, «The Nature of Jewish Laughter», *op. cit.*, p. 23.

[3] Véase Wisse, *No Joke, op. cit.*, pp. 77-79. Hay un embustero similar en la literatura sefardí, Yohá o Djohá; véase Tamar Alexander, «'The Wealthy Señor Miguel': A Study of a Sephardic Novella», en: William Currer y David C. Jacobson (ed.), *History and Literature: New Readings of Jewish Texts in Honor of Arnold J. Band*, Providence (Rhode Island), Brown University Press, 2002, pp. 189, 192.

[4] En el relato de 1918 «Shabbes nákhamu», basado en otro chiste, demasiado complicado para reproducirlo.

[5] Hay una versión un poco distinta en Rufus Learsi, *Filled With Laughter*, Nueva York, Thomas Yosseloff, 1961, p. 165.

Tal vez no sea el mejor chiste, pero revela a las claras la agresividad, la energía con que el pobre, el que nada tiene, se dirige a los que tienen. Y sin duda da sus frutos: por lo general, en estos chistes el *schnorrer* obtiene lo que pide o al menos la satisfacción de ganar la batalla dialéctica con un comentario cortante o ingenioso (aunque no *siempre* tiene la última palabra: Gregorio Bar Hebraeus, autor medieval del siglo XIII, contaba que un rico se negaba a dar limosna a los pobres aduciendo que «lo que Dios no les ha dado, ¿por qué voy a dárselo yo?»).[1]

La figura del *schnorrer* contrasta con la del *luftmensh*, literalmente el 'hombre-aire', el tipo que está en las nubes y fracasa una y otra vez, el perdedor que no consigue que dé frutos nada de lo que emprende, pese a lo cual niega la realidad. Menajem Mendel, el personaje de Sholem Aleijem, uno de los *luftmenshem* más famosos de la literatura judía,[2] explica su constante fracaso en diversos negocios—desde operaciones bursátiles hasta el oficio de casamentero—en una serie de cartas a su esposa que se convirtieron en referentes cómicos para una generación de judíos de la Europa del Este. El listado cómico que mejor ejemplifica al *luftmensh* como rey de los fracasos es obra del mayor talento cómico yiddish, prácticamente olvidado en nuestros días, Yosef Tunkel (más conocido en su día como Der Tunkeler): «Aquí donde me ven, yo, Bentze, lituano e hijo de Dvoira el panadero de su pueblo natal, he sido todo lo habido y por haber: turco, tártaro, gitano, marroquí, caudillo cosaco de los rusos, chino,

---

[1] Lore y Maurice Cowan, *The Wit of the Jews*, Nashville (Tennessee), Aurora Publishers, 1970, p. 12.

[2] Sobre un personaje anterior, Rabinovich, y su «Story of How Reb Khaim-Shulim Feige Traveled From Kishinev to Odessa and What Happened to Him», de 1860, véase Jarrad Tanny, *City of Rogues and Schnorrers: Russia's Jews and the Myth of Old Odessa*, Bloomington (Indiana), Indiana University Press, 2011, pp. 39-45; Rabinovich vertió este material al ruso por primera vez.

apache».[1] Las tribulaciones de este *luftmensh* lo han llevado a cambiar incluso de identidad: la única que no es posible borrar es, sin embargo, su condición de perdedor judío, razón por la cual fracasa en todas las demás. En ese sentido, no es distinto a sus dos hermanos más famosos en la taxonomía del estereotipo cómico judío, el *schlemiel* y el *schlimazel*.

La distinción entre el *schlemiel*, el pobre infeliz, y el *schlimazel*, el quejica, se ha prestado a todo tipo de caracterizaciones: desde mi punto de vista, el matiz consiste en que el *schlemiel* es el torpe que derrama la sopa y el *schlimazel* el desgraciado sobre el que se derrama. No hay mucho que decir sobre el *schlimazel*, salvo indicar que como avatar de la desdicha judía, sus problemas son siempre de poca entidad: el *schlimazel* es el personaje cuya tostada siempre cae al suelo por el lado de la mantequilla, pero no encontraremos a menudo a un *schlimazel* atrapado en un pogromo. La única prerrogativa del *schlimazel* es el derecho a lamentarse.

Las quejas del *schlimazel* ya se oían en fecha tan temprana como los tiempos medievales, en un poema donde se quejaba de su mala suerte: «Si me dedicara a vender velas, nunca se pondría el sol; si fuera amortajador, nadie moriría». Un chiste posterior, que abunda en el personaje, lo retrata diciéndose a sí mismo que si se dedicara al negocio de los sombreros, con la mala suerte que tiene, empezarían a nacer los bebés sin cabeza. Pero la agresividad de este comentario no condice con la resignación general ni con la tendencia masoquista asociada al auténtico *schlimazel*. Deberíamos procurar no confundir persona y personaje: el autor de la queja política precedente fue Abraham ben Meir ibn Ezra, uno de los grandes estudiosos e intelectuales de la España medieval.[2]

---

[1] Der Tunkeler, «From What a Litvak Makes a Living», en: Ausubel, *A Treasury of Jewish Folklore, op. cit.*, pp. 20-24, esp. 24.

[2] Véase análisis en J. Chotzner, *Hebrew Humour and Other Essays*, Londres, Luzac & Co., 1905, p. 61; una traducción de la queja aparece en Ausubel, *Treasury of Jewish Folklore, op. cit.*, p. 448.

No obstante, lo cierto es que la larga sombra del *schlimazel* se ha proyectado sobre quienes practican la queja, en particular sobre los más grandes quejicas de nuestros tiempos.

Dejando a un lado la cuestión de su apellido, George Costanza es el *schlimazel* por excelencia. Jamás se me ocurriría enumerar el catálogo de indignidades que le ha infligido el mundo hostil (y los guionistas de *Seinfeld*), menos aún porque para eso ya está él. En un intento de disuadir a la junta de vecinos de un edificio de apartamentos en Nueva York de que otorguen un preciado apartamento a un superviviente del buque hundido *Andrea Doria*, Costanza se autoproclama «hombre bajo, gordo, calvo y lerdo» para que lo compadezcan, y ofrece su lista de ofensas y humillaciones.[1] ¿A quién han esposado a la cama en ropa interior? A él, por supuesto. ¿Quién se ha visto envuelto en una comprometedora relación (aunque sin saberlo) con una nazi? Él, cómo no. ¿Quién perdió a su prometida por culpa de la goma tóxica de los sobres que escogió para las invitaciones de boda? Él, quién si no.

Sobra decir que, pese a sus esfuerzos, George no consigue el apartamento. La victoria no figura en el ADN del quejica (en esto es primo hermano del particular personaje estadounidense del *schmuck*, el tipo necio y despreciable, del que proverbialmente se dice que es tan imbécil que incluso en un concurso de imbéciles queda en segundo lugar). Cualquier mejora de posición es, en el mejor de los casos, temporal: en un episodio anterior, George recurre a un peluquín confiando en que con ello mejore su autoestima, y cuando Elaine se lo arranca de la cabeza y lo tira por la ventana nos invade la sensación de que se ha restablecido el orden y respiramos aliviados.[2]

---

[1] http://www.seinfeldscripts.comffheAndreaDoria.htm, emitido el 19 de diciembre de 1996.

[2] «The Beard», emitido el 9 de febrero de 1995.

El *schlemiel*, por contraste, es el que derrama la sopa, el que a menudo se mete en líos a causa de su propia torpeza. Heine ofrece una profecía casi bíblica del arquetipo en *Hebräischen Melodien*: cuando el celoso Phineas (o Pinchas) intenta matar al traidor Zimri, un pobre zoquete se interpone en el camino de su lanza: es un tal Shelumiel ben Zurishaddai, según Heine el «antecesor de la raza y el linaje del *schlemiel*».[1] Pero, a diferencia de lo que sucede en ese primer caso mítico,[2] el *schlemiel* suele escabullirse de los problemas, y algo en su forma de conseguirlo inspira simpatía e incluso cierta perversa admiración, como ocurre en las novelas picarescas donde se encuentran los padres del arquetipo (don Quijote tiene algo de *schlemiel*, y también Joseph Andrews). Si bien cuesta imaginar que alguien admire al *schlimazel*, o sienta simpatía por él (en caso de llegar a sentirla está teñida de cierto desprecio), merece la pena recordar que Ruth Wisse apunta que el *schlemiel* es una especie de «héroe moderno».[3] Y parece un héroe particularmente adecuado en una época en la que hemos perdido los asideros metafísicos: tiene mérito que mantengamos la cabeza bien alta en la modernidad, tras todas las indignidades que han caído sobre la comunidad judía. El humor judío no trata *sólo* de la resistencia psíquica, pero sin duda algunos chistes tratan sobre ésta, y la nobleza con que el *schlemiel* es tonto, o se lo hace, eleva el desprecio a una especie de patetismo cómico.

[1] Vease Heinrich Heine, *Jewish Stories and Hebrew Melodies*, Nueva York, Markus Wiener Publishing, 1987, pp. 127-128.

[2] Hay también un retrato de necedad judía en «The Rabbi of Bacharach» de Heine; véase Heine, *Jewish Stories and Hebrew Melodies*, *op. cit.*, pp. 50-57, sobre todo el comentario que hace Jäkel de que «a menudo un hombre es celebrado por todas partes como gran necio mucho más de lo que alcanza a imaginarse», p. 57.

[3] Ruth Wisse, *The Schlemiel as Modern Hero*, Chicago (Illinois), University of Chicago Press, 1971. Sobre la etimología de *schlemiel* véanse pp. 13-14.

Un ejemplo notable, *Gimpel, el tonto* de Isaac Bashevis Singer,[1] se sirve de la figura del *schlemiel* para reflexionar sobre la moralidad, el poder y el heroísmo judíos. El protagonista es un panadero constantemente engañado por otros miembros del *shtetl*, que le roban, se burlan de él y le ponen los cuernos con su mujer. No obstante, Gimpel deja claro que su capacidad de comprensión—y de venganza—se halla limitada por sus propias anteojeras. Su estupidez es aparente: quien ríe último ríe mejor, y él, que ve desde la perspectiva divina, sabe que los tontos son los demás. Sin embargo, lo que convierte el relato en humor negro es la insinuación—como en el relato «Bontshe shvayg» ['Bontshe el Silencioso'], en el que se inspiró Singer explícitamente—de que la resignada aceptación de las humillaciones sea en vano, puesto que no existe ninguna recompensa en el más allá. En última instancia, Gimpel y el sistema moral que fomenta su pasividad pueden ser el objeto de la sátira. La estupidez del *schlemiel* podría ser la prueba más elevada de la inquietud con que la sociedad tradicional afronta los desafíos de la modernidad.

Un campo de batalla, menos filosófico pero más ubicuo, entre las fuerzas de la tradición y la modernidad fue la institución del matrimonio y la transición hacia una concepción nueva según la cual era el espacio del amor romántico en vez de un acuerdo económico. El personaje del casamentero, o *shadkhn*, fue decisivo en este escenario.

La de casamentero es una ocupación muy antigua: en una anécdota irónica del Midrash una matrona romana pregunta a un rabino de qué ha estado ocupándose Dios desde la

---

[1] «Gimpel the Fool», en Isaac Bashevis Singer, *Collected Stories*, Nueva York, Farrar, Straus & Giroux, 1983, pp. 3-14. [Existe traducción en español: *Gimpel, el tonto y otros relatos*, trad. Adolfo Martín, Barcelona, DeBolsillo, 2018, edición digital].

creación del mundo, y el rabino le responde que el Señor ha estado haciendo de casamentero (la matrona pretende entonces demostrar su superioridad frente a Dios poniéndose a arreglar matrimonios, con cómicos resultados: es otra de las historias sobre «gentiles estúpidos»).[1] Pero los chistes de casamenteros experimentan un auténtico auge en el Renacimiento, cuando esos representantes de la vieja guardia, los artífices de los matrimonios arreglados, aparecen como negociantes corruptos que sólo pretenden sacar tajada y cobrar sus honorarios, en vez de preocuparse por la compatibilidad de la pareja, o como incompetentes totales, *luftmenschem*, *schlemiels* y *schlimazels* entregados al último de sus fracasos. Un subgrupo notable de chistes y relatos cómicos de casamenteros, por ejemplo, trata de un par de estos «profesionales» que colaboran para emparejar accidentalmente a dos chicos o dos chicas—en una época muy anterior al matrimonio gay—, lo cual es un claro signo de su incompetencia, por decirlo suavemente.[2]

Con todo, en muchos de los chistes hay un giro extra, cierta admiración hacia la audacia empresarial y verbal del *shadkhn* para *vender* lo que haga falta, aun al precio de mentir descaradamente. En uno de los ejemplos más populares de este tipo un *shadkhn* tranquiliza a un posible novio inquieto:[3]

—Me preocupa que sea ciega...—dice el novio.
  —Mejor, así no verá lo que usted hace.
  —Pero es que también es muda.
  —Así nunca lo regañará.
  —¿Y la sordera?
  —Así podrá usted gritarle cuanto quiera.

[1] Génesis Rabbah 68, 4.
[2] Para una versión chistosa, véase S. Felix Mendelsohn, *Let Laughter Ring*, Philadelphia, Jewish Publication Society, 1941, pp. 20-21.
[3] Adaptado de Freud, *Jokes*, *op. cit.*, p. 61.

—¡Pero es que además es jorobada!—exclama el novio, deses-perado.

—Venga, joven, ¿va a echar a perder a un buen partido por un defectillo?

Pero si *finalmente* se celebraba la boda—al precio que fue-se—era posible presenciar la actuación del animador judío profesional, el humorista en directo *avant la lettre*. Era una vieja tradición, aunque no bíblica (si bien hay profetas que recurren a la sátira e incluso a alguna fábula cómica o adi-vinanza, el propósito de las mismas no era la diversión ni el entretenimiento). Ciertamente, en el Talmud se encuentra la primera mención de casamenteros cuya función específica era aportar ligereza a las nupcias, pero ni siquiera en esos ca-sos era un trabajo a tiempo completo, sino más bien una tarea que rabinos, estudiantes y otros individuos asumían espontá-neamente en momentos determinados, como Purim u otras ocasiones señaladas, especialmente las bodas (tal vez ello se debiera a que el único equivalente antiguo del humorista pro-fesional, el comediante, estaba asociado con el teatro pagano y era por ello anatema para la mentalidad rabínica). No obs-tante, en la Edad Media tardía y el Renacimiento las bodas terminarían proporcionando la ocasión para el desarrollo del comediante judío a jornada completa. También hubo bufo-nes y juglares en la cultura judía de la Europa del Este—el *let*, bufón y músico;[1] el *marshalik*, maestro de ceremonias en las bodas—, pero tuvieron menos influencia en la tradición cómica posterior que el *badkhn*, el animador de las bodas.[2]

[1] Véase E. Lifschutz, «Merrymakers and Jesters Among Jews», YIVO *Annual*, n.º 7, 1952, pp. 43-83; John Efron, «From Lodz to Tel Aviv: The Yiddish political humor of Shimen Dzigan and Yisroel Schumacher», *JQR*, vol. 102, n.º 1, 2012, p. 58, y Ziva Ben-Porat, «Ideology, Genre, and Serious Parody», *Proceedings of the Ninth International Congress of the ICLA*, Nueva York, 1982, pp. 380-387.
[2] Ariela Krasney, «The Badkhn: From Wedding Stage to Writing Desk», *Polin*, n.º 16, 2003, pp. 7-28.

Como Theodor Reik señaló:

Los chistes judíos impresos están, propiamente hablando, incompletos. Fueron concebidos para ser escuchados, y la comunicación de los mismos no es estrictamente verbal: los gestos y las muecas, la entonación de la voz del narrador, son partes esenciales del chiste.[1]

Sin duda, esto es cierto de los animadores judíos en general: la broma según la cual un marciano que observara a un humorista del Borscht Belt supondría que el lenguaje humano consiste en gesticular con las manos y mover los labios para enfatizar tiene todo el sentido. Pero el papel del *badkhn* constituyó quizá el apogeo de la combinación de texto y actuación. La intervención de este profesional en las festividades nupciales puede parecer sorprendente desde nuestra perspectiva moderna: ofrecía discursos rimados y chistes en buena medida destinados a hacer llorar a la novia. Normalmente señalaba la boda como un momento crucial en la vida de la joven, ya que suponía la pérdida de la mocedad para asumir las responsabilidades de la edad adulta, a menudo tediosas y en ocasiones inciertas, particularmente en el caso de la mujer. Pero además solía aliñar estos discursos con dobles sentidos y chistes obscenos sobre la noche de bodas, que consagraba el definitivo acceso a la condición de mujer.[2] Curiosamente, en 1661, cuando el Consejo de las Cuatro Tierras[3] dictaminó que una serie de atroces pogromos de mediados del siglo XVII eran expresiones de la cólera divina por la excesiva liviandad del pueblo judío, y ordenó, entre otras cosas, prohibir tales excesos, exceptuó específicamente de dicha prohibición al *badkhn*: era más insultante que divertido.

---

[1] Reik, *Jewish Wit, op. cit.*, pp. 33-34.
[2] Aunque las chicas alcanzaban la edad adulta legal a los doce años, el *Bat Mitzvá* como ceremonia de rito de paso es un producto del siglo XX estadounidense.
[3] Friedman y Weiser Friedman, *God Laughed, op. cit.*, p. 23.

La misoginia de algunas actuaciones del *badkhn*—y de muchos chistes de casamenteros—está tan integrada al humor que es casi imposible disociarla de esos subgéneros. Mucha de esa misoginia está relacionada con el miedo, lo cual no es en absoluto sorprendente: miedo a la sexualidad de las mujeres y al poder que les daba o podía darles. Hubo ires y venires en el poder social y económico de las mujeres a lo largo de la historia judía—con el Renacimiento, por ejemplo, que ofreció nuevas posibilidades, también se produjo un auge de las representaciones cómicas—, pero, dadas las barreras que existían antes de la Modernidad para el acceso de las mujeres a la alfabetización y la publicación, por no hablar de la interpretación, era bastante difícil que las mujeres tuvieran ocasión de dar la réplica al *badkhn*. El humor ofrece tanto una ocasión para subvertir las estructuras desde su interior como para consolidar estereotipos, pero las mujeres no tuvieron oportunidad de hacer ni una cosa ni otra hasta que, en el siglo XX, se produjeron los cambios radicales necesarios.

Permitir a las mujeres explorar y expresar su sexualidad como intérpretes, cantantes, actrices, etcétera, fue menos dificultoso en el Nuevo y en el Novísimo Mundos. Utilizo este último término para referirme, no a Estados Unidos, sino a los nuevos asentamientos de la comunidad judía en las ciudades en rápida transformación tanto de la Europa occidental como de la del Este, por ejemplo Berlín, con su creciente población emigrada, o Varsovia, que proporcionaron oportunidades de anonimato y exploración cultural en cabarets y teatros. El nacimiento del teatro yiddish en Rumanía en la segunda mitad del siglo XIX permitió a las mujeres ocupar por primera vez su lugar en los escenarios; y cuando el teatro yiddish—y sus actores y actrices—viajaron hacia el oeste, interpretando sátiras, farsas, melodramas y participando en los certámenes nacionales por los que el teatro yiddish se hizo famoso, los actores cómicos empezaron a representar sus espectáculos en escenarios de Varsovia a Whitechapel y el Bowery.

Dada la profunda aculturación, muy pronto actores y actrices empezaron a actuar no sólo en yiddish. Ya se tratase de Sarah Bernhardt en el escenario de la Comédie Française, o de Oscar Straus y Max Reinhardt, que reformularon la cultura de cabaret alemana y austríaca, las voces judías fueron fundamentales para el entretenimiento cosmopolita europeo de finales del siglo XIX y principios del XX. Cabarets como el Böse Buben ('Malos chicos') y el Größenwahn ('Megalomanía'), cuyos fundadores eran judíos, fueron esenciales en el característico estilo europeo irónico e ingenioso de entreguerras.

Gran parte de esta actividad era menos explícitamente judía en el contenido. Pero personajes como Oscar Teller, entre otros, crearon cabarets de orientación particularmente judía en la década de 1920 que abordaron cuestiones internas como el sionismo. En ciudades del Este como Łódź y Varsovia,[1] Dzigan y Schumacher ofrecieron—en cabarets como el Qui Pro Quo o el Morskie Oko y teatros como el Kleynkunst—números satíricos de entretenimiento en yiddish sobre cuestiones de actualidad que no tenían vocación polémica: fueron un dúo representativo de la floreciente cultura yiddish de entreguerras (Yosef Shimon Goldshteyn, su principal escritor, publicaba una columna de humor muy influyente en el periódico yiddish de Varsovia *Haynt*, que desarrolló una intensa actividad e incluía una sección de chistes judíos de los lectores junto con sátiras de escritores profesionales). Una buena parte de esos espectáculos es difícil de transcribir, dada la mezcolanza de yiddish, alemán y yiddish/alemán, por no hablar de las entonaciones y gestos de cual-

---

[1] Véase John Efron, «From Lodz to Tel Aviv: The Yiddish political humor of Shimen Dzigan and Yisroel Schumacher», *JQR*, vol. 102, n.º 1, 2012, *passim*, esp. p. 65 n. 45.

quier número de éxito. Pero conviene mencionar una fatídica representación de entreguerras:[1] una sátira ambientada en el año 1975 y en la Universidad de Viena, en la que supuestamente se celebraba el vigesimoquinto aniversario del control judío del mundo, la cual modificó la convicción de la derecha austríaca y alemana de que los judíos habían quedado fuera de juego en la batalla por el dominio del mundo.

Estos artistas—como sus homólogos del vodevil en Estados Unidos—también echaban mano gustosamente de los estereotipos judíos en sus actuaciones. En los hervideros urbanos donde los judíos de todos los rincones del mundo participaban en las interacciones intraétnicas como nunca antes abundaban los estereotipos judíos regionales. Los *yekkes*, judíos alemanes, eran objeto de burla por su carácter excesivamente formal; los judíos lituanos, *litvaks*, por su riguroso compromiso con un enfoque intelectual de la religión. He aquí un chiste paradigmático:

Un lituano devoto está rezando en el Muro de las Lamentaciones y de pronto un terrorista lo agarra por detrás y le pone un gran cuchillo en el cuello. El judío recita rápidamente la bendición del mártir, la que corresponde cuando el creyente va a morir por su religión. El terrorista, impresionado por la piedad de su víctima lo suelta y se va. El lituano, señalándose la garganta, grita desesperado: «¡Eh! ¡Eh!».[2]

Tan comprometido está el judío con la religión, que ni siquiera repara en las consecuencias de ese compromiso en el mundo real, de modo que, una vez recitada la bendición del mártir, insiste en que se cumpla el objeto de la misma (de

---

[1] Véase Hans-Peter Bayerdorfer, «Jewish Cabaret Artists Before 1933», en: Jeanette R. Malkin y Freddie Rokem, (ed.), *Jews and the Making of Modern German Theatre*, Iowa City, University of Iowa Press, 2010, pp. 132-150, esp. 132-133, 140-141.

[2] Citado en Friedman y Weiser Friedman, *God Laughed*, *op. cit.*, p. 22.

acuerdo con la ley judía tampoco debe decirse nada después de la bendición hasta que se ejecute el martirio, de ahí que el devoto del chiste recurra a una interjección).

Estos estereotipos sobrevivieron al otro lado del Atlántico. En 1914, por ejemplo, el humorista Lee Tully tematizaba la rivalidad subétnica clásica entre judíos de Lituania y de Galitzia en su número habitual, señalando la típica diferencia dialectal de cada grupo y burlándose en una cancioncilla:

> Para contarles mi suerte he compuesto una canción,
> que hace poco me casé, mas no me siento lozano:
> resulta que mi amada esposa viene de otra región,
> Galitzia, para más señas, y yo en cambio soy lituano.
>
> No es que sea yo infeliz, ni que quiera protestar:
> nos entendemos en todo, ¡menos cuando toca hablar!
> Allí donde digo yo *mutter*, ella va y me dice *mitter*,
> Y si digo «*ikh zog putter*», ella me corrige: «¡Es *pitter*!».
> ¿Tan importante es decir *mutter*, *mitter*, *putter* o *pitter*?
> Está visto que lo es si tu esposa es de otra región.[1]

Pero había nuevos estereotipos que explorar, y nuevos lugares para explorarlos. Los pardillos, cuyo entusiasmo por Estados Unidos superaba con creces su capacidad para entender el país, y los advenedizos (*alrightniks*), cuya confianza en su capacidad superaba su pericia real, eran motivos habituales de chanza en el teatro y la prensa yiddish. Uno de los ejemplos más conocidos del estereotipo apareció, sorprendentemente, en las páginas de *The New Yorker*, donde Leonard Q. Ross introdujo el personaje de un pardillo particularmente vivaz, llamado Hyman Kaplan, entre el gran público estadounidense de mediados de la década de 1930. Ross, más conocido como Leo Rosten, se convertiría en 1968 en el prin-

---

[1] Citado en Esther Romeyn y Jack Kugelmass, *Let There Be Laughter: Jewish Humor in America*, Chicago, Spertus Press, 1997, pp. 23-24.

cipal responsable de la popularización del yiddish en Estados Unidos gracias al éxito de ventas *The Joys of Yiddish* y sus secuelas. Puede que fuese también el principal responsable de la asociación del yiddish con el humor. *The Education of H*Y*M*A*N K*A*P*L*A*N*, uno de los primeros títulos de la colección de bolsillo de Armed Services Editions, fue enviado a los soldados en septiembre de 1943, y el espíritu del libro se atuvo a la imagen del ejército como gran igualador social, étnico o racial.[1] La clave cómica del libro son las originales pronunciación y gramática del inmigrante Kaplan en sus clases de inglés, para diversión de su profesor, quien añade los asteriscos a su nombre, por ejemplo, para ayudarle a deletrear. El inmigrante típico está también típicamente ansioso por integrarse y agradece la oportunidad que le brindan las clases.

El juego de introducir el habla judía en la literatura escrita que propuso Kaplan sin duda atrajo a los lectores más cultos, o más elitistas, pero el humor dialectal judío hacía décadas que se había convertido en lectura popular. Existían colecciones como *Hebrew Jokes and Dialect Humor* (1902),[2] y autores como Milt Gross, que utilizaba el dialecto judeoamericano en obras como *Nize Baby* (1925). Los personajes de

---

[1] Kenneth C. Davis, *Two-Bit Culture: The Paperbacking of America*, Boston, Houghton Mifflin, 1984, p. 73. Rosten basó los relatos en su experiencia impartiendo una clase nocturna de inglés a inmigrantes en Chicago en 1931. Los escribió mientras terminaba una tesis doctoral de Ciencias Políticas en la Universidad de Chicago, bajo el pseudónimo Ross, pues no quería que se conociese su trabajo no académico. Los relatos se publicaron primero en *The New Yorker* en 1935 y en forma de libro en 1937. Véase Dan Shiffman, «The Comedy of Assimilation in Leo Rosten's Hyman Kaplan Stories», *Studies in American Humor*, vol. 3, n.º 7, pp. 49-58, esp. 56; *id.*, «The Ingratiating Humor of Leo Rosten's Hyman Kaplan Stories», *Studies in American Jewish Literature*, n.º 18, 1999, pp. 93-101, esp. 96; Simon J. Bronner, «Structural and Stylistic Relations of Oral and Literary Humor: An Analysis of Leo Rosten's H*Y*M*A*N K*A*P*L*A*N Stories», *Journal of the Folklore Institute*, vol. 19, n.º 1, 1982, pp. 31-45.

[2] Filadelfia, Royal, 1902.

Gross son los vecinos de un edificio que hablan un lenguaje cuya comprensión precisa la lectura en voz alta—y ni siquiera eso la garantiza—. Al caracterizar ese habla, Gross explicaba que era:

Una transcripción de lo que hablan los judíos estadounidenses, o al menos eso intento. Es el lenguaje del pueblo, que al transcribirse a veces puede parecer un poco ridículo. Pero, desde mi punto de vista, nunca es falso ni desentona [...] Lo único en lo que mi transcripción se aleja de la fuerza real que posee ese habla tal vez sea, como he dicho, ese carácter un poco ridículo. Pero es necesario, por supuesto, en la obra.[1]

El tono ligeramente defensivo de Gross tal vez se deba a que algunos consideraron que su humor dialectal era contraproducente para las perspectivas de aculturación judeoamericana. Lillian Eichler, por ejemplo, comentaba en su columna de la prensa yiddish: «Aunque podamos reírnos con los graciosos personajes de Milt Gross—y su pronunciación, aún más graciosa—es evidente la importancia de hablar bien».[2] No obstante, Gross tuvo muchos defensores, entre ellos el distinguido rabino estadounidense Stephen S. Wise. Por su parte, Max Shulman, el creador de Dobie Gillis, señaló: «Si los personajes de Gross promueven el antisemitismo, también lo hace el salmón ahumado o los *bagels*».[3] No obstante, es posible entender que a las personas susceptibles les ofendiera la parodia que hizo Gross de Santa Claus en 1926, titulada «La víspera de Navidad» (y vertida, claro, como «De Night in de Front from Chreesmas») en la que se leían co-

---

[1] Citado en Craig Yoe (ed.), *The Complete Milt Gross Comic Books and Life Story*, San Diego (California), IDW, 2009, p. 11.

[2] En su columna de *Der Tog* del 11 de julio de 1926, citado en Ari Y. Kelman, «Introduction: GEEVE A LISTEN!», en: Ari Y. Kelman (ed.), *Is Diss A System? A Milt Gross Comic Reader*, Nueva York, NYU Press, 2010, pp. 1-56, esp. 24. Todo el ensayo es crucial.

[3] Yoe, *The Complete Milt Gross Comic Books*, *op. cit.*, p. 14.

sas como: «Tenía Santa Claus la nariz como un pepinillo gigante, | ojalá tuviese yo un saco como esa napia, ¡pero lleno de moneditas!».[1]

Gross era un dibujante de tiras cómicas inmensamente popular. En la tira titulada «Banana oil» popularizó esa expresión, que en la década de 1920 se usó para decir que algo era una bobada, y hay quienes consideran que su *He Done Her Wrong* (1930) fue la primera novela gráfica. Podría decirse que también sus caricaturas de judíos jugaban con estereotipos étnicos, no todos ellos creados por judíos, ni precisamente amables. Otros sucesores en el cómic de autores judíos—en especial el Abie Kabibble de Harry Hirshfield, con «sus pantalones a rayas, ojos como platos, nariz de bombillita, acento familiar y sintaxis peculiar»,[2] y su amor a la familia, al país y al pinocle—explotaron temas como las aspiraciones judías de asimilación y los estereotipos cómicos.

Pero la imagen más clara del judío en la cultura popular de finales del siglo XIX y comienzos del XX procedía de esa forma explosiva de entretenimiento del vodevil,[3] primero a través de los «humoristas alemanes» y luego, como *Deutsch* sonaba a *Dutch*, de los «humoristas holandeses», que dieron al yiddish americanizado un tono de *Plattdeutsch*, 'bajo alemán' (en buena medida, la yiddishización puede haberse debido también a la impopularidad de la cultura alemana a partir de la Primera Guerra Mundial).[4] Seguramente el dúo

[1] Publicado originalmente en *New York World*, el 19 de diciembre de 1926; reimpreso en: Kelman, *Is Diss A System?*, *op. cit.*, pp. 165-186, cita en p. 171.

[2] Véase Joseph Boskin y Joseph Dorinson, «Ethnic Humor: Subversion and Survival», *American Quarterly*, vol. 37, n.º 1, 1985, pp. 81-97, esp. 88.

[3] Sobre el «cómico hebreo» que se hizo popular en la década de 1870 y persistió a través del vodevil inglés y estadounidense, véase Nahshon, *From the Ghetto to the Melting Pot*, *op. cit.*, pp. 49-50.

[4] Henry Popkin, «The Vanishing Jew of Our Popular Culture», *Commentary*, n.º 14, julio de 1952, pp. 46-55, esp. 48.

de Joe Weber y Lew Fields, hijos de inmigrantes judíos de Europa del Este, fue el más popular en las décadas de 1880 y 1890: tuvieron éxito suficiente para abrir su propio teatro de variedades en Broadway en 1896, que inspiró las célebres revistas musicales Ziegfeld Follies. Fueron conocidos por su talento mímico, pero, como indicó un descendiente de Fields: «Cuando querían conseguir un estallido de risas empezaban a cantar "Aquí vienen dos de Irlanda, los reyes de la parranda", tapándose la nariz con la mano, y eso siempre causaba furor entre el público de Bowery».[1] Un número étnico de este tipo se habría llamado, en el vodevil, un «doble Hebe»;[2] y este tipo de judaísmo encubierto se hizo famoso cuando lo adoptó—y lo practicó mucho más sutilmente—Groucho Marx.

Estas actuaciones se consideraban a menudo de «apariencia hebrea», a juzgar por una descripción de 1940: «Chaleco blanco y negro, abrigo desgastado, gran cuello blanco vuelto hacia abajo y corbata roja, pantalón de rayas claras, tipo bombacho, demasiado corto, que deja ver los calcetines de colores chillones, peluca negra con patillas, bombín viejo echado para atrás y tan grande que tapa las orejas».[3] No obstante, el aspecto judío era secundario con respecto al habla judía, que a menudo mostraba una amplia gama de estereotipos judíos: la astucia, la inteligencia, el carácter manipulador, rastrero, cobarde o acoquinado.[4]

[1] Citado en Romeyn y Kugelmass, *Let There Be Laughter*, *op. cit.*, p. 30. Véase también Michael W. Rubinoff, «Nuances and Subtleties in Jewish Film Humor», en: Leonard J. Greenspoon (ed.), *Jews and Humor*, West Lafayette (Indiana), Purdue University Press, 2011, pp. 121-136, esp. 122.

[2] Lawrence E. Mintz, «Devil and Angel: Philip Roth's Humor», *Studies in American Jewish Literature*, vol. 8, n.º 2, 1989, p. 22.

[3] Citado en Louis Harap, *Dramatic Encounters: the Jewish Presence in Twentieth-Century American Drama, Poetry, Humor and the Black-Jewish Literary Relationship*, Nueva York, Greenwood Press, 1987, p. 29.

[4] Lawrence E. Mintz, «Humor and Ethnic Stereotypes in Vaudeville and Burlesque», MELUS, vol. 21, n.º 4, 1996, pp. 19-28, esp. 21.

Podría decirse que Joe Welch fue el creador del «monólogo hebreo»: aparecía en el escenario con atuendo y porte fúnebres, y preguntaba al público, «con la mirada más triste que haya podido lanzar un despojo humano: "¿Les parece que soy feliz?"».[1] Ya en fecha tan temprana como 1905, contaba a su público:

El otro día mi amigo Rosenki llevó a su hijo Jakey a un restaurante a tomar una sopa típica. El chico empezó a comérsela, pero de pronto Rosenki notó que le tiraba del brazo y le decía: «Papá, hay una mosca en la sopa». Y él le dijo: «Come *der* sopa hasta que llegues a *der* mosca, y entonces dices al camarero y te dará otra sopa entera sin cobrar nada».[2]

Los monólogos «Cohen on the Telephone» que Joe Hayman inició en 1912 proporcionaron a Columbia Records unas ventas de hasta dos millones de discos. En «Cohen Telephones the Health Department», grabado en 1917, Cohen está desesperado porque un empleado de su oficina acaba de tragarse una moneda de medio dólar:

Mándenme corriendo a un médico, sí, un médico... No, un abogado, no... No, no, no vamos a demandarlo para que nos devuelva el dinero, porque antes de conseguir que lo obligaran a devolvérnoslo se nos podría morir, y entonces el problema sería nuestro, ¿me entiende?... ¿Qué dice? ¿Que medio dólar no le hará ningún daño? Ya, claro, pero bueno, ahí no va a dar ningún interés, ¿verdad que no?[3]

---

[1] Joe Laurie Jr., *Vaudeville: From the Honky Tonks to the Palace*, Nueva York, Henry Holt, 1953, p. 176. Su hermano Ben, adoptaría la orientación opuesta, representando al «judío animoso, alegre, gracioso, en contraste con el judío triste de su hermano Joe», p. 179.

[2] Del monólogo «Troubles», en: *New Hebrew Jokes and Monologues, by the Best Jokers*, Baltimore, Ottenheimer, 1905, pp. 7-11, esp. 11.

[3] Citado en Michael G. Corenthal, *Cohen on the Telephone: A History of Jewish Recorded Humor and Popular Music, 1892-1942*, Milwaukee (Wisconsin), Yesterday's Memories, 1984, pp. 54-55; Columbia Records A2192.

A veces participaban en este tipo de humor actores que no eran judíos,[1] pues los miembros de las compañías de vodevil comprendían que las ciudades con amplias audiencias judías reaccionaban mejor si los actores introducían palabras judías en los espectáculos. Sin ir más lejos, Frank Bush, actor de vodevil cristiano, nacido en Alemania, cantaba:

¡Buenas! Me llamo Solomon y soy un judío de armas tomar.
Lo mío es la especulación, por eso me dedico a comerciar.
Bajando por la Baxter Street tengo un negocio fenomenal,
vengan sin falta a verlo: ¡todo es falso, pero internacional![2]

Actuaciones como éstas las citaban instituciones como el *Anti-Stage Jew Ridicule Committee* de Chicago, B'nai B'rith y Associated Rabbis of America, que se esforzaban por combatir los prejuicios étnicos.[3] Pese a ello, este tipo de piezas se multiplicaban gracias a autores ya olvidados de la historia del espectáculo, antes de la era de YouTube.[4] Algunos de esos artistas fueron Bickle y Watson, Andy Rice, que se desembarazó del viejo atuendo de cómico hebreo para vestir de un modo más informal, Lou Holtz o Julian Rose (hablando de una boda judía, en la que el portero irlandés había iniciado una pelea: «Bueno, tampoco es que fuera un gran luchador, ¡yo, mis dos hermanos y un primo casi le ganamos!»), los Howard Brothers y muchísimos más. Entre los más destaca-

[1] John E. DiMeglio, *Vaudeville USA*, Bowling Green (Kentucky), Bowling Green University Popular Press, 1973, p. 41.
[2] Citado en Gary Giddins, «This Guy Wouldn't Give You the Parsley Off His Fish», *Grand Street*, vol. 5, n.º 2, 1986, pp. 202-217, esp. 211; véase también J. Hoberman y Jeffrey Shandler, *Entertaining America: Jews, Movies, and Broadcasting*, Princeton (Nueva Jersey), Princeton University Press, 2003, p. 40.
[3] DiMeglio, *Vaudeville USA, op. cit.*, p. 42.
[4] Laurie, *Vaudeville: From the Honky Tonks to the Palace, op. cit.*, pp. 178, 180, y Lawrence J. Epstein, *The Haunted Smile: The Story of Jewish Comedians in America*, Nueva York, Public Affairs, 2001, p. 33.

dos figuraban Alexander Carr y Barney Bernard (*Potash and Perlmutter*),[1] vendedores de ropa simpáticos y típicamente obsesionados con el negocio, que colaboraron en un libro y en 1913 tuvieron muchísimo éxito en Broadway.

Cuando los artistas dispusieron de nuevos medios como la radio y las estrellas del vodevil se convirtieron en celebridades nacionales para el gran público, surgieron figuras como Al Jolson,[2] que antes de protagonizar *El cantante de jazz* (1927), había hecho números hebreos como «The Hebrew and His Cadet» y canciones *coon*, un género que consistía en representar el estereotipo de negro, como «Where Did Robinson Crusoe Go with Friday on Saturday Night?». Y Eddie Cantor, gran estrella de variedades que improvisaba en yiddish en el escenario y que, cuando dio el salto al cine y particularmente a la radio, desplegó la sensibilidad del *nebbish* ['el tímido e incompetente'].[3] Los cómicos étnicos judíos empezaron a proporcionar a Estados Unidos la banda sonora del humor judío.

Estos artistas ni siquiera eran los únicos representantes del habla yiddish estadounidense, que había persistido a lo largo de varias décadas a través del vodevil (el Windsor Theater de Nueva York estrenó el 17 de abril de 1895 la obra *Among the Indians*, que incluía escenas tituladas «Willie el vendedor ambulante debe ser linchado!» y «¡Ropa! ¡Ropa! ¡Ropa!»)[4] o de la radio, con las parodias de anuncios perfeccionadas de los Barton Brothers.[5] E incluso en nuestros tiempos de

---

[1] Véase Harap, *Dramatic Encounters, op. cit.*, p. 30, y Romeyn y Kugelmass, *Let There Be Laughter, op. cit.*, p. 35.

[2] Romeyn y Kugelmass, *Let There Be Laughter, op. cit.*, p. 40.

[3] Hoberman y Shandler, *Entertaining America: Jews, Movies, and Broadcasting, op. cit.*, pp. 156-157.

[4] Véase Mark Sloban y H. I. Minikes, «From Vilna to Vaudeville: Minikes and 'Among the Indians' (1895)», *The Drama Review*, vol. 24, n.º 3, 1980, pp. 17-26. Minikes es el autor de la obrita.

[5] Véase Irv Saposnik, «'Joe and Paul' and Other Yiddish American Va-

streaming existe el dúo canadiense YidLife Crisis.[1] No obstante, en el siglo xx, la comedia yiddish *en yiddish* fue quedando relegada a los márgenes del mundo del espectáculo judío estadounidense. Lo que persistió—y se convirtió en la base del estereotipo popular judío más perdurable, el estereotipo del «judío» mismo—fue una versión americanizada del habla popular, algo cuyo origen se hallaba en la Europa del Este, pero bastante distinto. Yiddishiano pero no yiddish; rechazado pero no perseguido; enrevesado pero no talmúdico.

Su manifestación más clara tal vez sean algunos chistes absurdos como éste:

Un viejo judío en un teatro pregunta al del asiento de al lado:
—¿Habla usted yiddish?
—No—le responde el otro.
Luego pregunta al que se sienta al otro lado:
—¿Habla yiddish?
—No.
Luego pregunta al que se sienta delante de él:
—¿Habla usted yiddish?
—Sí.
—*Vel*, ¿*vot* hora es?[2]

Una encuesta de 1950 indicaba que un tercio de los chistes judíos contemporáneos se basaban en el humor dialectal.[3] Pero la voluntad de difuminar la diferencia entre yiddish

---

rieties», *Judaism*, vol. 49, n.º 4, 2000, pp. 437-448, que menciona a otros como Eli Basse, Benny Bell, Lee Tully y Billy Hades, que «crearon sketches cómicos de vida yiddish-americana: el oxímoron de la rumba *glaitzyner*», pp. 439-440.

[1] www.yidlifecrisis.com.
[2] Versiones en Stanley Brandes, «Jewish-American Dialect Jokes and Jewish-American Identity», *Jewish Social Studies*, vol. 45, n.os 3-4, 1983, p. 235, y Berger, *The Genius of the Jewish Joke, op. cit.*, p. 88. [*Vel* y *vot* es como pronuncia el judío las palabras inglesas *well* y *what*. (*N. del T.*)].
[3] Véase Brandes, «Jewish-American Dialect Jokes and Jewish-American Identity», *op. cit.*, p. 234.

y «yiddish»—que no consistía sólo en introducir palabras yiddish en el discurso, sino en ciertos acento, sintaxis y sensibilidad que a menudo combinan agresividad y hostilidad en proporciones variables—era la pauta que seguían las docenas de cómicos del Borscht Belt cuyos espectáculos salieron de las Catskills y recorrieron todo el país.

A mediados del siglo XX aún había «cómicos dialectales» tradicionales. Quizá el más notable fue Sam Levenson, quien no tenía empacho en echar mano de los estereotipos judíos (lo cual justificaría algunas de las quejas de Alex Portnoy en terapia).[1] Sin embargo, incluso Levenson alegaba, en un artículo que escribió en 1952, que «El cómico dialectal está desapareciendo» y la institución fue pronto suplantada por humoristas que tan sólo tenían un aire de familia.[2] El más famoso seguramente fue Yakov Maza, más conocido como Jackie Mason, que hablaba a toda velocidad e hizo carrera introduciendo variaciones en el número judío/*goy* de Lenny Bruce («No hay mayor *schmuck* ['imbécil'] que un judío con un barco. Lo único que los judíos saben de los barcos es cuánta gente cabe: "En mi barco caben seis", "En el mío caben doce"»; «Me encantan los italianos, son geniales. Mi mejor amigo es medio judío y medio italiano: lo que no consigue al por mayor lo roba»).[3] Otro ejemplo es el habla de

[1] Sammy Levenson, *Meet the Folks: A Session of American Jewish Humor*, Nueva York, Citadel Press, 1948, p. 17. Portnoy (Philip Roth, *Portnoy's Complaint*, New York, Random House, 1969, pp. 111-112) menciona a su terapeuta una serie de cómicos judíos de la «vieja escuela» (Levenson, Myron Cohen, Henny Youngman, Milton Berle) y le sugiere que los estereotipos judíos clásicos que empleaban en sus números—especialmente sensibles para Portnoy, el buen chico judío—no prestan ninguna atención al dolor auténtico que hay tras el estereotipo.

[2] *Commentary*, n.º 13, 1952, pp. 168-170.

[3] Citado en Arthur Asa Berger, *Jewish Jesters: A Study in American Popular Comedy*, Cresskill (Nueva Jersey), Hampton Press, pp. 119, 124. Véase también Jackie Mason, *How To Talk Jewish*, Nueva York, St. Martin's Press, 1990, pp. 1-8.

Mel Brooks en *The 2000 Year Old Man*, donde interpretaba a un anciano de dos mil años al que entrevistaba Carl Reiner: «Nunca lo olvidaré, para mí adoptar esa voz vigorosa con un fuerte acento judío significó muchísimo: me dio seguridad, confianza, fuerza», comentaba Brooks.[1]

Otro buen ejemplo fue el impetuoso Alan King, quien decía: «Si estás a punto de morir, habla más alto y rápido», lo que caracteriza a la perfección a este grupo de humoristas;[2] o también Freddie Roman,[3] Shecky Greene, Buddy Hackett, Don Rickles, y muchos otros que desde las Catskills fundaron un segundo templo en Las Vegas—es decir, en el desierto, lo cual resultaba muy apropiado tratándose de la comunidad judía—. Los humoristas que actuaban para los nuevos ricos que afluían a ese nuevo templo (también llamado «Lost Wages» ['sueldos perdidos']) contribuyeron a que se afianzase la idea de que el humor en directo era la especialidad de los artistas judíos.[4] Y puesto que este género, como otras subculturas, está fascinado con su propia historia—rinde homenaje y estudia con un rigor talmúdico el trabajo de los predecesores, cuando no lo plagia sin más, lo cual en ocasiones da el mismo resultado—el habla de estos humoristas se la apropiaron a su vez algunos de la siguiente generación. Billy Crystal, en películas como *El showman de los sábados* (1992)

---

[1] Citado en James Robert Parish, *It's Good to Be the King: The Seriously Funny Life of Mel Brooks*, Hoboken (Nueva Jersey), John Wiley & Sons, 2007, p. 115.

[2] Compárese con Epstein, *The Haunted Smile, op. cit.*, p. 165; cita Gerald Nachman, *Seriously Funny: The Rebel Comedians of the 1950s and 1960s*, Nueva York, Pantheon Books, 2003, p. 27.

[3] Kirschenbaum de apellido, cuyo tío y abuelo eran propietarios del hotel The Crystal Spring en el Borscht Belt. Wisse, *No Joke, op. cit.*, p. 122.

[4] Y en algunas ocasiones, como en el caso de Danny Thomas, los cómicos dialectales judíos ni siquiera eran judíos (Norman Lear debutó en el negocio del espectáculo escribiéndole un chiste yiddish). Véase Steve Allen, *More Funny People*, Nueva York, Stein & Day, 1982, y Norman Lear, *Even this I get to experience*, Nueva York, Penguin Press, 2014, p. 118.

y *700 domingos* (2014), ha dedicado buena parte de su carrera a explorar el habla judía; entre los compañeros de viaje de esta forma de ventriloquia histórica se encuentran Harry Shearer, Hank Azaria y miembros del Friars Club contemporáneo, entre los que quizá el más destacado sea Jeffrey Ross. En cualquier caso, el género sigue resultando perfectamente reconocible, a pesar de que las condiciones y circunstancias que lo originaron—y el público cuyas pautas verbales imita—hayan cambiado por completo y muchos de los grandes hoteles del Borscht Belt sean hoy pintorescas ruinas.

Mientras que los humoristas varones estaban encantados elaborando estereotipos para el gran público, las humoristas preferían derribar barreras, puesto que en su caso el hecho mismo de actuar ya resultaba rompedor. En la historia de las «humoristas heterodoxas», como se las ha llamado, figura la incomparable Fania Borach, más conocida como Fanny Brice, a quien una autoridad como George Cukor definió como «una de las payasas más geniales de todos los tiempos».[1] Brice probablemente estuviese más próxima en el tono y los temas a los cómicos étnicos de vodevil que a los humoristas del Borscht Belt: practicaba el arte del mimo y tenía un inmenso talento para las parodias, e hizo gala de ambas cosas en las nueve revistas en las que actúo para Ziegfield Follies entre 1910 y 1936. Pero también se la recuerda por su repertorio de canciones sobre personajes judíos: la chica judía india estadounidense Rosie Rosenstein; la nudista neófita y evangelista de acento yiddish; Sasha, una chica judía que se casa con un sultán; y la señora Cohen de «La señora Cohen en la playa», una *yenta*, es decir una cotilla metiche redomada, que

---

[1] Véase Joyce Antler, «One Clove Away from a Pomander Ball: The Subversive Tradition of Jewish Female Comedians», en: Greenspoon, *Jews and Humor*, *op. cit.*, pp. 155-174, esp. 159-160, cita en p. 159.

les dejaba claras las cosas a todos los Cohen con los que hablaba por teléfono.[1] Bruce consiguió explicar a la perfección qué hacían estos humoristas judíos y en qué consistía su atractivo:

Mi mejor público [...] es el formado por judeoamericanos, en cierto sentido medio judíos y medio gentiles. Conocen bien la gesticulación y el cómico modo de hablar de los emigrados europeos, porque han convivido con ellos, pero como pertenecen a otra generación están en una posición distinta: a ellos les resulta graciosa Fanny Brice, aprecian sus exageraciones y sus parodias.[2]

Pero aunque esta declaración evidencia la necesidad tanto de aceptación como de autenticidad—una autenticidad que Dorothy Parker cuestionó sarcásticamente al señalar que Brice «se había operado la nariz para humillar a los suyos»—, lo cierto es que ninguna de ambas cosas describe adecuadamente el humor de Brice. Basta pensar, por ejemplo, en la canción, que cantaba con marcado acento yiddish, *Sadie Salome (Go Home)*, donde contaba la historia de una joven judía que se marchaba de casa para convertirse en actriz. Cuando su amado Mose la veía en el escenario y se daba cuenta de la clase de actriz en que se había convertido exclamaba: «¡Eso no es propio de una dama! Ay, ay, ay, ¿dónde está tu ropa?».

Una pieza como *Sadie Salome (Go Home)* (la música y la letra, por cierto, eran de Irving Berlin), atrevida y destinada a ofrecer una imagen de la sexualidad femenina judía menos pacata, está más próxima—aunque sea más moderada— a la obra de Sophie Tucker (Sonia Kalish), conocida popu-

[1] Eddie Cantor escribió: «Toda la persecución de una raza estaba en su corazón y en su garganta; cuando Brice cantaba una balada, llorabas», en: *Take My Life*, Nueva York, Doubleday, 1957, p. 43.

[2] Citado en Romeyn y Kugelmass, *Let There Be Laughter*, op. cit., pp. 42-43.

larmente como la «última de las mamás cachondas». En la adolescencia, Tucker había trabajado en el restaurante *kosher* que sus padres tenían en Hartford, y tal vez esa experiencia le inspiró frases como: «Cuanta más grasita mejor arde el fuego, ya saben que donde hay carne hay alegría».[1] La picardía de canciones como *Mistah Siegel, You Better Make It Legal* marcaría en las décadas de 1920 y 1930 el tono de sus actuaciones: adoptaba una mueca astuta e insinuante, y usaba tácticamente el yiddish para señalar las procacidades que la gente educada raras veces decía y se suponía que las mujeres ignoraban, aunque las risas del público ante los chistes de estas humoristas delataran todo lo contrario. Esa risa se amplificaría sustancialmente cuando el disco de larga duración permitió que los espectáculos humorísticos en directo de los clubes nocturnos—cuya retransmisión estaba prohibida y las grabaciones de los cuales eran piratas—se reprodujeran en la intimidad de los hogares.

Un trío menos conocido actualmente de humoristas judías subidas de tono y de clase obrera vendió millones de copias de estas grabaciones a finales de la década de 1950 y principios de la de 1960. Belle Barth vendió aproximadamente dos millones de copias de álbumes como *If I Embarrass You, Tell Your Friends* (1960), *I Don't Mean to Be Vulgar, But It's Profitable* (1961) y *My Next Story Is a Kittle Risque* (1961).[2] En mi opinión, la canción que mejor ilustra la alegre escatología de Barth—se autodenominaba MD, que en su caso no significaba Doctora en Medicina, sino *Maven of Dreck*, 'experta en guarradas', y también la Reina de la Cancioncilla Pican-

---

[1] Citado en Sarah Blacher Cohen, «The Unkosher Comediennes: From Sophie Tucker to Joan Rivers», en: Cohen, *Jewish Wry, op. cit.*, pp. 105-124, esp. 107.

[2] «Los álbumes de discos vacíos [porque la gente los robaba] obligaban a los clientes a preguntar a los empleados por el disco ausente, *sotto voce*, como si estuviesen comprando condones», Nachman, *Seriously Funny, op. cit.*, p. 213.

te—es una sobre un hombre que alardea de poder cantar con el culo, pero cuando ella le pide que se lo demuestre el tipo se caga encima.[1] Cuando Barth lo reconviene, el hombre replica: «Bueno, me tengo que aclarar la garganta, ¿no?». Entre los siete álbumes de Pearl Williams figuraban *Pearl Williams Goes All the Way*, que vendió más de un millón de copias, y el inmortal *A Trip Around the World Is Not a Cruise* (1961). Además de la plétora de acentos judíos o el tarareo de *Hava Nagila*—canción popular hebrea—durante los interludios cómicos, Williams insistía en el papel del ama de casa judeoamericana cachonda, que se añadía a otros estereotipos. Bromas como: «Señora, ¿quiere que le lubrique esta bisagra?», «No se moleste, pero si me prestara ese desatascador que tiene haría yo maravillas», ni siquiera necesitan mayor contexto.[2]

Mientras que Williams interpretaba, al menos a veces, a una *balaboosta* ['madre y ama de casa'] *sui generis*, Patsy Abbott se centró en otro estereotipo, el quejica y llorica, con su clásico chiste sobre el tipo que no hace más que plantearle a Dios la vieja cuestión teológica de por qué tiene él que sufrir mientras otros prosperan:

—¿Por qué debería tener él si yo no tengo nada? ¿Por qué? ¡¡¡¿Dime por qué?!!!

---

[1] Sobre esto véase Cohen, «The Unkosher Comediennes: From Sophie Tucker to Joan Rivers», *op. cit.*, p. 111.

[2] Giovanna P. Del Negro, «The Bad Girls of Jewish Comedy: Gender, Class, Assimilation, and Whiteness in Postwar America», en: Leonard J. Greenspoon (ed.), *Jews and Humor*, West Lafayette (Indiana), Purdue University Press, 2011, pp. 141-143. Otra representante honoraria de este grupo, Rusty Warren (Eileen Goldman, en realidad), estaba tan obsesionada con los pechos que concluía su actuación con una canción titulada *Mammaries* ['mamas'] que tenía la melodía de *Memories* ['memorias'], por ejemplo, pero no había nada judío en la letra. Barth la llamó «*shiksa* ['gentil'] judía». Véase también Nachman, *Seriously Funny*, *op. cit.*, pp. 213-214.

Y Dios, lanzando un rayo, contesta:

—Porque eres un pesado, ¡por eso! [1]

Y luego estaban las que dirigían la hostilidad hacia ellas mismas, no sólo como judías, sino como mujeres. Totie Fields (Sophie Feldman), que medía metro y medio, y pesaba setenta y seis kilos, inició su carrera en 1944. En cierta ocasión dijo, triste y burlonamente: «Estoy tan cansada de ser la amiga de todo el mundo. Ya me gustaría, aunque sólo fuera una vez, leer en el periódico: "Totie Fields violada en un callejón"».[2] Años más tarde, a causa de una flebitis, perdió una pierna, lo cual también le hizo perder peso: a partir de entonces dejó de burlarse de la gordura y pasó a hacer chistes autodenigrantes sobre inválidos.

Las humoristas heterodoxas adoptaron todos los temas, tonos y personajes que podía ofrecer el humor judío: la ordinariez, la ironía, la religiosidad, el victimismo, el autoodio, etcétera. No obstante, su trabajo siguió siendo el contrapunto soterrado, aunque no exactamente minoritario (recordemos las cifras de ventas mencionadas), del papel mucho más aceptable socialmente para las mujeres judías en el humor: el de la típica madre judía.

Por extraño que pueda parecer, es difícil encontrar chistes de madres judías antes del siglo XX. Como vimos, cuando las mujeres judías del Medioevo y el Renacimiento se convierten en personajes cómicos, no se las representa como madres, sino como esposas y como objetos de deseo sexual (y nunca de un modo amable, por supuesto). Aunque también se las encasillara como madres, claro está, la tarea sagrada de la maternidad (literalmente: quizá en parte como reacción a la figura de la Virgen María, las *shalosh imahot*, 'las tres madres',

---

[1] Del Negro, «The Bad Girls of Jewish Comedy», *op. cit.*, pp. 144-145.
[2] Citado en Cohen, «The Unkosher Comediennes: From Sophie Tucker to Joan Rivers», *op. cit.*, p. 113.

Sara, Rebeca y Raquel, son elevadas prácticamente a la categoría de santas) en principio no es objeto de burla.

Pero con la modernidad las cosas empezaron a cambiar. Heine, en *Alemania. Un cuento de invierno* (1844) pintaba un retrato un tanto familiar:

Y cuando llegué a casa de mi madre, ésta no daba crédito a lo que veían sus ojos: «¡Hijo mío!», dijo uniendo ambas manos. «¡Mi querido hijo, han pasado trece años! Deja que te vea, ¿estás más gordo o más flaco? ¡Trece años! ¿No tienes hambre? ¡Seguro que sí! ¿Qué quieres comer, hijo mío?».[1]

Y de hecho, este estereotipo desapareció en Estados Unidos, donde valores maternales como la protección y el afecto, que siempre hacían volver a los hijos al hogar, pasaron a verse paulatinamente como objeto de burla más que como simple evocación de los valores tradicionales: se convirtieron en uno de los ridículos signos de provincianismo, sobre todo cuando las madres en cuestión eran emigrantes. Además, la relativa riqueza y el énfasis estadounidense en la vida doméstica y familiar (especialmente en los barrios residenciales de postguerra) dieron lugar a un nuevo espacio de poder y de impotencia. Añádase a esto la difusión de las ideas freudianas que psicosexualizan particularmente la relación entre madre e hijo, lo que señala la relación maternofilial como «insalubre», y, por último, el melodramático culto estadounidense y judeoamericano a la maternidad, que convirtió a la madre en un objeto romántico e incluso casi erótico. Pienso sobre todo en Al Jolson hincando una rodilla, como un pretendiente ante su amada, al cantar una pieza como «My Mammy».

La imagen de la madre no sólo se vio alterada en el humor. En *World of Our Fathers*, ganador del National Book Award, Irving Howe describía a la madre judía como «un azote, con sus estridentes gritos y quejidos que te perforaban el alma,

---

[1] Citado en Reik, *Jewish Wit*, *op. cit.*, p. 83.

el cabello de un plateado azul, y la agresividad indiscrimina-
da […] Las hijas palidecían, los hijos huían» ante esas madres «que gruñían, lisonjeaban e intimidaban».[1] Alfred Kazin, por su parte, recordaba a su madre gritándole «¡Come,
come! ¡Si no comes te vas a morir! ¿Qué pecado cometí yo
para que Dios me castigara contigo? ¡Come, anda! ¡Qué será
de ti si no comes! ¡Si no comes, diablillo, te tragará la tierra!
¡Tienes que comer!». Tales descripciones, y otras del mismo
género, constituyen una especie de retrato épico que inevitablemente se repetiría como farsa.[2]

Los chistes que resultaron fueron bastante directos: la madre judía ansiaba tener a sus hijos pegados al delantal (la metáfora, por supuesto, sugiere que está en el hogar, cocinan-
do). El título del mejor libro sobre la historia de la madre judía, *You Never Call! You Never Write!* ['¡Nunca me llamas
ni me escribes!'], muestra lo poco que costaba convertir ese
sentimiento opresivo que inspiraban las madres judías en
una consigna o una frase hecha. Los chistes son tan elocuentes que a menudo funcionan sin contexto. Mi favorito tal vez
sea: «Ya sé que el niño puede andar, pero gracias a Dios ¡no
tiene por qué hacerlo!», por lo bien que combina la imagen
de la madre que infantiliza a sus hijos con la jactancia de los
nuevos ricos judíos estadounidenses.[3]

Tal vez el mejor tratamiento del estereotipo se encuentre
en el número de Mike Nichols y Elayne May «Mother and
son» ['Madre e hijo'] que formaba parte del espectáculo que

[1] Irving Howe, *World of Our Fathers*, Nueva York, Simon & Schuster,
1976, p. 77; Alfred Kazin, *A Walker in the City*, Nueva York, Harcourt,
1951, p. 32.

[2] Véase Joyce Antler, *You Never Call! You Never Write!: A History of
the Jewish Mother*, Nueva York, Oxford University Press, 2007, *passim*,
esp. pp. 8, 15-17, 102, 107. Resulta llamativo que predominen las madres
de fuerte personalidad entre los humoristas judíos estadounidenses; véase
Epstein, *The Haunted Smile*, *op. cit.*, p. 18.

[3] Adaptado de la versión de «JAP and JAM in American Folklore», *Journal of American Folklore*, vol. 98, n.º 390, 1985, pp. 456-475, esp. 457-458.

se estrenó en Broadway en 1960 y se grabó en disco.[1] En apenas seis o siete minutos, la madre (Elaine May), gracias a una magistral mezcla de agresividad pasiva y victimismo, reduce a su hijo (Nichols), ingeniero aeroespacial (un trabajo de elite, respetado, y por esa razón, gentil en los tiempos del Programa Mercury), a un pobre tipo que tartamudea como un chiquillo, y al final del sketch ya ni siquiera habla sino que balbucea como un bebé. Por ejemplo, en un momento dado la madre reza porque su hijo tenga hijos propios un día: «¡Así sabrás lo que es sufrir como yo sufro!», concluye. El número, sin embargo, era sólo una zambullida en el balde maternal judío.[2] *Cómo ser una madre judía* (1964) de Dan Greenburg vendió tres millones de copias en quince ediciones, y pasó a Broadway en una adaptación que protagonizó Molly Picon. Ese mismo año se publicó la novela de Bruce Jay Friedman *Besos de madre*,[3] donde la madre del protagonista insiste en acompañarlo a la Universidad ¡y quedarse allí con él! Grandes cómicos como Woody Allen y Albert Brooks trataron este tema décadas más tarde: en la película *Historias de Nueva York* (1989), que incluía tres historias dirigidas por tres directores distintos, Allen presentó «Edipo naufraga», en la que la difunta madre del protagonista lo riñe desde el cielo; y en *Las manías de mamá* (1996), de Brooks, el director, como dijo un crítico, «elabora los chistes de toda una generación sobre la madre judía», pese a que la madre en cuestión la interpretó Debbie Reynolds.[4]

---

[1] Nichols observó que tanto May como él tenían madres judías sumamente difíciles y que parodiarlas había sido el principio de una especie de liberación personal. Véase Nachman, *Seriously Funny*, *op. cit.*, p. 326.

[2] Romeyn y Kugelmass, *Let There Be Laughter*, *op. cit.*, pp. 74-75.

[3] Bruce Jay Friedman, *A Mother's Kisses*, Nueva York, Simon & Schuster, 1964 [existe traducción en español: *Besos de madre*, trad. Carlos Ribalta, Barcelona, Lumen, 1967]; compárese con Antler, «One Clove Away from a Pomander Ball», *op. cit.*, pp. 135-138.

[4] Owen Gleiberman, «Mother», *Entertainment Weekly,* 17 de enero

Quizá la apoteosis literaria de la madre judía en clave cómica sea el personaje de Sophie Portnoy, ya que ilustra hasta qué punto la culpa es el principal sentimiento que mueve a la madre judía, y en muchos de los chistes que circularon y circulan sobre ella la culpa es un arma de doble filo: está destinada a los hijos pero la acaba consumiendo a ella. (La diferencia entre la madre italiana y la judía, según el chiste, es que la primera te mata si no comes y la segunda se suicida).[1] De acuerdo con el viejo chiste sobre cuántas madres judías hacen falta para cambiar una bombilla (ninguna, por supuesto, porque todas prefieren quedarse a oscuras para hacer sentir mal a sus hijos), sienten que tienen derecho a exigir ser recompensadas por su sacrificada maternidad.

A esa hostilidad se suma la proverbial destreza verbal e intelectual del humor judío, lo que permite que el tema se ramifique en todas direcciones. Uno de los chistes más famosos sobre madres judías, que circula en múltiples variantes por toda la literatura, es un buen ejemplo: «Una madre judía compra a su hijo dos corbatas para su cumpleaños. Cuando él se pone una, su madre le dice: "¿Qué pasa, no te gusta la otra?"».[2]

Este tipo de hostilidad—la maternidad implica que conocen a sus niños mejor que nadie, y gracias a ello lo saben todo de sus débiles, inseguros y neuróticos corazones—no es sólo un estereotipo. Cuando Mel Brooks se ufanó de su éxito y de lo mucho que le pagaban en *Your Show of Shows*, su madre, la señora Kitty Kaminsky, se limitó a decir: «Eso es que aún no te han calado». Seguramente nada de lo que escribió su hijo, infinitamente más famoso que ella, fuese tan mor-

---

de 1997. Conviene tener en cuenta que, de hecho, la madre de Brooks no es judía.

[1] Alan Dundes, «The JAP and the JAM in American Jokelore», *Journal of American Folklore*, vol. 98, n.º 390, 1985, p. 458.

[2] Citado en Berger, *Jewish Jesters: A Study in American Popular Comedy, op. cit.*, p. 75.

daz. Y no fue el único cuya madre era implacable: la de Larry David, cuando *Seinfeld* estaba en el número uno de las series más vistas, le preguntó: «¿Les gustas? ¿No te van a echar?».[1] Asimismo, la madre de Norman Lear, al enterarse de que su hijo era uno de los primeros galardonados de la televisión con el premio Hall of Fame, repuso: «Bueno, si eso es lo que les gusta, ¿quién soy yo para discutirlo?».

Estos comentarios son particularmente llamativos cuando (como en los casos de las señoras Kaminsky y Lear) iban dedicados a personajes que ilustraban el relato del éxito de los judíos estadounidenses, que a menudo, aunque no siempre, se identificaba con la asimilación. En cualquier caso, en los chistes, las madres son de las que dicen la verdad, su crueldad se debe a la franqueza, aunque muchas veces tal vez se les pasa la mano. Un buen ejemplo de este espíritu es el chiste del nuevo rico que se compra un yate y va a todas partes con su gorra de capitán. El comentario de la madre: «Solly, para ti tú eres un capitán, incluso para mí eres un capitán, pero para un capitán no eres un capitán».[2]

Aunque el motivo de burla más socorrido en los chistes sobre madres judías son sus hijos castrados e infantilizados, otra víctima de la misoginia cultural son las hijas y nietas de esas madres, que crecieron en el momento perfecto para convertirse en las princesitas judeoamericanas de la década de 1980. La mayor parte de chistes sobre ese estereotipo gira en torno a la frigidez: «¿Cómo consigues que una chica judía no se acueste con nadie? Casándote con ella»; «Sinopsis de una película porno judía: cinco minutos de sexo, y a continuación

---

[1] Benjamin Wallace, «Why Larry David the Schmuck Was the Best Thing to Happen to Larry David the Mensch», *The New York Times*, 26 de enero de 2015; Philip Galanes, «Norman Lear and Seth MacFarlane and Their TV Families», *The New York Times*, 26 de junio de 2015; Lear, *Even This I Get to Experience, op. cit.*, p. 3.

[2] El chiste puede encontrarse en William Novak y Moshe Waldoks, *The Big Book of Jewish Humor*, Nueva York, Harper & Row, 1981, p. 274.

una hora y media de culpa»; «¿En qué consisten los preámbulos entre judíos? En veinte minutos de súplica».[1] También se bromea con el consumismo fetichista de las pijas judías: «¿Por qué les gustan a las princesitas judías los hombres circuncidados? Les gusta cualquier cosa rebajada un 20%»;[2] o «Una madre judeoamericana pide que se esparzan sus cenizas en los grandes almacenes Bloomingdale's para que sus hijas la visiten dos veces por semana».[3] Gilda Radner, que se refería a sí misma diciendo que era «una judía de Detroit»[4] y cuya combinación de agilidad corporal, talento musical y feminidad la convirtió en la heredera más plausible de Brice y Tucker en la era de la televisión, era conocida por su Rhonda Weiss, la princesita judeoamericana, protagonista del anuncio paródico «Jewess Jeans» de 1980 en *Saturday Night Live*, y por sus populares personajes Emily Litella y Rosanne Rosannadanna.[5]

¿Fue la aparición de los chistes sobre la princesita judeoamericana un signo del empoderamiento femenino relacionado con el auge del feminismo, como ha sugerido al menos un crítico?[6] Barbra Streisand interpretó en 1968 a Fanny Brice en una película que se ocupaba tanto de la historia de su vida y de sus dotes cómicas como de sus personajes: cuatro años después de que *Cómo ser una madre judía* figurara en la lista de los libros más vendidos, la chica divertida a la

[1] Joseph Telushkin, *Jewish Humor: What the Best Jewish Jokes Say About the Jews*, Nueva York, William Morrow, 1992, p. 93.

[2] Dundes, «The JAP and the JAM in American Jokelore», *op. cit.*, p. 464.

[3] Telushkin, *Jewish Humor*, *op. cit.*, p. 72.

[4] Antler, «One Clove Away from a Pomander Ball», *op. cit.*, p. 165.

[5] Véase sobre el tema en general Riv-Ellen Prell, «Why Jewish Princesses Don't Sweat: Desire and Consumption in Postwar American Culture», en: Howard Eilberg-Schwarrz (ed.), *People of the Body*, Nueva York, SUNY Press, 1992, pp. 329-359, esp. 336-337.

[6] Dundes, «The JAP and the JAM in American Jokelore», *op. cit.*, pp. 469-470.

que se refería el título de la película *Funny Girl* recordó al público que las mujeres judías no sólo eran madres ni motivo de burla.[1] Hubo réplicas a *Portnoy* por escrito, ya que Erica Jong y Grace Paley escribieron obras (la novela *Miedo a volar* y el cuento «Mother») que presentan a la mujer y la madre judía como sexualmente liberada, sin neurosis.[2] Dos actuaciones cómicas judías fundamentales de la televisión de la década de 1990 contribuyeron hasta cierto punto al mismo cambio de perspectiva: la interpretación de Debra Messing como Grace Adler en *Will & Grace* y, sobre todo, el personaje que interpretaba la actriz Fran Drescher en *La niñera*. La propia transformación de Drescher—que pasó de ser una de las actrices que encarnaba a una princesita judeoamericana en la serie *Princesses* a ser la creadora, protagonista, productora y directora ocasional de *La niñera*, donde encarnaba a su personaje como una princesita romántica, deseable, erótica—acabó con un prejuicio de varias décadas en una comedia televisiva cuya premisa era todo lo inverosímil que podía ser una comedia: ¿una niñera judía con un productor británico y gentil de Broadway?, ¿cómo se las arregla para aparecer con un modelito adecuado para todas y cada una de las ocasiones?[3] Sin embargo, Drescher consiguió que funcionase.

---

[1] Véase Henry Bial, *Acting Jewish: Negotiating Ethnicity on the American Stage & Screen*, Ann Arbor (Míchigan), University of Michigan, 2005, pp. 87-88.

[2] Erica Jong, *Fear of Flying*, Nueva York, Holt, Rinehart & Winston, 1973 [existe traducción en español: *Miedo a volar*, trad. Marta Pessarrodona, Madrid, Alfaguara, 2017]; Martha A. Ravits, «The Jewish Mother: Comedy and Controversy in American Popular Culture», *MELUSI*, vol. 25, n.º 1, 2000, pp. 3-31, esp. 17; James D. Bloom, *Gravity Fails: The Comic Jewish Shaping of Modern America*, Westport (Connecticut), Praeger, 2003, pp. 84-85.

[3] La familia Shefield se basaba en la familia de Twiggy en Londres; véase Fran Drescher, *Enter Whining*, Nueva York, Regan Books, 1996, pp. 123-124.

Tras la publicación de un artículo en que se afirmaba que *La niñera* ofrecía un «retrato denigrante de la mujer judía», Drescher respondió que si a la autora de la crítica le ofendía «Fran Fine, simplemente porque la madre del personaje pone fundas de plástico en las sillas y habla con un marcado acento neoyorquino, tal vez sea víctima de la cultura de postguerra según la cual el único buen judío es el judío asimilado».[1] A pesar del contundente argumento de Drescher—que, lógicamente, estaba destinado a defender su serie—no creo que sea posible extrapolarlo: por lo general, en la circulación oral y escrita de chistes sobre princesitas las mujeres son motivo de burla.[2]

Pero gran parte de la batalla contra la misoginia en la tradición cómica judía—y en las instituciones del humor estadounidense en general—no se televisó, sino que tuvo lugar en las trincheras de los espectáculos en directo. Muchos judíos pusieron en marcha iniciativas destinadas al gran público, a diferencia de lo que había sucedido en el Borscht Belt. Paul Sills, el promotor de la explosión de talentos en el género de la improvisación, creó The Second City en una lavandería china reconvertida de Chicago;[3] Budd Friedman creó The Improv a mediados de la década de 1960 en un antiguo restaurante vietnamita en Manhattan;[4] Rick New-

[1] Citado en Romeyn y Kugelmass, *Let There Be Laughter, op. cit.*, p. 82.
[2] Un análisis de este tipo de humor que llega a conclusiones similares es el de Gary Spencer, «An Analysis of Some JAP-baiting Humor on the College Campus», *Humor*, vol. 2, n.º 4, 1989, pp. 329-348.
[3] Richard Zoglin, *Comedy at the Edge: How Stand-Up in the 1970s Changed America*, Nueva York, Bloomsbury, 2008, p. 65. Su predecesor, Compass Players, estaba formado por Barbara Harris, Alan Arkin, Shelley Berman, Mike Nichols y Elaine May.
[4] Zoglin, *Comedy at the Edge, op. cit.*, pp. 78-88, 145, 202-205; Nachman, *Seriously Funny, op. cit.*, pp. 15-16.

man creó Catch a Rising Star en el Upper East Side pocos años después; Sammy y Mitzi Shore cofundaron The Comedy Store en Los Ángeles; Jamie Masada, judío iraní, fundó Laugh Factory en Sunset Boulevard después de trabajar dos años como lavaplatos en The Comedy Store. También proliferaron agentes y administradores como Jack Rollins (Jacob Rabinowitz), el empresario que representó a Nichols y May y ayudó a Woody Allen a superar el pánico escénico; y Bernie Brillstein, que hizo más que nadie por convertir las actuaciones en directo de humoristas en un negocio en Hollywood.

No todas estas iniciativas—y otras posteriores, como *Tonight Show*, con Johnny Carson, o los especiales de humor en HBO—estaban comprometidas con el igualitarismo, por decirlo suavemente. De los cuarenta y tres especiales que emitió HBO entre Año Nuevo de 1975 y finales de 1980, sólo uno era de una humorista (Phyllis Diller).[1] Elayne Boosler fue una de las muchas humoristas judías que abordaron el problema desde distintos ángulos; Rita Rudner[2] se distanció de sus primeras actuaciones en locales judíos (donde contaba chistes como «Yo solía ir a un templo muy elegante: leían la Torá en francés») para abordar la guerra de los sexos en su inimitable estilo cómico; Merrill Markoe fue cocreadora del excéntrico y sarcástico humor de David Letterman;[3] Sandra Bernhard encarnaba en sus actuaciones a una mujer judía combativa; Carol Kane interpretaba a locos personajes falsamente étnicos; Bette Midler ha aceptado la adoración y hasta la imitación de sus fans como un cumplido, y sobre todo Roseanne Barr, cuyo atrevimiento al soltar la frase «Soy una diosa doméstica» puso a una generación de hombres en

[1] Zoglin, *Comedy at the Edge, op. cit.*, pp. 182, 190, 192.

[2] http://www.thejc.com/lifestyle/the-simon-round-interview/48785/interview-rita-rudner.

[3] Véase Mike Sacks, *And Here's the Kicker: Conversations with 21 Top Humor Writers on Their Craft*, Cincinnati (Ohio), Writer's Digest, 2009, p. 73.

alerta mucho antes de que su programa televisivo neutral en materia religiosa se adentrara en territorios inexplorados tanto en *La hora de Bill Cosby* como en *Enredos de familia*.

Recientemente, el alivio—y el estímulo—que ha supuesto la diversidad étnica en el humor estadounidense ha permitido un humor más marcadamente judío. Cory Kahaney rindió tributo a pioneras como Belle Barth, Pearl Williams y muchas otras con su espectáculo *JAP: Jewish Princesses of Comedy*, donde reivindicaba explícitamente el estereotipo de la princesita judía.[1] Jessica Kirson bromea sobre sí misma diciendo cosas como que es una «gorda y fea» o «Yo soy una judía furiosa, pero me siento como un negro furioso». La vehemencia del personaje de Susie Essman en *Curb Your Enthusiasm* es legendaria («¡Gordo de mierda!» es la manera de dirigirse a su marido), lo mismo que los planteamientos de Judy Gold en *25 Questions for a Jewish Mother* y *Mommy Queerest*, y de Jackie Hoffman, ganadora de un Obie Award, en espectáculos como *The Kvetching Continues* o *Jackie's Kosher Khristmas*. Otra manifestación tan singularmente judía e innovadora como lo fue el personaje de Fran Fine en la década de 1990 es *JAP Rap Battle* ['Batalla rapera de princesitas judías'], la pieza musical de Rachel Bloom en la serie *Crazy Ex-Girlfriend*: tal vez jamás se haya visto en televisión una parodia/homenaje tan aguda al problemático estereotipo de la princesita judía.[2]

La batalla rapera de marras, que tiene lugar entre «dos hebreas curtidas» del barrio residencial de Scarsdale (Nueva York), incluye palabras en yiddish y en hebreo (*shondeh*, 'vergüenza', y *sheket bevakashá*, 'cierra el pico'), funde elementos de la vida judeoamericana con la tradición milena-

---

[1] Antler, «One Clove Away from a Pomander Ball», *op. cit.*, pp. 168-171.

[2] *Crazy Ex-Girlfriend*, «Josh and I go to Los Angeles!», emisión del 29 de febrero de 2016.

ria (se menciona la organización de viajes Birthright Israel y un plato típico como las bolas de matza) y muestra un desparpajo que habría podido enorgullecer, e incluso sonrojar, a artistas como Belle Barth y sus colegas. La referencia a las bolas de matza, por ejemplo, aparece cuando Bloom se ufana de haberse tirado al novio de su rival en un lavabo público. Como en otras de sus piezas musicales, Bloom se apropia magistralmente de manifestaciones culturales a menudo hostiles a la participación de las mujeres (y de los judíos).

Pero si alguien consiguió reunir todas las voces y personajes ésa fue Joan Rivers. Si los esfuerzos de los grandes humoristas metafísicos por salvar las infranqueables simas que separan lo humano de lo divino pudieran sintetizarse y depurarse en dos palabras, creo que ninguno habría conseguido llegar a la pregunta esencial de Rivers: «¿Podemos hablar?». Esa frase—una invitación a una comunicación empática y una advertencia de «ponte en guardia», una frase amistosa y polémica, cariñosa y peleona, todo al mismo tiempo—resumía también la esencia de Joan Rivers (la misma combinación de hostilidad e incitación también puede advertirse en otro de sus lemas: «¡Por favor!»). El tema de Rivers siempre fue ella misma, o más exactamente «ella misma», es decir, el personaje que cada humorista crea en las actuaciones en directo: pero sus espectáculos incluían a todo el mundo.

Rivers (Joan Molinsky) nació en 1933 en Larchmont, Nueva York; era hija de un médico y se graduó en Barnard. Muy pronto descubrió lo difícil que lo tenían las mujeres en el mundo del espectáculo humorístico: trabajó en *strip clubs* bajo el nombre de Pepper January y a principios de la década de 1960 formó parte de Jim, Jake y Joan, un trío cómico fruto de sus años en el círculo de The Second City, tras lo cual volvió a actuar en solitario.[1] Escribió brevemente para Phyllis Diller, que en aquellos años era una de las humoristas

---

[1] Zoglin, *Comedy at the Edge*, *op. cit.*, pp. 184-185.

más prominentes, y el número de Diller «La mujer como alienígena», por alejado que estuviera del enfoque etnográfico de Rivers, expresaba la incomodidad que causaba el cuerpo a las mujeres a causa de los ideales que la sociedad proyectaba en el aspecto físico y las propias mujeres interiorizaban.

A lo largo de su carrera, Rivers se ocupó de todo: de la neurosis de una joven princesita judeoamericana que no consigue casarse, del sexismo en el matrimonio y en el trabajo, de las penurias e indignidades corporales de la ancianidad, sobre todo para las mujeres. Nada ni nadie escapaba a su mirada fulminante, tan cuidadosamente trabajada a lo largo de los años como los estereotipos, chistes y prejuicios del mundo judío que escrutaba. Fue la madre judía («Yo quiero un parto judío: desmayarme en la sala de partos y despertar en la peluquería») y la princesita judeoamericana («Las judías sólo conocemos los orgasmos en los grandes almacenes»). La *kurveh* ['furcia'], la lujuriosa (a través de su *alter ego* Heidi Abromowitz en el libro donde relata su vida y peripecias).[1] La ironista que situó la feminidad estadounidense y judeoamericana en la encrucijada de erotismo, comercio y domesticidad («Mi madre está desesperada por conseguir que me case. Ha puesto un letrero en la puerta de casa: "Última chica antes de coger el autopista"»; «¿Por qué debería yo cocinar para mi marido? ¿Para que pueda contarle a su fulana que hago una tarta deliciosa?»). La humorista que denigra su cuerpo («Vestido de Oscar de la Renta, cuerpo de Oscar Mayer», y, por supuesto, la cirugía plástica). Pero todo lo que Rivers hacía—más y más a medida que pasaban los años—parecían actos de autoliberación.

Rivers afirmaba que había aprendido de Lenny Bruce que:

La verdad personal puede ser la base del humor, la exageración puede ser purificadora y saludable. Así que me convertí en una lin-

---

[1] Sobre Heidi, véase Bloom, *Gravity Fails*, *op. cit.*, p. 88.

da chica judía que aparecía en el escenario con medias y zapatos de tacón pero soltaba lo que estaba prohibido decir en voz alta en la sociedad decente.[1]

No tiene nada de sorprendente que Rivers citase a Bruce —en esos años *todo el mundo* citaba a Bruce como referente—, pero sí era un modo de recordarnos que reducir a cualquiera de esos cómicos a su género es hacerle un flaco favor. No obstante, puesto que en este capítulo hemos catalogado una larga y amplia serie de estereotipos judíos en el humor, no podíamos obviar el de las mujeres, tan importante. Las verdades personales de Rivers, tan diversas y graciosamente expuestas, allanaron el camino de quienes siguieron sus pasos, tanto hombres como mujeres.

Rivers no tenía un estilo de vida precisamente sencillo (vivía en un tríplex del Upper East Side, del que en una ocasión dijo que era el lugar en el que habría vivido María Antonieta si hubiera podido permitírselo), ni había asomo de ordinariez en su talento. Pero, junto con las demás humoristas de este capítulo, puso en circulación un humor judío perdurable tan trascendente, a su manera, como la ironía metafísica de los humoristas filosóficos. Su vigencia se debe a que —cuando se ocupa de la realidad de las mujeres o de los arquetipos cómicos basados en el carácter y el habla judías— se centra en aspectos universales de la vida judía, y dada esa universalidad, resultan profundos. Tal vez el humor judío seguiría existiendo sin estas voces, pero con toda seguridad no es posible escribir la historia del humor judío sin incluirlas.

[1] Citado en Antler, «One Clove Away from a Pomander Ball», *op. cit.*, pp. 163-164.

7

EL HUMOR JUDÍO: LA PERVIVENCIA
DE LA IDENTIDAD JUDÍA

Es posible que *el* fenómeno fundamental en la experiencia judía de la diáspora haya sido la diferencia, y los sentimientos y sensibilidades que la acompañan. Y esa diferencia se ha asociado demasiado a menudo con hostilidad y persecución, lo que a su vez da lugar a un humor de contraataque y autoexamen (que no *agota* el humor judío, como hemos visto, pero sin duda es una parte importante). ¿Qué decir, sin embargo, cuando la indiferencia o incluso el interés y el apoyo sustituyen la hostilidad y la persecución? En tales casos, cuando el judaísmo de una persona creativa deja de importar social y culturalmente, ¿no debería el escritor o el actor deslizarse fácil y suavemente por las corrientes del humor de la cultura mayoritaria? Sin embargo, a menudo no lo *hace*, porque la diferencia todavía *importa*. Lo cual plantea a su vez dos preguntas relacionadas. La primera: ¿*qué* es lo que importa?, es decir, cómo se manifiesta esa diferencia en el humor si no es a través de nuestras marcas clásicas de humor judío, del profundo compromiso con los textos judíos, la comunidad, la historia e incluso el antisemitismo. Y la segunda pregunta: ¿por qué sigue importando? Contar esa historia no sólo aporta una visión crucial de los casos más dificultosos para nuestro estudio—los que *parecen* judíos, lo *son* claramente, y sin embargo no es tan fácil inscribirlos en ninguno de los anteriores capítulos—, sino que también ilumina, conviene subrayarlo, una parte fundamental de la experiencia judía.

No me refiero sólo a la experiencia judía moderna: aunque la identidad parezca una preocupación peculiarmente moderna, se remonta a los primeros tiempos del humor judío. Como han indicado legiones de estudiosos, la situación de

Ester (cuyo nombre está tomado de la diosa pagana Ishtar) refleja fielmente lo complicado que era el mundo para los judíos como ella o Mardoqueo (del dios pagano Marduk). Era un mundo cuyos protagonistas no se pensaban como parte de un relato judío, hasta que las circunstancias, el decreto de Amán, los abocaron a hacerlo. Conviene señalar, no obstante, que la sensación de amenaza era anterior a la agresión de Amán, ya que Mardoqueo insta a Ester a ocultar su origen judío, antes incluso de que Amán asuma el poder.[1] Pero en el texto bíblico el origen judío es poco más que una denominación que se oculta y se revela. Sin embargo, la proclamación de Ester—la simple afirmación de su identificación con un determinado pueblo—es una forma triunfal de abrazar un aspecto de su propia identidad que ha pasado hasta entonces prácticamente inadvertido. Un aspecto distinto a, por ejemplo, ser la prima, la esposa, la reina consorte o el objeto de deseo de otra persona.

Ester va disfrazada casi todo el tiempo (o todo, dependiendo de la lectura: Ester también tiene el nombre hebreo/semítico Hadassah, así que tal vez el chiste final es que haya sido conocida a lo largo de la historia por el nombre que habría preferido). La comedia ama el disfraz, claro está, basta pensar en *Noche de Epifanía o Lo que queráis* de Shakespeare, *Con faldas y a lo loco* de Willy Wilder o *Nuns on the Run* de Jonathan Lynn—por citar sólo obras que incluyen travestismo—. Las variaciones que se centran en los disfraces étnicos más que de género o de clase (*Entre pillos anda el juego*), son prácticamente infinitas. Pero el libro de Ester es uno de los ejemplos más antiguos de judíos que se disfrazan de gentiles para hacerse la vida más fácil en un mundo gentil. Sin embargo, los disfraces, sean del tipo que sean, al final son—al

---

[1] Véase Alexander Green, «Power, Deception, and Comedy: The Politics of Exile in the Book of Esther», *Jewish Political Studies Review*, vol. 23, n.os 1-2, 2011, p. 64.

menos al final de la comedia—temporales: los personajes terminan despojándose del disfraz para revelar su yo esencial e invariable, o, si se ha producido realmente un cambio, para mostrar que es sólo parcial y permitir que el yo anterior vuelva a asomar, insista en afirmarse. Esa insistencia en la identidad judía—incluso si es la esencia de la misma—*significa* algo. Algo importante e incluso profundo.

Esta variante del humor judío cuenta la historia de esos intentos de disfrazarse—nacidos de la necesidad, del deseo, de la inercia o de la inclinación—, de cómo fracasan o triunfan y de lo cómico que resulta el proceso. Porque en buena medida tales intentos, en sus múltiples formas, son metáforas del empeño de definir y aislar la naturaleza de la propia identidad judía en situaciones en las que se ve profundamente cuestionada.

A menudo resulta que esos intentos cómicos giran en torno a la virilidad judía. Dado que la historia de la literatura judía antes del período moderno es, como el resto de la literatura y la historia universales, principalmente algo hecho por y sobre hombres judíos, la identidad suele estar profundamente vinculada a la *masculinidad*, y disfrazarse de gentil significa «pasar» por un hombre que no es judío asumiendo las imágenes y estereotipos que entraña esa imagen. Lo cual es un filón cómico siempre que el disfraz parezca incongruente de un modo u otro.

Un buen ejemplo es uno de los chistes de *Aterriza como puedas*, la parodia del género hollywoodiense de películas sobre desastres, en que una azafata a la que un viajero pide una lectura entretenida le ofrece un folletito titulado *Leyendas deportivas judías célebres*: «¿Desde cuándo son héroes deportivos los judíos?», pregunta el pasajero con una risilla de familiaridad, ya que el ridículo error es evidente. No obstante, una obra cómica basada en el disfraz—más que un chiste aislado—necesariamente ha de presentar el proceso de transformación, el esfuerzo por parecer y actuar como la representación del héroe—deportivo o de otro tipo—en la cultura mayoritaria (y para la mayoría de la cultura occidental, claro está, «héroe» y «varón» son en buena medida sinónimos).

Pero la pregunta «desde cuándo son héroes los judíos» —que encierra en su interior la perturbadora respuesta «¡Nunca!»—tiene una amplia gama de consecuencias: el fracaso, las expectativas frustradas o las incongruencias, todas las cuales son filones cómicos. Pero ¿qué sucede cuando los judíos se convierten en héroes eróticos y hasta deportivos en el celuloide? ¿Cómo se sostiene el efecto cómico en un mundo donde la frase «protagonista judío» ya no choca a nadie? ¿Qué sucede con la comedia de disfraz cuando el disfraz ya no es necesario, y tal vez ni siquiera posible?

Para considerarlo, retrocedamos un poco y visitemos a un judío de brillante armadura.

El libro de Ester, como hemos dicho, es un libro diaspórico, y a la diáspora pertenecen cabalmente los disfraces. Antes de la diáspora, de hecho, los distintos pueblos consideraban diferentes a los habitantes de Judá e Israel, que eran simplemente otro más de los muchos pueblos con sus peculiares costumbres, como el monoteísmo y el Shabbat. Sin embargo, en el período medieval la cristiandad había definido al judío como un varón impotente, feminizado y castrado (en un tropo antisemítico común, incluso se insistía en que menstruaba), y los judíos habían tenido tiempo para interiorizar parte de tales críticas. Así que la idea se filtró en el humor judío. Dos ejemplos contrapuestos de principios del Renacimiento, ambos escritos en Italia a finales del siglo XV y principios del siglo XVI, muestran cómo se elaboraba, en caso de hacerlo, esta idea.

Leone de' Sommi Portaleone (*c.* 1525-*c.* 1590) escribió una comedia titulada *Tsakhut b'dikhuta d'kiddushin* ('Una comedia matrimonial')[1] que es judía en más de uno de los sentidos que hemos señalado: está escrita en hebreo (tal vez sea la primera obra de teatro en esta lengua judía), y es un comentario sobre la sociedad y la ley judías (la farsa gira en torno a los intentos de dos ingenuas por casarse y las complicaciones que les crea el truco al que recurren apelando a la ley judía). Sommi, que además de dramaturgo teorizaba sobre cuestiones estéticas, intentó encauzar la tensión de su entorno: ¿es posible crear una obra de arte judía recurriendo a principios estéticos occidentales, cristianos y ajenos? En un sentido, Sommi lo consiguió: los personajes serían cortesanos renacentistas vertidos al hebreo, y la estructura, la trama y el enfoque quedarían perfectamente integrados en la comedia renacentista. Y, a pesar de que los personajes judíos de la obra no se disfrazan, llevan un disfraz excelente: tanto, que la pieza teatral se convierte en una transposición mecánica al contexto judaico de temas de la época. Parece sólo una sutil variación del entorno, y resulta insulsa, ya que no es ni judía ni italiana.

Pero, antes de sacar conclusiones sobre lo que la traducción y adaptación pueden hacer por el humor judío, examinemos el segundo ejemplo, escrito menos de una década antes. Elijah Levita tomó la adaptación italiana del romance de Bevis de Hampton y lo vertió al yiddish, judaizándola de paso. Joseph Heller, anticipándose a las cuestiones que nos planteamos en este capítulo, se preguntó: «¿Desde cuándo montan a caballo los judíos?». Y lo cierto es que en buena medida la adaptación de Levita, conocida como *Bovo bukh*,[2] es una respuesta a esa pregunta, y la conclusión es que no montan tan bien como sus homólogos gentiles. Aunque la condición judía de Bovo, el protagonista, rara vez se men-

<hr>

[1] *A Comedy of Betrothal*, trad. Alfred S. Golding, Otawa (Ontario), Dovehouse, 1988.
[2] De donde viene la expresión *bubbe-mayse*, pero ésa es otra historia. Levita escribió el libro en 1507-1508; la primera edición (de muchas) fue de 1541.

ciona o señala, no es disparatado sospechar que la principal razón de que se la mencione puntualmente es hacer el libro aceptable para un público al que habrían incomodado los motivos caballerescos cristianos. E incluso el limitado judaísmo que se muestra abre perspectivas cómicas.

Bovo no es, al menos a lo largo de la primera parte del libro, un caballero demasiado notable. De hecho, lo es tan poco que hasta el narrador del libro, un sabelotodo, le llama la atención. Tampoco es gran cosa como hombre: no sabe complacer a las mujeres ni reaccionar a sus insinuaciones («¡Eso no me habría pasado a mí!», se ufana el narrador), se ofrece a hacer de novia de unos cuantos marineros en cuyas manos cae, etcétera. Aunque la torpeza de Bovo forma parte de las convenciones del género—antes de convertirse en todo un caballero, el joven novato tiene tropiezos—, también está destinada a frustrar las expectativas de los lectores: ¿qué clase de personaje puede ser un caballero judío?, ¿qué clase de hombre puede ser un judío en un mundo gentil? Un fracaso, seguro, y eso resulta cómico.

Cuando la modernidad llegó a la Europa del Este y el equivalente de la proeza caballeresca—la participación en las fuerzas armadas de los Estados-nación recién constituidos—se convirtió en el sello distintivo de las discusiones sobre la emancipación, el escepticismo o el fracaso ofrecieron una amplia variedad de temas. Ya hemos citado al comienzo de este libro el chiste sobre el soldado judío en el ejército del zar cuyos tiros siempre dan en la diana, que ilustraba cierto tipo de ingenuidad abrumadora. Pero hay otros chistes menos amables, como el del recluta judío que, a pesar de su experiencia como tirador, cuando están combatiendo dispara al aire. La tranquila respuesta que da a la bronca de su oficial es: «¿Pero no lo ve? ¡Allí hay gente! ¡Podría resultar herido alguien!».[1] El Ejér-

---

[1] Nathan Ausubel, *A Treasury of Jewish Folklore*, Nueva York, Crown, 1981, p. 11.

cito—esa institución de los Estados europeos destinada a crear verdaderos hombres y la participación en el cual podría contribuir a la emancipación judía y la igualdad—se convierte aquí en ese espacio en el que queda puesta en evidencia la proverbial e ignominiosa cobardía de los judíos.

Las fuerzas armadas ya no se relacionaban sólo con la masculinidad, sino también con la modernidad: y lo «moderno» era un disfraz por derecho propio. Las nuevas tecnologías y los cambios en el estilo de vida que supusieron brindaron montones de posibilidades para el disfraz. Era posible subirse a un tren, alejarse cientos de kilómetros del *shtetl*, hasta donde nadie lo conocía a uno, y reinventarse como un hombre de éxito, soltero incluso, o tal vez gentil.

O no, a juzgar por el chiste que se cuenta de Otto Kahn, el banquero estadounidense que se convirtió al cristianismo:

Otto Kahn paseaba con un amigo suyo jorobado, el humorista Marshall P. Wilder, y al pasar frente a una sinagoga le dijo:
—Yo era judío, ¿sabes?
—Y yo era jorobado—le repuso Wilder.[1]

Por su parte, en su ensayo, Freud apunta el siguiente chiste:

Un judío de Galitzia en la época del Imperio austrohúngaro viaja en ferrocarril. Hallándose solo en el compartimento, se retrepa cómodamente en el respaldo, pone los pies en el asiento de enfrente y se desabrocha la túnica. En una parada sube al compartimento un caballero vestido a la moderna, y el judío toma instantáneamente una posición más correcta. El recién llegado hojea un librito, calcula, reflexiona y, por último, se dirige al judío para preguntarle: «Per-

---

[1] Joseph Telushkin, *Jewish Humor: What the Best Jewish Jokes Say About the Jews*, Nueva York, William Morrow, 1992, p. 125; Theodor Reik, *Jewish Wit*, Nueva York, Gamut Press, 1962, p. 90, identifica al jorobado como Wilder. A Kahn se le identifica siempre como el sujeto del chiste, aunque tal vez jamás se convirtió al cristianismo.

done usted, ¿en qué día cae Yom Kipur?». «¡*Azoy*, haberlo dicho antes!», y de inmediato vuelve a poner los pies sobre el asiento.[1]

Este chiste famoso—muy citado por su notable sutileza—tiene dos lecturas. La primera ilustra una técnica omnipresente en los chistes sobre el disfraz y la revelación: el instante de tensión fuerza la revelación de la propia identidad judía. Son ejemplos del mismo tema tanto el banquete de Ester, como estos dos hombres enfrentados en el compartimento del tren, o la señora Grenville al gritar «*Oy vey!*» al derramarse el consomé caliente sobre su vestido (véase el capítulo 1).

Pero la segunda lectura ilustra cómo el primer judío decide disimular—o, en realidad, arrancar la máscara «moderna», es decir la apariencia de gentil, de su vecino—tan sólo para volver a lo que el chiste retrata como voluntaria complacencia en la comodidad antes que en el decoro: *si todos somos judíos, no hay necesidad de remilgos*.[2] Pero ¿qué muestra esto sobre la condición judía y sobre el civismo en general? ¿Quiere decir el chiste que los gentiles se comportan del mismo modo entre ellos cuando no hay nadie ajeno que pueda verlos? ¿Qué muestra, en otras palabras, sobre los propios judíos, sobre los disfraces que adoptan para parecer modernos, y sobre el modo de adaptarse—o no—a las promesas y oportunidades del mundo gentil?

Un comentario sobre la posibilidad de que los judíos no

---

[1] Sigmund Freud, *Jokes and Their Relation to the Unconscious*, Londres, Hogarth Press, 1905, p. 80 [*El chiste y su relación con el inconsciente*, trad. Luis López-Ballesteros, Madrid, Alianza, 2012, p. 77].

[2] En la versión que da Freud del chiste, el primer judío es un *Ostjude*, un galitziano, lo que hace que éste sea un ejemplo complejo del autoodio que analizamos en el primer capítulo. El hecho de que los antepasados de Freud fuesen también galitzianos, sin embargo, complica aún más la procedencia del personaje del chiste. Para un buen análisis del asunto, véase Elliott Oring, *The Jokes of Sigmund Freud: A Study in Humor and Jewish Identity*, Filadelfia, University of Pennsylvania Press, 1984, pp. 43-44, 48-49.

logren salir adelante al adoptar el disfraz de la modernidad a causa de aspectos inmanentes—intelectuales, culturales o de otro género—se encuentra en el mejor relato judío que se haya escrito jamás, «Iber a Hitl» ['Todo por un sombrero'] (1913) de Sholem Aleijem: naturalmente es un relato cómico, pero con un giro tremendo.

En la época en que Sholem Aleijem lo escribió, el fenómeno del disfraz judío había cobrado un carácter completamente distinto. En el mundo moderno en el que prosperaban la ideología y el espíritu de la emancipación que supondría la asimilación, existía el convencimiento de que los actos y actitudes podían reemplazar las viejas nociones de identidad y etnicidad, de modo que proliferaban los disfraces, o quizá un fenómeno ulterior: la transformación cultural efectiva. Pero en «Todo por un sombrero», Aleijem lleva a un nuevo nivel la perturbadora desaparición de la autoconciencia—potencialmente devastadora—que ya expresaba el chiste de Freud. O, más exactamente, la devuelve al nivel de lo preconsciente.

El relato, basado en un viejo chiste judío, narra los intentos de un tal Sholem Shachnah por regresar a casa para celebrar la Pascua. Un cambio accidental de sombrero con un funcionario ucraniano (mientras está dormido en un banco de la estación), que debería haberle permitido viajar a casa a tiempo y elegantemente, acaba fatal: al mirarse al espejo, Sholem Shachnah ya no se ve a sí mismo, sólo el sombrero, y creyendo que su antiguo yo se ha quedado dormido en el andén regresa al banco donde dormía antes de que el mozo de estación lo despertara y pierde el tren que debía conducirlo a casa. El cuento deja un sabor agridulce: resulta divertido, pero también desasosegante, puesto que parece insinuar que hay algo en el personaje—del judío—que impide el final feliz. Lo que el personaje atisba a través del disfraz (gracias al sombrero del funcionario ucraniano, en el tren todo el mundo lo trata con inmensa deferencia, razón por la cual, extrañado, acude a mirarse en el espejo) le está vetado a él: para Sholem Shachnah resulta tan inconcebible convertirse en un funcionario varonil y respetado, en alguien que forma parte de las estructuras de poder gentiles, que ni siquiera consigue reconocerse en el espejo, hasta el punto de que considera más aceptable y «razonable» la explicación absurda de que sigue dormido en el andén y debe regresar para que lo despierten por fin. Sholem Aleijem parece sugerir que tales son las perspectivas de la identidad judía en el mundo moderno: la posibilidad de cambiar es sólo una ilusión, un magnífico disfraz, y el conflicto de identidades que, en su más amplia dimensión, puede ser un filón para el efecto cómico también puede de convertirse, observado a través de una lente más precisa, en el desencadenante de una inquietante forma de extrañeza.

Este tipo de revelación—el hombre ve a su doble en el espejo; el doble muestra lo mejor de él; el resultado es la inquietud con respecto a la propia identidad—constituye una escena típica del humor judío moderno. El padre del teatro yiddish moderno, Abraham Goldfaden, escribió una comedia indeleble sobre el tema. En la escena culminante de su opereta cómica *Der fanatik oder beyde Kuni-Lemls* ('El fanático o los dos Kuni-Lemls', 1880), el protagonista, el Kuni-Leml deforme, tartamudo e idiota del viejo mundo, se enfrenta a su moderno primo, que adopta su apariencia exacta. Kuni-Leml, un hombre contrahecho donde los haya, se ha prometido con una joven ingenua, y su amado Max intenta liberarla y de paso se divierte a costa de todo el mundo.[1] Max «demuestra» a Kuni-Leml que *él* es el auténtico Kuni-Leml imitando su tartamudeo y sus torpes andares, e insiste en que su primo es el impostor. Kuni-Leml, abatido, formula una simple pregunta cuando Max se dispone a marchar-

---

[1] Avrom Goldfaden, «The Two Kuni-Lemls», en: Joel Berkowitz y Jeremy Dauber, *Landmark Yiddish Plays*, Albany (Nueva York), SUNY Press, 2006, pp. 201-245.

se: ¿qué debe hacer si alguien se dirige a él como Kuni-Leml? Max, haciendo ver que está muy ofendido, le dice burlonamente que debe quedarse callado, y Kuni-Leml se escabulle.

Es una lástima que tenga que limitarme a poner un solo ejemplo para ilustrar todos los pasajes cómicos de la historia de las estrellas errantes del teatro yiddish que se abrieron paso a través de los escenarios desde Buenos Aires a Whitechapel o la Segunda Avenida, pero me consuela pensar que al menos es el mejor.[1] (Maurice Schwartz, considerado el mejor actor del teatro yiddish, se refirió a Kuni-Leml como «nuestro Hamlet» y a esa escena como «nuestro ser o no ser», lo que también es revelador de la importancia de lo cómico y lo dramático en el imaginario judío). Los críticos han empezado a darse cuenta de que, aunque superficialmente, Max es distinto a otros tipos satíricos de la Ilustración que se burlan del recalcitrante viejo mundo, su habilidad para adoptar la identidad de Kuni-Leml, para suplantarlo, es un poco… demasiado fácil, vaya. Después de todo, ambos personajes *son* primos. Y el espejo refleja cosas a través del disfraz: revela similitudes y parecidos de familia.

Nos ocuparemos muy pronto de un tercer espejo, pero antes haremos una breve pausa para examinar la obra de uno de los más célebres entusiastas del teatro yiddish, uno de los maestros del humor judío del siglo XX.

Me refiero a Franz Kafka, por supuesto. Kafka mantiene una perspectiva cómica, bastante mordaz, aunque tal vez no en todas sus obras: difícilmente me atrevería a calificar *En la colonia penitenciaria* de graciosa, y desde luego la *Carta al padre* no es hilarante (aunque sin duda es reveladora). Pero

---

[1] Para otros numerosos ejemplos de comedia teatral yiddish, véase Nahma Sandrow, *Vagabond Stars: A World History of Yiddish Theater*, Nueva York, Harper & Row, 1977, p. 19.

hay razones para sostener que en una buena parte de su obra —«Blumfeld, un soltero», «Un informe para una academia», «El maestro de pueblo» y, sí, *La transformación*, por mencionar sólo cuatro obras—[1] Kafka, inspirándose en la comedia teatral yiddish, que fue un factor sorprendentemente importante en su identidad judía, creó un patrón para el humor del siglo XX, tanto judío como universal. El efecto cómico, así como judío, del humor de Kafka, que a menudo adopta formas no judías, se basa en el disfraz literario o, por decirlo de otro modo, en el uso sostenido de la alegoría.

Es fácil limitarse a mencionar términos como *postilustración* o expresiones como «el fracaso de la razón», y afirmar que la Primera Guerra Mundial lo cambió todo cuando, gracias a la industrialización, la muerte adquirió proporciones nunca vistas, pero conseguir que tales cuestiones resulten divertidas es más difícil. Y, sin embargo, todos estos fenómenos de comienzos del siglo XX parecen haber sido grano para el molino cómico de Kafka. Puede decirse que el singular don de Kafka para mostrar la emergencia de lo misterioso, lo irracional y lo extraño en su presente—ya se trate de las dos pequeñas bolas que flotan en el aire y atormentan a un solterón, de las discusiones eruditas en torno a un topo gigante, del mono inteligente que hace un informe para una asociación de estudiosos, o de Gregor Samsa, que una mañana al despertar descubre que se ha transformado en una indeterminada criatura monstruosa—le sirve para abordar temas como el progreso tecnológico y científico, el gobierno y la burocracia. Es posible pensar en las bolitas que flotan en el aire como una alegoría de los fotones de luz, en el topo gigante como una alusión a la investigación sobre el Jesús histórico, y en los avances de la física o la teoría de la evolución

---

[1] Pueden encontrarse todos los relatos en Franz Kafka, *The Complete Stories*, Nueva York, Schocken Books, 1984. [Existe edición en español: *Obra completa*, 9 vols., varios traductores, Barcelona, DeBolsillo, 2012].

como la sustitución de formas dogmáticas de certeza por otras formas de elaborada confusión y de probado desconocimiento. En ese sentido, la obra de Kafka es una sátira de la ciencia y el intelectualismo.

Lo cual recuerda a las ideas de Freud, para quien nuestra psique puede reducirse a los impulsos irracionales que racionalizamos (simplificando muchísimo, por supuesto) y el humor procede en buena medida de la incipiente, aunque parcial, conciencia de que nuestros conocimientos y certidumbres son considerablemente ilusorios. De hecho, muchos de los argumentos que se han expuesto a propósito de la identidad judía oculta en la obra de Kafka (oculta en su ficción, pero presente en cartas y diarios) se apoyan en la contraposición especular de irracionalidad y razón, que revela las incomprendidas y monstruosas distorsiones que apenas vislumbramos pero tanto nos aterrorizan, y ante las cuales la risa parece la única salida.

Los relatos de Kafka, en suma, son tan claramente alegóricos que no es difícil identificar las cuestiones relacionadas con la condición judía de las que tratan. «Un informe para una academia» (1917), que apareció en *Der Jude*, el diario sionista que dirigía Max Brod,[1] trata de la dudosa bienvenida al judío en la familia europea; *La transformación* trata de lo mismo, pero a la inversa, y así sucesivamente. Puesto que estamos sugiriendo que el disfraz—y la cuestión de si el cambio es en realidad sólo un disfraz—constituye un tema central del humor universal y del judío, ¿quién mejor para ilustrarlo que el autor de *La transformación*?

Desde mi punto de vista, no ocurre lo mismo con Proust, casi un contemporáneo exacto de Kafka, a pesar de su brillante sentido de la *comédie humaine* y la comicidad de los intentos de algunos personajes por ocultar la condición ju-

---

[1] Véase Ruth Wisse, *No Joke: Making Jewish Humor*, Princeton (Nueva Jersey), Princeton University Press, 2013, pp. 53-54.

día o la homosexualidad, sobre todo en los casos en que el ocultamiento se prueba poco eficaz (por ejemplo, el personaje de Albert Bloch, un amigo judío del narrador, quien en un momento dado participa en una tensa conversación a propósito del caso Dreyfus: cuando se alude sarcásticamente al hecho de que él es judío, su reacción—¿cómo saben que soy judío?—parece un llamativo autoengaño: «... dados su apellido, que no pasa precisamente por cristiano, y su cara, su extrañeza denotaba cierta ingenuidad», comenta el narrador).[1]

No obstante, me parece que inscribir a Kafka en la misma angustia que produce en Proust la asimilación es quedarse muy corto. Lo inquietante de sus obras de ficción sugiere de forma ineludible que no sólo la vida es mucho más extraña de lo que podemos imaginar, sino que *nosotros* somos más extraños de lo que *imaginamos*, como señaló Freud. En buena medida, lo que nos ocultamos o disfrazamos es de carácter sexual, por supuesto—las dos bolas suspendidas en el aire que atormentan al solterón en realidad no son partículas einsteinianas, ¿verdad?, sino *pelotas*, es decir, genitales que se burlan de su impotencia—. Y, dada la estrecha relación entre la angustia que produce tener que disfrazarse y la masculinidad judía, difícilmente puede considerarse insignificante que muchos de los personajes kafkianos estén, cada cual a su manera, emasculados (como un mono o cualquier otro animal domesticado).

---

[1] Marcel Proust, *In Search of Lost Time: Vol. 3, The Guermantes Way*, Londres, Chatto & Windus, 1992, p. 282 [*En busca del tiempo perdido. El mundo de Guermantes*, trad. Pedro Salinas y José María Quiroga Plà, Madrid, Alianza, 1987, edición digital]. Véanse los análisis de Bloom, «Marcel Proust and the Comedy of Assimilation», en: Sam W. Bloom *et al.*, *Forging Modern Jewish Identities: Public Faces and Private Struggles*, Londres, Valentine Mitchell, 2003, pp. 140-155, y de Hollie Markland Harder, «Proust's Human Comedy», en: Richard Bales (ed.), *The Cambridge Companion to Proust*, Cambridge, Cambridge University Press, 2001, pp. 135-150.

Pero lo que sitúa a Kafka en las filas de los autores cómicos no es tanto la recurrencia de lo extraño como las reacciones de sus personajes ante lo extraño. Lo primero que experimenta el lector de *La transformación* es horror ante la situación de Gregor Samsa: ¿cómo ha llegado a la misma?, ¿existe alguna explicación?, ¿qué va a ser de él?, ¿habrá vuelta atrás? El hecho de que no exista explicación ni esperanza de escapar ni de volver atrás nos aboca a centrarnos en el carácter terrorífico de la historia, lo cual explica que suela considerarse a Gregor Samsa (o a Blumfeld o a Joseph K) como la víctima de un mundo atroz y aterrador, metafísicamente injusto o políticamente totalitario. No es casual que la reputación de Kafka aumentara en Occidente durante la Guerra Fría: pese a que escribió bajo un régimen monárquico, es comprensible que los anticomunistas pensaran que Kafka expresaba sus preocupaciones ante el terror de los odiados regímenes soviéticos.

No obstante, estas lecturas pasan por alto que Kafka se centra sobre todo en las *reacciones* de los protagonistas ante el acontecimiento extraño o misterioso: no parece preocuparle mucho ni el cómo ni el por qué, sino las reacciones y las situaciones. De hecho, Kafka crea un grupo de hombres heterosexuales que tratan de parecer impasibles y de acomodarse al mundo absurdo en el que de pronto se encuentran inmersos. Gregor Samsa es el ejemplo clásico: cuando descubre que se ha convertido en una criatura monstruosa, su reacción no es—como supongo que sería la de muchos—: «Ay, Dios mío, ay, ay, ay, ¿qué me ha pasado?». Curiosamente, Kafka nos ofrece tan sólo una larga aria sobre la preocupación por llegar tarde al trabajo. Y luego, a medida que avanza el relato y todos sus conocidos, incluidos algunos compañeros de trabajo, se presentan ante la puerta de su cuarto, descubrimos que estamos en un terreno parecido al sueño angustioso, aunque se trata de un sueño que ocurre realmente (la realidad de las experiencias de Samsa nunca se pone en duda). Por su parte, el solterón Blumfeld actúa de un modo similar: ante las bolas suspendidas en el aire no reacciona cuestionando todo lo que la ciencia y la sociedad saben sobre la gravedad, sino simplemente exasperándose.

Pese a que los chistes de Kafka son judíos—creo que lo son en muchos sentidos—, el escritor checo habría despojado su obra rigurosa y escrupulosamente de cualquier signo de identidad judía para conseguir el efecto estético que la caracteriza, ya que precisamente ese efecto—cómico—depende sobre todo de la voluntad de normalidad frente a la extrañeza: diría que lo que trata de señalar Kafka es que los judíos asimilados en las sociedades modernas no pueden permitirse el lujo de actuar de modo extraño, ni de fingir o fanfarronear en ninguna situación, por extraña que resulte (ni siquiera cuando topan con un par de bolas que flotan en el aire).

Es posible que uno de los ejemplos más próximos a la vergüenza e incomodidad castrantes e insoportables de Gregor Samsa sea (pido disculpas por la blasfemia, pero creo que es pertinente) el comienzo de la película *Algo pasa con Mary* (1998), en el que un joven Ben Stiller tiene un horrible accidente con la cremallera del pantalón y todo el mundo se reúne en la puerta del cuarto de baño donde está encerrado para meter cucharada. Samsa—y el personaje de Stiller—son individuos bastante normales (aunque neuróticos) atrapados en circunstancias extraordinarias. Dicho de otro modo, el humor de Kafka tiene muchas similitudes con la comedia cinematográfica, especialmente con el género del *slapstick*.

El gran teórico de lo cómico y del humor en la época de Kafka, el judeofrancés Henri Bergson,[1] sugirió, a la luz de la industrialización, que lo que resulta esencialmente cómico

---

[1] Henri Bergson, *Laughter: An Essay on the Meaning of the Comic*, Rockville (Maryland), Wildside Press, 2008, pp. 18, 70-71. [Existe traducción en español: *La risa. Ensayo sobre el significado de la comicidad*, trad. Rafael Blanco, Buenos Aires, Godot, 2011].

era la reducción del ser humano a máquina. La imagen que mejor ilustra esta observación es la de Chaplin atrapado en los engranajes de una gigantesca máquina en *Tiempos modernos*. Pero el rostro impasible de Buster Keaton y la sonrisa frenética de Harold Lloyd forman parte de un mismo fenómeno. Ninguno de estos tres maestros del humor estadounidense era judío. La medalla de oro a los cómicos judíos más influyentes probablemente corresponda a Los Tres Chiflados, la plata a Jerry Lewis y el bronce a Soupy Sales. Pero Los Tres Chiflados mostraron poco interés en evocar temas relacionados con la identidad (pese a que en su película *Hokus Pokus* [1949] bautizaron una polvera como Schlemiel n.º 8, una esporádica referencia yiddish en sus cortos, e incluso produjeron una película antinazi), y Sales aún menos.[1]

Detengámonos ahora en los hermanos Marx, porque en *Sopa de ganso* (1933) dos de ellos actúan en la tercera de las escenas de espejos que quiero mencionar: moviéndose al unísono—además de hermanos biológicos, sin duda también lo eran en lo artístico—ambos consiguieron realizar, como sugirió Philip Roth,[2] una magnífica versión fílmica de *El castillo* de Kafka (Groucho como K, y Harpo y Chico como sus dos ayudantes). Pero su humor—que en ocasiones se ocupaba del problema de representar la diferencia judía, como Kafka, en un medio calculadamente opuesto a tal representación—marcó el rumbo del entretenimiento de masas judío a lo largo de todo el siglo XX.

[1] *You Nazty Spy* (1939); Lawrence J. Epstein, *The Haunted Smile: The Story of Jewish Comedians in America*, Nueva York, Public Affairs, 2001, p. 96, y Michael Wex, *Born to Kvetch*, Nueva York, Harper Perennial, 2005, p. 38. En cuanto a Sales, la única excepción es que llamara a uno de sus personajes, un detective cómico, Philo Kverch. Véase Soupy Sales, *Soupy Sez!: My Zany Life and Times*, Nueva York, M. Evans & Co., 2001, pp. 153-154.

[2] Véase William Novak y Moshe Waldoks, *The Big Book of Jewish Humor*, Nueva York, Harper & Row, 1981, p. 172.

Los hermanos Marx, hijos de judíos emigrados a Estados Unidos, se formaron en el vodevil y sacaron partido del ingenio y la agudeza, de la capacidad mímica y bufonesca, y de la voluntad de explotar los estereotipos étnicos en un país de emigrados. Chico era el bufón italiano, Harpo el irlandés y Groucho el «alemán», que, como hemos visto, en el vodevil era el modo de referirse a los judíos: en un anuncio de sus primeros tiempos, se lo describía como «el maestro Marx, cantante soprano juvenil e intérprete *yiddisher*».[1]

Lo que explica el éxito de los hermanos Marx fue el carácter explosivo y anárquico de su humor en una sociedad encorsetada que necesitaba una buena sacudida después de la Primera Guerra Mundial y durante la Depresión («Sea lo que sea, yo estoy en contra», canta Groucho en *Plumas de caballo* [1932], antes de la aparición de Marlon Brando y James Dean). Allá donde iban los hermanos Marx—ya fuese la universidad, las mansiones de los ricos, la ópera o las oficinas del gobierno—lo ponían todo patas arriba. Pero lo hacían disfrazados, con mostacho, peluca, gabardina y sombrero, como los payasos de la comedia clásica. Entender una película de los hermanos Marx es, en parte, entender cómo funcionan las convenciones tradicionales: los jóvenes amantes acaban juntos, los impostores son desenmascarados y proscritos, y a los espectadores (no sólo a los que vemos la película, sino a los que forman parte de ella) se les ofrece un buen espectáculo. De hecho, cuando a Groucho le propusieron que sustituyese su rudimentario bigote pintado por uno que pareciera más auténtico al público, contestó: «El público no nos cree de todos modos».[2] Lo cual no es del todo cierto: el

[1] Véase Simon Louvish, *Monkey Business: The Lives and Legends of the Marx Brothers*, Londres, Faber & Faber, 1999, p. 48. Véanse también pp. 30, 87, 99, 161.

[2] Groucho Marx, *Groucho and Me*, Nueva York, Random House, 1959, p. 225. [Existe traducción en español: *Groucho y yo*, trad. Xavier Ortega, Barcelona, Tusquets, 2011].

público cree *implícitamente* que los hermanos Marx tienen buen corazón, buenas intenciones y muchísima gracia. Tal vez Groucho abogaba por la anarquía y la incredulidad, pero sin duda lo hacía al servicio de causas nobles.

Por eso, diría que en el fondo Philip Roth se equivocaba: ninguno de los hermanos Marx habría interpretado cabalmente a Kafka (aunque en efecto Groucho habría sido el que más cerca habría estado de hacerlo). Los personajes de Kafka son los hombres del mundo que los hermanos Marx crean y luego destruyen al final de la película. Los personajes o los mundos de Kafka resultan radicalmente transformados o destruidos por los acontecimientos que se producen a su alrededor, mientras que los hermanos Marx simplemente pasan a la siguiente película. Desde este punto de vista, Kafka es el que defiende un humor despojado de toda verdad que aspira a la universalidad; mientras que los hermanos Marx—como veremos—están dispuestos, en sus angustias particulares, a abrazar su etnicidad y las circunstancias de su condición judía.

Consideremos una escena de *El conflicto de los hermanos Marx* (1930) basada en un tema clásico de la comedia: el desenmascaramiento del impostor. En esa escena, Chico reconoce a Roscoe W. Chandler, el villano de la película, e intenta identificarlo, pero Chandler afirma que es la primera vez que lo ve. Finalmente, Chico y Harpo consiguen recordar quién es Chandler: Abie, el vendedor ambulante de pescado de su país de origen, es decir, un judío.[1] (El nombre de Abie—diminutivo de Abraham—y el trabajo de vendedor ambulante lo dicen todo; otro indicio más sutil es que descubren una marca de nacimiento que lo identifica como el Abie al que ellos conocen, una alusión a la circuncisión que señala a los ju-

---

[1] En la película había sido incluso el *jazán*, el oficiante que guía los cantos en la sinagoga, una referencia más explícita si cabe. Louvish, *Monkey Business: The Lives and Legends of the Marx Brothers, op. cit.*, p. 196.

díos). Abie termina confesando en un inconfundible tono judío: «¡Sí, fui ése! ¡Yo era Abie, el vendedor ambulante de pescado!», con el característico acento que delataba a todos los inmigrantes judíos de la Europa del Este. Pero cuando Chico le pregunta cómo ha conseguido convertirse en Roscoe W. Chandler, éste le replica sin pestañear: «¿Y usted cómo ha conseguido convertirse en italiano?».

Aunque Chico le responde que eso no es asunto suyo, sin duda sí es asunto nuestro. En la escena está en juego el enmascaramiento y el disfraz para ocultar la propia identidad. En la misma película, de hecho, durante la canción «Hooray for Captain Spaulding», Groucho pregunta nervioso: «¿Alguien me ha llamado *schnorrer* ['gorrón']?». Por supuesto, el capitán Spaulding es un perfecto gorrón, como Otis Driftwood, Rufus Firefly, Hugo Hackenbush y tantos otros personajes de Groucho. ¿Qué son esos nombres, sino los esfuerzos de un individuo que intenta hacerse pasar por alguien que no es, siempre temeroso de que lo descubran?[1] Pero, por más que Groucho finja no ser judío, la película deja claro que los hermanos Marx tienen interés en que descubramos que lo son[2] (aunque hasta cierto punto, ya que cuando un crítico proclamó que Groucho Marx era la «encarnación simbólica de todos los judíos perseguidos durante dos mil años, Groucho protestó: "¿Qué condenada crítica es ésa?"»).[3] La angustia de estar dentro y fuera se halla en la raíz de este tipo de humor judío.

Los actores no eran ni mucho menos los únicos a los que

[1] Véase Arthur Asa Berger, *Jewish Jesters: A Study in American Popular Comedy*, Cresskill (Nueva Jersey), Hampton Press, pp. 33-34.

[2] En *Un día en las carreras* (1937), Groucho, cantando «My old Kentucky Home», hace una alusión a que viene de «la casa de David». Véase Michael W. Rubinoff, «Nuances and Subtleties in Jewish Film Humor», en: Leonard J. Greenspoon (ed.), *Jews and Humor*, West Lafayette (Indiana), Purdue University Press, 2011, p. 126.

[3] Citado en Lester D. Friedman, *Hollywood's Image of the Jew*, Nueva York, Frederick Ungar, 1982, p. 65.

angustiaba su identidad judía y se dedicaban a ocultarla disfrazándose. Era bien sabido que los ejecutivos de los estudios cinematográficos se tomaban con menos sentido del humor el asunto. Aunque probablemente no leyeran regularmente el periódico antisemita *The Dearborne Independent* de Henry Ford, seguro que oyeron tronar los cañones allá por 1921:

En cuanto los judíos se hicieron con el control de la industria cinematográfica […] tuvimos un problema con el cine, las consecuencias del cual aún son incalculables. Forma parte del ingenio de esa raza plantear problemas morales en cualquier negocio en el que son mayoría.[1]

Y esos problemas consistían concretamente en que parecía dudoso que los judíos llegaran a ser como el resto de estadounidenses:

No es que los productores de origen semítico se hayan propuesto deliberadamente ser malos según sus propios estándares, sino que saben que su gusto y su temperamento son distintos de los estándares de los estadounidenses […] Muchos de estos productores no son conscientes de cuánto nos repugnan sus creaciones, ya que para ellos son la norma.

Asimismo, los productores judíos eran conscientes del florecimiento de ciertos prejuicios antijudíos en vodeviles y películas cómicas, como los cortos sobre el personaje Cohen, por ejemplo en *Cohen's Fire Sale* (1907), que abona el prejuicio popular, a menudo difundido en forma de chiste, de que los judíos queman sus negocios para cobrar el dinero del seguro.[2] Mi preferido de estos chistes es:

---

[1] Citado en Neal Gabler, *An Empire of Their Own: How the Jews Invented Hollywood*, Nueva York, Doubleday, 1988, p. 277. [Existe traducción en español: *Un imperio propio. Cómo los judíos inventaron Hollywood*, varios traductores, Almería, Confluencias, 2016].

[2] Analizado en Stephen J. Whitfield, «Towards an Appreciation of American Jewish Humor», *Journal of Modern Jewish Studies*, vol. 4, n.º 1, 2005, pp. 33-48, esp. 35-36.

Un hombre se acerca a Cohen.

—Cuánto lo siento, Cohen, me he enterado de que se quemó su tienda ayer.

—¡Chsss! ¡Es mañana![1]

En un corto anterior de la misma serie, *Cohen's Advertising Scheme* (1904) el inescrupuloso empresario Cohen convierte el abrigo de un cliente en cartel para anunciar sus mercancías.[2]

El resultado de estos prejuicios fue que los disfraces se hicieron aún más necesarios: no todo el mundo tenía autonomía ni era tan anárquico como los hermanos Marx. Pensemos en el caso del famoso actor Max Davidson, un «maestro de los primerísimos planos» que interpretó a un personaje «inconfundiblemente judío» en una serie de cortos que hizo para los estudios Hal Roach en la década de 1920 (*Jewish Prudence, Should Second Husbands Come First?* y *Why Girls Say No*).[3] Su contrato terminó en 1928, y la razón podría ha-

---

[1] Una versión del chiste puede encontrarse en Michael G. Corenthal, *Cohen on the Telephone: A History of Jewish Recorded Humor and Popular Music, 1892-1942*, Milwaukee (Wisconsin), Yesterday's Memories, 1984, p. 3. Sobre los chistes de incendios provocados y su relación con el antisemitismo, véase Christie Davies, *Ethnic Humor Around the World: A Comparative Analysis*, Bloomington (Indiana), Indiana University Press, 1990, pp. 118-121.

[2] Véase J. Hoberman y Jeffrey Shandler, *Entertaining America: Jews, Movies, and Broadcasting*, Princeton (Nueva Jersey), Princeton University Press, 2003, pp. 32-33, y Friedman, *Hollywood's Image of the Jew, op. cit.*, pp. 21-22. Para ampliar información acerca de las películas sobre los Levi y Cohen, de las productoras Edison y Biograph, véase Patricia Erens, *The Jew in American Cinema*, Bloomington (Indiana), Indiana University Press, 1984, pp. 30-31.

[3] El análisis de Davidson se encuentra en Kenneth Turan, *Not To Be Missed*, Nueva York, PublicAffairs, 2014, pp. 10-13, y Erens, *The Jew in American Cinema, op. cit.*, pp. 92-94. Davidson también hizo cortos para Mutual en la década anterior, interpretando a un personaje llamado «Izzy» con «una tendencia a los problemas y los asuntos amorosos desdichados»

ber sido que a Nicholas Schenck y Louis B. Mayer, directivos de Metro-Goldwyn-Mayer (que distribuía las películas de los estudios Hal Roach) les resultaban embarazosos los estereotipos étnicos. A George Jessel, conocido en los teatros de vodevil por su sketch telefónico (llamaba a su madre judía y se enteraba de que había cocinado un pajarillo que él le había regalado y hablaba cinco idiomas), le cambiaron el título *Schlemiel* de su película estrenada en 1927 por *Mamma's Boy*.[1] Después de que el actor Danny Kaye hiciera su primera prueba de pantalla para Metro-Goldwyn-Mayer, Sam Goldwyn intentó convencerlo de que se operara la nariz (finalmente convinieron que se aclararía el cabello); el programa de Carl Reiner sobre sus experiencias como guionista de comedias televisivas fue «purificado» sustituyéndolo por Dick Van Dyke (que, para ser justos, aportó sus inestimables dotes cómicas, simplemente distintas), y existen muchos otros ejemplos.[2]

No obstante, la exploración que habían iniciado los hermanos Marx sobre las grietas y fisuras del disfraz judeoame-

---

(Erens, *The Jew in American Cinema, op. cit.*, p. 33). Entre los títulos de este período están: *Foxy Izzy* (1911); *Such a Business* (1914); *Leuitzky's Insurance Policy: Or, When Thief Meets Thief* (1908); *The Firebugs* (1913); *Levi's Luck* (1914), y mi título preferido para una comedia romántica, *Cupid Puts One Over on the Shadchen* (Vitagraph, 1915). Erens, *The Jew in American Cinema, op. cit.*, pp. 34-40.

[1] Erens, *The Jew in American Cinema, op. cit.*, p. 95; Esther Romeyn y Jack Kugelmass, *Let There Be Laughter: Jewish Humor in America*, Chicago, Spertus Press, 1997, pp. 40, 49.

[2] Vincent Brook, *Something Ain't Kosher Here: The Rise of the «Jewish» Sitcom*, New Brunswick (Nueva Jersey), Rutgers University Press, 2003, p. 45; David Zurawik, *The Jews of Prime Time*, Hanover (New Hampshire), Brandeis University Press, 2003, pp. 51-54; Friedman, *Hollywood's Image of the Jew, op. cit.*, pp. 64-67. Subsistió un personaje judío en la televisión: Buddy Sorrel, interpretado por Morey Amsterdam. Pero la presencia judía había pasado del centro al margen. Zurawik, *The Jews of Prime Time, op. cit.*, p. 226, repite la máxima citada tan a menudo: «Guionistas yiddish, reparto anglosajón».

ricano—y la voluntad de jugar con esa realidad para arrancar al público risas nerviosas—prosiguió décadas después. Podemos mencionar a Jerry Lewis y *El profesor chiflado* (1963): la transformación del científico Julius Kelp (¿será una coincidencia que el nombre de pila, nada atípico en la época entre los judíos, suene vagamente como la palabra *Jew*?) en Buddy Love, el cantante melódico y objeto de deseo universal, sugiere que renunciar a la propia identidad para alcanzar el éxito puede no ser tan buena cosa como creemos, pese a que esta insinuación de Lewis parezca producir una evidente disonancia con la moral del público, que no necesariamente está de acuerdo con la moraleja.[1] También es un buen ejemplo del auge de este tema la película *Zelig* (1983) de Woody Allen, en la que el director invitó a un personaje tan eminente como Irving Howe para pontificar sobre el caso del camaleón humano Zelig y explicar que constituye una metáfora viviente de la experiencia judeoamericana («Sólo deseaba asimilarse a cualquier precio»). En el punto culminante de la película, Zelig, el rey del disfraz y de las metamorfosis defensivas, haya un dudoso solaz oculto entre un grupo de individuos absolutamente idénticos entre sí: los miembros del partido nazi. El judío que se desprende tan radicalmente de su identidad se convierte en su polo más opuesto: el tema del disfraz se ha convertido en humor negro y en una profunda alegoría. Pero por lo general el disfraz era más como el de Jessel, que pasó de *schlemiel* a *Mamma's Boy*, es decir, menos eficaz. La representación explícita había desaparecido, pero sólo para ser reemplazada por un estereotipo un poco más complejo.

---

[1] Véase el análisis de Epstein, *The Haunted Smile, op. cit.*, pp. 121-122, y de Murray Pomerance, «Who Was Buddy Love? Screen Performance and Jewish Experience», en: David Bernardi, Murray Pomerance y Hava Tirosh-Samuelson (ed.), *Hollywood's Chosen People: The Jewish Experience in American Cinema*, Detroit (Míchigan),Wayne State University Press, 2013, pp. 193-210, esp. 207-210.

Los judíos también adoptaron otros trucos para practicar el juego judío del camuflaje: como el cuco, se disfrazaban de otras etnias, otros géneros u otros *otros*. Desde los orígenes del vodevil estadounidense, algunos judíos, por ejemplo, actuaban con la cara pintada de negro en los teatros.[1] Eddie Cantor, en la comedia musical *Whoopee* (1930),[2] fingía ser un indio nativo, pero cuando un auténtico nativo insistía en que Cantor era completamente blanco y lo reconocía perfectamente porque «Yo estudié en vuestras escuelas», Cantor le replicaba: «¿Un indio en una escuela hebrea?». En particular, este disfraz tenía ya una larga tradición antes de Cantor.[3] Le había precedido el personaje de la «squaw yiddish» Rosie Rosenstein, interpretada por Fanny Brice; o la canción de 1908 *I Am a Yiddish Cowboy (Though Guy Levi)*, además de algunas películas del cine mudo de asunto similar.[4] Asimismo, en 1926 el dibujante de tiras cómicas Milt Gross se había ocupado del tema del habla de los judíos y creado una parodia de Longfellow, *Hiawatta witt no odder poems*. Naturalmente, Cantor tuvo sucesores, el más famoso de los cuales sería Mel Brooks, cuyos hablantes de yiddish son indios nativos; y varios años más tarde, en *El rabino y el pistolero* (1979), Gene Wilder, el actor favorito de Brooks, interpretaría al vaquero más inverosímil del mundo. Después de todo, como dijo en cierta ocasión el crítico literario Leslie Fiedler sobre *Una nueva vida* de Bernard Malamud, que calificó de «paro-

[1] Véase Hoberman y Shandler, *Entertaining America: Jews, Movies, and Broadcasting*, op. cit., pp. 93-99.
[2] Gerald Mast, «Woody Allen: The Neurotic Jew as American Clown», en: Sarah Blacher Cohen (ed.), *Jewish Wry*, Detroit (Míchigan), Wayne State University Press, 1987, p. 129.
[3] Quien empezó con tarjetas profesionales de «Eddie Cantor, Dialectician»; hizo, entre otros papeles los de italiano, holandés y «un cómico hebreo». Eddie Cantor, *Take My Life*, Nueva York, Doubleday, 1957, pp. 63-65.
[4] Friedman, *Hollywood's Image of the Jew*, op. cit., p. 20.

dia del western»: «La idea misma del western judío, como la del irlandés judío, es un chiste».[1] Basta reemplazar *western* o *vaquero* por *caballero* para volver al *Bovo bukh* de Levita.

La orientación sexual y la masculinidad han gozado de una larga historia en el humor. No es extraño que un aspecto de la identidad que durante mucho tiempo giró en torno al disfraz y la revelación—ocultarse y salir del armario—también desempeñase un papel importante en el humor judeoamericano. Las actuaciones de Milton Berle vestido de Carmen Miranda fueron un elemento básico de la historia temprana de la televisión, y en un programa concreto de 1949, cuando le resbaló la peluca, dijo: «Uy, se me está cayendo la *sheitel*», conectando la tradicional peluca de la mujer casada judía con su cambio de género.[2] A finales de la década de 1980 y principios de la de 1990, Paul Rudnick abordó la mascarada a través de un *alter ego*: una joven judía, asesora de compras de ropa deportiva juvenil y columnista de cine Libby Gelman-Waxner.[3] Otra propuesta ambiciosa fue la de William Finn, más centrada en un personaje cómico que en una caricatura: *Falsettos*, musical estrenado en 1992, fue uno de los pocos espectáculos de Broadway que abordó temas como el Bar Mitzvá y el SIDA, y de los poquísimos en los que aparecía un padre gay y una lesbiana. Gracias al humor, contribuyó considerablemente a la normalización de un tipo distinto de familia judía entre el público estadounidense. A ese progreso también se sumó la serie *Transparent*, que se estrenó

[1] Leslie Fiedler, «Malamud's Travesty Western», *Novel*, vol. 10, n.º 3, 1977, pp. 212-219, esp. 217.

[2] Donald Weber, «Taking Jewish American Popular Culture Seriously: The Yinglish Worlds of Gertrude Berg, Milton Berle, and Mickey Katz», *Jewish Social Studies*, n.º 5, 1998-1999, p. 135; James Robert Parish, *It's Good to Be the King: The Seriously Funny Life of Mel Brooks*, Hoboken (Nueva Jersey), John Wiley & Sons, 2007, p. 57.

[3] Libby Gelman-Waxner, *If You Ask Me*, Nueva York, Ballantine Books, 1995.

en 2014. Según dijo Jimmy Kimmel en los Premios Emmy de 2016: «Nació como drama, pero [...] se la considera una comedia»,[1] y la comentarista de televisión de *The New Yorker* Emily Nussbaum afirmó que es «la serie televisiva más judía que he visto».[2] Creada, escrita, dirigida y producida por Joey Soloway (que se declara de género no binario), la serie trata—a veces de forma ordenada, pero otras con el caos al que recurre el mejor arte para recrear la vida misma—de los descubrimientos de Maura (primero Mort) Pfeffermann (el personaje que interpreta Jeffrey Tambor) sobre su identidad personal y judía, y de los efectos que éstos producen en su familia.[3] Ya no se trata sólo de la condición judía en la vida de los judeoamericanos de hoy, sino de la que muestran los medios de masas—con más audacia que nunca—en las pantallas de televisión y ordenadores estadounidenses.

Todas estas manifestaciones aisladas recordaron a las audiencias un comentario de Mel Brooks referido a sí mismo pero generalizable: «El humor surge del sentimiento de no encajar ni como judío ni como persona en la sociedad estadounidense, de la conciencia de que aunque seas mejor y más inteligente siempre estarás excluido».[4] Ya no es necesario el maquillaje ni la pintura de guerra para poner en evidencia esta realidad: a veces—cada vez más a lo largo del siglo XX—el chiste va de ocultarse a plena vista.

[1] http://www.hollywoodreporter.com/news/jimmy-kimmel-s-best-monologue-emmys-2016-host-jokes-930197.

[2] Emily Nussbaum, «Open Secret», *The New Yorker*, 29 de septiembre de 2014, http://www.newyorker.com/magazine/2014/09/29/open-secret.

[3] Véase Josh Lambert, «Pfefferman Family Matters», *Tablet*, 7 de diciembre de 2015, http://www.tabletmag.com/scroll/195620/pfefferman-family-matters.

[4] Parish, *It's Good to Be the King*, *op. cit.*, p. 3.

Pensemos en Benny Kubelsky, que adoptó el nombre de Jack Benny y fue uno de los humoristas más populares de la historia estadounidense y sin duda de la historia de la radio. Empezó en la emisora de la NBC en 1932, se convirtió en la estrella más popular de la misma en 1937, y en la década de 1940 se lo consideraba la voz más identificable del medio (en segundo lugar estaba el presidente en funciones Franklin Delano Roosevelt).[1] Tan extendido estaba el ritual de sintonizar la emisora para escucharlo los domingos a las siete de la tarde que en 1943 NBC anunció que en esa franja horaria no se admitía publicidad.[2] Es probable que en buena medida el éxito se debiera a las nuevas ideas que revolucionaron la radio: «La comedia basada en la vida de los artistas era posible gracias a los sofisticados efectos sonoros. En lugar de parodias y chistes, cada programa era un capítulo de una serie: la vida con Jack Benny».[3] Y naturalmente también fue decisivo que Benny tuviese mucha gracia.

Pero ¿era humor judío? ¿Pensaban las legiones de fans en esos términos? Sí y no. Por una parte, Benny nunca se identificó como judío ni hablaba en dialecto.[4] Por otra parte, en su programa intervenían otros personajes, como Schlepperman y Kitzle,[5] que a menudo judaizaban iconos cultu-

---

[1] Véase Arthur Asa Berger, *Jewish Jesters: A Study in American Popular Comedy*, Cresskill (Nueva Jersey), Hampton Press, p. 39.

[2] Gary Giddins, «This Guy Wouldn't Give You the Parsley Off His Fish», *Grand Street*, vol. 5, n.º 2, 1986, p. 204.

[3] *Ibid.*, p. 208.

[4] Aunque en una ocasión contó un chiste que lo delataba: dijo que jamás había grabado el programa radiofónico en Yom Kipur. Véase Milt Josefberg, *The Jack Benny Show*, New Rochelle (Nueva York), Arlington House, 1977, p. 282.

[5] Véase Irving A. Fein, *Jack Benny: An Intimate Biography*, Nueva York, G. P. Putnam, 1976, pp. 69-70, y p. 101 sobre el «judío Sam Hearn, que hablaba en dialecto» e interpretó el personaje de Shlepperman, entre otros, y Artie Auerback, que interpretó el personaje de Mr. Kitzle; sobre la pareja, véase Josefberg, *The Jack Benny Show*, *op. cit.*, pp. 107-109.

rales (por ejemplo, se referían a Ed Sullivan como Ed Solomon o a Nat «King» Cole como Nat «King» Cohen). Además, Benny era conocido por su proverbial tacañería (LADRÓN: «La bolsa o la vida». BENNY *(tras una larga pausa)*: «Tengo que pensarlo bien». Y, según él, tocaba un Stradivarius que había conseguido por cien dólares, «uno de los pocos que se han hecho en Japón»). Pero quizá lo más interesante para nuestros propósitos sea que se lo caracterizaba como poco masculino: era cobarde y afeminado, le preocupaba cumplir años. En suma, era un perfecto *schnook* ['un pobre pringado'].[1] De hecho, el término seguramente se compartió por primera vez con el gran público estadounidense en un programa de Benny en 1951, donde lo utilizaba para explicar cómo lo llamaba su mujer (real y ficticia). Benny contaba que se burlaba de su propio personaje para que «en cuanto yo aparezco, hasta el más pringado del público se sienta bien».[2] Por supuesto, ese Benny era un personaje. (A Gracie Allen, famosa por interpretar a la esposa no muy brillante de George Burns, un hombre serio, cuando le preguntaron si Benny era realmente tan pringado, respondió: «¿Usted cree que yo soy tan tonta como Gracie Allen?»).[3] Pero era un personaje que jugaba con ciertos arquetipos, o eso pensaba Benny. En 1945, su programa organizó un concurso para premiar a quien mejor explicase en un máximo de veinticinco palabras «Por qué odio a Jack Benny». Aunque Benny dio el visto bueno a la idea, insistió en que cualquier respuesta antisemita quedara fuera del concurso. De

[1] Véase Josefberg, *The Jack Benny Show, op. cit.*, pp. 316-317. Se aludió a él también como *schlemiel* en el programa (lo hizo Ronald Colman, nada menos).

[2] Citado en Nicholas Mirzoeff, *Seinfeld*, Londres, BFI, 2007, p. 76. Véase también Romeyn y Kugelmass, *Let There Be Laughter: Jewish Humor in America, op. cit.*, p. 55.

[3] Giddins, «This Guy Wouldn't Give You the Parsley Off His Fish», *op. cit.*, p. 205.

las 270 000 respuestas recibidas sólo tres fueron ofensivas.[1]

El caso de Benny plantea una vez más la cuestión de hasta qué punto era bueno el disfraz o, dicho de otro modo, quién conseguía ver a través de él. Los judíos no eran los únicos tacaños típicos del vodevil y de otros medios populares. Scrooge McDuck, el tío Rico del pato Donald y avaro arquetípico, es una reminiscencia del mismo prejuicio aplicado a los escoceses y prácticamente olvidado. Mucha gente pensaba que George Burns era irlandés,[2] Groucho suponía que el público creía que los hermanos Marx eran italianos, dado el sonido de sus extraños nombres de pila; el acento de Mr. Kitzle, personaje en el programa de Benny, estaba inspirado en buena medida en un vendedor callejero de perritos calientes afroamericano al que uno de los guionistas de Benny había oído hablar en Houston. A veces el juego del cuco al que recurrían estos humoristas judíos parecía ser el código privado de unos pocos para unos pocos. Nadie más se daba cuenta, y por lo tanto—pese a las angustias de los magnates—nadie se preocupaba.

Para aquellos que estaban en el ajo, sin embargo, la identidad judía camuflada y las cuestiones sobre la masculinidad asociadas a ella, siguieron floreciendo. El reino de Benny se extendería también a la era de la televisión: *The Jack Benny Show* se emitió de 1950 a 1965. En la época en que Nueva York contaba con el 42% de los aparatos de televisión, y en 1952, cuando 63 de los 108 canales televisivos tenían sus estudios en ciudades, Milton Berle, apodado «señor Televisión», arrasaba con sus llamativos disfraces. Berle no era ajeno a la ansiedad del capitán Spaulding al que años antes había interpretado Groucho Marx—«¿Alguien me ha llamado *schnorrer*?»—, pero lo interesante es que en su caso el *públi-*

---

[1] Fein, *Jack Benny: An Intimate Biography*, op. cit., p. 100.
[2] Compárese Epstein, *The Haunted Smile*, op. cit., pp. 47, 61, 64-65, y Josefberg, *The Jack Benny Show*, op. cit., p. 107.

co se echaba a reír, pues entendía perfectamente la palabra yiddish. Por supuesto que la entendía: la televisión de entonces era Nueva York.

En la cultura popular aún minoritaria de esa época había judíos disfrazados por todas partes. A *Your Show of Shows* se unió el sargento Ernie Bilko de Phil Silvers,[1] un personaje complejo y brillante (junto con otros como el de Fender y Zimmerman) y *Coche 54, ¿dónde estás?*, serie televisiva ambientada en el Bronx judío, con la icónica Molly Picon en el papel de la señora Bronson. Detrás de ambas series estaba el talentoso guionista de radio y televisión Nat Hiken (a quien también debía mucho Berle desde el comienzo), un entusiasta de la obra de Sholem Aleijem. Lenny Bruce se sumó a la tradición popular de revelar que algunos de los personajes más icónicos de los Estados Unidos en realidad eran judíos: si uno escucha atentamente la célebre llamada del llanero solitario a su caballo cuando cabalgan hacia la puesta de sol, «Hi-Ho Silver» («¡Arre, *Plata*!»), descubre que en realidad dice «Hi, Yosl Ber» («Buenas, Yosl Ber»); asimismo, el señor y la señora Drácula son un par de padres judíos gruñones.[2]

Pero las cosas cambiaron a medida que la televisión se volvió menos neoyorquina y más estadounidense: o, al menos, cambió la visión de las cosas en las altas esferas de la televisión. Los graciosos acentos yiddish y los disfraces se mode-

[1] Técnicamente, *Sergeant Bilko* se titulaba *You'll Never Get Rich* o *The Phil Silvers Show*. Sobre Hiken, véase David-Everitt, *King of the Half Hour: Nat Hiken and the Golden Age of TV Comedy*, Siracusa (Nueva York), Syracuse University Press, 2001, pp. 44-45, 98-123, 150-151, 169-171. Véase también Romeyn y Kugelmass, *Let There Be Laughter: Jewish Humor in America*, op. cit., p. 20, y James D. Bloom, *Gravity Fails: The Comic Jewish Shaping of Modern America*, Westport (Connecticut), Praeger, 2003, pp. 29-30.
[2] John Cohen (ed.), *The Essential Lenny Bruce*, Nueva York, Ballantine Books, 1967, pp. 72, 174-175.

raron, así como otras singularidades étnicas o de otro tipo, para ofrecer una imagen más homogénea de la sociedad estadounidense en la televisión (como señaló Harlan Ellison en *The Glass Teat*). Dos de los guionistas de *Your Show of Shows*, programa icónico de los comienzos de la televisión, explicaban este cambio:

Tuvimos muchísimo éxito en las ciudades, pero en cuanto la televisión empezó a extenderse a los barrios periféricos y las zonas rurales, el público dejó de pillar nuestro sentido del humor. No podíamos ser tan sutiles como antes y las audiencias empezaron a caer.

O, dicho con más resquemor: «Cuando bajó el precio de los televisores, también bajó el coeficiente intelectual del público».[1] ¿Quiénes eran esos dos guionistas? Neil Simon y Larry Gelbart, respectivamente.

Un caso de estudio perfecto es el de Gertrude Berg, tal vez la presencia judía más explícita e importante de los comienzos de la televisión y la radio en Estados Unidos. Berg era hija del propietario de un establecimiento turístico en las Catskills y hacía sketches en el mismo para entretener a los huéspedes. Durante la Depresión propuso a la CBS un programa de radio inspirado en las tiras cómicas dialectales de Milt Gross (ella había nacido en Estados Unidos y hablaba inglés sin acento): *The Rise of the Goldbergs*.[2] La CBS le compró la idea y pusieron a Berg al mando del programa gracias a una astucia de ella: entregó el guión escrito con una letra incomprensible para que tuvieran que pedirle que lo leyera.[3] El progra-

---

[1] Citado en Gerald Nachman, *Seriously Funny: The Rebel Comedians of the 1950s and 1960s*, Nueva York, Pantheon Books, 2003, p. 110.

[2] Hoberman y Shandler, *Entertaining America: Jews, Movies, and Broadcasting, op. cit.*, p. 114. Sobre Goldberg, véase también Joyce Antler, «One Clove Away from a Pomander Ball: The Subversive Tradition of Jewish Female Comedians», en: Leonard J. Greenspoon (ed.), *Jews and Humor*, West Lafayette (Indiana), Purdue University Press, 2011, p. 47 y ss.

[3] Stephen J. Whitfield, «Gertrude Berg», en: Jack Fischel y Sanford

ma se emitió desde 1929 hasta 1945, un éxito sólo superado por *Amos 'n' Andy*. Berg era la escritora, productora y estrella, lo que la convirtió en una de las personas más célebres y poderosas de la radio.

En 1949, cuando *The Goldbergs* pasó a la televisión, alcanzó el número siete en los índices de audiencia, y en 1950 Berg ganó un Emmy a la mejor actriz, además de ser nominada como «madre del año en la televisión». Sin embargo, en 1950 Philip Loeb fue incluido en la lista negra de Hollywood, y aunque Berg lo retuvo tanto como le fue posible, tras la intensa presión del patrocinador del programa—General Foods—fue expulsado definitivamente en 1952, y acabaría suicidándose en 1955.[1] Así las cosas, y dado el caprichoso criterio del público televisivo, Goldberg redobló su apuesta por la americanización y renunció al acento yiddish, a la sintaxis un tanto extraña propia de los recién llegados y a los poquísimos detalles étnicos que desde su origen habían singularizado el programa.[2] En una entrevista publicada en *Commentary* en 1956 Berg se explicaba:

Mire usted, yo no menciono nada que pueda molestar a la gente, eso es muy importante. No entro en temas como los sindicatos, la política, las causas benéficas, el sionismo, el socialismo, etcétera. A fin de cuentas, ¿no le parece que todas esas cosas son secundarias en la vida cotidiana de la familia? Los Goldberg no reivindican su condición de judíos, ni siquiera son demasiado conscientes de ella [...] Yo me atengo a la norma. No quiero perder amigos.[3]

Pinsker (ed.), *Jewish-American History and Culture: An Encyclopedia*, Nueva York, Garland Publishing, 1992, pp. 59-60, esp. 60.

[1] Véase la referencia completa en Zurawik, *The Jews of Prime Time*, *op. cit.*, pp. 38-45.

[2] Véase Henry Bial, *Acting Jewish: Negotiating Ethnicity on the American Stage & Screen*, Ann Arbor (Míchigan), University of Michigan, 2005, pp. 41-43; Zurawik, *The Jews of Prime Time, op. cit.*, p. 24.

[3] Morris Freedman, «From the American Scene: The Real Molly Goldberg», *Commentary*, n.º 21, 1956, pp. 359-364, esp. 360. Véase también

En la última temporada (1955-1956), a petición de la NBC, los personajes se mudaban del Bronx a un barrio residencial de la periferia, y abandonaban su apellido, al menos en la programación del canal: la serie pasó a titularse escuetamente *Molly*.[1]

Cuatro años antes, Henry Popkin había denunciado:

Lo que puede llamarse con toda justicia «depuración de los judíos» ya es un lugar común en las artes populares [...] El origen de la norma no es el odio, sino la benevolencia equivocada, el temor o la ceguera de suponer que si fingimos que el judío no existe pasará desapercibo, de modo que el antisemita será incapaz de encontrar víctimas y simplemente se olvidará.[2]

Popkin señalaba en particular la desaparición del humor dialectal. Un humorista judío, Sam Levenson, le respondió sin tapujos en 1952, en un artículo en el que confesaba su preocupación por el hecho de que las muestras explícitas de judaísmo hicieran perder amigos—personal y colectivamente—. Así describía el espectáculo de un humorista que hacía chistes dialectales frente a un público en su mayoría gentil:

El señor Popkin cree que al eliminar las bromas dialectales estamos eliminando deshonestamente un aspecto del humor judío al que debería darse rienda suelta. Admito que yo he expurgado deliberadamente los chistes dialectales en mis espectáculos, pero permítanme explicar por qué. Asistí a un club nocturno en el que actuaba un célebre humorista que hacía chistes dialectales y deleitaba al público, predominantemente gentil, con bromas sobre codiciosos em-

---

Romeyn y Kugelmass, *Let There Be Laughter: Jewish Humor in America*, *op. cit.*, pp. 53-54.

[1] Brook, *Something Ain't Kosher Here, op. cit.*, pp. 14, 22; Zurawik, *The Jews of Prime Time, op. cit.*, pp. 28-30; Hoberman y Shandler, *Entertaining America: Jews, Movies, and Broadcasting, op. cit.*, pp. 124-126.

[2] Henry Popkin, «The Vanishing Jew of Our Popular Culture», *Commentary*, julio de 1952, p. 46.

presarios judíos, sus gordas e incultas esposas con abrigos de visón, arteros judíos que les toman el pelo a los gentiles, etcétera, y vi al público aullar. Pero esas risas me helaron la sangre. La situación me recordó a las cervecerías nazis donde actores con sombrero hongo y barba hacían el mismo tipo de chistes para personas que terminarían convirtiéndose en los verdugos de nuestro pueblo. Tal vez parezca una exageración, pero creo que cualquier judío que, con más o menos sentido del humor, afiance los prejuicios y las mentiras que denigran a nuestro pueblo no es un buen judío ni un ser humano responsable [...] También existen los «chistes privados»...[1]

Y, en efecto, existían los chistes privados. Hubo, por supuesto, algún que otro salvaje que se empeñó en difundir esos chistes sin mayor explicación—Allen Ginsberg envió a William Carlos Williams un poema que describió como «una canción loca (que debería cantar Groucho Marx con música bop)»—;[2] Lenny Bruce hablaba sin filtro en los escenarios de clubs de striptease; y la humorista Jean Carrol, en una fiesta benéfica de la United Jewish Appeal en el Madison Square Garden en 1948, bromeó: «Siempre he estado orgullosa de los judíos, pero nunca tanto como esta noche [...] casi lamento no tener mi vieja nariz».[3]

Pero también había humoristas menos salvajes, muchos de ellos de las generaciones de postguerra. No es necesario estar de acuerdo con todo lo que dijo el crítico Albert Goldman en una declaración de finales de la década de 1960 para

---

[1] Sam Levenson, «On the horizon: the dialect comedian should vanish», *Commentary*, agosto de 1952, p. 168.

[2] Probablemente «Bop Lyrics». Véase Craig Svonkin, «Manishevitz and Sake, the Kaddish and Sutras: Allen Ginsberg's Spiritual Self-Othering», *College Literature*, vol. 37, n.º 4, 2010, pp. 166-193, cita en p. 174, análisis en pp. 174-175.

[3] Margalit Fox, «Jean Carroll, 98, Is Dead; Blended Wit and Beauty»; *The New York Times*, 2 de enero de 2010. Carroll era un habitual de *Ed Sullivan* que hacía chistes sofisticados de adultos sobre el matrimonio. Richard Zoglin, *Comedy at the Edge: How Stand-Up in the 1970s Changed America*, Nueva York, Bloomsbury, 2008, p. 184.

reconocer lo que tiene de cierto: «El humorista judío es el joven urbanita divertido, histérico e intenso. La clave de su humor—la irónica prueba de su tragedia—es su inmensa capacidad intelectual y verbal, y su inmadurez en el terreno afectivo y sexual».[1] Goldman, autor de una monografía sobre Lenny Bruce y crítico perspicaz de la cultura pop en una época en que la mayoría de los críticos la despreciaban, señala una relación importante que podría aplicarse a muchos humoristas de postguerra. Por ejemplo, a las evocaciones nostálgicas de etnicidad de Neil Simon en los escenarios de Broadway. A partir de su primera obra teatral, *Come Blow Your Horn* (1961), basada en sus experiencias y las de su hermano al abandonar su hogar judío, Simon siguió realizando una crónica de diferentes aspectos de la identidad judeoamericana cuya comicidad se debía en buena medida a que se adecuaban a un estereotipo fácilmente identificable. Para Simon, esos aspectos a menudo coincidían con las diferentes etapas del ciclo vital del varón judeoamericano: el adolescente del que hablaba Goldman, intelectualmente dotado y sexualmente inmaduro (*Mi querida familia*, estrenada en el Ahmanson Theatre de Los Ángeles en 1983, era la primera pieza de la trilogía autobiográfica de Simon); el adulto idiosincrásico, autocompasivo, martirizado y neurótico (éstos son los términos en que el propio Simon describió al personaje Felix Unger de *La extraña pareja*, la obra teatral estrenada en 1968);[2] y el ciudadano maduro, socarrón y cascarrabias (*Los*

<hr>

[1] Albert Goldman, *Freakshow*, Nueva York, Atheneum, 1971, pp. 176-177.

[2] Brook, *Something Ain't Kosher Here, op. cit.*, p. 64. Compárese con Edythe M. McGovern en un temprano trabajo crítico que describe a los personajes de Simon como «a veces judíos, pero sólo nominalmente». *Neil Simon: A Critical Study*, Nueva York, Frederick Ungar Publishing, 1979, p. 10, y con Daniel Walden, «Neil Simon's jewish-Style Comedies», en: Sarah Blacher Cohen, *From Hester Street to Hollywood*, Bloomington (Indiana), Indiana University Press, 1983, pp. 152-166.

reyes de la risa, de 1975). El nuevo disfraz de la identidad judeoamericana—algo así como «un tipo que no es muy hombre»—estaba en pleno auge.

La observación de Goldman también puede aplicarse a los humoristas que lucharon contra las restricciones que se imponían al humor convirtiéndolo en una práctica institucionalizada. Albert Brooks parodiaba las convenciones del entretenimiento en sus diversas apariciones en programas televisivos: se mostraba como el peor ventrílocuo del mundo, o como un adiestrador de animales cuyo elefante se enfermaba y se veía obligado a sustituirlo por una rana en el último minuto.[1] En su memorable aparición en *The Tonight Show* confesaba al público que se le habían acabado todas sus bromas, y aunque tenía en la recámara algunos chistes malos, «no voy a caer tan bajo». Sin duda se trataba de denunciar la alienación de los humoristas, la incapacidad para manejarse en la «normalidad» impuesta al artista cómico. Sin embargo, Brooks parece un humorista absolutamente convencional comparado con el conceptual Andy Kaufman, quien llevó el disfraz tan lejos (con sus diversos personajes deslumbrantes, exagerados y aterradores) que se convirtió en la encarnación del personaje del cuento de Aleijem, Scholem Shachnah, que ni siquiera es capaz de reconocerse en el espejo. (Pienso, por ejemplo, en el número en el que encarnaba a un imitador malísimo, supuestamente de algún país de Oriente Próximo, y concluía con una imitación magistral de Elvis Presley; en el odioso Tony Clifton, uno de sus personajes, que estuvo a punto de acabar con todos los demás; en el sexista «Andy Kaufman», que atormentó a los presentadores de programas televisivos haciendo horribles comentarios misóginos que culminaron con la organización de un combate entre él y una luchadora profesional). Naturalmen-

---

[1] Brooks era un auténtico talento cómico. Se llamaba en realidad Albert Einstein y era hijo de Harry Einstein, el conocido cómico Parkyakarkus.

te, las gamberradas de «Kaufman» reflejaban—o, mejor dicho, satirizaban—el miedo a la impotencia masculina que se oculta en el corazón de la misoginia, y una vez más la observación de Goldman parece pertinente.

Sin embargo, salvo en los programas de humor nocturnos, no era posible ver a estos humoristas en la tele—al menos no a los realmente transgresores: pienso en el personaje de Latka que interpretaba Kaufman en la serie *Taxi*, por ejemplo, graciosísimo pero inocuo—. El equilibrio que recomendaban Berg y Levenson—e imponían los ejecutivos de la televisión—llevó a que los temas conflictivos se administraran en dosis homeopáticas en los canales televisivos del país y en menor medida en las pantallas de cine.[1] Pero, paradójicamente, esas representaciones poco problemáticas llevaron a que se reforzaran y difundieran ciertos estereotipos convencionalmente considerados «judíos» y terminara identificándose cada vez más lo judío con lo gracioso.[2]

En ocasiones se recurría a palabras o giros yiddish, como ya habían hecho con fines cómicos los humoristas del Borscht Belt. (Un estudioso que entrevistó a productores y guionistas de televisión judíos para saber cómo «escribían en judío» descubrió que sólo eran capaces de mencionar un método: «Poner el complemento al principio en lugar de al final»—en vez de «You give me this?», «*This* you give me?»—. Este tipo de frase inmediatamente identificable equivalía a adoptar una especie de sintaxis yiddish).[3] A veces también se incluían referencias a las costumbres de la clase media baja judeoa-

---

[1] En el cine destacaron sensibilidades más independientes que en la televisión. Véase Zurawik, *The Jews of Prime Time*, *op. cit.*, p. 80.

[2] Éste es el argumento de Sig Altman, *The Comic Image of the Jew: Explorations of a Pop Culture Phenomenon*, Teaneck (Nueva Jersey), Fairleigh Dickinson University Press, 1971.

[3] Zurawik, *The Jews of Prime Time*, *op. cit.*, pp. 133-134. Véase también Philip Nusbaum, «Some Notes on the Construction of the Jewish-American Dialect Story», *Keystone Folklore*, vol. 23, n.os 1-2, 1979, pp. 28-52.

mericana, un poco diferentes a las del resto, pero no demasiado, como la celebración de Janucá, que Estados Unidos convirtió en la Navidad judía secular, con postales de felicitación que eran un buen negocio y daban pie a innumerables chistes, todo lo cual ilustraba que el humor judío estaba perfectamente integrado en la cultura mayoritaria.[1]

No todo lo que se integró a la cultura mayoritaria, ni el humor al respecto, tenía que ver con la masculinidad o la sexualidad masculina. Wendy Wasserstein explotaba las neurosis y deseos de determinada demografía femenina judeoamericana (especialmente en la obra teatral *The Sisters Rosensweig*); Grace Paley escribió retratos únicos de mujeres judeoamericanas divertidísimas, melancólicas o beligerantes; y Erica Jong relató en su novela *Miedo a volar* las fantasías de libertad de una judeoamericana recién liberada—¿o ya lo estaba antes?—. Pero a menudo las mujeres entregadas a explorar la condición judía en Estados Unidos no eran judías, ya que, en la prueba definitiva de la integración en la mayoría—el matrimonio—, se convertían.

Los matrimonios interconfesionales han formado parte de nuestra historia desde sus orígenes: a fin de cuentas, la Ester bíblica se casó con un gentil, lo que dejó tan perplejos a los rabinos que tuvieron que dedicar muchos esfuerzos para explicarlo. (Mi explicación favorita, involuntariamente cómica, es que fue en realidad el «cuerpo espectral» de Ester el que cohabitó con Asuero).[2] Hasta el siglo xx el matrimonio

---

[1] Véase Nancy-Jo Silberman-Federman, «Jewish Humor, Self-Hatred, or Anti-Semitism: The Sociology of Hanukkah Cards in America», *Journal of Popular Culture*, vol. 28, n.º 4, 1995, pp. 211-229, esp. 212.

[2] A ello se añadía el problema de que muchas autoridades rabínicas creían que estaba casada con Mardoqueo, de modo que estarían cometiendo bigamia. Véase Barry Dov Walfish, *Esther in Medieval Garb*, Albany (Nueva York), SUNY Press, 1993, p. 122 y ss., y Barry Walfish, «Kosher Adultery?: The Mordechai-Esther-Ahasuerus Triangle», *Prooftexts*, vol. 22, n.º 3, 2002, pp. 305-333.

interconfesional implicaba necesariamente la conversión: en la Rusia zarista, por ejemplo, Scholem Aleijem mostró que Chava, la hija de Tevie, tenía que convertirse al cristianismo para casarse con su enamorado gentil. Ello explica que el matrimonio interconfesional no fuera un tema idóneo para la comedia y resultara mucho más adecuado para el melodrama o la tragedia (aunque en el caso de Chava, la hija de Tevie, Sholem Aleijem se las arregló para armonizar los tres géneros brillantemente). Pero en el entorno estadounidense las circunstancias históricas de separación de Iglesia y Estado, junto con la transformación relativamente rápida de la identidad judía religiosa en etnicidad brindó más espacio para respirar y para reír.

En muchas de las comedias de matrimonios mixtos o interconfesionales—que presentaban con mucha mayor frecuencia a un judío y una gentil que a la inversa—se jugaba con la posibilidad de que el varón judío consiguiera zafarse de los estereotipos cómicos que lo abocaban a ser un pésimo amante. La primera de todas estas obras, *Abie's Irish Rose* (que tuvo 2327 funciones desde mayo de 1922 hasta octubre de 1927, y fue todo un récord en Broadway, sólo superado por otra crónica de una relación interconfesional, *El violinista en el tejado*),[1] presentaba lo que poco antes había sido anatema a través de una serie de situaciones y malentendidos típicos que debían resolverse: era una comedia de enredo en busca del final feliz estadounidense. *Abie's Irish Rose* engendró un montón de imitaciones cinematográficas, como *Private Izzy*

---

[1] La obra estaba escrita por un gentil, aunque muchos judíos, por razones quizá comprensibles, pensasen de otro modo. En diciembre de 1923, *The American Hebrew* escribió, incorrectamente: «el dramaturgo más excepcional de la galaxia de nuestro firmamento es Anne Nichols, que resulta ser una mujer judía pese a su nombre artístico y que ha escrito la obra de más éxito sobre la vida judía en época reciente», citado en Ted Merwin, «The Performance of Ethnicity in Anne Nichols "Abie's Irish Rose"», *Journal of American Ethnic History*, vol. 20, n.º 2, 2001, pp. 3-37, esp. 26.

Murphy (1926), *Sailor Izzy Muyphy* (1927) y *Clancy's Kosher Wedding* (1927). También se estrenó *Kosher Kitty Kelly* (1926), que formaba parte de la larga serie de películas protagonizadas por el actor cómico judío George Sidney en el papel del paterfamilias, una especie de Tevie estadounidense que intentaba entender las cosas nuevas que ocurrían a su alrededor. Pero a diferencia de lo que pasaba en el relato de Sholem Aleijem, estos nuevos personajes del celuloide acababan abrazando con una sonrisa las nuevas nupcias del Nuevo Mundo.

Quizá estas películas fuesen menos problemáticas para quienes financiaban el ocio de masas puesto que lo que mostraban era una rareza que apenas existía fuera de la pantalla, más una metáfora de la capacidad de aceptación estadounidense que un fenómeno sociológico real. En la década de 1920 el porcentaje de matrimonios interconfesionales estaban muy por debajo del 5%, pero eso cambió radicalmente a lo largo de los siguientes cincuenta años. En 1975, el porcentaje de judíos que se casaban con gentiles alcanzó el 25%. Tal vez esto explique la suerte de la innovadora serie televisiva centrada en un romance interconfesional: *Bridget Loves Bernie*.[1]

Más concretamente se trataba de un romance *interétnico* que emitió CBS en 1972, y no abordaba cuestiones teológicas, sino que planteaba la relación entre una mujer blanca, católica y de clase acomodada con un taxista judío de clase humilde. Se trataba de ver si los protagonistas lograrían superar sus diferencias, codificadas en los estereotipos clásicos que los guionistas elaboraban para proponer situaciones cómicas. (Alerta, voy a revelar el final: el amor triunfa). En el episodio piloto, hay frases elocuentes, como «Oye, Bernie, ¿los judíos echáis uno o dos terrones de azúcar en el café?» (la madre de Bridget) y «No lo puedo creer, he vivido con

---

[1] Zurawik, *The Jews of Prime Time, op. cit.*, pp. 83-103.

vosotros toda mi vida y no os había oído hablar en yiddish jamás, ¿por qué de pronto todos sois tan judíos?» (Bernie, a sus padres, la primera vez que va a verlos con Bridget para comer). Había un poquito de antisemitismo y de etnocentrismo, pero nada que el verdadero amor no pudiera superar. Este mensaje complació a la mayoría de estadounidenses: *Bridget Loves Bernie* alcanzó el quinto puesto en los índices de audiencia en su primera y única temporada, ya que, pese al éxito, fue cancelada, seguramente porque al canal televisivo le preocupaban las quejas de que promovía un judaísmo *demasiado* beligerante.

No hay mucho más donde comparar, porque entre 1954 y 1972 en los programas de máxima audiencia ningún protagonista se identificó claramente como judío (el personaje de Bernie Steinberg de *Bridget Loves Bernie* fue la excepción).[1] Entre 1978 y 1987 volvió la sequía. Diecisiete años después de *Bridget*, la efímera serie televisiva *Chicken Soup* (1989) de Jackie Mason tuvo un destino similar: pese a las excelentes audiencias y la aprobación de la crítica, la oposición judía al programa (el *Jewish Journal* de Los Ángeles la calificó de «tan inapropiada y ofensiva para los judíos como *Amos and Andy* [sic] para los negros de hoy») llevó a su cancelación al cabo de un mes.[2] Fue la serie con la segunda mejor calificación en audiencias que se canceló (ocupaba el número 13). *Bridget Loves Bernie* fue la primera.

Hubo esporádicas excepciones que confirman la regla, como la serie televisiva protagonizada por Richard Lewis, *Anything But Love* (1989-1992). Se conocía a Lewis por sus actuaciones en directo, en las que encarnaba a «un neurótico obsesivo incorregible, bastante desgraciado e inseguro, que se pasea sin descanso por el escenario encorvándose y aco-

[1] *Ibid.*, pp. 7-9.
[2] Brook, *Something Ain't Kosher Here*, *op. cit.*, p. 69; Zurawik, *The Jews of Prime Time*, *op. cit.*, p. 144.

modándose el pelo nerviosamente, razón por la cual un crítico ha dicho que interpreta la "danza del quejica"».[1] Como las actuaciones de Lewis consistían en la escenificación de un personaje, no costó trasladarlo a la comedia televisiva. Y ese personaje que había creado era una encarnación tan plena de cierto estereotipo del judío que no necesitaba mayor explicación. («Fuimos a ver *Los Miserables* al teatro. Creía que iba a ver la celebración del Séder en mi familia»).[2] Pero el título de la serie ['Nada más que amor'] ya sugería lo complicado que iba a ser el romance en esta comedia romántica, a diferencia de la inmediata atracción entre los personajes cómicos de *Bridget Loves Bernie* o *Chicken Soup*.

A pesar de la popularidad (aunque efímera) que en su época dieron a estas tres series sus innumerables fans, no han conseguido sobrevivir en la época de las plataformas y las descargas. Paradójicamente, fue la depuración radical de expresiones judías la que abrió la puerta a una variedad nunca vista de experiencias judías explícitas en la cultura de masas. Entre 1989 y 2001 treinta y tres series tenían protagonistas judíos, y en 1999 seguían emitiéndose en la televisión doce series cómicas «judías» estrenadas en la década de 1990.[3] Este florecimiento podía atribuirse en buena medida a una serie televisiva que, en vez de insistir en la asimilación, volvía a sacar partido del filón cómico del disfraz judío: *Seinfeld*.

El primer papel de Jerry Seinfeld en una comedia televisiva fue el de un escritor de chistes que trabajaba para el gobernador de la serie *Benson* en la temporada de 1980-1981: el gag

---

[1] Josh Levine, *Jerry Seinfeld: Much Ado About Nothing: A Biography*, Toronto, ECW Press, 1993, p. 71.

[2] Citado en Epstein, *The Haunted Smile*, op. cit., p. 229.

[3] De modo más general, véase Zurawik, *The Jews of Prime Time*, op. cit., pp. 140-200; Brook, *Something Ain't Kosher Here*, op. cit., passim, estadísticas en p. 3.

era que escribía chistes de los que nadie se reía ni nadie quería oír. Uno de los chistes que contaba: «¿Habéis oído el del rabino que se compró un rancho? Lo llamó Bar Mitzvá».[1] Y al ver que nadie reía, preguntaba: «¿Demasiado judío? ¿Demasiado western?». Seinfeld no fue el único al que preocupó lo de *ser demasiado judío* en televisión, pero es evidente que no era su caso. En 1981 apareció en *The Tonight Show*: triunfar en ese programa significaba catapultarse hacia el éxito, y vaya si triunfó: se convirtió en un asiduo en los programas de Letterman y Merv Griffin, y a finales de la década de 1980 ganaba veinticinco mil dólares el fin de semana por actuar en directo y actuaba trescientos días al año.

Era de prever que al presentador del programa, Johnny Carson, un típico gentil del Medio Oeste, le gustaría. Es cierto que Seinfeld había ido de voluntario a un kibutz,[2] pero su fino humor—las observaciones sobre calcetines o ropa de béisbol—dejaba fuera de la ecuación la especificidad étnica. La clave era que *todo el mundo* sabría de qué hablaba Seinfeld, de modo que nadie se quedaría nunca atrás, ni al margen, ni se sentiría ofendido. Si acaso admirarían la finura de sus chistes, la meticulosidad de los giros y retruécanos en sus particulares bromas. Sin duda había algo raro en él—cierta hostilidad y ocasionales destellos de misantropía—, pero quedaba sepultado bajo la impresión general de profesionalismo y afabilidad.

Tal vez por eso Brandon Tartikoff, presidente de la NBC por entonces, pese a ser judío (o porque lo era), estaba tan interesado en Seinfeld y tan desconcertado por la serie que hacía con Larry David, un tipo bastante más desagradable, y por el cortocircuito que producían juntos. En 1983 Tartikoff

---

[1] Véase Josh Levine, *Jerry Seinfeld: Much Ado About Nothing, op. cit.*, p. 22.

[2] Había pasado un verano en Israel entre el penúltimo y el último curso del instituto. Zoglin, *Comedy at the Edge, op. cit.*, p. 216.

dijo que: «*The Goldberg* no funcionaría hoy. Funcionó cuando la televisión era un invento nuevo, los televisores caros y los propietarios desproporcionadamente judíos».[1] Su conocida alergia a las historias de temática explícitamente judía explicaría que le pareciera un horror una serie cuyo célebre lema, «Ni abrazos, ni enseñanzas», era diametralmente opuesto al espíritu de éxitos televisivos como *La hora de Bill Cosby* y *Enredos de familia*.

Después de ver el episodio piloto, a Tartikoff le pareció que el humor era para judíos neoyorquinos y le concedió tan sólo cuatro capítulos, la extensión más breve en la historia de la televisión.[2] Según él mismo contó, la única razón por la que accedió siquiera a emitir la serie fue que Rob Reiner le dijo que iba a cometer el error más grande de su vida. Ésa fue su versión *exculpatoria* del asunto: el éxito tiene mil padres, y Tartikoff quería cosechar al menos *una parte* del mérito. Mayor reconocimiento en la emisión de *Seinfeld* merece el jefe de la programación nocturna de NBC, Rick Ludwin,[3] que puso dinero de su presupuesto y tuvo que cancelar un especial de Bob Hope. A Ludwin, que no era judío, le preocupaba poco si la serie era demasiado judía, pero cualquier mención explícita al judaísmo que pudiera evitarse se modificaba y codificaba—salvo la condición judía de Jerry Seinfeld, que había quedado clara en sus actuaciones en directo—.[4]

---

[1] Citado en Mirzoeff, *Seinfeld*, *op. cit.*, p. 74. Y, por supuesto, Tartikoff no estaba solo: una encuesta de 1983 reveló que el 59 % de los «productores televisivos de elite» eran judíos. Brook, *Something Ain't Kosher Here*, *op. cit.*, p. 59.

[2] Sobre Tartikoff y su preocupación (y la de Lorne Michaels, entre otros) por los contenidos televisivos «demasiado judíos» véase Zurawik, *The Jews of Prime Time*, *op. cit.*, pp. 2-6. A mediados de la década de 1980, las tres cadenas eran de propiedad judía.

[3] Véase Zurawik, *The Jews of Prime Time*, *op. cit.*, p. 204, y Stephen Battaglio, «The Research Memo That Almost Killed Seinfeld», TV *Guide*, 27 de junio de 2014.

[4] Una advertencia: a la creación de estos personajes contribuyeron va-

Así, el personaje de Elaine, la perfecta princesita judeo-americana, se convirtió en la famosa chica gentil que se santigua antes de entrar en el apartamento donde debe recuperar un manuscrito extraviado; y los Costanza, avatares de cierto tipo de torpeza judía, pasaron a ser—como dijo Jerry Stiller, que interpretaba a Frank Costanza—«una familia judía incluida en el programa de protección de testigos gracias al apellido Costanza».[1]

Sólo Kramer parece diferente, en cierto modo. Comenzó siendo «Kessler»,[2] pero como Tartikoff insistió en que sólo Jerry Seinfeld fuera judío (pues su personaje había quedado identificado como tal en otros programas televisivos), se le cambió el nombre por el de Kramer. Pero con este cambio ocurrió algo distinto a lo que sucedía con Costanza y Benes: Kramer no era un judío disfrazado, sino que se transformó

---

rios escritores, y los personajes se fueron elaborando hasta alcanzar su madurez a lo largo de los ciento ochenta episodios de la serie completa, el equivalente (conviene tenerlo en cuenta) a cuarenta y cinco películas de larga duración, en el curso de casi una década. Es absurdo tratar de dar a *Seinfeld* una perfecta coherencia; pese al intento cuasi rabínico de hacer que todos los textos y comentarios talmúdicos cuadren, en las series televisivas las cosas son más accidentadas.

[1] Hay numerosas opiniones sobre la polémica cuestión del origen de los Costanza. Gregg Kavet, por ejemplo, decía que George Costanza era judío; Carol Leifer decía que no lo era, aunque el personaje estaba basado en algunas experiencias propias como judía; Jason Alexander explicaba que modeló el personaje como una mezcla de Woody Allen y Larry David. David ha dicho en una entrevista reciente que «cuando estábamos creando los personajes para el capítulo piloto no anticipamos demasiadas cosas a largo plazo. Jerry tenía un amigo llamado Costanza y decidimos ponerle ese apellido, eso fue todo. Luego, por supuesto, tenía que ser medio italiano y medio judío. Así que Frank Costanza, el padre, era italiano a causa de esa decisión caprichosa, y por eso no era judío». Jason Zinoman, «Larry David on Broadway Theater, 'Seinfeld', and Death Etiquette», *The New York Times*, 18 de febrero de 2015. Véase también Brook, *Something Ain't Kosher Here*, *op. cit.*, pp. 129-147.

[2] O, de acuerdo con Levine, *Jerry Seinfeld: Much Ado About Nothing*, *op. cit.*, p. 69, «Hoffman».

realmente en el gentil tal como lo ven los judíos. Según dijo Michael Richards, no sólo era un «idiota de nuestros días»: «Me pareció interesante que fuese un cuarto elemento salido simplemente de la nada». En la atmósfera crecientemente codificada de los otros tres personajes, Kramer era alguien diferente, alguien ajeno, alguien *goy*. En ese sentido ilustra las relaciones entre judíos y gentiles en Estados Unidos—y lo cómicas que resultan—: es en buena medida inofensivo, pero incomprensible, y por lo tanto incomprensiblemente exitoso. (Como dice George Costanza: «¿Kramer está de vacaciones en un camping? ¡Pero si toda su *vida* es como unas vacaciones en un camping! La gente pagaría dos mil dólares por vivir como él una semana: no da palo al agua, le cae el dinero del cielo, come a costa de los vecinos y folla sin necesidad de ligar. ¡*Eso son* unas vacaciones en un camping!»).[1]

Tal vez el camuflaje funcionó, al menos para algunos espectadores, lo cual explicaría en parte el comentario de Abe Foxman, director de la organización judía Anti-Defamation League: «No había judíos estrambóticos ni excéntricos en *Seinfeld*, lo que es una novedad para los judíos de Estados Unidos», lo cual es técnicamente cierto si tomamos al pie de la letra la condición de Elaine y George, personajes supuestamente gentiles.[2] Por otra parte, en *Seinfeld* las raras ocasiones en que se aborda la condición judía de forma explícita son bastante elocuentes. En un episodio, el dentista de Seinfeld (que interpreta magistralmente Bryan Cranston, mucho antes de convertirse en el protagonista de *Breaking Bad*, cuando, en el mejor de los casos, sólo era conocido en el mundo del espectáculo como actor cómico) se convierte al judaísmo y se pone a contar chistes judíos. Seinfeld sospecha de inmediato que su dentista tan sólo se ha convertido para poder contar impunemente esos chistes y empieza

[1] «The Visa», emitido el 27 de enero de 1993.
[2] Citado en Brook, *Something Ain't Kosher Here, op. cit.*, p. 106.

a quejarse, pero pocos—más bien nadie—están de acuerdo con él. Kramer, por ejemplo, en un inspirado discurso de los guionistas de la serie (en este episodio, Peter Mehlman y Jill Franklyn), arremete contra Seinfeld acusándolo de discriminación y calificándolo de «antidentita».

Este episodio no es el único que ilustra el éxito con que *Seinfeld* consiguió no caer ni en el antisemitismo ni en el autoodio. (Yo diría que el más famoso es el capítulo en que se descubre que Jerry no ha visto nada de *La lista de Schindler* porque se ha dedicado a montárselo con Rachel en el cine; y en varios episodios se menciona que la obsesión de Jerry con la limpieza y el orden recuerdan a los nazis). Pero el difícil equilibrio entre ambos polos está destinado a sugerir una forma de lealtad más elevada, como revela el final del episodio del dentista:[1] Jerry, frustrado al ver que nadie está de acuerdo con él, decide acudir al confesionario para poder desahogarse con el sacerdote. En realidad, ésta es una de las contadas ocasiones en que Seinfeld se identifica explícitamente como judío en la serie, aunque no sea un secreto. Cuando el sacerdote le pregunta si como judío le ofende que su dentista se haya convertido sólo para poder contar chistes, él contesta que no, que le ofende como humorista. En cierto sentido, se trata de un chiste para poner punto final a una escena que ha dado lugar a un montón de chistes judíos.[2] Pero, en otro sentido, da una clave para entender la perspectiva de Seinfeld, y de *Seinfeld*, sobre la cuestión judía: otras identidades de Jerry son más importantes.[3]

---

[1] «The Yada Yada», emitido el 24 de abril de 1997, memorable también por el recurso a otra forma de humor típicamente judía, el humor en vivo.

[2] Como el del viejo que ha pasado la noche con las dos jóvenes camareras suecas. ¿No lo conoce? Búsquelo.

[3] Mirzoeff, *Seinfeld, op. cit.*, pp. 85-86, trae a colación el paralelismo pero lo trata de un modo diferente. Hay otro episodio que trata sobre el tema de la conversión religiosa y es casi un reflejo especular de éste («The Conversion», emitido el 16 de diciembre de 1993), en el que George Cos-

El increíble éxito de *Seinfeld*—y el hecho de que no se negase la condición judía (por lo demás innegable) del protagonista, ni la sensibilidad a menudo judía o casi judía de los demás personajes—condujo a que en la década de 1990 cada vez tuvieran mayor aceptación otros retratos de la condición judía en la televisión. En cuanto a la explicitud con que se abordó, cabe citar desde *Loco por ti*[1] (en la que no se apreciaba ningún rasgo del estereotipo judío en el personaje de Jamie Buchman creado por Paul Reiser, y sólo el personaje del tío Phil, interpretado por Mel Brooks, hacía gala de las típicas excentricidades judías) hasta *La niñera* (una variación sobre el tema de las relaciones entre gentiles y judíos que en buena medida se sostiene gracias a la brillante actuación, deliberadamente exagerada, de Fran Drescher) pasando por otras series como *Will & Grace* o la de animación para adultos *Dr. Katz: Professional Therapist*.

Los entendidos a los que les gustaba el humor menos conciliador, disponían de la serie *The Larry Sanders Show* en HBO, de Garry Shandling y Jeffrey Tambor, en que se parodiaba uno de los formatos más gentiles de la televisión (en esa época): el programa nocturno de entrevistas. Los monólogos neuróticos de Shandling y el hecho de mostrar lo que ocurría tras los bastidores de esos programas permitió sacar a la luz de un modo innovador los secretillos de la industria que hoy todos damos por descontado. Por ejemplo, mostraban cuánto preocupaban a la industria los contenidos «demasiado judíos». Como explicó en su día Judd Apatow, guionista de la serie: «Los guionistas debatimos si Larry debía ser

---

tanza está a punto de convertirse al cristianismo ortodoxo letón por una chica. La disposición de George a renunciar a su propia identidad para tener relaciones sexuales demuestra qué es lo que más le importa al final.

[1] Sobre la sensibilidad judía de *Loco por ti*, o la falta de ella, véase Brook, *Something Ain't Kosher Here, op. cit.*, pp. 120-123. Aunque tuviese mucho éxito en la época, no se convirtió en el hito cultural en que se ha convertido *Seinfeld*.

judío y llegamos a la conclusión de que era un judío que se odiaba a sí mismo». De modo que, mientras que Sanders eludía el «fastidioso» tema de su identidad judía, el caso de su compañero Hank Kingsley (Tambor) era otra historia. En el episodio «My Name is Asher Kingsley» flirteaba con la posibilidad de revelar su condición judía y resumía el tema de fondo de la serie diciendo: «Para sobrevivir en el mundo del espectáculo, por no hablar del mundo en general, evita que te vean con la *kipá*».[1]

Sin embargo, para quienes no estaban suscritos a HBO, o sus padres no les dejaban ver los contenidos de la plataforma, o simplemente no estaban muy al día, el acontecimiento más importante de la revolución posterior a *Seinfeld* también se produjo en NBC, de nuevo en la franja nocturna, cuando un muchachito increíblemente juvenil con cara de bobo cogió su guitarra y, con voz gorjeante, creó un nuevo himno judío.

Desde sus tiempos como artista invitado para hacer cameos en el programa concurso de MTV *Remote Control*, estrambótico pero delicioso, hasta principios de la década de 1990, Adam Sandler había ido creando una serie de personajes memorables en *Saturday Night Live*. La gracia de los personajes de Sandler, particularmente de los que aparecían en la sección del programa «Weekend Update» (sí, pienso en el cantante de ópera) consistía sobre todo—cosa que el público esperaba—en que Sandler hiciera caras y hablara poniendo vocecitas tontas. Pero precisamente el limitado repertorio de Sandler como humorista de sketches hizo que sus apariciones en «Weekend Update» resultaran aún más notables.

La canción que Sandler presentó a principios de la década de 1990—la interpretó el 3 diciembre 1994—y se convirtió

---

[1] Véase Vincent Brook, «"'Y'all killed him, we didn't!": Jewish self-hatred and *The Larry Sanders Show*», en: Vincent Brook (ed.), *You Should See Yourself: Jewish Identity in Postmodern American Culture*, New Brunswick (Nueva Jersey), Rutgers University Press, 2006, pp. 298-317, esp. 309.

en un himno para cierta generación de judíos, constituye un singular manifiesto contra la manera en que Tartikoff y muchos medios de masas habían expurgado los temas judíos.

Cuando yo era niño, en esta época del año siempre me sentía un poco marginado, porque en el colegio se cantaban muchos villancicos, mientras que los niños judíos sólo teníamos la canción *Dreidel dreidel dreidel*. Así que he escrito una canción original de Janucá para que todos los niños judíos la cantéis, ¡espero que os guste![1]

Como la primera interpretación del tema musical fue en directo, la reacción de Sandler ante la respuesta entusiasta del público no es fingida. Tanto a él como a Norm MacDonald les sorprendió realmente lo bien que salió. Sandler podría haber considerado que la buena acogida carecía de importancia: la canción tan sólo tiene algunos juegos de palabras ingeniosos (sobre todo por las dificultades de encontrar palabras que rimen con *Janucá*), y es fundamentalmente «una lista de personas que son judías como tú y como yo».

Es un poco distinta de otra canción anterior, *Janucá en Santa Mónica* (1990) de Tom Lehrer. Aunque también en esa cancioncilla el autor e intérprete es un judío que enciende la menorá en medio de un bosque californiano, no pretendía ser un manifiesto, ni tenía nada de fervoroso: es una pieza irónica e ingeniosa como tantas otras de Lehrer. Sandler, en cambio, alude explícitamente a la condición judía actual: confortable individualmente, pero alienada colectivamente. Para abordar este tema, la canción señala nuestra dinámica de camuflarnos haciendo «salir del armario» a algunos per-

---

[1] https://www.youtube.com/watch?v=KX5Z-HpHH9g; Jonathan Miller, «How Adam Sandler's 'Chanukah Song' Helped Save the Jews», en: Gary Phillip Zola y Marc Dollinger (ed.), *American Jewish History: A Primary Source Reader*, Waltham (Massachusetts), Brandeis University Press, 2014, pp. 428-430; apareció originalmente en el *Huffington Post*, en 2011.

sonajes cuya condición de judíos parece improbable (como Arthur Fonzarelli, o Paul Newman, medio judío según Sandler), pero lo hace del mismo modo en que venía haciéndose durante dos generaciones preocupadas por depurar los contenidos judíos en la televisión. La ecuación que propone es: «Todas estas cosas son judías porque yo digo que son judías, y por lo tanto son divertidas». El único contenido de *Hanukkah Song* es la afirmación judía y, por supuesto, la celebración de la más estadounidense de las fiestas judías, Janucá.[1] Pero eso bastó.

Gracias a la canción, Sandler se convirtió en el modelo de una nueva generación de judeoamericanos y de la construcción de su nueva identidad, pero hubo otro aspecto de esa identidad que encarnó su único personaje significativo en *Saturday Night Live*: Canteen Boy, un *boy scout* de veintisiete años con el que intenta acostarse su jefe de tropa (Alec Baldwin). Si una buena parte de este filón del humor judeoamericano es la crisis de la virilidad, el temor a no ser sexualmente funcional y las cómicas consecuencias de ese fracaso potencial, Sandler parece personificar todos esos fantasmas.

Naturalmente, no fue el primero: Groucho Marx, con la ayuda y el estímulo de sus tres hermanos, resiste la tentación de casarse con alguien como la ricachona que lo pretende en todas las películas (Margaret Dumont) mientras la anarquía cómica siga siendo posible. Entre los descendientes de Groucho se encuentran el personaje de Dustin Hoffman en *El graduado* de Mike Nichols; Eugene, el protagonista de *Mi querida familia* de Neil Simon; Elliott Gould; los diversos personajes de Philip Roth llevados al cine e interpretados por Richard Benjamin; Benny, Shandling, Allen y Seinfeld («Parecemos críos, no somos hombres», se lamenta Jerry Seinfeld

---

[1] Sobre la creciente importancia de Janucá en la experiencia judeoamericana, véase Dianne Ashton, *Hanukkah in America: A History*, Nueva York, NYU Press, 2013.

a George Costanza mientras comen juntos. «No, no somos hombres, está claro», replica George, y prosiguen los dos dando razones por las cuales son un auténtico saldo para cualquier novia que pudieran tener).[1] Pero Sandler va por otro lado, tanto porque su comedia maníaca tiende a la extroversión más que a la introversión, como porque los dictados de la comedia cinematográfica hollywoodiense lo obligan a ser el protagonista romántico, de modo que con él nace un nuevo tipo de humor judío, el de la actualidad marcada por el imperativo del éxito.

Hubo otros de su generación, el más notable de lo cuales tal vez sea Ben Stiller, cuyos personajes claramente judíos—en comedias románticas como *Más que amigos* (2000) y *Los padres de ella* (2000)—volverían a plantear el tema. Por ejemplo, en *Más que amigos*, Stiller da un sermón de Yom Kipur: «Vivimos en un mundo realmente complejo en el que se están difuminando todas las diferencias y definiciones, en el que todo se entremezcla de modos que nos desafían no sólo como judíos, sino como seres humanos», unas palabras que podrían ser el epígrafe de este capítulo.[2] Pero Adam Sandler abrió las compuertas, y tal vez la apoteosis del humor absurdo sea su loquísima película *Zohan, licencia para peinar* (2008), en la que interpreta a un agente del Mosad que se

---

[1] Mirzoeff menciona también este episodio y tiene un análisis posterior sobre los episodios en los que George Costanza está preocupado por la idea de que pueda ser gay (Mirzoeff, *Seinfeld, op. cit.*, p. 100), incluyendo la frase icónica: «No es que haya nada malo en eso».

[2] Véase Vincent Brook, «Boy-Man Schlemiels and Super-Nebishes: Adam Sandler and Ben Stiller», en: Bernardi, Pomerance y Tirosh-Samuelson, *Hollywood's Chosen People, op. cit.*, pp. 173-191, esp. 177, y Vincent Brook, «Chameleon Man and Unruly Woman: Dustin Hoffman and Barbra Streisand», *Shofar*, vol. 33, n.º 1, otoño de 2014, pp. 30-56. Otras películas relacionadas de Stiller: *Flirteando con el desastre* (1996), donde busca a sus padres biológicos judíos; *Doble vida* (1998), donde interpreta al escritor Jerry Stahl; *Y entonces llegó ella* (2004), donde interpreta a Reuben Feffer, y su retrato del epónimo *Greenberg* (2010).

hace pasar por muerto para instalarse en Nueva York y dedicarse a su auténtica vocación, la peluquería (John Turturro es un miembro de la OLP). La película es una disparatada farsa, una especie de *Shampoo* hebraica, en la que Sandler es al mismo tiempo el más y el menos hombre. Creo que no es casual que Sandler coescribiera el guión de la película con su viejo amigo Judd Apatow, que en las dos primeras décadas del siglo XXI se ha convertido probablemente en el empresario más importante de la producción cómica y ha impulsado como nadie esas nuevas representaciones de la identidad judía.

A primera vista no parece que a Apatow—destacado escritor, director y productor, responsable de un modo u otro de una avalancha de películas y programas de mucho éxito que van desde *The Ben Stiller Show*, o las series *Instituto McKinley* y *Girls*, hasta películas como *Virgen a los 40*, *Lío embarazoso* o *La boda de mi mejor amiga*—le interese especialmente la temática judía, ni siquiera la sensibilidad judía. Casi todos los autores que recomienda leer a los aspirantes a guionista de comedias—Chandler, Carver, Agee, Dubus, Exley, Fitzgerald—son gentiles.[1] Pero una mirada más atenta nos descubre que las apariencias engañan. Basta fijarse, por ejemplo, en los cómicos a los que idolatra: Seinfeld, Paul Reiser, Robert Klein y Mel Brooks, y especialmente en el grupo de actores de los que se ha rodeado, una compañía regular compuesta sobre todo, si no exclusivamente, por una generación de actores cómicos judíos, como Seth Rogen, Paul Rudd, Jason Segel, Jonah Hill y Jason Schwartzman.[2]

En una entrevista de 2009 con el *Jewish Journal* de Los Ángeles, Apatow explicaba esta elección de actores dicien-

[1] Mike Sacks, *And Here's the Kicker: Conversations with 21 Top Humor Writers on their Craft*, Cincinnati (Ohio), Writer's Digest, 2009, p. 33.
[2] Judd Apatow, *Sick in the Head: Conversations about Life and Comedy*, Nueva York, Random House, 2015, pp. x-xi, 331.

do: «Es una sensibilidad casi inconsciente y tácita, me resulta imposible saber por qué ocurre así [...] No soy religioso, pero no podría ser más judío».[1] Expresado tal vez de un modo menos abstracto, está claro que uno de sus principales filones cómicos es la cuestión de lo que significa para alguien de fuera—el judío intruso—conseguir a la chica que le gusta y gracias a ello convertirse en un hombre, es decir, cuánto cuesta asimilar las normas sociales establecidas.[2] Para encajar en el medio—ya sea la sociedad estadounidense o el típico protagonista de Hollywood—es preciso rehacerlo en el proceso. En *Lío embarazoso* (2007) a ella (Katherine Heigl) le hacen gracia los chistes de él (Seth Rogen), se acuestan y terminan teniendo un hijo que (perdón por contarlo todo) lo convierte en un hombre mejor. Sin duda alguna, se trata de un destino distinto al de los incorregibles neuróticos malhumorados de Woody Allen. En *Annie Hall*, por ejemplo, Alvy Singer sabía que tenía un problema y también que todos los demás lo sabían, aunque él lo sabía mejor. Seth Rogen, en cambio, no tiene ningún problema que no pueda resolver.[3] Asimismo, en *Hazme reír* (2009), el proyecto de Apatow, Sandler y Rogen, cuando una chica le pregunta a Ira Wright (Rogen) si ése es su verdadero nombre o lo usa sólo para ocultar su judaísmo, Wright le responde: «No creo que pueda ocultarlo, tengo la jeta circuncidada». Esta réplica parece indicar hasta qué punto la condición judía equivale a «el sentido del humor es la manera de ligar».[4]

[1] http://www.jewishjournal.com/hollywoodjew/item/judd_apatow_i_couldnt_be_more_jewish_20090730.

[2] Apatow ha dicho que no cree que haya conocido nunca a un hombre que no sea un niño: véase su *Sick in the Head, op. cit.*, p. 21.

[3] Aunque subsiste una especie de hombres judíos poco masculinos a los que no parece posible cambiar: pienso en Judah Friedlander, que hace el papel del desastrado e infame ladrón de chistes.

[4] Compárese Brook, «Boy-Man Schlemiels and Super-Nebishes», *op. cit.*, pp. 181-183.

Ésta no es una cuestión que Apatow haya abordado solo en los últimos años, pero probablemente él sea quien más ha ventilado este tema. Hay quien considera que lo mismo ha hecho un personaje como Seth Cohen u otros de la serie para adolescentes *The O. C.* (el célebre tema musical de 2003 *Crismukkah*,[1] que tan popular se hizo, puede considerarse la «canción de Janucá» de una nueva generación que aún se siente más cómoda con el romance interconfesional, ya que, con creciente frecuencia, son hijos de familias mixtas);[2] o los Bluth en *Arrested Development* de Mitchell Hurwitz, para quienes la condición judía—especialmente para el deshonesto paterfamilias George Bluth (Jeffrey Tambor)—es un conveniente disfraz de quita y pon; o Andy Samberg, Akiva Schaffer y Jorma Taccone, el trío cómico The Lonely Island, que crea vídeos musicales enormemente populares para *Saturday Night Live*.

En temas y vídeos como *I'm On a Boat* (2009) o *I Just Had Sex* y *Jack Sparrow* (2011), Samberg, Schaffer y Taccone son muchachos haciéndose los hombres,[3] lo cual sugiere chistosamente que, pese a sus pretensiones, son indignos de conseguir a la chica. Por lo demás, sí consiguen a la chica, pues de otro modo no podrían ufanarse de ello, pero los vídeos muestran hasta qué punto es ridículo todo el asunto. Dicho *esto*, hay que señalar que los temas y los vídeos están realizados con amor y respeto a las convenciones del vídeo musical juvenil y por eso resultan tan convincentes… De hecho, The

---

[1] «The Best Chrismukkah Ever», emitido el 3 de diciembre de 2003.

[2] En algunos sentidos, el personaje de Ross Geller (David Schwimmer) en *Friends* fue un precursor, aunque las cosas estaban un poco más embarulladas en esa serie, porque Rachel Green (Jennifer Aniston) también era técnicamente judía, pero tras explotar inicialmente el estereotipo de la princesita judía, el programa hizo todo lo posible para que el público lo olvidara.

[3] Toman prestados los tropos de la cultura rap para hacerse los hombres.

Lonely Island nos devuelve a algunos de los viejos trucos del humor judeoamericano para camuflarse, ya que el hip-hop fraudulento de *I'm On a Boat* recuerda a los humoristas judíos que actuaban en los clubes nocturnos con la cara pintada de negro.[1] Como ya dijimos, también Sarah Silverman apareció con la cara pintada en uno de los episodios de su serie televisiva, e intervino en una pieza satírica con Jimmy Kimmel en la que aseguraba que estaba a punto de sustituir a Dave Chappelle cuando éste anunció que abandonaba *Chappelle's Show*.

La verdad es que no todos los nuevos antihéroes consiguen a la chica. En la novela de Sam Lipsyte *The Ask*, la identidad judía no llega con el éxito, sino con el fracaso: el protagonista descubre su origen cuando se desliza por la pendiente de la desventura. Y no hace mucho Jonathan Ames dedicó los ensayos de *I Love You More Than You Know* a la perspectiva del fracaso erótico y creativo en Brooklyn.[2] Pero cada vez son más los que consiguen a la chica: incluso cuando ese éxito es irónico, lo vemos en las pantallas, delante de nuestros ojos, mientras suena la música.

Hay que añadir que en los últimos años Apatow ha apostado por las mujeres, como atestigua profana y jocosamente una película como *La boda de mi mejor amiga* (2011) y una serie como *Girls*. Aunque esta última resulta en conjunto un poco confusa y desenfocada, la interpretación de Lena Dunham es estremecedora y tan magistral como la de David en *Curb Your Enthusiasm*. ¿Crecerá alguna vez Hannah Horvath para convertirse en una persona hecha y derecha como

---

[1] «Face Wars», emitido el 17 de octubre de 2007; véase David Gillota, *Ethnic Humor in Multiethnic America*, New Brunswick (Nueva Jersey), Rutgers University Press, 2013, pp. 48-75.

[2] Sam Lipsyte, *The Ask*, Nueva York, Farrar, Straus & Giroux, 2010; Jonathan Ames, *I Love You More Than You Know*, Nueva York, Grove Press, 2005; http://www.tabletmag.com/jewish-arts-and-culture/books/28057/look-out.

lo hicieron Rogen, Segel y Stiller? ¿Se convertirá en una estadounidense madura, superará sus conflictos? La última temporada de la serie termina justo cuando este libro va a la imprenta y sugiere pasos significativos en esa dirección: la maternidad parece tener el papel que tan a menudo desempeña el matrimonio en las películas con protagonistas masculinos.

Que en muchos de estos últimos ejemplos rara vez, o ninguna, se mencione explícitamente la identidad judía, ¿es un indicio del final de una era del humor judío? ¿O sólo la última transformación del eterno disfraz judío? Habría que preguntárselo a la reina Ester, que seguramente tendría mucho que decir al respecto.

EPÍLOGO

Antes de dar por terminada esta historia del humor judío —más que un final es y debe ser tan sólo un alto en el camino, ya que el humor judío sigue proliferando mientras mecanografío esta frase— es preciso ofrecer algunas conclusiones sobre el futuro del humor judío y del relato judío: porque cada capítulo del libro ilustra las diversas formas en que la historia judía y el humor que ha producido pueden considerarse, no ya como una progresión, sino como una serie de variaciones sobre un mismo tema. No tiene nada de extraño que así sea, pues cualquier observador de la naturaleza humana que tenga sentido del humor acaba llegando a una conclusión inevitable: que los aspectos esenciales de nuestra condición son ineludibles, eternos e inmutables. La imposibilidad de cambiar explica nuestros mayores desengaños, pero también, por suerte, la sabiduría que nos permite reírnos de nuestra fragilidad.

La señora Grenville nunca dejó de ser la señora Greenstein, ni tampoco Sholem Shachnah, el viajero de Sholem Aleijem, dejó de ser quien era pese a ponerse el sombrero de otro. Ni siquiera Alexander Portnoy, con su fantástica carrera y sus atractivas novias gentiles, era inmune al humor judío. ¿Y por qué deberían serlo? El atractivo del humor judío consistía en que siempre había alguien afín que podía entender el chiste. Y puesto que interactuar con el mundo exterior era una ardua tarea cuyo éxito no estaba asegurado, mejor conformarse y hacer bromas en familia.

Pero ¿es eso lo que ocurre actualmente en Estados Unidos, donde los mejores chistes no son sobre el fracaso, sino sobre el éxito judío? En cuanto a la estadística de Fred Allen sobre el desproporcionado número de actores cómicos y humoristas judíos en Estados Unidos, existen muchísimas razones para explicarlo. Por ejemplo, el hecho de que apenas hubiera barreras sociales para acceder a las instituciones que hicieron del humor un espectáculo de masas, y en particular las instituciones judías y las redes familiares, que actuaban como campos de adiestramiento y reclutamiento de humoristas debutantes. Pero todos estos fenómenos, cada uno a su manera, fueron posibles—sobre todo cuando comparamos con otras épocas de la diáspora judía—por la facilidad para triunfar, aunque en buena medida el humor se nutra de los tropiezos. Lo que ocurriese en el interior de la iglesia, en el chiste clásico sobre los dos vagabundos judíos durante la Gran Depresión (en la p. 62), sin duda sugiere otro aspecto de la experiencia judía: no la incomunicación con el mundo exterior, sino la fluidez de la comunicación; no el carácter inasimilable del judío, sino la absoluta facilidad con la que, cuando el terreno es adecuado, se produce la asimilación.

Semejante éxito conlleva, claro está, pérdidas y ganancias: Ester se casa con Asuero, pero ¿qué pasa con Mardoqueo? Hablar para todo el mundo significa, en buena medida, renunciar a hablar sólo para alguien: no la pérdida de comunicación con otro judío, sino la pérdida de la soltura irónica, del sentido del humor, que puede ser un contenido esencial de la comunicación. ¿Adónde irá el humor judío en una tierra auspiciosa donde la comunicación con los otros es mucho más fluida? En un estudio del Pew Research Center realizado en 2013 sobre los judeoamericanos, a la pregunta «qué significa hoy ser judío en Estados Unidos» un 42 % de los encuestados respondió «tener sentido del humor», un 23 % «observar la ley judía» y un 14 % «formar parte de una comunidad judía». A muchas generaciones de judíos les habría parecido un disparate, incluso un chiste. Cuál será el desenlace aún está por ver.

AGRADECIMIENTOS

La elaboración de este libro se remonta mucho tiempo atrás, posiblemente a los días en que mis padres me plantaban delante de sus invitados en la mesa del comedor y permitían que un niño de ocho años contase el chiste de la señora Greenstein que visita al Dalai Lama y le dice sólo cuatro palabras: «¡Sheldon, vuelve a casa!». (No digo que lo entendiera, sólo que lo contaba). En consecuencia, estoy en deuda con muchas personas, a las que sólo podré transmitir mi agradecimiento brevemente.

Este libro es el resultado de casi dos décadas de docencia e investigación en la Universidad de Columbia, y estoy absolutamente agradecido a mis colegas del Departamento de Lenguas Germánicas y al Instituto de Estudios Judíos y de Israel, así como al personal de esas instituciones. Su apoyo, consejo y ayuda han sido de un inmenso valor. Gracias también al personal de la Biblioteca de la Universidad de Columbia, especialmente al departamento de Préstamo Interbibliotecario. Tampoco habría podido realizar la investigación para este libro sin la ayuda de Adam Shapiro y, sobre todo, de Joshua Price.

Según un dicho rabínico, se aprende mucho de los maestros, y más aún de los alumnos: a diferencia de otros dichos que he citado en el libro, éste no es un chiste. Con mis alumnos estoy en deuda por sus preguntas, comentarios y respuestas en las clases, los seminarios y los trabajos. (A lo largo de los años ha habido muchísimas ocasiones en que al oír algunos de sus comentarios les he dicho: «¡Voy a usarlo en mi libro!». Siempre se reían, pero ahora podrán comprobar que no bromeaba. Gracias). En cuanto a los maestros —especialmente Ruth Wisse, cuya sensibilidad y sentido del humor no conocen límites— sé que estoy aupado a hombros de gigantes. Nunca podré agradecer lo suficiente a Jason Zinoman y a Adam Kirsch que revisaran el borrador del manuscrito y me dieran consejos de inestimable valor.

Mi agente Dan Conaway es un ejemplo perfecto de uno de los temas del libro: a pesar de su graciosa presunción de ignorancia o estupidez—«Explícamelo otra vez, como si fuera tonto», me decía—, es la persona más inteligente e imaginativa del gremio. Este libro sería muy diferente, y bastante peor, sin su consejo y guía. Su único rival es mi editor de Norton, Matt Weiland, cuya perspicacia y brillantez han mejorado radicalmente cada página de este libro. Mi más sincero agradecimiento a ambos, así como a Remy Cawley y William Hudson por su ayuda editorial y a Taylor Templeton por su absoluta entrega y entusiasmo.

Fue todo un honor y un regocijo disponer del ejemplar de mi padre de *A Treasury of Jewish Folklore* de Nathan Ausubel, una de las grandes colecciones de chistes judíos. Mi madre y mi padre llenaron de alegría, risas y humor judío la casa en la que crecimos mis hermanos y yo: verlos reír y bromear hoy con mis hijos es una de mis mayores alegrías. Gracias a los dos por todo lo que me disteis y por el ejemplo diario que me seguís dando. Sois el modelo que he procurado imitar todos los días de mi vida como padre y como persona. A mis hermanos Noah y Andrew, a mi cuñada Sara y a Boaz, Jordana, Moses y Delilah, a mis suegros Bob y Sherry Pomerantz y a mi otra cuñada, Rachel, gracias a todos por el apoyo, el cariño, el consejo, el sentido del humor, y por la hospitalidad y las gratísimas peticiones de que os leyera el libro.

En cuanto a la familia que yo he creado: mi hijo mayor, Eli, me maravilla y deleita contándome historias de Batman y de aeropuertos; igual que el pequeño, Ezra, que colorea todo lo que cae en sus manos. No podría quererlos más ni desearles mejores cosas. Y en cuanto a mi amor, mi Miri, le estoy inmensamente agradecido por su cariño, su apoyo, su sabiduría y por haber querido crear un hogar conmigo. Me siento un hombre increíblemente afortunado (espero que decirlo no desencadene un maleficio, como podrían temer muchos personajes de este libro).

ÍNDICE

ESTA EDICIÓN, PRIMERA, DE
«EL HUMOR JUDÍO», DE JEREMY DAUBER,
SE TERMINÓ DE IMPRIMIR
EN CAPELLADES EN EL
MES DE JUNIO
DEL AÑO
2023